SHANGHAI XIAOXIONG
DUYUESHENG

上海枭雄杜月笙

小杜城南 ◎ 著

山西出版集团
山西人民出版社

图书在版编目（CIP）数据

上海枭雄杜月笙 / 小杜城南著. —太原：山西人民出版社，2011.6
ISBN 978 - 7 - 203 - 07256 - 0

Ⅰ.①上… Ⅱ.①小… Ⅲ.①杜月笙（1888~1951）—传记 Ⅳ.①K828.9

中国版本图书馆 CIP 数据核字（2011）第 068915 号

上海枭雄杜月笙

著　　者：小杜城南
责任编辑：张文颖
装帧设计：苏子芸

出 版 者：	山西出版集团·山西人民出版社
地　　址：	太原市建设南路 21 号
邮　　编：	030012
发行营销：	0351 - 4922220　4955996　4956039
	0351 - 4922127（传真）　4956038（邮购）
E - mail：	sxskcb@163.com　发行部
	sxskcb@126.com　总编室
网　　址：	www.sxskcb.com
经 销 者：	山西出版集团·山西人民出版社
承 印 者：	山西出版集团·山西省美术印务有限责任公司
开　　本：	787mm×1092mm　1/16
印　　张：	28.5
字　　数：	450 千字
版　　次：	2011 年 6 月　第 1 版
印　　次：	2011 年 6 月　第 1 次印刷
书　　号：	ISBN 978 - 7 - 203 - 07256 - 0
定　　价：	50.00 元

如有印装质量问题请与本社联系调换

杜月笙的另一面

杜月笙是什么样的人？回答几乎一致：上海滩黑社会的老大。杜月笙究竟是一个什么样的人呢？美国著名专栏作家约翰·根室曾经在他的《亚洲内幕》一书中说，杜是当代亚洲引人注目的猛汉，是中国最有趣的人物。读完本书，你会觉得杜月笙不仅是一个最有趣的人物，还是那个年代最富传奇色彩的人物。

论出身，杜月笙是贫农中的贫农；论家庭，四岁丧母、五岁丧父、八岁时继母被人贩子拐走不知所终而成为孤儿；论文化，念了五个月的私塾。十五岁泪别姥姥光着脚丫子只身从浦东高桥乡下来到上海滩，但是在其五十寿诞之日，蒋介石题写牌匾"孝思不匮"；杜氏家祠落成盛典，英文报纸《大美晚报》说这是"上海有史以来空前胜举"！民国大学者章太炎等人是他的座上嘉宾，为他取名"杜镛"，心悦诚服地叫他"杜先生"；令人谈之色变的"中国的希姆莱"戴笠与他情同手足，而近代中国的风云人物张学良说"我对杜月笙也是非常佩服"。杜月笙何以从凄苦而臻于绚烂呢？这本《上海枭雄杜月笙》将向您娓娓道来。

我对杜月笙的兴趣和研究由来已久，蜀秋兄的这本《上海枭雄杜月笙》是目前国内第一本客观真实的杜月笙传记，是从当时的现实环境出发，把杜月笙还原成一个真实的人，而不再脸谱化。作者深入到杜月笙内心世界、从杜月笙做人做事的角度来书写，这不仅需要的是历史资料和文笔，更重要的是需要作者本身的阅历，蜀秋兄抓住了杜月笙区别于其他人的"亮点"。也难怪在天涯社区的"煮酒论史"栏目甫一登场便好评如潮，点击量一天八个台阶地蹿升。

本书谈到"一·二八上海抗战做狮子吼"，杜月笙在法国领事馆痛斥日本发

动九一八事变无端侵占我东三省；得知日军钻入法租界要从背后袭击我十九路军时，他挥拳喝道："我请日本军队尽量地开来，外国朋友一个也不要走，我杜月笙要在两个钟头之内，将租界全部毁灭！我们大家一道死在这里。"日本人屈服了。

抗战胜利后，肃清汉奸成为历史遗留下来的一项政治任务，由于权力的滥用不可避免地要"肃汉"扩大化。在当时的环境下，没有几个人会为"被汉奸"说几句公道话，更不用说去解救他。因为在许多聪明人的眼里，自己要这么做岂不是站错了队伍，说不定还会引火烧身呢？中国几千年下来冤枉的人又不是你一个，只能怪你自己命不好。当时著名的新月派诗人邵洵美，这个与徐志摩、郁达夫、戴望舒齐名的民国"四大才子"之一，因其哥哥邵式军做了大汉奸而被军统无端关押两个多月。恰巧被杜月笙撞见，杜与邵洵美是朋友，他还了解邵洵美拒绝了自己的汉奸哥哥和日本宪兵队长的拉拢，是挺得住站得直的一个中国人。杜月笙当即与戴笠交涉，并为之担保，诗人重获自由。不计个人毁誉，还朋友一个公道，这是杜月笙的风格。

"受人滴水之恩当以涌泉相报""知恩不报非君子"，祖先都一直这样教导我们。自己有十万块钱，拿出三万来回报自己的恩人，这并不困难。难的是敢于克服困难，在自己也很艰难的情况下回报。书中谈到杜月笙"礼尚往来驰援陈光甫"，他常常干这种急人之所急的事情。他自己常说"锦上添花的事情让别人去做，我只做雪中送炭的事情"，这就远不止是知恩图报，而是上升到了做人的另一个境界。苏北赈灾、两广赈灾、抗日后援会的种种工作，杜月笙都干得有声有色。书中谈到，苏北赈灾刚完，四川参议会议长向传义和何北衡因川省水灾跑到上海求市长吴国桢协助募捐，吴市长冷冰冰地说："大乱刚过，上海财力有限，刚给苏北捐出二十亿，哪里还有余力？"杜月笙恰恰相反："我们在四川吃了好几年的饭，现在四川有灾，这个忙，没有不帮的道理。"一个是政府大员、一个是社会闲人，一个是留美归来的知识分子、一个是没读过几天书的农民孤儿，是否值得我们抬头思考呢？

1932年3月，杜月笙和几十名国难会议会员一起抵制国难会议，联名签署了要求"抗日到底，结束党治，实行民治"的提案；杜月笙是靠法租界的庇荫混起来的，但他对自己的主子法国人敢于对着干，坚决支持被法国水兵无辜杀害的中国工人，并策划了罢工抗议行动。日本人对杜月笙是百般拉拢，但杜不为所动。他说："我这个人虽然爱面子，但是现在最大的面子是抗日，是国家。"美国实用主义哲学家悉尼·胡克说，所谓英雄就是那种能够将历史的可能性转变为现实性的关键因素。在前方抵抗日本侵略的时刻，后方急需紧急支援前线的一个团队和这个团队的领袖出现时，杜月笙挺身而出，担任上海抗敌后援会会长，号召各界中国人为前线将士捐款。上海沦陷后，他出走香港、重庆，在大后方任中国红十字总会副会长等职继续参与抗战。为此，他不惜除掉已经做了汉奸的拜把子哥哥张啸林与有恩于自己的傅筱庵，杜月笙坚定地站在了民族大义这边，做到了大节不亏。中国全民抗战的"势"形成了，杜月笙以一介平民的身份贡献良多。

对待任何一个人我们决不能一叶障目不见森林，不能将他的错误无限放大以至于淹没他本人，甚至以为错误就是他本人，也不能将他的光辉无限放大而遮掩他本人的错误，更不能以出身论是非。这就需要我们来"认真"，认真理清在各个历史时期的所作所为并予以符合事实的评价。今天我们看到了杜月笙那鲜为人知的"硬汉子"的一面，但是对于他出身黑道、一生的大部分时间都与黑道有染这件事视而不见显然是不对的。他所涉及的两项支柱产业烟和赌，就是放在任何国家、任何时间都是非法的，都是需要社会的正义力量予以坚决打击的。在当时的特殊环境下他居然奇迹般地生存下来，而且成功地进行了"结构转型"，因为那是乱世。这就是历史，这就是曾经的现实。书中做了很多披露，专门有一章谈到"转型难，江湖丑事一箩筐"，这也就是我认为他还不是西班牙佐罗的原因，因为佐罗是一尘不染，专门除暴安良、行侠仗义的理想"骑士"人物。

是什么造就了杜月笙这样的一个人呢？杜月笙是一个彩色的人，他不是简单的一个罪人也不是简单的一个功臣，他是一个"侠客"。他是中国传统民间文化培育出来的一个奇人，他的价值标准、做人准则更多地来源于《三侠五义》《隋唐英雄传》《水浒传》等这类评书、演义的熏陶，他在生活中自觉地扮演起了小说中的"侠义"英雄形象，有时候可以不计法度为朋友两肋插刀，有时候又一身正气勇挑重担，他的浑身充满了矛盾。当然我们还不能忽视青帮教义对他的影响，杜月笙身上的"义气"精神，也渗透着青帮文化的精神。而民国时

期的青帮还有投身辛亥革命的因子存在,是有点革命加痞子的性质,如果单纯谓之曰"黑社会组织"确实有点不够实事求是。

米林秀

2011年5月12日于北京

目 录

第一章　赤贫童年 ································· 1

第二章　心动 ····································· 9

第三章　张啸林的霸气 ····························· 15

第四章　金荣大哥招手 ····························· 25

第五章　杜月笙出道 ······························· 35

第六章　弟子闯祸 ································· 45

第七章　借刀杀人扳倒沈杏山 ······················· 49
　　　1 烟土生意三鑫公司火爆 ····················· 50
　　　2 借刀杀人 ································· 56

第八章　潮起潮落黄金荣 ··························· 67
　　　1 杜月笙迎娶陈帼英 ························· 68
　　　2 戴笠报到 ································· 71
　　　3 黄金荣跌霸 ······························· 73
　　　4 杜月笙出面讲斤两 ························· 76
　　　5 黄天霸拜山 ······························· 80

第九章　妙手化解三鑫公司危局 ····················· 85
　　　1 帮顾竹轩和英国人打官司 ··················· 86
　　　2 三鑫危局 ································· 90
　　　3 杜月笙结交新贵过难关 ····················· 94

第十章　乐不思蜀张宗昌 ··························· 97

第十一章　荣升法租界华董 ························· 103
　　　1 改换行头杜先生 ··························· 104

  2 张宗昌轶事 …………………………………… 108
  3 春风得意荣升华董 …………………………… 111
第十二章 计涮毕庶澄 走向北伐军 ……………… 115
  1 美人计涮死毕庶澄 …………………………… 116
  2 紧密谋，跟定蒋介石 ………………………… 120
第十三章 杀害汪寿华 投靠蒋介石 ……………… 125
  1 汪寿华被害 …………………………………… 126
  2 赴南京晋见蒋介石 …………………………… 131
  3 要退黄振东门生帖子 ………………………… 133
第十四章 罢工！叫板英美烟草公司 ……………… 135
第十五章 挺身而出杜先生 ………………………… 145
  1 礼遇君主立宪专家杨度 ……………………… 146
  2 为死难工友挺身而出 ………………………… 149
第十六章 开银行娶新人 …………………………… 155
  1 开银行顺手敲打闻兰亭 ……………………… 156
  2 喜娶明星姚玉兰 ……………………………… 163
  3 为报恩摆平警备司令熊式辉 ………………… 167
第十七章 上海各大报说：鸣谢杜月笙先生 ……… 171
  1 祝贺你们胜利 ………………………………… 172
  2 与范哈儿的交情 ……………………………… 174
第十八章 杜氏家祠威风落成 ……………………… 177
  1 章太炎赐名"杜镛杜月笙" …………………… 178
  2 上海滩从未有过之盛典 ……………………… 182
第十九章 礼尚往来驰援陈光甫，耍手腕解困张学良 … 191
  1 为灾民募捐的急先锋 ………………………… 192
  2 紧急驰援陈光甫 ……………………………… 194
  3 耍手腕解困张学良 …………………………… 198
第二十章 "一·二八"上海抗战做狮子吼 ………… 201
第二十一章 办教育开办正始中学 ………………… 209

第二十二章　转型难，江湖丑事一箩筐 …… 215
　　1 烟土行被逼搬家 …… 216
　　2《啼笑因缘》的电影之争 …… 218
　　3 绑架魏廷荣 …… 225

第二十三章　杜月笙羽翼丰满建恒社
　　　　　　五虎上将顾祝同求上门 …… 233
　　1 羽翼丰满建恒社 …… 234
　　2 顾祝同求上门 …… 237

第二十四章　两度交手"民国第一杀手"王亚樵 …… 241
　　1 李鸿章的混蛋长孙惹麻烦 …… 242
　　2 为张学良剑拔弩张 …… 247

第二十五章　大达、大运公司风生水起 …… 253
　　1 担任大达轮船公司董事长，跻身航运业 …… 254
　　2 卖航空奖券大运丰收 …… 258

第二十六章　风月场中的左右手 …… 263

第二十七章　孔祥熙巧取豪夺　杜月笙借梯上位 …… 271

第二十八章　史量才事件背黑锅
　　　　　　为手下甘做月下老 …… 279

第二十九章　上海抗战尽显英雄本色 …… 287
　　1 担任上海市各界抗敌后援会主席团要角 …… 288
　　2 与戴笠组建"苏浙行动委员会别动队"开展敌后抗日 …… 295
　　3 就任中国红十字会总会副会长救助伤病员 …… 298

第三十章　拒绝日军拉拢，离沪赴港 …… 301

第三十一章　在香港成为中国的杜月笙 …… 315
　　1 遥控上海滩 …… 316
　　2 大后方重操旧业卖烟土 …… 320

第三十二章　锄奸与策反高陶 …… 323
　　1 锄奸 …… 324
　　2 策反高宗武、陶希圣 …… 331

第三十三章　为国家的面子除掉张啸林、傅筱庵 ……… 335
第三十四章　营救大管家万墨林
　　　　　　调停两大特工系火拼 ……………………… 345
　　1 "感谢杜先生，感谢国家" …………………………… 346
　　2 调停两大特工系统的火拼 …………………………… 350
第三十五章　落脚重庆办公司 ………………………………… 355
　　1 有背景的大公司相继开张 …………………………… 356
　　2 营救国民党中组部副部长吴开先 …………………… 362
第三十六章　孔祥熙那些事 …………………………………… 365
第三十七章　胜利回沪　弟子挑战 …………………………… 373
第三十八章　为崛起再建恒社　哪料想戴笠折戟 ………… 381
第三十九章　为赈灾出奇招办中国首届选美大赛 ………… 389
第四十章　跌宕起伏杜大亨 ………………………………… 397
　　1 与警备司令宣铁吾结下梁子 ………………………… 398
　　2 竞选为首届上海市参议长 …………………………… 400
　　3 宋子文的尴尬 ………………………………………… 403
第四十一章　杜先生的那点家事 …………………………… 405
第四十二章　蒋经国打虎摸到杜月笙 ……………………… 411
第四十三章　客居香港被批流氓 …………………………… 419
第四十四章　大秤分金的大亨光景不再 …………………… 427
第四十五章　大亨谢幕 ……………………………………… 435
后　记 …………………………………………………………… 441

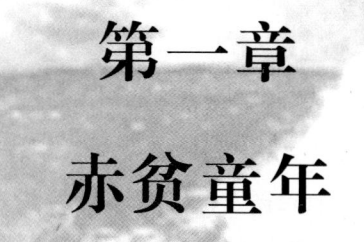

第一章

赤贫童年

"三百年来帮会第一人"的杜月笙,在其五十寿诞之时,民国蒋介石主席为"杜家祠堂"亲自题写"孝思不匮"的牌匾,在颂词中称赞杜月笙"任侠好义、声驰遐迩"。

1888年8月22日这天,农历七月十五中元节,也叫鬼节,杜月笙出生了。他不是口含金汤匙出生的富二代或者说官二代,他一落地,"辛酸"二字就伴随左右,成为他最真诚的朋友。懂事后,杜月笙信奉英雄不怕出身低,愣是在千百个不可能的理由中闯出了属于自己的一片天地,身后或褒或贬已经任由他人评说。台湾著名传记作家章君谷先生断言:前进上海滩、知交上海人,此人必读。

他的家乡是在上海浦东(当时官称"江苏川沙")高桥镇以南大约十里的一个小村子。杜月笙的父亲叫杜文庆,没什么文化,看着天上圆圆的月亮,就给儿子取名叫"月生",这就是日后威名远播的"海上闻人"杜月笙的本名。

杜家的住处是一座破旧不堪的小平房,村里人管它叫"杜家宅"。杜月笙成名后,有帮闲文人将此宅更名为"杜家花园",以彰显气派。

这个"花园"虽然狭小破败,夏天不能挡雨,冬天无法遮风,却并非杜文庆独有,而是他和哥哥两家合住,足见其经济之困窘。

不是一般的艰苦。杜文庆曾在茶馆里当过跑堂,码头上卖过苦力,都难以养家糊口,妻子朱氏不得不靠帮人洗衣服赚点钱补贴家用。为了生活得好一些,杜文庆后来与人合伙到较为繁华的杨树浦开了家米铺,和许多小店老板一样,只能凭着没日没夜的劳作,勉强维持生计,所以直到妻子临产,才能赶回家来照顾。

为生活所迫,当妻子刚刚可以下地走动自理生活,杜文庆就不得不赶回杨树浦,此时他的儿子杜月笙,尚未满月。

杜月笙出生不久,上海开始闹旱灾,旱灾刚过,一场连绵几十天的雨水又酿成水灾,高桥四乡瘟疫流行,饿殍遍地,朱氏只好背着刚满周岁的儿子,赤足走了二十多里,到杨树浦投奔老公去了。

杜文庆勉力撑持的小米铺,也支持不了一家三口的生活。好在杨树浦一带工厂多,大概正在闹民工荒,杜夫人很容易就在一家丝厂找到了工作。

杜文庆百般不愿意妻子出去打工,一是当时的中国社会,流行的是男人工作，女人持家，女人抛头露面工作挣钱是件没面子的事；更重要的是，杜月笙刚满周岁，女人又有了身孕，理应在家静养。可是生活的压力毕竟盖过了生命的尊严，杜文庆最终只能向现实妥协。

朱氏打工的丝厂，是个血汗工厂，每天十二个小时高强度的劳动，足以让身怀六甲的她累出一身的毛病。结果只工作了几个月，1890年，杜月笙两岁的时候，身体虚弱的母亲早产下一个女婴后，因失血过多不幸去世。

杜文庆实在无法负担两个孩子的生活，只好把女儿送给了一个宁波商人。两岁的杜月笙，从此和亲妹妹天各一方，再也无缘相见。

后来杜月笙功成名就，曾想尽一切办法寻找这个妹妹，其中包括在报上登寻人启事，奈何找上门来的全是些假冒伪劣的。在杜月笙，这是生平一大憾事。

草草将妻子葬在"杜家花园"旁的荒山上后，杜文庆带着杜月笙回到杨树浦，一个人又当爹又当妈还得打点小买卖，真是苦不堪言。直到亲戚里混得比较好的堂兄、在十六铺水果店打工的杜阿庆看不过去，张罗着为他续娶了一位张氏为妻，杜家的生活才开始有了一点点转机。好景不长，杜月笙五岁那年，父亲染上风寒，因无钱医治，留下孤儿寡母，撒手人寰。这时的杜月笙已经有点懂事，但他无论如何也想不明白，命运为什么竟如此残酷。

张氏卖掉小米铺，买了副棺木，将杜文庆葬在了小月笙生母墓旁边。随后便带着杜月笙重回杨树浦，租了间小屋，靠卖点米面糕饼，兼帮人洗补衣服为生。母子二人相依为命，艰难地活着。万幸的是张氏本性善良，一点也不像个后妈，对杜月笙视为己出，百般关照，让他真正感受到了母爱的温暖。

一年后，张氏甚至节衣缩食攒下了一点点钱，她便送杜月笙去附近瞿老太太办的私塾读书，每个月学费四五毛钱。可惜随着张氏糕饼铺的难以为继，杜月笙不得已只好停学，这段学生生涯只持续了四个月。失学后，杜月笙跟着张氏回到了高桥镇老家，生活全靠张氏为邻里洗补衣服挣的微薄收入，其艰难困苦可想而知。可即使是这样的日子也不能持久，杜月笙八岁那年，张氏被人贩子拐骗，从此音讯杳无，杜月笙成了标准的孤儿。

无依无靠的杜月笙只好在堂叔、外婆、舅舅家有一顿没一顿地混饭吃，虽然他也尽力帮着做一些杂事，无奈各个亲戚家也都很穷，凭空多个吃饭的人，时间长了难免白眼相向。这样的日子大概过了两三年，长到十一二岁时，心高

气傲的杜月笙再也无法忍受这种寄人篱下的凄凉，索性浪迹街头，和其他流浪儿一起，或沿街乞讨，或到饭店、茶馆捡吃剩饭剩菜，时间长了，结交了一些朋友。

杜月笙骨子里有一种天生的义气因子，这在他的乞讨生涯中即有所显现。每当讨到食物，他都不介意和小伙伴分享，而无论是他自己还是小伙伴，只要有人受到欺负，他都会招呼大家一拥而上，久而久之，他俨然成了当地流浪儿的小领袖。

身为小领袖，心尚未比天高却也潜藏凌云之志的杜月笙，绝不满足于仅仅靠乞讨为生，免不了带着小伙伴们时不时干些偷鸡摸狗的勾当，甚至仗着人多，对一些外乡人或回乡客半乞半抢，讨得一些零食零钱，虽然仍不足以保证恒久的温饱，日子却也过得逍遥自在。

逍遥的日子过久了，肚子不饿的时候就难免会感到无聊。因为年纪尚小，饱暖还不至于思淫欲，所以无聊之中，杜月笙迷恋上了赌博。这是他一生的嗜好，只不过最初的时候，他赌得很小。

高桥镇因为地处要冲，来往客商很多，镇上赌棚也很多，生意大多不错。杜月笙先是看热闹，看得多了心就痒痒，于是只要手里有几文钱，就要跑到赌棚去下一注，往往是血本无归。偶有赢的时候，他又会很慷慨地请小伙伴们吃碗面之类的，总之输赢都留不下钱。有一次身上没钱却赌瘾发作时，他灵机一动把"杜家花园"里父母留下的破铜烂铁破旧家具通通卖掉，换得五毛钱，可惜这笔"巨款"转眼就输了出去。

赌红了眼的这个小孩子一不做二不休，索性要把祖屋"杜家花园"给卖掉。正寻找买家呢，消息传到了他舅舅朱扬声耳中，舅舅对自己这个不争气的外甥离经叛道的败家子行为感到极为愤怒，把他吊起来暴打一顿，直接打消了杜月笙卖祖屋的念头，也打断了他浑浑噩噩的街头岁月。

卖祖屋兼被暴打，使杜月笙这个"败家子"霎时成为街头巷尾都在谈论的笑料级人物，这让他感到很没面子，他便决定离开家乡，到上海滩去闯荡。老家所有的亲戚里，一直以来只有外婆对杜月笙这个外孙最疼爱，虽然外婆也很穷，不能从物质上关照他，但杜月笙依然对她充满了敬爱。所以临走前，他谁也没通知，只是只身来到外婆家告别。

外婆给了他自己仅有的几毛钱,外加请人写的一封信。信是写给杜月笙十六铺的伯父杜阿庆的,请他关照这个孩子。杜月笙来到十六铺,投奔伯父杜阿庆。杜阿庆此时已经升任张恒大水果行的档手(相当于经理),收留下了这个堂侄做学徒。

十六铺是法租界与华界的交界区,是当时上海最繁华的地带之一,从外洋与内地运来的洋货、海货、山货大多在这里集散,洋行、商行、货栈、旅馆、大小店铺鳞次栉比,让初来乍到的杜月笙看得眼花缭乱。

杜月笙连上海话都不会说,只说得一口浦东土话。在学习语言的过程中,他也热衷于女人天生的爱好——逛街,因为没钱他并不购物,只是饿了的时候他也进小饭馆吃饭,最爱吃的是德兴馆的糟钵头。大多数的时候,吃完当然只能挂账,过几天饭馆上门讨账,杜阿庆只好付钱。

这个时期,长大了的杜月笙由于慷慨仗义,又交了不少朋友,不过他慷的都是别人之慨——街上的流氓瘪三没钱吃饭的时候,他经常偷偷从店里拿一些水果送给他们,渐渐地大家就成了朋友。朋友一旦有难,他总是拔刀相助义不容辞。有时候自己被打得头破血流,他能忍着一声不吭。所有这些,搞得杜阿庆不胜其烦,但毕竟是自己的侄子,不好做得太绝情,于是他把杜月笙介绍到宝大水果行去做学徒,并一再叮嘱他要好好做人。

作为学徒,宝大水果行和张恒大一样,都没有薪水,只是每月给两块零花钱。不过杜月笙这次没乱来,干得很认真,帮助老板娘做家务、服侍老板和师兄以及店里打杂的活,样样做得一丝不苟,任劳任怨;加上他善于察言观色以及与生俱来的热情诚恳,他很快就赢得了店里上上下下的好感。不久老板把他调到了柜台上,因为头脑机灵,他干得还真是有声有色。工作期间,他练就了一手削水果的绝技,可以一边和人聊天,一边快速而灵巧地将一个水果的皮均匀地削下,一削到底,绝不断裂,令人叹为观止。

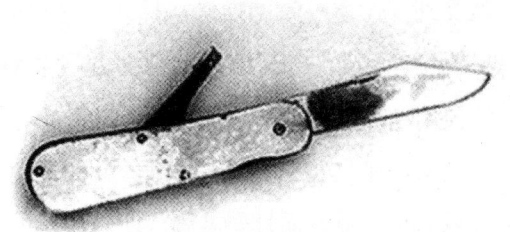

杜月笙用过的水果刀

杜月笙尤其擅长削坏掉的莱阳梨,一只烂梨子,经他巧手一削,烂疤一剜,立即变得晶莹剔透,照样能卖个好价钱。很有些客人,主要是些太太小姐,为了欣赏他这两项表演技术,纷纷到水果行来围观。俗话说"关注就是力量,围观改变生活",随着围观者越来越多,店里的营业额也随之大涨,杜月笙在店里的地位自然水涨船高。大家都亲切地叫他"水果月笙"或"莱阳梨",这两个外号,叫了很多年,一直到后来发达了,才少有人敢再当面这么叫他。

一年后,杜月笙因为工作出色能力出众,被老板提拔去跑街拓展批发业务。重回街头,杜月笙再次迷失,花钱如流水,苦于囊中羞涩,便时不时截留业务款,很快就被老板发现。这个老板不是他的亲戚,立即毫不留情地将他扫地出门。

失业后的杜月笙再一次流落街头,好在曾经的同事、张恒大水果行的账房黄文祥见他可怜,便将店里一些坏掉的水果,偶尔也夹带一些好的水果低价批给他,让他摆个小摊糊口。从未得到过关爱的杜月笙相当感动,却因为口拙而不知该如何表达,只能说:"文祥哥,有朝一日小弟发达了,一定好好报答你。"黄文祥只是一笑。他哪里想得到,杜月笙日后不仅实现了承诺,而且对他的报答,直如长江之水滔滔不绝。

凭着精湛的独门手艺,杜月笙的水果摊生意兴隆自不在话下,规规矩矩这么干下去,解决温饱直奔小康绝非遥不可及。只是杜月笙爱交朋友,交的还都是些穷朋友,只要他见到有朋友挨饿,就会把自己的钱拿出来,他最常说的就是"拿去吃饭,有钱了再还我"。

这样一来,小康就遥遥无期了。不过失之东隅收之桑榆,十六铺一带的小混混,大都知道了有这么一个慷慨仗义的水果月笙,纷纷前来结交。杜月笙爱交朋友也会交朋友,热诚之外,他为人处世公私分明,调解纠纷不偏不倚,很快就受到了大家一致的推崇。杜月笙又要赌博,又要接济手下的弟兄,靠个水果摊无论如何都不够。他干脆停掉这项生意,带着小兄弟们干起"抛顶宫"一类的营生。

所谓"抛顶宫",就是抢帽子。那是个帽子的年代,人们流行戴帽子,越是有钱人越要戴,而且要名牌。所以说抢帽子算是"朝阳产业",是个很有前景的行当。

应该说杜月笙有成为能工巧匠的潜质。削水果是一例,抢帽子他同样干得出类拔萃——人群中他只消跟你轻轻一碰,就能把你头上的帽子迅速取走,还没等你反应过来,他回身一扬手,就像马拉多纳踢任意球一样,帽子早已飘过行人头顶,精确地落在二三十米外同伙的手里。因为杜月笙他们尽可能专挑名牌帽子下手,抢来的帽子既好卖又卖得起价,绝对的叫好又叫座,加上弟兄们平时也兼营一些偷鸡摸狗坑蒙拐骗的勾当,团伙的生活质量顿时有了实质性的改善。此时的杜月笙,对自己的生活有着知足常乐般的满意。

1908年3月5日,南京路的有轨电车通车。这是整个上海滩的一个特大新闻,之前几天各大报纸连篇累牍的报道早已吊起了所有人的胃口。杜月笙一大早就叫了袁珊宝、马世奇两个最要好的小兄弟一起去看热闹,也想趁着热闹顺便抢几顶漂亮的帽子晚上好好去赌一把,没想到这一去,竟彻底改变了他的人生。

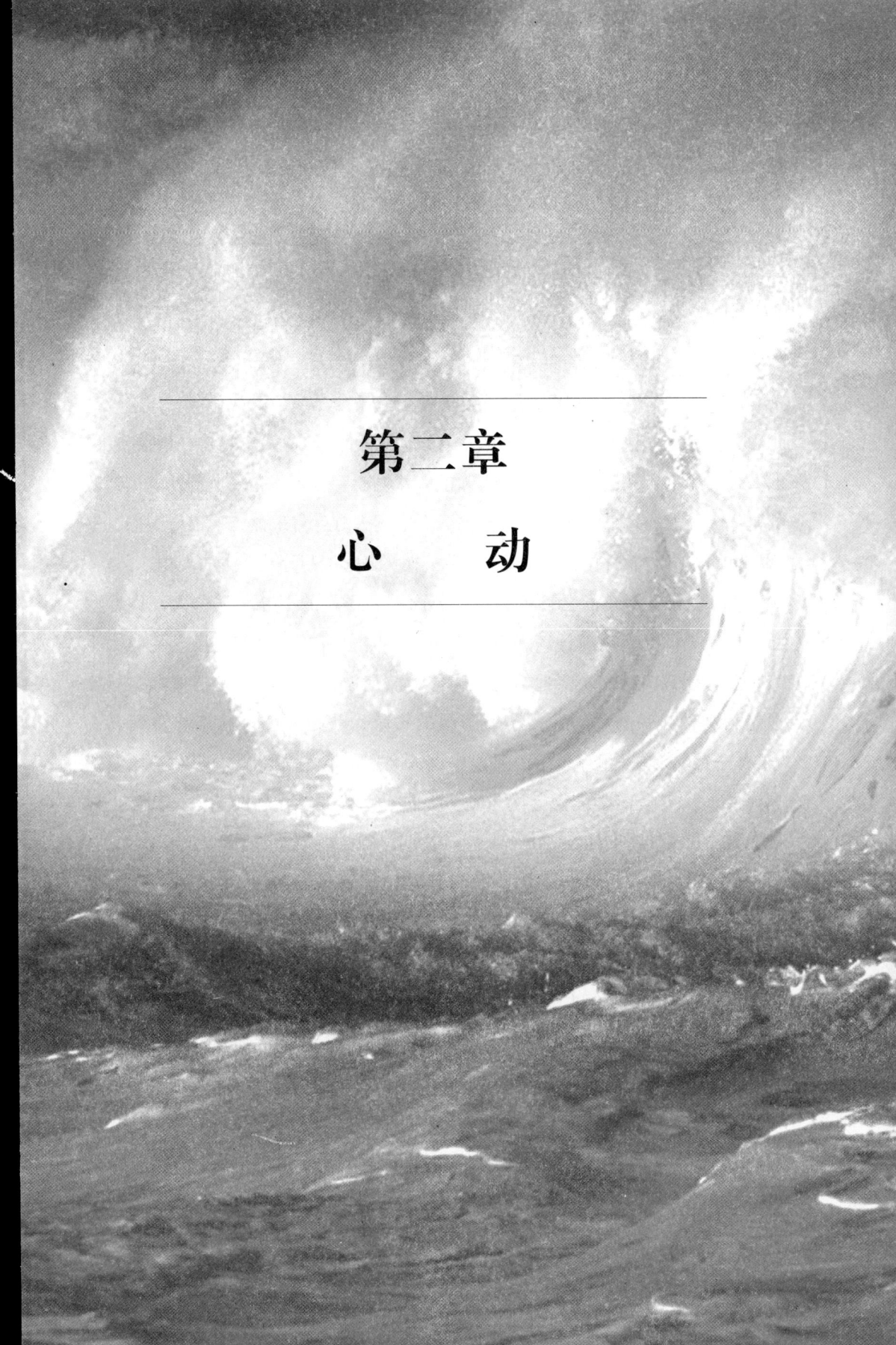

第二章

心　动

当天一早，从南京路到外滩简直是人山人海，大家都知道公共租界的有轨电车通车典礼将要举行，纷纷从四面八方涌来，想要一睹为快。

这路有轨电车是英国商人在1905年成立电车公司时就开始筹建的。花了整整三年的时间才算完工，从现在的西藏路沿着南京路向东铺轨，一直铺到南京东路外滩。

杜月笙他们赶到时，只见一节车顶周围插满万国旗，可坐二十四人的电车停在轨道上，围观者兴奋地指指点点，但没有一个人敢靠得太近。因为早有谣传"电车，电车，车上有电，乘了触电！"

为了辟谣，英国人想了个好办法，在车厢两面贴上"大众可坐，稳快价廉"的宣传大标语，并请来了几个洋人和上海滩赫赫有名的买办乘坐首发电车，图的是让大家放心。那天应邀的大买办、海上闻人有巨富朱葆三，银行买办、上海滩首屈一指的绅商虞洽卿，英美烟草公司买办郑伯昭等几个头面人物。

朱葆三是上海总商会首任会长、英商平和洋行的买办，又个人开设专营洋货的新裕商行，更兼任诸多企业的董事，富甲一方，声名远扬。他的大手笔是曾捐赠舟山路一块空地给公共租界造监狱，即著名的提篮桥监狱；后又捐赠给法租界一条马路，为了表彰他的贡献，法租界公董局将此路命名为"朱葆三路"，这是租界里第一条以中国人名字命名的马路。十四岁开始闯荡上海滩，从五金店学徒做起的朱葆三，此时已经是六十岁的老人，却显得神采奕奕，着实气度不凡。

郑伯昭在烟草行业也是个巨头，只是相比前两者，名气要小一些，但当电车开动，他伸出头来挥挥手，下面同样是欢声雷动，这个场面，让杜月笙羡慕不已。

这次典礼让杜月笙大受刺激，顾不上抢谁的帽子，只是回味着马世奇讲的这三个大人物的发家故事，其中虞洽卿的传奇，更是让他久久难以忘怀。

虞洽卿原名虞和德，浙江镇海人，幼年丧父，靠母亲含辛茹苦抚养大。十五岁时经亲戚介绍到上海一家颜料店做学徒，临行时，母亲特地为他做了双新布鞋。当他随着介绍人走到距离颜料店不远处时，突然天降大雨。舍不得弄脏新鞋，虞洽卿便将它脱下，塞进包袱里，赤足走进店门。不想太过紧张，加上地滑，虞洽卿在门槛外滑了一跤，手脚朝天，屁股落地。老板正待发火，介绍

人机灵,忙说:"赤脚财神到!老板你看小老弟这副样子,像不像个金元宝?"一看确实像,老板蓦然想起昨晚做了一个梦:一只大元宝送上门来,顿时大喜。虞洽卿因此不仅谋到一份差事,甚至还得到了老板的宠信。

他也真没辜负老板的关爱,凭着踏实努力,加上头脑灵活,职位一路上升,直至成为店里的小股东。虞洽卿明白十里洋场是洋人说了算,便自费上夜校苦学英文,并刻意与洋人结交,凡是到洋行送货,他都要亲自去,就是为了多认识几个洋人。

工夫不负有心人,二十七岁那年,虞洽卿被某德商洋行聘为跑楼(副买办),并很快就升为买办,从此展开了他的灿烂人生。虞洽卿后来比朱葆三更有名,此时虽已被尊为"阿德哥",在朱葆三面前却还是小字辈。四十岁的他,意气风发。他登车的时候,人们无不对之议论纷纷,一片艳羡之情。

杜月笙感到很惭愧。想想这三个人尤其是虞洽卿,出身都不比自己好多少,经过自身的不懈奋斗,如今混得连洋人都对他们客客气气。自己已经二十岁了,还一天到晚"抛顶宫"小打小闹,甚至连小打小闹也算不上,实在是心有不甘——我要奋斗,奋斗出个样子来!

杜月笙以虞洽卿为镜,悟出了一个道理:人若想出头,除了努力,还

虞洽卿照

必须得有一个靠山。虞洽卿靠的是洋人,否则一定不会有现在的辉煌,那么自己该靠什么呢?他想来想去,觉得干自己这一行的,最好的靠山或许是青帮。

青帮是一个古老的江湖组织,最初以反清复明为宗旨,后来政治色彩渐淡,到清末海运开通后已经基本沦为一个帮会组织。青帮是以师徒传承为主的纵向式的家族组织,讲究"师徒如父子,同师如弟兄"。体现这两层关系的就是青帮的字辈,辈分越高越牛。祖师爷立下了二十四个字作为帮内"家谱",这二十四个字是:"清净道德,文成佛法,能仁智慧,本来自性,圆明行

理，大通悟觉"。到了清末民初的时候，"大"字辈已经是最高的一辈，所剩的人也不多了。

青帮到底有多牛呢？我们不妨讲一个小故事来做说明。

说是袁世凯称帝之后，腿有残疾的大儿子袁克定和老三袁克良都想当太子，而两人都很防备曾经反对帝制却依然为袁世凯所宠爱的老二袁克文。袁世凯生怕有伦常惨剧发生，便示意老二离开北京，云游四海。袁克文挑了父亲曾经的秘书步章五陪同，前往上海。步章五是青帮"大"字辈，建议二公子不如加入青帮，利用江湖势力作自我保护，袁克文欣然同意。后来由当时"大"字辈中最德高望重的张树生"代师收徒"，袁二公子以"大"字辈身份，加入了青帮。"皇二子"袁克文危难之时，都会想到加入青帮以自保，青帮的江湖地位不问可知。

话说十六铺一带有一个不大不小的流氓叫陈世昌，是青帮"通"字辈人物。陈世昌小名福生，因为年轻的时候每天走街串巷靠一种套红签子的小赌博游戏为生，所以人们都叫他"套签子福生"。杜月笙和他认识，便想拜他为师，陈世昌很欣赏杜月笙的为人处世，觉得他是个可造之材，两人一拍即合。就这样杜月笙成了青帮"悟"字辈一员，辈分很低，但总算是进了门槛。

加入青帮后，杜月笙的生活和事业并没有改观。陈世昌那会儿很忙，他有一个三十六人的团伙，江湖人称"三十六股党"，主营业务是抢鸦片，这事儿太大，他觉得没法带杜月笙一起干。所以两个人更多的只是师徒名分，师父对徒弟实质性的帮助并不多，但杜月笙没有丝毫抱怨，他相信师父领进门修行在个人，自始至终对师父心存感激。

杜月笙想好了，"抛顶宫"利润丰厚，不能丢，但也不能拘泥于此，路子要广，事体要多。他创造性地发明了"拉客"的生意。拉客，就是他们这些混混分散在街头游荡，见有客人到某家店铺购物，就跑到门前招呼引路，等购物完毕，便对店里宣称客人是自己带来的，要求支付佣金。店铺老板当然不肯，向巡捕房报警把他们赶走。于是这群混混就成天在店铺门口打架，让客人不敢上门，老板最终只得上交保护费。这样，钱多起来的杜月笙，眼光已经越过街巷，盯上了充满机会的十六铺码头。

十六铺作为当时上海最大的货物集散地，各码头来往的货轮之多不可胜数。

恼人的是大货轮驶入黄浦江，往往因为江滩太浅，无法靠岸，只好停在江面，再依靠小驳船卸货。这个过程，蕴含着偷抢货物的巨大机会。偷算是文明的，就连沉船抢货的大案也时有发生。这一行的从业者很多，杜月笙他们算是新手，最开始干得并不熟练，但收获却一点也不小。

在此期间，杜月笙展现出了高超的协调能力和组织才能，很快就带出了一支特别能偷、特别能抢、特别能战斗的团队，"水果月笙"的名头开始在码头上有了一定市场。这时，有一个人注意到了他，这人是另一个团伙的头目，和杜月笙不熟，只是在各路豪杰的聚会上见过几次。

这个人叫张啸林。他和杜月笙的恩怨纠缠了一生。

第二章 心动

第三章

张啸林的霸气

张啸林原名张小林,乳名阿虎,后来他发达了衣锦还乡,有杭州当地文人许吾生为他献名,因其生于虎年,故取名为"寅",号"啸林",是猛虎啸于山林的意思。虽然较章太炎改"杜月生"为"杜月笙"有所逊色,但也算得上许吾生的得意之作了。

张啸林出生于浙江慈溪一个小村庄,中等身材,圆头大耳,一双豹子眼,发起怒来滴溜溜圆。和那个年代的大多数成功人士一样,张啸林家境相当贫寒。1897年,张啸林二十岁,正是长身体的关键时期,眼看在家乡呆着连饭都吃不饱,更谈不上前途,便和哥哥张大林离乡背井,来到杭州,在拱宸桥一带找机会。

张啸林先是进了一家丝织厂打工,成为当地人称的"机坊鬼儿"。小张读过书,学过武,自视甚高,根本不安心于如此平凡的工作,却热衷于和街头的流氓厮混,打架斗殴、聚赌诈骗,无所不为,搞得最后各丝织厂的老板联合起来不要他。张啸林倒也不在乎,心想"此处不留爷,自有留爷处",恰好此时浙江武备学堂面向全社会招生,张啸林便兴冲冲前往投考。投考的路上,偶然见到几个流氓欺负兰溪来的考生张载阳,张啸林抱打不平,出手相助,打跑了流氓,算是救了张载阳一命。两人遂结伴前往考场,双双考中,从此结为莫逆之交。

张啸林善于交际,张载阳之外,他专挑家庭背景好的学员交往,很快和周凤岐、夏超等同学成为好友。这几个人日后将成为浙江军政界的风云人物,对张啸林的帮助极大。可惜张啸林无心学习,交友之外,干的全是吃喝嫖赌的事儿,结果就被学校给开了。小张对此很无所谓,投奔了好友杭州知府衙门的探目李休堂,给老李当跑腿。干了一年多,李休堂被调往合肥,张啸林就回到拱宸桥开了家茶馆,既能挣钱,又能结交各路江湖朋友,干各种鸡鸣狗盗的勾当,不亦乐乎。

到了光绪三十四年(1908),张啸林做了件惊天动地的大事情,一举成名。

那年,当过大学士、军机大臣(相当于宰相)的王文韶去世。三年清知府,十万雪花银,何况老王干过宰相?没错,王家有的是钱,大出丧搞得轰轰烈烈,送葬队伍长达数里。其中有一班"滩簧"(大概相当于现在的一支摇滚乐队吧），由著名江湖艺人陈效沂领头。陈效沂和张啸林是好朋友，每当有这样的好生意都会带上他，有钱大家赚，所以张啸林也在这个长长的出丧队伍里面。

队伍走过黄金商业区清河坊的时候，因为围观者众多，秩序一片混乱，有人不小心撞倒了一个日本小孩。当时的中国，中国人是二等国民，外国人才是人上人。现在居然有中国人撞倒日本人，那还了得？刹那间，各家日本商店里一下子涌出一大堆日本人，拦住队伍，不依不饶。

张啸林早就看不惯日本人的横行霸道，见对方盛气凌人的样子，大喊一声"打"，抡起背着的琵琶就往日本人头上砸去。有了带头大哥，积郁已久的愤懑顿时爆发，众人纷纷拥上来大打出手，日本人哪是对手？只能抱头鼠窜。

等到丧事完成，张啸林觉得还不过瘾，和陈效沂一起邀集了大量"机坊鬼儿"，冲到清河坊、三元坊等商业区，只要是日本人的店铺或住家，就是一阵打砸抢，狠狠地出了一口恶气，也酿出了一场外交风波。好在当时光绪皇帝和慈禧太后刚刚去世不久，大清朝处在双重国丧期间，日本政府没有太过刁难。结果是陈效沂挺身而出，揽下一切责任，被判在运河起点的拱宸桥上，戴上枷锁，示众一个月。

这下子激起了民愤。又是张啸林牵头，杭州人民相约抵制日货，张啸林并扬言，还要收拾日本鬼子。为安全起见，中日双方政府达成协议，日本商店及侨民，通通迁回拱宸桥的日租界，杭州城内一时间再见不到一个日本人。这一下，张啸林的金字招牌立起来了。

张啸林的行为得到了颇有势力的洪门大哥杭辛斋的赏识，在方方面面很帮了他些忙。凭借各路关系和交往的众多流氓，加上如日中天的号召力，张啸林组成了一个班底，以陈效沂、翁左青为左膀右臂，渐渐混成了杭州一霸。

有一次在抢地盘的斗殴中，张啸林打死了一个人，在当时，打死人是天大的事，不得了。这事儿虽说让徒弟顶了缸，毕竟还是留下了一个尾巴，随时都可能有大麻烦，这让他感到很烦恼。恰在此时，季云卿来杭州，邀请杭州戏曲界名角去上海演出。通过陈效沂，张啸林结识了这位大哥，两人一见如故。

季云卿在上海滩英租界即公共租界是个数得上的人物，他是青帮的"通"字辈，势力极大。这个名字大家不妨先记下，因为他后面会死，他的死将引出一个精彩的传说。

　　季云卿办完事离开杭州时，张啸林选了一家高级饭馆为他饯行。吃人嘴短，于是席上季云卿感慨道："以张兄的才能，窝在杭州混可惜了，上海滩才应该是你的天地呀！"这话张啸林听着很是受用，难免有点动心。后来命案风声渐紧，张啸林就真跑上海投奔季老大去了。

　　季云卿把他介绍到了五马路110号永洋赌场看场子，赌场老板看季云卿的面子，给他最高等级的三十元月薪，但干的却是打杂的活。张啸林闲极无聊，跑到附近他经常光顾的一家叫"兰香阁"的妓院，兼职当门头，看场子，顺便暗中帮着从赌场拉客人过来，就这样，生活丰富了，收入也多了，幸福指数直线上升。

　　自张啸林来兰香阁做门头之后，妓院生意确实红火了许多。每晚永洋赌场的赌客凡想嫖娼的都被张啸林拉了过来，就连有些本不想嫖娼或准备去光顾其他妓院的赌客，都被他给忽悠到了兰香阁。很快，他的兼职收入就从20元涨到了30元。

　　张啸林生财有道，一次他在兰香阁门口看到有跑江湖卖假春药的，价钱很贵，卖得却很好，在一旁仔细观察了几天，学会了其中的门道之后，他也找药店批发了些假药，另外找了家位于五马路的妓院，给老鸨钱雇了个岁数大些的妓女给他当托儿，就在这家妓院门口叫卖，生意相当红火。张啸林毕竟没有三头六臂，打不了三份工，索性辞了赌场的活儿，并在兰香阁开了个春药专柜，当然他也绝不会放弃五马路一带的阵地。

　　有一天张啸林在一马路（南京路）卖药，摊子摆到了屋顶花园（又叫"楼外楼"）游乐场门口。这个游乐场的主人，名叫黄楚九。

　　这黄楚九是个人物，也是个怪才。该怪才出生于浙江余姚，家中世代行医，却只是混个温饱而已。1888年，也就是杜月笙出生那年，16岁的黄楚九，只身闯荡上海滩，包里装的除了梦想，就只剩一本祖上传下来的医药书。这个时候，没有人看好他，除了他自己。他自认为是早晨八九点钟的太阳，"拨云见日会有时，暂时埋没不需悲"。

　　小黄找到了熙熙攘攘的城隍庙，见有个楼叫得意楼，觉得这名字吉祥，就在楼前摆了个地摊，卖的是按祖传秘方配置的丹、丸、膏、散。小黄口才好，善忽悠，日子还勉强。

掘到第一桶金后，黄楚九不再满足于摆地摊，便拿出所有积蓄，再向一个很欣赏他的富孀借了笔款，开了自己的第一家药店——中法大药房。他在注册时向工商部门解释，这个店名是取中国人在法租界开药房之意，着重于中法两国人民的友谊，法国人觉得这话中听，就批了。待到敲锣打鼓正式开张时，门上亮出的却是中文、法文两块大招牌，给人感觉这肯定是一家中法合资的药房。

苦心经营下，药房生意渐渐兴隆，事无巨细无不亲自过问的黄楚九发了小财，却也落下个小毛病——失眠，连祖传秘方吃了都不管用。有一天，一个药剂师朋友在闲聊中了解到他的困扰，随手给他写了张镇静剂的药水配方，配好后吃了两三天，失眠的烦恼竟然一扫而光。

黄楚九精明过人，当即向朋友买断了这张配方，批量生产之前，先请人设计了个新颖别致的瓶子，再亲自取了个新颖别致的名字——艾罗补脑汁。特别在瓶子上注明此药系根据美国医药博士艾罗先生多年研究的配方制成，还煞有介事地配了一幅大胡子犹太人"艾罗博士"的肖像。

1907年，黄楚九三十五岁，艾罗补脑汁挟"惊人的医药发明"之声势隆重上市，上海各家报纸纷纷刊出大幅广告，脑白金式的营销手段以不可阻挡之势扑面而来，遍地开花，艾罗补脑汁一炮走红，单是中法大药房的门市零售，一天就要卖出数千瓶。黄老板赚了个盆满钵满。

一天，一个年纪轻轻的洋人找上门来，见到黄老板，开门见山道明来意："我是艾罗博士的儿子约翰·艾罗。遵家父遗命，特来讨回艾罗补脑汁的专利权……"

黄楚九是何许人？心知碰到了敲竹杠的老外，正待发作，却心中一动，略一沉思，说道："艾罗博士去世了？我很难过。"然后话锋一转："我买断艾罗博士专利的合同和配方，都锁在汇丰银行的保险柜里，这些可以给你看。不过艾罗博士和我相交多年，经常提起几个女儿，从未说他还有个儿子。约翰你知道的，现在骗子太多，虽然我相信你不是冒充，但为了保险起见，不如你跟我去贵国领事馆……"话未说完，洋骗子早已吓得六神无主，"可能是家父记错了。黄老板不好意思，打扰了！"边说边就想开溜。

黄楚九已经有了一套计划，当然不肯让他走，反而送了他一百两银子，然后骗子就感恩戴德地按要求写了一张字据，内容无非是"本人乃已故医学博士

第三章 张啸林的霸气

艾罗之子约翰·艾罗,此番来华,承蒙黄楚九先生顾念旧谊,赠银百两,不胜感谢。艾罗补脑汁和艾罗博士发明之其他新药之专利,都已由黄楚九先生买断。或恐外人不明,特写此据,云云。"骗子刚写完,黄楚九派人招呼的记者恰好赶到,采访几句,拍了几张照片后,大家尽欢而散。

第二天,报上登出新闻:艾罗博士之子亲临沪上,与黄楚九先生相晤甚欢云云,词真意切,再配上大幅照片,不由得人不信。黄楚九由此展开新一轮宣传攻势,把这个故事讲得尽人皆知——艾罗补脑汁确为洋博士发明,属于世界级名药,而黄楚九先生是此专利的唯一合法持有者。于是乎,诸如"今年过年不送礼,要送就送艾罗汁"一类的宣传口号越发深入人心,这个艾罗补脑汁就像是最大影像(IMAX)版的《阿凡达》一样,你有钱都不一定能买到。黄老板从此由小老板蜕变为大老板,享誉上海滩。

黄楚九开始进军娱乐业,于1912年开设新舞台,几年后更创办了上海最大的大世界游艺场。当时的大世界大概相当于现在的迪斯尼游乐场,各种玩乐的把戏应有尽有,门票两毛钱,不算贵,却可以在里面玩一整天,生意好得一塌糊涂。黄楚九觉得这还不过瘾,紧接着又创办了中华电影公司,然后再进军银行业,于1919年创建上海日夜银行,进而开办上海夜市物券

黄楚九的大世界游乐场照

交易所……

黄楚九自始至终都是个规规矩矩的生意人，不过偶尔也有嚣张的时候。有一次，京剧大腕谭鑫培应邀来沪，在新舞台演出，被一李姓观众喝了声倒彩，黄楚九大怒，认为是不给自己面子，喝令手下把这位观众带到办公室，打了两耳光。这件仗势欺人的丑事激起了民愤，著名导演、编剧、编辑郑正秋在其主编的《图画剧报》上对此进行了激烈的批评："看客喝好喝歹，是绝对的自由，哪可喝了一声倒彩，就有挨打之理？"对黄楚九展开口诛笔伐，搞得老黄灰头土脸。不过这事并不影响黄干其他的生意发财，他创办了福昌烟公司。

一天，影响力巨大的《申报》上登出了一整版的套红广告，广告上最大最显眼的，是一只大红蛋，下面的字也不小，写的是"小囡牌，人人爱"。原来这是黄楚九新推出的一款小囡牌香烟，他的促销利器是向购买小囡牌香烟的消费者赠送红蛋。这则广告，开了上海报纸套色印刷的先河，读者无不感到耳目一新，小囡牌借此赢得了足够的眼球。他还在游人如织的大世界游乐场拼命宣传，后来干脆随门票赠送小囡牌香烟一盒，这款香烟算是在上海滩真正打响了。

黄楚九此举可谓一石二鸟。首先，烟盒上印的"小囡"，极像英美公司另一款畅销烟"婴孩牌"烟盒上那个大婴孩；另外，小囡牌采用红色包装，乍一看又有点像英美公司的王牌烟"红锡包"。小囡牌渐渐成长成为一个铁打的名牌，狠狠地挡住了红锡包和婴孩香烟的路。英国人无奈，最后花二十万元买下黄楚九一句话——以后永不再生产"小囡牌"。

不再生产香烟的黄楚九，重心又放回了娱乐和医药领域。这天他刚从楼外楼走出来，就看见张啸林在那儿摆摊卖假药，当时脸色就沉了下来。几个跟班一看，冲上去围着张啸林就是一顿暴打，打得差不多了，黄楚九叫过张啸林来问话，一开口发现竟是浙江老乡，气先就消了一大半，几句话问下来，见这个小老乡既坦诚且伶俐，不免动了怜惜之情。张啸林因祸得福，居然经黄楚九介绍，拜到了樊瑾成门下。

樊瑾成来头很大，是青帮"大"字辈，所以张啸林就成了"通"字辈成员。不过樊瑾成在"大"字辈里，是混得不太得意的一个，所以开香堂那天人到得不算多。好在张啸林并不在意这些，他要的是名分。拜师之后，张啸林辞去了妓院的差事，也不再卖春药，他搬到了十六铺东昌渡码头附近，和老头子樊瑾

成住在一起。从此，张啸林正式成为东昌渡码头一带的青帮流氓之一。

张啸林敢打善打，也确实有些领袖魅力，又有青帮"通"字辈的身份，所以愿意和他结交甚至做他弟子的混混很多，很快，"张啸林"这三个字就在东昌渡码头乃至十六铺都响亮起来，随着他越打越凶狠，人们开始叫他"张大帅"。

张啸林打出了名，生意就找上了门。

看中张啸林的是来自杭州的一个大锡箔商，跟自己的保护人乌木开泰合作不愉快，就想换一个合作

张啸林照

伙伴。他见张啸林纪律严明、讲究信用，而且在码头上势力强大，又是浙江老乡，就找上门来，希望张啸林为他的货物提供保护，他愿意按行规付保护费，双方长期合作。这是天上掉下的大馅饼，张啸林大喜过望，一口应承下来。

接下来就头疼了，源自于幸福的烦恼。这个大商人的商船太大太多，自己能控制的东昌渡码头根本吃不下这笔大买卖，必须得找其他码头的朋友合作。张啸林想来想去，觉得要找一个胆大心细、信誉卓著的合作伙伴，最好还能自己控制得住，那么就还是十六铺码头的杜月笙最靠谱。

这时的张啸林，无论从名气还是实力来看，都远在杜月笙之上，所以当张啸林说起合作，杜月笙多少有点受宠若惊之感。张啸林给的条件是十六铺码头那部分的保护费按四六分账，自己拿四成，杜月笙欣然接受。杜月笙就带着手下的弟兄把货物引渡到自己这边的码头卸货，张啸林言而有信，如数付钱，两个人成了朋友。乌木开泰当然不干了，这些货本是由他来保护的，哪能便宜了别人？

乌木开泰本名范开泰，因为做乌木生意发了家，故得名，是青帮"通"字辈。他有个堂弟叫范回春，也是个人物。他老婆史锦绣更是大名鼎鼎——史锦

绣，江湖人称"强盗锦绣"，名列上海滩黑道"十姊妹"之首，是黄金荣老婆林桂生的大阿姐，所以连大名鼎鼎的黄金荣都得给她面子。

这样一个大人物，是当时的杜月笙无论如何也惹不起的。可惹不起也不行，偏偏这个乌木开泰没调查清楚，不知道张啸林才是主谋，以为是杜月笙一个人干的，带着手下众多流氓就来码头上抢货。杜月笙明知不是对手，却凭着人在货在的信念，率领弟兄们拼死抵抗。

杜月笙手下毕竟多是些混混，没经过大场面，眼看对方一群职业流氓挥舞着棍棒砍刀冲过来，早吓得魂飞魄散，几个回合下来就倒的倒逃的逃，只剩下个杜月笙抡着一条铁棍决不退缩，坚守着阵地。杜月笙因为先天严重营养不足，身体瘦，也没多大力气，本不擅长于打架斗殴，完全是凭着一口气撑着。可终究还是寡不敌众，没多一会儿身上就刀伤无数，不省人事了。

乌木开泰一看貌似出了人命，吓得不轻，众流氓顾不上抢货，匆匆离去。货总算保住了。杜月笙醒过来的时候，发现自己躺在一张床上，张啸林坐在旁边，那是他家。

杜月笙他们械斗的时候，张啸林根本不知道，等他听说那边有两伙人抢码头打起来了，兴高采烈地赶过来看热闹时，才发现地下躺着十几个人，包括一动不动看不出死活的杜月笙。

张啸林把杜月笙背回了自己家里，一路上想想自己闯荡上海滩的艰辛，不由得心中泛起同病相怜之情。为了治好杜月笙的伤病，他延医诊治、精心护理，这一切杜月笙看在眼里，内心充满了感动。"大哥，我感激你一辈子。"这是他唯一能说的话。

杜月笙伤好之后，自知实力不济，不敢再在码头上混。乌木开泰知道打错了人，也就不再为难他，只是要找张啸林算账。张啸林当时同样惹不起这个大人物，只能躲着，最后是老头子樊瑾成出面，乌木开泰毕竟是晚辈，不能不给面子，这场风波总算是摆平了。

这段时间杜月笙比较消沉，真是天无绝人之路。一天杜月笙正在街上游荡，迎面碰到一个其貌不扬的半老头儿，一看却是自己的师叔黄振亿。

黄振亿是杜月笙师父陈世昌的同参兄弟，没什么大本事，落魄潦倒了半生，很不招人待见，人称"饭桶阿三"。但杜月笙一向对这个师叔很尊敬，所以虽然

第三章 张啸林的霸气

心情不好,还是恭恭敬敬打了个招呼:"师叔好!"

黄振亿本就是专门来找杜月笙的。这个"饭桶阿三"其实并不饭桶,至少他有一双识人的慧眼,早看出这个瘦骨嶙峋的后生绝非池中之物。师兄陈世昌也跟他打过招呼,有合适的机会多多关照杜月笙他们几个后辈,现在有个好机会,他首先想到的自然是杜月笙。

"月笙,有个好去处,师叔介绍你去好不好?"

"哪里?"杜月笙一下子没反应过来,有点茫然地问。

"八仙桥同孚里,黄金荣公馆。"黄振亿低声说。

这是一步登天的机遇!杜月笙简直不敢相信自己的耳朵,但一看黄振亿胸有成竹的表情,再一想这个师叔从不跟后生晚辈乱开玩笑,不由得心跳就加速了。

黄金荣,那可是上海滩所有流氓混混的偶像!黄公馆,那该是怎样的一个圣地啊!

第四章
金荣大哥招手

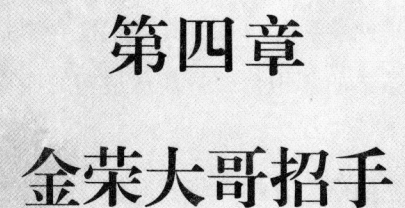

黄金荣生于1868年,原籍苏州,出生在上海漕河泾。其父黄炳泉原是在苏州种园地的,有些地产,后被其姑母侵占,就搬到上海住在南市张家弄,这里有几个当捕快差役的邻居,经他们介绍,黄炳泉也当过一段捕快。黄金荣从小顽劣,不爱读书,头脑却很灵活,经常跟捕快叔叔们泡在一起,了解了不少江湖诀窍,为他后来进入法租界巡捕房充当便衣包探打下了一定基础。

黄金荣十四岁时,父亲因病去世,姐弟四人,只依靠母亲邹氏替人洗衣服根本维持不了生活,母亲就把他送到孟将堂内做些杂活,混口饭吃,过着小和尚一样的打杂生活,因此当地人就叫他"小和尚"。又因为他一脸麻子,所以又被称作"麻皮金荣"。混了两年后,母亲又托人把他介绍到城隍庙的萃华堂裱画店做学徒,三年期满又站了两年柜台,月薪从最初的四百文钱到两块大洋,只够糊口,谈不上养家。

法租界扩充地盘,巡捕房公开招考华人巡捕。报名者众多,黄金荣本来无论如何也考不上的,所幸邻居陶婆婆看这一家孤儿寡母可怜,就托她在法租界巡捕房当翻译的儿子帮忙,结果黄金荣成了最后被录取的二十个幸运儿之一。经过培训,这二十人被编为便衣侦缉队,其实就是所谓的"包打听"。陶翻译好人做到底,推荐黄金荣做了领班。

当包打听不久,黄金荣经人介绍,被林家招为上门女婿,住在八仙桥同孚里。太太林桂生为人泼辣,精明能干,对黄金荣的事业帮助极大,所以黄金荣对她服服帖帖,言听计从。林桂生后来也是一个出名的女流氓,名列上海滩"十姊妹"之一。她没有生育,夫妻俩领养了一子一女,子名福宝,领有童养媳李志清。福宝十七岁早逝,李一直守寡未嫁。

黄金荣最初的工作是在十六铺码头一带管理治安,这让他很如鱼得水。原来他在裱画店工作期间,业余时间就经常跑到城隍庙得意楼喝茶,结识了不少流氓混混以及青帮分子,在十六铺人头很熟。现在为了工作方便,他进一步有意识和这些人厮混,在黑道中的关系越来越广,这也使他的破案效率很高,在巡捕房内慢慢就有了威信。而在社会上,越来越多的地痞流氓纷纷团结在他的周围,黄金荣就这么混开了。

黄金荣还常常指使一些流氓混混到商业区的各个商店门口打架滋事捣乱,只要能影响商店的营业,怎么搞怎么好。然后他就带着巡捕前去巡逻,抓几个

流氓起来，市面立即就清净了。商店老板不明就里，给他送锦旗的有，私下送钱的有，甚至还有投帖子拜师的。既保了一方平安挣了面子，又赚了保护费捞了实惠，日子过得好不快活。不过真正让黄金荣一举成名一步登天的，还是他凭本事化解了姚主教绑架案。

姚主教是法国的天主教神父，和法国驻沪总领事、巡捕房总巡等都是好朋友，是上海法租界的头面人物。一次为了传教，他坐火车去天津开办教堂，行至山东临城时，被军阀张宗昌手下的部队给绑架了。按照惯例，绑匪会先冷处理，等利益相关人急不可耐时，再开出天价赎金。

姚主教遭绑架，法国本土都给震动了，法国驻沪总领事勒令巡捕房立即破案，务必将人救出来。奈何他们连绑匪是谁都不知道，到哪儿去想办法呢？只能高价悬赏：凡通报姚主教下落并属实者，奖三千元；如能救出，则重奖一万元。这个奖太重了，一下子就吸引住了黄金荣，他更本能地意识到，这是个升官的绝好机会，一定要抓住。

可惜想尽办法也没找到一点线索。黄金荣并不气馁，他一个人跑到城隍庙烧香许愿，一旦他破案立功，青云直上，定将整修城隍大殿，装塑城隍金身。后来飞黄腾达了，黄金荣果然不负承诺，和杜月笙一起，重建了整个城隍庙。

有天，吴佩孚部下一个叫韩荣浦的后勤副官到上海来买东西，身上带的一百块钱在火车站被偷了。那时的一百元不是个小数，韩副官实在是丢不起，就跑到巡捕房报案。黄金荣听说失主来自天津，便找来韩副官，抱着侥幸的心理向他打听姚主教被绑架之事。

当时吴佩孚和张宗昌都有部队驻扎在天津附近，双方官兵之间多有来往，韩副官对此事恰好有所耳闻，当即告诉黄金荣法国人在山东临城，具体的情况也不难打听到。黄金荣大喜，爱财如命的他这次毫不犹豫地给了韩副官一百五十元，请他去临城打听人质具体藏在何处，一旦有确切消息，将再奖五百元。韩副官再次和黄金荣碰头，已是商量赎票的事了。为了怕对方漫天要价，黄金荣叮嘱韩副官绕过部队的军官，直接买通乡下的看守人员。

黄金荣向巡捕房支领了两千元，自己留下五百，剩下五百是韩副官的辛苦费，一千是买通看守人员的经费，并承诺时机成熟，黄金荣到现场救人时，再付两千元尾款，作为这些看守人员跑路的费用。韩副官把一切搞定，黄金荣带

第四章　金荣大哥招手

着几十个便衣化装成张宗昌部队的官兵，轻而易举地就把姚主教救回了上海，前后一共只花了几千元。

这个功立得太大了，巡捕房深感人才难得，给予重奖之外，破格将黄金荣连升数级，提升他为总探长，并专门派了八个安南（也就是越南）巡捕作为他的保镖。在巡捕房，安南巡捕的地位高于华人巡捕，随时跟着几个官派老外保镖，嘿！黄金荣也算是为国争光了吧。

权力和名望达到相当高度后，黄金荣开始大肆收徒。青帮收门生，要按照帮会规矩开香堂，手续很复杂，黄金荣本不是青帮中人，只是冒充，又因为门生收得太多，一切手续就全免了，反正醉翁之意不在酒，只要钱到位，递张门生帖子就行，所以黄金荣的门生众多，保守估计也有两三千人。从这时候起，大家开始亲切地称他为"黄老板"，黄金荣对此称呼很满意，不像日后的杜月笙，别人尊称他"杜老板"，他总要纠正："叫我杜先生。"

1935年，黄金荣建造了黄家花园，蒋介石以国府名义，颁与三等采玉勋章，黄金荣拍成照片，挂在黄家花园客厅内。

黄金荣的待人处事，远不如成名后的杜月笙。他的徒弟多，对弟子的态度也不同：身价较低的，见面点一下头，算是敷衍；地位高势力大的门生，则要亲近一些。他对客人同样比较势利，这从他敬烟即可看出一斑：普通客人奉以大前门，中等客人奉敬白锡包，上等客人则为茄力克，再高级一些的，就以上好大土提供。只是黄金荣势力强大，别人也没办法和他计较，只能打着哈哈说黄老板处事精明。

黄金荣懒得再规规矩矩地按时打卡上下班，他养了一帮"三光码子"作为私人助理，办起案子来更加顺手。所谓"三光码子"，是老上海对巡捕房"包打

听"私下养的助手的一种称呼，干这一行的基本是地痞流氓。二者间的关系类似于帮会里的老头子和门生，黄金荣靠他们搜集情报，偶尔碰到上峰限时必破的案子而又破不了或者不方便破，也可以抓他们去冒名顶替。用现在比较时髦的话来说就是，双方的合作，属于"双赢"。

黄金荣的日子顺风顺水，他参股了一家叫"聚宝"的茶楼，每天上午起床后先到那里喝两小时茶，在这期间，手底下的巡捕、助理纷纷前来汇报工作或待命，各大商铺或大户人家如遭遇什么抢劫盗窃敲诈等一般会到此处报案，各路江湖好汉之间有什么纠纷也常常前来"吃讲茶"。"吃讲茶"，也叫"斩人头"，意指江湖上发生争执的双方事先约定在某茶楼备下茶或酒，请双方公认的具有实力和威望的人士居中调停。如果谈判成功，便当场请调停人将红、绿两种茶混在碗中，双方各持茶碗一饮而尽，然后碰杯喝酒，以示了结；若谈判不成，则"吃讲茶"失败，调停者退出，双方约好地方，以刀枪论是非，甚至有性子急的当场便开干，总之要拼个你死我活。结果肯定是战败者让出地盘或财产，赢家通吃。黄金荣的聚宝茶楼，自然是"讲茶"圣地，所以他真的很忙。

法租界的大赌场都以他为靠山，定期交保护费，只是黄金荣赌技平平，偏偏爱钱如命，所以只在家里赌，赌得很小，可以算小赌怡情。晚上吃完饭更逍遥，不是去自己开的戏院看戏，就是到自己开的浴室泡澡堂子。

黄金荣的敬业在于，吃喝玩乐归吃喝玩乐，但任何时候只要有重要的事情，即使在床上，不管是自己的床还是别人的床，他都允许手下前来报告，并现场办公，往往谈笑间就能把事情摆平。

一旦法国人叫黄金荣去巡捕房，一定是有重大事情需要他处理。一度法租界烟土劫案多发，导致黑道间火并激增，治安很坏，烟土商损失尤其惨重。法租界是禁烟的，这一点在规章制度上写得明明白白。可惜只是纸上禁，大多数时候也就睁一只眼闭一只眼罢了。毒品暴利，贩卖鸦片自然是一本万利的生意。上海滩的地痞流氓，眼看着那些做鸦片生意的"土商"大碗喝酒、大块吃肉、大秤分金银，便起了仇富之心，进而展开均贫富运动，"抢"！

"抢土"大致有三种套路："挠钩""套箱""硬爬"。"挠钩"是水上行劫，技术上讲应该归类于今天的海上缉私队序列。远洋轮船将鸦片烟土运抵上海后，土商为逃避关卡查禁，往往秘密卸货：黄浦江涨潮时分，将烟土一包包

第四章　金荣大哥招手

抛入水中，借潮水之力，将之冲到江边，自有同伙捞取。抢土者不过是守株待兔，等烟土一到，用挠钩捞上就跑，强行分一杯羹走。

"套箱"属于陆战。那时做烟土生意的商栈，大多秘密设于新开河民国路一带（现新开河南路人民路一带）。商栈运烟土，一般用煤油箱装，"抢土"者便赶着马车，以迅雷不及掩耳之势，用预先准备好的木匣，套上煤油箱，搬上马车扬长而去，潇洒至极。

"硬爬"更等而下之，没什么技术含量，就是简单的拦路抢劫，极为血腥。虽然效率不如前两种，但因为门槛低，故从业者最多。

黄金荣本身既做鸦片生意，又干"抢土"勾当，两方面人头都很熟，当即找来各方头面人物协商，最后是众"土商"拿出一部分利润作为保护费，换得流氓帮派不再抢劫，事情才算了结。法租界是平静多了，鸦片生意如火如荼。法国人表面文章做好了，实惠也捞到了，自然感激黄金荣，破天荒提拔他为以往只有法国人才能担任的督察长。

黄金荣的实际当家人是自己的老婆林桂生，林桂生脑子好使得连丈夫都言听计从。桂生姐要找个伺候自己的男童了，当然人必须得机灵。命运就这么给杜月笙打开了一扇大门。

杜月笙初入黄公馆，被安排住在后门附近的与灶披间相连的一间小房间里，享受佣人的待遇，主要工作是打杂。与他同住一屋的是以前在一起混过的马祥生，小马住在这里完全是为了工作方便——他不干佣人的活，而是掌管后门，配合运送鸦片，地位之高，令杜月笙羡慕不已。

杜月笙对目前的境遇有着清醒的认识：虽然工作性质说起来不尽如人意，但总算一只脚踏进了圈子，前面展现的，是无限的可能。

杜月笙收拾起了过往的种种不良习惯，吃喝嫖赌样样绝缘，处处小心，事事勤勉，费尽心机揣摩所有人，尤其是黄金荣及其周围重要人物的性格脾气、生活习惯，想方设法投其所好，很快就赢得了黄公馆内上上下下的好感，也为自己赢得了一个不是机会的机会。

一次老板娘林桂生得了一场大病，久治不愈，请来的大夫无计可施，最后出了个主意：挑选年轻力壮的未婚男子前往看护，取其阳气，驱逐妖孽。这本是无良庸医的信口雌黄，林桂生也是病急乱投医，首肯了此种忽悠疗法。杜月

笙身体瘦弱，本没有入选的可能，但因其"德艺双馨"有口皆碑，而且确实未婚，竟被选中了。

杜月笙早知道林桂生在黄公馆的分量，因此对她的服侍真可谓殷勤备至。黄公馆里的佣人，活动范围基本局限在公馆内，接触面窄，没多少社会经验，人也相对单纯。杜月笙则是社会上打滚过来的，阅人无数，心思活络，尤其是天生的一副热心肠，这就把所有人都比了下去。他善于察言观色，让林桂生有一种说不出来的满意。杜月笙口才不好，说得少听得多，这是歪打正着——对女人来说，这样的男人就好比抓得着耗子的猫，不管是黑猫白猫反正它就是好猫。

好猫杜月笙有着好运气，没多久林桂生的病真好了。看着形销骨立的这个小伙子，老板娘决定提携这个诚实做人、踏实做事的小朋友，时不时直接交代一些事情给他做，杜月笙总能不负厚望。不久，杜月笙便成了林桂生的心腹，她就连背着黄金荣在外面用私房钱放债的事情都交给这个年轻人去料理。这时的杜月笙，虽然依然称林桂生"老板娘"，但两人的关系已经有点情同姐弟了。

一天晚上，林桂生正在给杜月笙交代事情，突然有人来报，黄公馆的一笔烟土生意，货已到码头，不料派去接货的李阿大见财起意，带着一大麻袋货私逃了。

林桂生怒发冲冠，不凑巧黄金荣带着所有的保镖打手办事去了，自己毕竟是个女流之辈，像这种刀头舔血的营生，还真是没把握。但要说真让这家伙把货拐跑，黄公馆绝对丢不起这个人。这时杜月笙开口了："老板娘，我去跑一趟试试？"

林桂生看杜月笙那副羸弱的身躯哪里像干这等大事的样子，可实在是蜀中无大将，只好递给他一支手枪，问了句："要不要派几个人跟你去？""来不及了。"杜月笙接过枪转身就走，上了一辆在黄公馆门口"趴活儿"的黄包车，跟车夫说一句"快走"，然后才来得及思考判断。

他脑筋转得很快，迅速得出了结论：孤身一人带着一大麻袋烟土，随时有被抢甚至被杀的危险，所以李阿大绝不敢走远，只能就近找个藏身之处。另外他不会傻得跑回法租界，但是上海县城一到夜晚四门紧闭，他也进不去，那么就只能跑英租界去躲着。想到这里，杜月笙说："往洋泾浜那边跑！再快一点!"

洋泾浜是法租界和英租界的交界处，一道小河沟，浜南是英租界，浜北是法租界。杜月笙算准了李阿大一定在那个方向。天遂人愿。杜月笙躬身坐在黄包车上，猫着腰，像猎人搜寻猎物一般，目不转睛地盯着街上已然稀少的行人和车辆，果然就发现了目标。

他看见一辆黄包车正向一个胡同拐去，车夫拉得很卖力，车却移动得很慢，而且歪歪扭扭的，像喝醉酒了一样——李阿大是个胖子，再加上一百多斤的一麻袋烟土，那车能跑得起来才是怪事！

杜月笙跳下车追上前去，掏出手枪挑开车帘，冷冷地说："兄弟，你栽了，跟我回去吧！"这李阿大并不是什么狠角色，完全被杜月笙的气势震慑得外焦里嫩的，老老实实地被押了回去。

回到黄公馆，杜月笙直奔后院向林桂生禀报，脸上没有欣喜若狂，更没有骄矜得意，只是平静地汇报工作："报告老板娘，货追回来了，人也抓回来了，在客厅里，等您发落呢。"就跟他只是出去打了瓶酱油回来一样。

当晚林桂生对黄金荣细细讲了这个事情，少不了把杜月笙狠狠夸奖一顿，从此黄金荣也不由得对杜月笙刮目相看起来。过了没多久，夫妇二人一商量，决定找个赌场让杜月笙去看场子，历练一番。

不久，林桂生找杜月笙谈话，开门见山。

"月笙，巡捕房隔壁的公兴记赌台，你知道吧？"

"知道的。"这公兴记是法租界大名鼎鼎的三大赌场之一，一生嗜赌的杜月笙虽然在这一时期为了博一个出人头地的机会，强迫自己戒了赌，但这是心目中的圣地，岂有不知道的道理。只是他不明白老板娘的用意，没敢多说话。

"你去找他们老板，就说我说的，你去帮他们忙，吃一份俸禄。"林桂生闲聊般的两句话，顿时让杜月笙心花怒放，他知道自己的运气来了，暗暗告诉自己，一定要把握好这个千载难逢的机会。

待到心绪稍稍平静，杜月笙略微整理了下衣装，兴冲冲来到公兴记，求见老板。在大厅里等了一小会儿，老板走了出来，杜月笙忙上前说明来意，不料老板慢条斯理地来了一句："是桂生姐让你来的？小伙子，你可知道什么叫空口无凭？"

杜月笙愣了愣，然后两眼直视老板，突然从身上抽出一把匕首，随即右脚踏上一条凳子，然后匕首对着大腿刺下，血顿时就涌了出来。老板还算镇定，忙叫手下拿棉花纱布来包扎，然后让他们扶着杜月笙去诊所治疗，嘴里只说"这位好汉，先把伤治了，其他的都好说，明天我请客。"整个过程，杜月笙一言不发，平静得像一个阿凡达。老板不敢怠慢，亲自跑到黄公馆，找桂生姐核实真伪，被劈头盖脸地一顿臭骂不在话下，最后桂生姐交代："明天我带着他来上任，凭证自己送上门。"

老板哪里敢附和，只能赔着笑脸点头哈腰地说："老正娘娘。"林桂生作为上海滩著名的"白相人嫂嫂"，江湖人称"老正娘娘"，自然这是尊称。"天地良心啊天地良心，今天绝对是误会，是天大的误会。"见桂生姐毫无反应，老板连忙表态："我都想好了，给这位小爷吃一份长生俸禄，按最高工资标准，每月三十大洋。"又是承诺铁饭碗，又是保证最高工资标准，桂生姐总算开了口："好吧，那就这样。不过明天我还是要带着他来，你别担心，不找你的麻烦。"

林桂生上门，怎么可能没有麻烦？第二天她带着杜月笙直接走进了老板的办公室，吩咐就在这里开一桌麻将，老板和账房陪打，一、二、四十的大小，算得上豪赌。杜月笙昨天伤得不算太重，一看要赌博更是精神大振，兴奋之下，那点伤痛完全抛到九霄云外去了。

明知来者不善，老板和账房哪里敢赢桂生姐的钱？这圈麻将没打多久，桂生姐看看自己和杜月笙加一块赢了有两千块大洋了，这才微笑着跟老板说了几句暖人心的话，然后站起来说："今天就先到这儿吧。月笙先随我回去，等过几天伤养好了再来正式上班。"

回到黄公馆，桂生姐把两千块钱递给杜月笙，让他拿去养伤。杜月笙说伤已经好了，不需要钱。桂生姐执意要给他，他就执意不要，把桂生姐搞毛了，下了命令："我让你拿着你就给我拿着！我的话，你敢不听？"

杜月笙不敢不听，只好收下了钱。这笔他从未见过只是梦见过的巨款，足够买一套大房子再开家像样的店，更足以支持他狂赌很长一段时间，杜月笙将会如何花呢？其实最想知道的是桂生姐，这也是她把钱交给他的目的，她想看看这位心腹爱将到底有多大的手笔和格局，这将决定这个年轻人日后在黄公馆的发展。

杜月笙揣着巨款回到宿舍，先就给了马祥生一百元，并一再说是为了感谢他这些日子对自己的关照。马祥生心里清楚，此时的杜月笙，在黄公馆里，至少已经可以和自己平起平坐，根本不再需要他的关照了。所以除了说受之有愧，就剩下心中无限的感激，对杜月笙自然是心悦诚服。

第二天杜月笙跟桂生姐请了个假，只说去十六铺看看老朋友。桂生姐也不多问，一口应允，只是暗中派了个人悄悄跟着他，看他到底会干些什么。

此时的杜月笙，根本没有时间更没有心情去嫖去赌，心里想的全是十六铺的难兄难弟。他首先找到的是还在潘源盛水果行打工的袁珊宝和王国生，这两个曾经在他病得快要死去时当掉衣服救了他命的患难之交，三个人一起去他们最钟爱的德兴馆吃糟钵头和草头圈子。杜月笙强行送给他们每人两百元，并再次重申"苟富贵，无相忘"。后来王国生一直安安分分做生意，当然杜月笙没少帮他忙，最终把他调到了杜公馆管账；袁珊宝则更是跟着杜月笙混成了上海滩头说得起话的人物。

杜月笙又找到了师父陈世昌以及黄振亿，简单汇报了自己在黄公馆的工作和生活，然后每人送上五百大洋以谢师恩。两个老人家乐得合不拢嘴，直夸小伙子有出息，也都说自己眼光好，没看错人。

告别师父后，杜月笙就一个人在街头晃荡，内心充满衣锦还乡的欣慰和喜悦。在街上，时不时就能碰见一两个当初的朋友兄弟，他一概十块、二十块地送上，他知道这笔钱对他们来说意味着很多，却早就忘了自己身上已经没剩什么了。

眼看快要天黑，杜月笙又回到德兴馆，他早托人约了张啸林晚上在这里吃饭叙旧。坐不多久，那个小兄弟急急忙忙跑了进来，上气不接下气地说："月笙哥，不好了，大帅被抓起来了。"

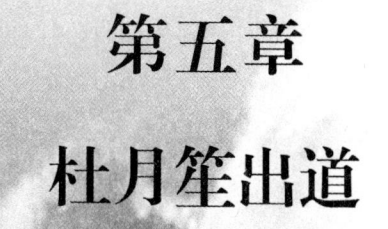

第五章

杜月笙出道

张啸林确实是被抓了。不过与其说他被抓,不如说他被绑架了。

话说张啸林得知杜月笙进了黄公馆,内心羡慕不已。张啸林自己敢打敢拼,"张大帅"这三个字在十六铺一带越发响亮了起来。

这时,新开河码头建成,各地商船多了个停船卸货的地方。由于是新建的码头,各种基础设施设备自然要好一些,所以新开河码头一开业,就真正做到了生意兴隆通四海、财源茂盛达三江,贼也就惦记上了,包括十六铺的各路江湖好汉,其中首推张啸林。

当时的上海滩官匪一家,不过他们并非铁板一块,一旦分赃不均,立即就会翻脸。稽查队官吏们宣布,向新开河码头和商船征收稽查税,不用说,这个税很高,换取的是官方提供的安全保障。这一下捅了马蜂窝,各个帮派都不干了,当即搁置分歧,组成统一战线,公推张啸林领着大家干。

张啸林使的是釜底抽薪之计,首先是要求各个码头统一降低保护费,再利用自己和各船商长久以来的关系,劝说他们离开新开河码头,到其他码头停船卸货。这一招收到了立竿见影的效果,新开河码头瞬间变成了"空港"。张啸林在各帮派间威信陡增,稽征官吏们则恨死了这个带头大哥,扬言要找他算账。

就在杜月笙十六铺感恩之行的这天,张啸林正在南码头商谈业务,结果撞上了十几个稽征人员,其中有人认识张啸林,登时一呼百应,一群人把他围起来一通暴打,然后捆绑起来带回了稽查局,看起来凶多吉少。

杜月笙听说此事,马上叫袁珊宝去招呼弟兄们到南码头集合,二十多位弟兄商议后决定,暂且按兵不动,等傍晚下班的时候,硬闯稽查局,救出张啸林。杜月笙腿上有伤,行动不便,只负责指挥,具体行动由袁珊宝带队。这帮人分成三三两两的,闲逛到稽查局附近,时间一到,袁珊宝假装码头上的人以报案为借口跑了进去,只说自家老板的船上有一箱货物被抢了,求官老爷做主,他摸清了里边的情况,局子里只剩六名稽查人员,张啸林则被五花大绑捆在角落里,身上还被绑了两块大石头,显然这帮人打算把他沉到黄浦江里去。

杜月笙心中有数,又等了一袋烟的工夫,听到里面有动静了,当即一声令下,二十多人冲了进去,只两三分钟就解决了战斗。杜月笙把张啸林送回家,看看天色已晚,安慰了几句,约好改天再见,再嘱咐袁珊宝他们好生照顾大帅,便匆匆赶回黄公馆去了。

在黄公馆休养了两天,杜月笙便赶往公兴记赌台上班。他本是一个嗜赌如命的超级赌徒,自然真心热爱赌场里的一切,只是他也知道这个机会来之不易,便时常告诫自己,要经得起诱惑。他干得认真而投入。

赌场本是个龙蛇混杂的地方,留恋其中的,既有达官贵人、富豪大亨,也少不了地痞流氓乃至亡命之徒,没有人知道下一刻会发生什么。杜月笙有这个本事,把赌场维护得秩序井然,很快就赢得了上上下下的交口称赞,成为老板片刻不可缺少的心腹大将。

辛亥革命前不久的一天晚上,赌场里灯火辉煌,高朋满座,一派欣欣向荣的光景。突然,门外走进了几个大汉,神色凛然,目露凶光,一看就不是善类。再看他们手上,个个拿着一个香烟罐,赌场老板顿时脸色大变——那是一个革命党人热衷于暗杀的年代,香烟罐炸弹是较为流行的一种武器。

杜月笙快步赶了过来,他并不惊慌,冷冷地打量了对方一阵,突然笑了:"各位好汉,这里不是说话的地方,请到里面喝杯茶。"老板胆怯不敢进去。会客室里,杜月笙单独跟几个大汉交谈了一阵后,走了出来。

"他们是武汉来的革命党,急着要回去,路费没了,想来这里借点钱。"杜月笙一五一十地向老板汇报。那几年,黄兴领导的广州黄花岗起义、汪精卫远赴北京行刺清摄政王以及陈其美等在上海不断地暗杀当权高官,给革命党人挣足了"不怕死,不要命,敢作敢为"的名声,老板心知这些人得罪不起,忙问杜月笙:"要多少?"

"八百。他们说交个朋友。""赶紧给他们。"老板想都没想。

老板哪里想得到,这一场虚惊,根本就是杜月笙一手导演的双簧。

原来这几个人是武汉革命党内一个秘密组织"汉声"的成员,路经上海赶回武汉,被清兵发现追捕,好不容易逃到租界,躲是躲过去了,行李经费包括路费却全部丢失,无计可施之时,其中一人忽然想起,上次他和其他同志在上海遇险时,有一个小兄弟帮过他们很大的忙,那小兄弟很热心,也很有本事,不妨再去找找他。

他们找的人是杜月笙,需要800大洋的巨款,杜月笙也一筹莫展。但他天生不爱拒绝人,他经常会说的一句话:"不要怕被人利用,有人利用你说明你有价值。"他终于设计出了上面那一出好戏。这戏演得实在太好,完全骗过了老

板。经此一事，老板反而对杜月笙是更加器重了。

这段时间，杜月笙还结识了两个革命党人杨虎和王柏龄，他们日后将成为国民党高官，"四一二"中杜月笙和他们二位有过亲密合作，其实更早些时候，杜月笙就帮过王柏龄一个大忙。

1911年武昌起义后不到一个月，光复会领袖陶成章、李燮和与中国同盟会中部总会领袖陈其美（又叫陈英士）联手发动起义，一夜之间光复了上海。这个事儿上，论功劳，应该是李燮和居首，最后是青帮"大"字辈的陈其美当了沪军都督，杨虎和王柏龄此时就都在他的手下。因为生性风流，上海小报送给了陈都督一个亲切的称呼——"风流都督"，另外，还有个不太亲切的称呼——"杨梅都督"。

虽然热爱妓院且挥金如土，不过如果讲历史的话，陈其美绝对是中国近代史上绕不过去的一个人物。他是蒋介石的拜把大哥和革命引路人，后来陈立夫、陈果夫兄弟能受到蒋介石的大力提携，身居国民党高位自成一系，完全是因为蒋介石感恩于陈其美的缘故。

陈其美当上沪军都督，相当于手握上海政军警商大权的人。不久，革命党人打跑了清朝的江南提督、辫帅张勋，一举光复了南京。张勋跑得有点急，没来得及带上最宠爱的姨太太小毛子，小毛子被革命军抓了。小毛子是当时举国闻名的顶级美女，她之被抓是一条爆炸性的社会新闻，上海的小报一阵爆炒，风流都督陈其美知道了。

陈都督当即要求南京方面把小毛子送到大上海去展览，门票四毛一张，借此给革命军筹款，还可狠狠打击清爪牙的气焰。南京的革命军首领徐绍桢不好直接拒绝，只能打个哈哈："英士兄又来和我开玩笑了，哈哈哈。"徐绍桢后来把小毛子还给了张勋，张勋感恩图报，送了革命军十四辆机车和八十辆客车。

陈其美是真缺钱，没卖成门票，只好管陶成章要钱。那会儿陶成章掌握着一些南洋华侨的捐款，希望专款专用，便一口回绝："我的钱要给浙江同志用，不能供你嫖妓之用。"当然并不是因为没要到钱，而是两人在革命理念上分歧太大，陈其美后来派人暗杀了陶成章，杀手就是蒋介石。

陶成章事件后不久，宋教仁也死于暗杀，国民党随即开始准备二次革命，讨伐袁世凯。江浙沪方面，有一个巨大的障碍，是镇守在扬州、镇江一带的徐宝山，拥兵2万，势力极大，并且抢走了国民党从上海运往安徽、江西的军火，公开与革命者为敌。陈其美决定，除掉这个心腹大患。敌强我弱，故选定的方法还是轻车熟路的暗杀。

王柏龄这会儿混得不太好，便自告奋勇揽下了这个光荣而艰巨的任务。徐宝山，江湖人称徐老虎，因贩卖私盐而成为盐枭，后被清廷招安，辛亥革命爆发后参加革命，但始终没加入革命党，和袁世凯的北洋系更近一些。徐宝山也是青帮中人，"大"字辈，而且是开过山门的大字辈，算是"大"字辈中的老大。后来在上海滩德高望重，连黄金荣、杜月笙都得礼让三分的张仁奎也是"大"字辈，就是这个徐老虎的部下。

徐老虎干过一件极为缺德的事情，归降清廷后出卖并杀害了两个同门师兄弟，因此被逐出青帮，只是因为他势力太大，帮里拿他也没别的办法。徐老虎知道自己树敌太多，最近又得罪了国民党人，不敢大意，防范相当严密。而且他本身武功高强，身边的卫队也个个身手了得，行刺这条路，确实很难走通。

那段时间王柏龄经常去公兴记赌博以排遣烦恼，和杜月笙在一起的时间很多，两人成了好朋友。杜月笙知道了他的苦闷，积极帮他想办法，通知了袁珊宝等十六铺的兄弟，凡是跟扬州徐老虎有关的事情，都要帮着留意。

也许是凑巧，事情有了头绪。原来这个徐老虎酷爱古玩，尤其是瓷器。某一天他想买一个"美人霁"花瓶，派了两个相熟的古董商携巨款到上海购买，两人在上海一商人处找到了好货，只是对方要价太高，超出了授权上限，只好写信向徐老虎请示。信是交给旅店的茶房帮着寄出的，不料茶房在寄出之前旅店失窃，信被小偷偷走了。这个小偷是袁珊宝的小兄弟，袁无意间看到这封信，赶紧交给杜月笙，杜月笙再拿着信和王柏龄商量，就有了计较。

王柏龄找了个炸弹专家，在一个精美的木匣内安装了一颗炸弹，算是古董，派人送往扬州徐老虎处，随身携带请人模仿古董商的笔迹写的一封信，说明"美人霁"已买到，因有事耽搁，特派某某送回。

1913年5月23日晚，送宝人来到徐老虎官邸，主人已睡，门房签收下宝贝。第二天一早，徐老虎兴致勃勃地打开木匣，随着一声巨响，当场殒命。

各位千万不要以为杜月笙早年就投奔了革命,其实,那会儿他和杨虎、王柏龄、"汉声"等革命党人交往,更多的是因为他觉得他们看得起他,而他也喜欢对方。而之所以愿意出手帮助他们,更多的也是出于江湖义气和道义。

这个时期杜月笙绝大部分的精力,还是放在了赌场上面。争强好胜的性格以及出人头地的欲望,给了杜月笙力争上游的无限动力。这一切桂生姐都看在眼里,喜在心头。她这时就已经感觉到这个小子将来会是黄金荣的衣钵传人,想不到的只是杜月笙不仅将快速崛起,更会青出于蓝而胜于蓝。

人才难得,桂生姐想要好好笼络住这个年轻人。思来想去,最好的办法,是帮他娶个老婆。林桂生的说辞很有说服力:三年多兢兢业业的表现,足以证明杜月笙的忠心和能力;上次拿着2000元巨款,不赌不嫖不买房不置业,通通花在了师父和朋友身上,足以证明他是个讲义气、知恩图报的场面人;近两年在赌场的工作表现,更是历练出了他的领导才能。毫无疑问,此子将来必有大的前途。

黄金荣连连称是,说:"我也很看好他,只是结婚这等事情,还是你出面跟他去商量更恰当。房子不是问题。"林桂生和杜月笙这一次的谈话是家庭式的,她说:"月笙你也不小了,至今还光棍一条,我和黄老板一直拿你当亲人,看在眼里着急啊!俗话说男大当婚女大当嫁,我呢今天想给你做个媒,你看好不好?"

杜月笙倒是真的一直拿桂生姐当亲人,听这一说,哪里有不好?再听说黄老板已经在同孚里给他准备好了一套房子,并将亲自出面保媒,顿时感动得热泪盈眶。这种行事方式也深深影响了杜月笙的一生,那就是为朋友、为弟兄不计钱财,

成名后的杜月笙与黄金荣合影

设身处地地关心别人。

林桂生介绍的是苏州的一个自己八竿子打不着的远房亲戚沈月英,多少有点肥水不流外人田的意思。沈月英是个普通人,良家妇女。好在杜月笙久经风月场所的浮华之后,现在只想有个家,高高兴兴就把事情办了。

杜月笙一家住在同孚里黄公馆旁边不远的一套两层楼的弄堂房子里,有了管家,还有个佣人,夫妻俩过着恩恩爱爱的生活,只是,30元的月薪就显得稍微不那么富裕。他想让沈月英生活得更好一些,他还想报答黄老板夫妇的恩情,他暗暗告诉自己:我要飞得更高!

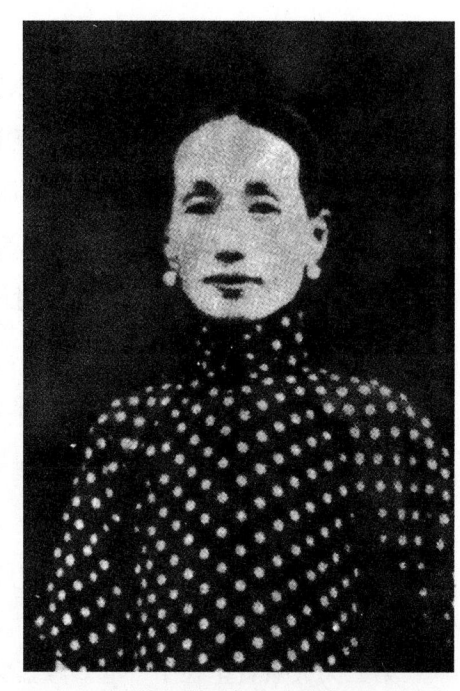

杜氏原配夫人沈月英

林桂生跟公兴记老板打了个招呼,升杜月笙为先生(类似于赌场的安全总监)。老板早有此意,之前只是碍着原来的先生是黄金荣亲自介绍来的,不敢动,现在当然求之不得。当了总监,薪水高了许多。这个位置,首先要应付法租界的衙门,这是杜月笙从来没有过的经验,好在这一切有黄金荣罩着,倒也容易上手。除此之外,又要管理赌场里的所有保镖打手,又要摆平地界上三教九流的人物,以达到和气生财的最高境界,责任委实重大。

当时整个上海滩所有赌场的头号隐患,无一例外是"剥猪猡"。所谓"剥猪猡",就是抢劫赌客。歹徒通常埋伏在赌场门口不远处,等半夜时分有钱的大老板从赌场里出来,走不几步就被一闷棍打晕过去,醒来时早已被洗劫一空。此风一开,无疑对赌场的生意影响极大,尤其是大客户不敢登门,那还了得?

公兴记由于就开在法租界巡捕房附近,以往敢打它主意的人还少,近来干这行的人越来越多,大名鼎鼎的公兴记门口,"剥猪猡"的故事也时有发生。

杜月笙新官上任,于公于私都不能容忍这样的事情发生。不过他脑子灵光,想出了一条釜底抽薪之计。杜月笙通过袁珊宝等小兄弟,摸清了法租界"剥猪猡"圈子里几个帮派的底细,令他欣喜的是,以前在十六铺一起混过的顾嘉棠,

如今已经混成了这个圈子里的人物。

这就更好办了。杜月笙跑到十六铺，找到顾嘉棠，拉着他就去了德兴馆，一边吃糟钵头，一边海阔天空地感慨前尘往事。顾嘉棠，原名顾泉根，因为最早在上海首富、犹太人哈同的哈同花园（也就是闻名遐迩的"爱俪园"）里当花匠，对花木园艺颇有心得，故一般人都叫他"花园阿根"。他比杜月笙大几岁，练得一身好拳脚，当年他初出道的时候，杜月笙还很落魄地在妓院里打杂，顾嘉棠是妓院的常客，两人因此相识。后来杜月笙混码头，还请顾嘉棠帮他打过两次架，从此有了交情。不过总的来说，顾嘉棠的主业是"剥猪猡"，两个人的事业始终没什么重叠的地方，在为生活打拼的艰辛中，哥俩已经很久没见过面了。

杜月笙说明来意，请顾嘉棠帮忙，把他们圈子里的几个大哥约出来吃个饭，并且率直相告："我想花钱消灾。"

第二天大家就坐在了一起。顾嘉棠做完介绍，彼此客气一番后，杜月笙开门见山："兄弟刚刚接手公兴记赌台，近来风头有点怪，兄弟想请各位高抬贵手。"见大家都只盯着自己没有答话，他接着说，"光棍不挡人财路。各位都是吃这碗饭的，我不能砸别人的饭碗。所以我想，从今天起，公兴记每月拿出盈利的一成，算是弟兄们的分红。条件只有一个，各位都是胳膊上跑马的人，我只要一句承诺：公兴记的客人，永不再被'剥猪猡'。"

这是真正的不劳而获。本以为是鸿门宴，哪承想竟是入股大会，想想公兴记一个月的盈利，哪怕只是其中一成，也太令人兴奋了！只是幸福来得太突然，大家正不知道该说什么，顾嘉棠发话了："月笙兄做事绝对光棍，弟兄们尽管放心。"杜月笙紧接着承诺："公兴记每月的盈利是多少，在我们弟兄之间，我可以保证让它透明化。"话说到这份上了，又有顾嘉棠顾大哥在一旁担保，那还能有什么说的？大家就只剩下一句话了："月笙哥，一切听您做主！"

杜月笙做事极其漂亮，他讲究刀切豆腐两面光，从不主动得罪任何一方人士。当时就招呼手下把事先封好的大洋拿了进来。"这些算是预付款，给各位好汉做生活补贴，从月底开始再正式按例抽成。"紧接着杜月笙话锋一转，"不过，也请各位务必管好自己手底下的弟兄，否则，别怪杜某人翻脸不认人。"

"月笙哥言重了，你的面子，我们不能不给。"其中一个大哥微笑着回应。顾嘉棠站起身，一脸的严肃："各位，这不是面子的问题。拿人钱财，与人消灾，江湖上的道理，我想不需要多说。"

杜月笙也站了起来，举起酒杯："来，大家干了这杯酒！"

就从这天晚上开始，公兴记门口附近再也没有发生过一起"剥猪猡"的事情。之后，"到公兴记玩绝对安全"这话就在上海滩的赌客中传扬开来，一时间，视安全为生命的赌客蜂拥而至，就连英租界和华界的赌客，都有不少慕名前来，公兴记的生意，好得就像现在的海底捞火锅店，去晚了得排队，还得有耐心。

杜月笙深知江湖河水的深浅，面前还有另一大难关等待他去攻克。这是和"剥猪猡"并称为"两大无解之谜"的难题，学名叫"大闸蟹"，同样困扰法租界各赌场已久。

"大闸蟹"是个形象的比喻，就是把抓进巡捕房的赌徒们用绳子绑成一串，押到马路上去游街示众。这个画面，极像上海人最爱吃的阳澄湖大闸蟹，故得名。

法租界那些洋人，从上到下定期都会按例从各赌场分好处，但为了应付舆论，这帮人还时不时要做样子抓赌，这种当了婊子兼立牌坊的无耻行径，就连"剥猪猡"的匪徒都嗤之以鼻，偏偏法国人乐此不疲，谁也拿他们没办法。

公兴记生意太火爆，最近租界当局抓赌抓得很凶，三天两头就来抓一次，抓住就罚款，罚完就游街，一条龙。能到公兴记这样的大赌场玩钱的人，大部分应该都有点身价，甚至不乏大款大亨、社会名流。这些人被罚点款罢了，游街示众令他们的一把老脸往哪儿搁？

不用想，刚刚红火起来不久的公兴记，一下子又迎来一股台风。杜月笙在赌场圈子里已经有了"智多星"的美名，大家便纷纷问计于他。杜月笙最喜欢干的就是为别人排忧解难，他觉得这很有面子。而且这次还有自家赌场的利益在里面，那就更加责无旁贷。他琢磨出了个舍卒保车之计。

当时上海的赌场有一个行业标准，就是一日两场，即日场和夜场，通常日场客人少，夜场客人多。杜月笙的想法很简单，运动黄金荣，和巡捕房沟通好，只抓日场，不抓夜场，损失就能减小到最低。同时，作为一个爱面子的人，他

还考虑到了被抓赌客的面子，计划雇些瘪三专门来顶替他们游街。

方案定好，立即去找黄金荣和桂生姐商量。法租界的赌场，一大半都是黄金荣罩着，生意冷清，他其实比谁都着急，听闻此计，不由得大喜，当即和林桂生分头去活动疏通，没几天就搞定。赌场生意重新红火，黄老板看在眼里喜在心头，耳边不断传来赌场圈子里对杜月笙的高度评价，黄金荣忍不住夸奖林桂生："伯乐，你真是伯乐啊！"

黄公馆内，原先对杜月笙上升太快颇有微词的元老们，也渐渐开始心悦诚服，尤其是负责掌管法租界另两大赌场的顾掌生和管宝全，更是对他佩服得五体投地，一口一个"月笙哥"叫得他心旷神怡，杜月笙真真切切地感觉到，自己的春天快来了。

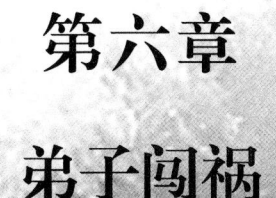

第六章
弟子闯祸

杜月笙在公兴记干了快四年了。治赌场如烹小鲜，他把个公兴记打理得井井有条，赢得了赌场上下乃至黄金荣夫妇的一致称道，成为场子里仅次于老板的第二号人物。同时，在整个赌场圈子内，杜月笙也有了足够的知名度。杜月笙知道自己在赌场界一时半会不可能再有上升空间，算是混到头了。他不抱怨、不消沉，他知道外面的世界更精彩，而机会从来都是给有准备的头脑。

曾国藩有句名言：谋大事者先寻替手。杜月笙没听说过这句话，但他懂这个道理，他决定收个徒弟，同时也大大提升自己在江湖中的地位。

杜月笙把陈世昌、黄振亿请到德兴馆大吃一顿，老哥俩看着这个后生晚辈混得越发风生水起，心里好不愉快，不知不觉酒就喝高了。杜月笙吐露了自己的苦衷，请师父、师叔帮忙。两个人几乎是异口同声地说："宣统皇帝。"听得杜月笙一头雾水。

原来这个宣统皇帝指的不是末代皇帝溥仪，而是十六铺流氓混混圈正在崛起的一颗"新星"，为人四海，脑子灵光，大名江肇铭。因为长得酷似溥仪，所以大家都管他叫"宣统皇帝"。杜月笙一听这绰号就喜欢，觉得是个好口彩。只是他要找的是协助管理公兴记赌场的帮手，甚至某个时候可能得接替他的位置，所以这个人不仅必须爱赌会赌、对赌博样样精通，而且最好就是个天生的赌徒。

"那你就更找对人了，呵呵。"陈世昌毕竟是师父，说话很随便，"这个'宣统皇帝'呀，赌起来只怕比你还忘乎所以呢。"等到见了江肇铭这个人，杜月笙感到他确实是个可造之材。而对江肇铭这个初出茅庐的新人来说，"杜月笙"三个字简直就是如雷贯耳了，只怕自己高攀不上，哪里敢有其他想法？两情相悦，杜月笙征得黄金荣和林桂生同意后，就开香堂收下了江肇铭，排场搞得很小，但师徒名分就此定下了。江肇铭是杜月笙收的第一个门生，他首先给师父带来的，是场大麻烦。

陈世昌没说错，江肇铭确实是个无大不大的赌鬼。拜师之后，杜月笙首先给他上了一课，告诉他在赌场是工作，只能好好干，绝对不能参赌；上班以后，应该保有一颗赌博的心，但从此不能再下场子玩了。"英雄不怕出身低，关键要有一个好脑子、一颗上进的心。"杜月笙谆谆教导，江肇铭诺诺连声。

这江肇铭，字小棣，苏州人，一口吴侬软语，天生聪明伶俐，嗜赌如命。上海滩赫赫有名的严九龄在英租界西区开了一家赌场，赌法以"摇摊"为主，

就是掷骰子。一口摇缸，盛了三枚骰子，庄家代表赌场，和赌客们处于敌对立场。赌场的主人是严老九。严老九大名严九龄，青帮"通"字辈，是英租界赫赫有名的大亨，一向跟法租界的各路好汉井水不犯河水，但真要较起劲来，他也未必就不是法租界老大黄金荣的对手。

这天，江肇铭输得性急，索性孤注一掷，摸出一两百元。他单押三点，将赌注放在出门，意思是只向庄家挑战。庄家抱定摇缸，连摇几下，当众揭开缸头，赌客们一看未免一声叹息。三颗骰子，两颗四点、一颗两点——这是"二"，恰好落在白虎，庄家通吃。"宣统皇帝"完了。赌摇缸的规矩是，输赢双方当场结清，下次再来。没想到庄家手忙脚乱，没等结算完毕，便盖上缸头，连摇几下，准备好了下一局。江肇铭看见了这一幕，笑嘻嘻地说："该你赔我了吧？不信，你看看。"打开缸头，所有人都傻眼了，现在是"三"。庄家栽了。

严老九搞明白情况后，先照赔，再问清楚江肇铭是黄金荣门下杜月笙的徒弟，算起来小小的"觉"字辈小不点，气得差点乐了，冷冷地招呼一声："来人，上排门，收档。"众人赶紧撤，而江肇铭拿着钱大踏步地从后门走出。第二天，这件事就传遍了上海滩。

赌场"收档"是最严重的事情，意味着该赌场将从此关门停业，一众人等断绝收入来源，等到活不下去，恐怕就只能当陈胜、吴广了。

严老九释放出了如此狠毒的信号，黄公馆的气氛顿时就紧张起来。杜月笙知道这算自己闯下的大祸，如果只能劳动黄金荣出面摆平的话，那自己这个面子就算是栽定了。

杜月笙决定所有问题都自己扛，叫上江肇铭，直奔英租界严公馆而去。严公馆大门内外到处都站立着凶神恶煞的打手，杜月笙和江肇铭就像是刺秦王的荆轲和秦舞阳，一个镇定自若，一个紧张彷徨。通报之后，两个人被带到了客厅，严老九正坐在那儿喝茶。

"严老板，小徒有眼不识泰山，多有得罪，都怪杜某管教无方，特上门请罪！"杜月笙拱手说完，回头看一眼江肇铭，"畜生，还不给严老板跪下！"

江肇铭扑通一声就跪倒在地上："严老板，小的知道错了，您大人不记小人过，还望高抬贵手。"说完就恭恭敬敬捧上五百块大洋。

"这是一点小意思，肯定不够弥补小徒的罪过和严老板的损失。"杜月笙很

第六章 弟子闯祸

诚恳地说,"严老板大人有大量,能不能给杜某一个面子?杜某自会约朋友来给严老板捧场。"

俗话说伸手不打笑脸人。严老九好歹找回了面子,再说他又何尝愿意真的跟黄金荣火拼?所以看着眼前这个谦和有礼不卑不亢的年轻人,他也就顺坡下驴,摆出了高姿态。

"好说,好说。"事情虽不圆满但总算不失身份地解决了,严老九心里卸掉了一个包袱,居然有心情开起了玩笑,"年轻人犯错误,上帝都可以原谅的嘛。这个事情,就到此为止了。"

杜月笙单刀赴会,平息了一场绝大的风波,即使在严老九那里也未失分,一时间声名鹊起,上海滩上"杜月笙"三个字开始真正有了市场。

第七章
借刀杀人扳倒沈杏山

1 烟土生意三鑫公司火爆

杜月笙大展宏图的时候，张啸林也没闲着，他在码头上混得风生水起，地盘越来越大，手下弟兄越来越多，各帮派头目纷纷与他结交。终于有一天，曾经不共戴天的乌木开泰，也放下身段，登门拜访。

乌木开泰看重的是张啸林不要命的拼搏精神和日益强大的势力。他来，是邀请张啸林参与他的鸦片贩运事业。此时，他正与金廷荪为了鸦片打得不可开交，力不从心之时，想到了找拼命三郎张大帅合作。张啸林早就想介入鸦片贩运这个超级暴利行业，只是碍于缺乏根基，找不到切入点，一直不得其门而入。现在乌木开泰找上门来，自然没有拒绝的道理。双方很快就谈好了合作方式、利益分配等事项，尽欢而散。

等搞明白了金廷荪的背景，张啸林才真正吓了一跳。不过他很爱惜自己的名声，知道开弓没有回头箭，说出了一句名言：与其窝窝囊囊地生，不如悲悲壮壮地死！

话说金廷荪也是苦出身，十四岁从家乡宁波到上海某钉鞋作坊做学徒，后因不堪忍受老板的打骂，流落街头，一边打零工一边干着偷鸡摸狗的营生。和杜月笙一样，金廷荪胆大心细，长于为人处世，渐渐地身边聚集了不少小混混，有了点小名气。命运的大转机发生在他拜青帮"大"字辈王德龄为师之后，王德龄见孺子可教，把他介绍给了黄金荣。凭着天生的精明干练以及不知从哪儿学来的理财心得，金廷荪很快成了黄金荣的心腹。

黄金荣在鸦片贩运方面最重要的两块地盘，太古、招商局金利源码头他交给了得意弟子杭州阿发打理，十六铺一带则委托给了金廷荪。金廷荪是策士型的人物，不善于打斗，不过他很会用人，手下的团队很有战斗力；加上头顶黄公馆的光环，十六铺各路豪杰对他倒也服服帖帖，就连陈世昌等人的三十六股党都很给面子，只有常年盘踞于此的乌木开泰是个刺头。这个乌木开泰本来也不难收拾，可如今就像李自成恶斗吴三桂，就要得手之时，斜刺里杀出多尔衮的清兵一样，随着张啸林带领手下一伙亡命之徒悍然加入，形势眼看已经开始逆转。

黄金荣看在眼里，急在心头。这乌木开泰不是一般的流氓，他本身是城隍庙的董事，不仅在法租界有白道背景，就连英租界的巡捕房他也有关系。对付这么一个人，以自己的身份，如果亲自出面，固然可以摆平，但因此招来麻烦实在不值得。深思熟虑之后，他找来了杜月笙，要求他尽快安排好赌场的工作，投身到更激情燃烧的岁月中去。

杜月笙大喜。公兴记那边，他早已把江肇铭训练成了合格的接班人。对于十六铺目前的局面，他冷眼旁观已久，心中大致有了解决方案。只是他不愿得罪人，尤其不愿得罪私交颇好的金廷荪，才一直隐忍不发，默默等待着时机的召唤。

"师父请放心，我一定会协助好金三哥，把事情搞定。"从在黄公馆崭露头角开始，杜月笙一直管黄金荣叫"师父"，在此之前，他连黄金荣的面都难得一见，更没有开口的说话的份。"好，你好好干，我心里有数。"

杜月笙直奔东昌渡，找到张啸林，只说："啸林哥，有大事，我们找个僻静处商量。"两人来到码头上，张啸林让手下人四下警戒，二十米内任何人不得靠近，等清静下来了，才开口发问："什么事？"

杜月笙开门见山："啸林哥，黄老板想要你的命。"张啸林顿时傻了："有这么严重？月笙，你得帮我。""我自然要帮你，其实也是帮我自己。依我看，啸林哥你跟乌木开泰合作，不如跟着黄老板干，不管怎么说，黄老板才是真正的老大。"杜月笙直接亮出了底牌。

"天地良心，我是想跟着黄老板干啊，可是，得要黄老板看得上我才行吧。"张啸林说的也是真心话，"而且，我跟乌木开泰合作，大家是平起平坐的关系，如果跟黄老板，恐怕还得看人脸色。"

杜月笙想了想，很沉稳地说："啸林哥，眼下这件事，黄老板就要借重你，赶走乌木开泰，就是最好的投名状。"见张啸林不说话，他又接着说："啸林哥，像你我这样没有背景的小人物，自己打拼创业实在是太难了。黄老板那里有现成搭好的平台，只要我们联手好好干，不愁没有出人头地的一天，你说是不是？"

张啸林眼望满天星空，若有所思。杜月笙停了片刻又说："兄弟我说句可能有所得罪的话，啸林哥你说你跟乌木开泰平起平坐，我觉得不过是他现在利用你来对抗黄老板，他必须笼络你，将来你们成功了，他一脚就可以把你踢开；如果不成功，一切的事体都会推给你，除掉你就是他跟黄老板达成谅解的最好的台阶。"

张啸林终于想清楚了，人不为己天诛地灭，他不欠乌木开泰的。

"干！"

张啸林是急性子，说干就干，当杜月笙还在绞尽脑汁谋划如何彻底击垮乌木开泰、之后的各种可能及应对方略的时候，张啸林早已按捺不住。他觉得既然自己有机会入黄门，而黄金荣对乌木开泰又恨之入骨，那不如索性做掉这厮，岂不更能赢得黄老板的赏识？于是悄悄地做好了部署，神不知鬼不觉地居然就把这个十六铺的大人物给暗杀了。这事儿干得干净利落，杜月笙之外，除了参与其事的一个赤胆忠心的弟子，再没有其他人知道。

张啸林把这么一件大事做得如此不露痕迹，杜月笙不由得暗暗佩服，再一次向黄金荣大力推荐自己的这位患难之交。之前他已经推荐过，可惜黄金荣对此并不热心，只说他得出力打垮乌木开泰，才谈得上其他。现在大功告成，黄金荣不好再驳杜月笙的面子，勉强同意了张啸林进入黄门，但推脱说黄公馆人太多，房子不够住，不让他住进来。

这让张啸林内心不免惆怅。他知道杜月笙、金廷荪、马祥生等亲信最初都住在黄公馆，自己却享受不到这个待遇，显然黄老板还没有拿他当自己人。他哪里知道，虽然他立了大功，但正是因为他背叛自己的搭档，这种卖友求荣的品性，很让黄金荣看不起，觉得这家伙就是个吕布，不值得信任。尤其是张啸林手底下已经有了不少弟兄，个个对他死心塌地，一旦羽翼丰满，天知道他干得出什么事来！还是敬而远之的好。

因为有此参照物，黄金荣对杜月笙倒是愈加欣赏起来。他把十六铺鸦片贩运的生意完全交给了杜月笙。至于张啸林，黄老板让他去英租界发展事业，并衷心祝愿他早日打开局面。这是个苦差事，因为黄金荣的势力范围仅限于法租界，直到此时，整个黄门，在英租界没有根基。

英租界，学名叫"公共租界"，包括英、美两个租界。因为美国人懒得派人

到如此遥远的地方来管理一个国中之国，便委托英国人帮忙管，时间长了，两个租界干脆合二为一，因此俗称"英租界"，又叫"大英地界"。

相对于法租界十平方公里的实际控制面积，英租界的控制面积高达53平方公里，市面更加繁荣，社会也更加复杂。和法租界黑道黄金荣一家独大不同，英租界仿佛处在春秋战国时期，群雄并起，但是经过长时间的明争暗斗，各方已经妥协出了一套行之有效的秩序，外人很难打进去。凭张啸林一己之力，如何打得开这个局面？张啸林在英租界一筹莫展，与此同时，杜月笙在十六铺却干得风风火火。

乌木开泰的突然死亡，使得没有人再敢于挑战黄金荣的势力，这为杜月笙开展工作创造了一个相当完美的外部条件。而他在人际关系协调、处理方面多年历练出来的才能，更是让各路人马和衷共济，他经常说的一句话："毛贼我不怕，君子我不惹。"靠"土"吃饭的众"土商"和土匪，无不对他心悦诚服。

现在的杜月笙盯上了法国军舰上的烟土。法国军队纪律还算严明，他们自己不吸食鸦片，走私烟土只是为了赚钱。军队武装走私，更是有恃无恐，哪里有保护费的概念？杜月笙也不敢轻易动手，但他觉得这不公平——凭什么我们要交保护费，你们法国人就可以不交？他看出法国人的陆路运输实在是漏洞百出，杜月笙决定给他们一点教训。

当然不方便硬抢，那就偷。实事求是地说，从十六铺码头到长浜路法国兵营，这段路不短，自然就给了偷"土"者许多可乘之机。杜月笙手底下不乏专业人士，偷起来更是得心应手，少的时候一两箱，多的时候五六箱，胆子越来越大，以至于有一次，法国兵的一百五十箱烟土，竟然被他们偷走十箱。损失太大，法国军方不干了，要求租界当局给个说法，这事儿又落到了黄金荣头上。

巡捕房受到的压力太大，索性要求黄金荣限期破案，三天之内如不能把十箱烟土找回，就地免职。黄金荣只好忍痛交还了烟土，同时对领导晓之以情、动之以理："军队武装押运居然也被偷，按说这事儿不归我们管。这次江湖上的朋友给我面子，货找回来了，下一次，我可负不起这个责任。"

按照金廷荪的设计，黄金荣让杜月笙不要停手，接着偷。就这么偷来偷去，法国人受不了了。这时，黄金荣向他们提出酝酿已久的建议：何不把军队走私来的鸦片交给中国人包销？并提出了具体方案：由黄金荣负责联系中国商号包

销；法国军方按市场批发价给商号供货；双方现金现货交易；交货地点在码头，一旦交货，安全事宜完全由商号方面自行负责。

法国人钱一分不少挣，还少了运输的折腾和被偷的损失，这通常是要烧许多年香才能发生的好事。这种双赢的局面出现了，法国人不傻，焉有拒绝的道理？当即授权黄金荣去办理。

黄金荣早和金廷荪商量好了怎么办。黄金荣在幕后操纵，日常事务由金廷荪出面打理。为了规避资金风险，在金廷荪的强烈坚持下，黄金荣同意再拉一个股东入伙，林桂生推荐了金刚钻阿金。

金刚钻阿金是十六铺一带大名鼎鼎的富孀，老公生前开珠宝店，家财万贯，死后阿金继承了这份事业，她很有经商天赋，生意越做越大、越做越好。

阿金和乌木开泰的太太、上海滩女流氓老大施锦绣是非常要好的朋友，因为这层关系，和林桂生也很有交情，再一看这是个一本万利的生意，开开心心入了股。贩毒毕竟不是什么光彩的事情，阿金只想赚钱，不愿卷入太深，于是派了她的女婿、也就乌木开泰的堂弟范回春做她的代表，在公司里负责管理财务。

公司取名"三鑫"，"鑫"的三个金，分别代表了黄金荣、阿金和金廷荪。当时整个中国社会的文化水平较低，大部分人根本不认识"鑫"这个字，加上这公司名声太大，规模也太大，索性都管它叫"大公司"。

三鑫公司设在维祥里，黄金荣做主包下了整条弄堂。弄堂口装上大铁门，由安南巡捕日夜把守。弄堂内设三道铁栅栏，每道都有打手看管。里面一共五幢大房子，第一幢作为写字楼兼员工宿舍，剩下四幢全部当作仓库，用于存放鸦片。公司主营业务是包销鸦片，当然不会只包销法国军舰走私来的鸦片，而是来者不拒，谁的货都受理。公司另外还有两大收入来源，一是经办鸦片保险业务，保费很高，是货款的10%，一旦货物被抢，公司会照价赔偿，从不抵赖。这个保险是非强制性的，你可以不买，大部分时候也不会有事，但偶尔确实会出事——亡命之徒任何时候都是有的。当然，大部分的麻烦都是由杜月笙受命制造。所以这项业务开展得很好，公司因此财源滚滚。

另一项经常性业务，就是代巡捕房征收烟捐——向"燕子窠"（鸦片烟馆）收取烟枪执照费，烟馆因此换来合法身份。当时整个上海滩包括法租界的烟馆，就像现在成都的麻将馆一样，大街小巷随处可见，多如牛毛，每家烟馆都有几支到几十支甚至上百支烟枪，三鑫公司每支烟枪按月收取执照费几毛钱，后来涨到两块钱，这笔收入的分成着实可观。

当然会有烟馆少报烟枪数，黄金荣对此自有办法，他特意派马祥生抽调黄公馆一批打手四处巡查，检点各烟馆的烟枪执照，一旦发现少报瞒报，轻则罚款，重则吊销营业执照，甚至打人砸馆，像秋风扫落叶般冷酷无情。久而久之，再也没有人敢耍这种小聪明。可惜花无百日红，三鑫公司红火了约三年时间，遭遇到了一大致命的危机。

原来法租界烟土行业合法化后带来一片畸形繁荣，极大地刺激了英租界。英国人讲究法制，又好面子，没搞合法化运动，但经过相关利益集团上下活动，租界当局也就睁只眼闭只眼地由他们去了，烟土经济由此从地下走到半地上。

英租界面积比法租界大得多，市场自然也要大得多，法制环境、社会治安和经商氛围更是远在法租界之上。危邦不入，乱邦不居，各大烟土商用脚投票，纷纷把重心转向英租界，以至于那边的潮州帮大土行发展越发迅猛。而法租界这边，因为淞沪护军使衙门（相当于上海警备司令部）的强行介入，则连货源都成了问题。

这事儿是这样的：鸦片进入租界，其中有一条必经之路，也就是从吴淞口到高昌庙、龙华，全部是淞沪护军使的地盘。当时的淞沪护军使是皖系军阀卢永祥，卢将军非常眼红贩毒这个暴利行业，很想掺和进来，可毕竟是一介武夫，地方上的人事都不太熟，加上这个行业到底很不体面，而当时舆论相当开放，军阀内部直、皖、奉系三足鼎立，对千夫所指的事情多少都有所忌惮。当然最关键的是，土商们因为大本营大多在租界里，不太需要买军阀的面子，所以这事儿卢永祥没法干。

卢永祥到底还是想出了办法。他以军队为后盾，调动起了以前因为查禁走私食盐而成立的水警营、缉私营，赋予了他们查禁鸦片的新使命。名为查禁，实际是罚款或者没收吞入私囊，这是毫无意外的。这样，卢永祥及部下虽然不能发大财，总算也分了一杯不小的羹，只是苦了黄金荣——贩运烟土的路被堵死，保护费没法收不说，就连三鑫公司的货源都日紧一日，这日子简直没法过了。

第七章　借刀杀人扳倒沈杏山

2 借刀杀人

和黄金荣一样,英租界的烟土总护法沈杏山探长也不认识卢永祥,但他人脉广,肯花钱,早早渗透进了水警营和缉私营,两个营的营长都是他的铁哥们儿。他的货畅通无阻,英租界自然就歌舞升平,就连法租界的烟馆都纷纷前往英租界的"土商"那里进货。黄金荣除了干瞪眼,毫无办法。

屋漏偏逢连夜雨,金刚钻阿金见形势不妙,坚决要求撤出股份,退出三鑫公司,财务主管范回春自然跟着丈母娘走了。三鑫少的何止是一金?黄金荣、金廷荪哥俩眼看就要变成民国版的雷曼兄弟。为此,黄金荣一度恨得想做掉金刚钻阿金,阿金后来还是怡然自得地过完了她锦衣玉食的一生。这是因为她有个好女婿。范回春知道黄金荣不会放过他们,离开三鑫后不久,便趁着上海县长换届,通过多方活动,花五万元买到了这个位置。虽然只干了七天,毕竟也有了地方首长的履历,令黄金荣不敢乱来,只好作罢。后来为了示好,黄金荣还让儿媳李志清拜范回春为干爹,两家由此结为至好。

危急关头,黄金荣想到了杜月笙。杜月笙同样很烦躁,整天茶饭不思,时时刻刻都在想着怎么收拾沈杏山。

沈杏山是英租界巡捕房的探长,同时也是黑道上响当当的一号人物,土源纷纷涌入英租界,除了英、法两租界在软硬环境上的巨大差距外,技术环节上,沈杏山是一个举足轻重的人物。他和身边的另外七个兄弟,季云卿、杨再田、鲍海涛、郭海珊、余炳文、谢葆生、戴步祥一起,搞定了水警营、缉私营,也就开辟出了一条"鸦片之路",有胆敢黑吃硬抢者,他们是人挡杀人佛挡杀佛,使得烟土运往英租界不仅安全而且高效。这八个威名赫赫的好汉,手下弟兄众多,人称"八股党",沈杏山是他们的老大。

鸦片走私与时俱进地改了玩法,小土商因为资金不够,固然还只能走传统路线,依托于杜月笙等人的货运保护;大土商们嫌这么做没效率,干脆包租远洋货轮,直接从波斯口岸运送烟土到上海,10万元一艘的价格,在他们看来根本不算什么。

所谓"鸦片之路",是指远洋货轮到达吴淞口外的公海后,沈杏山他们利用缉私营,在岸上戒严,并用全副武装的小艇,驶往公海接货,然后再驶回杨树浦一带英租界沿江的江边码头,由此进入英租界,一路畅通无阻,最大限度地保障了土商们的利益。

可惜这只是沈杏山的"鸦片之路",而不是黄金荣的。这两个在各自租界呼风唤雨的黑老大探长本是点头朋友,生死存亡之际,黄金荣也曾找过沈杏山,希望能分享这条交通线,以便进入有饭大家吃的大同世界,不想被一口回绝。黄金荣很生气,就找来了杜月笙,看看他有什么脱困之招。

杜月笙也没什么好招,想来想去还是只能打沈杏山的主意。肯定不能再去求他,正面火拼也不行——这个事情,从始至终沈杏山没做错什么,如果火拼,黄金荣将师出无名,道义上说不过去;更重要的是,沈杏山同样势力强大,黄金荣根本没有多大把握。

杜月笙想,那也不能无所作为呀!干脆偷丫的,抢丫的!这么做,一来多少可以缓解一下货源的紧缺,二来也可以影响到沈杏山这个巨头在行业里的威信。黄金荣想想觉得没有更好的办法,只好支持杜月笙这么去干。

沈杏山的人马实在是训练有素,开始干得很不顺利,杜月笙很窝火,决定招兵买马,建立自己的一支队伍。他首先找来了顾嘉棠这个杀手级的老朋友,另外几位,高鑫宝、叶焯山、芮庆荣个个身怀绝技、能拼善打却又一时不太得意,常有怀才不遇的愤懑,所以虽然之前跟杜月笙交情不算很深,但一经召唤,立即欣然来投。至于杨启棠、黄家丰、姚志生、侯泉根,他们同是卖力气的工人出身,身材魁梧,胆大妄为,早就对江湖中人的气派和生活方式心仪不已,能够跟随杜月笙打天下等于是圆了他们的一个梦。

杜月笙招来的这几个帮手,正好也是八个人,后来人们就统称他们为"小八股党",而沈杏山他们则被改称"大八股党"。当然,这大小两个八股党,是真正的死对头。

小八股党的加入,使得杜月笙的工作开展起来容易了许多,基本每次都能抢到一些烟土回来,初步迈进了贼不走空的至高境界。沈杏山大概也知道这些事儿是黄金荣手下的人干的,不过他懒得理会,毕竟丢失的那点烟土在他眼里

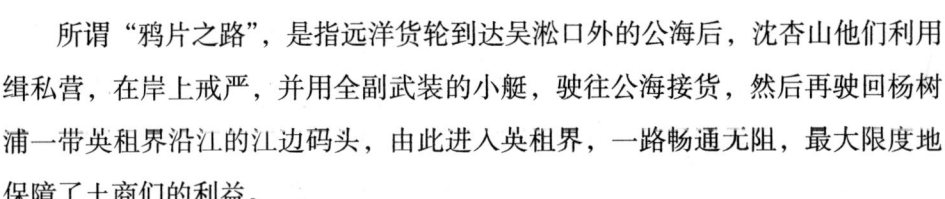

第七章　借刀杀人扳倒沈杏山

太微不足道。

没错,对手防范太严,杜月笙他们无论怎样努力,甚至杜月笙自己亲自出面,买通了大八股党之一的谢葆生做内应,依然无济于事,抢到的烟土怎么也多不起来,杯水车薪。就在这时,张啸林兴致勃勃地来找杜月笙。正所谓山重水复疑无路,柳暗花明又一村,一出好戏将要就此上演。

张啸林被黄金荣打入冷宫无所事事一段时间后,正在心灰意冷;无意间听说他在浙江武备学堂的把兄弟张载阳、夏超、周凤岐都已经成了气候。夏超官拜浙江警察厅长兼杭州警察局长;周凤岐是浙江省警备司令部总参议;张载阳更是了得,出任浙江省军第二师师长,驻军杭州。此时的上海,名义上归江苏管辖,实际上却是浙江军阀的势力范围。张啸林分明已经看到,自己的未来不再是梦,他决定要认真过好每一分钟。

张啸林正在琢磨该如何跟几位旧日兄弟重新搭上线,浙江政界发生了巨大的震动,震源是浙江督军(相当于浙江军区司令员)杨善德死了。

杨善德一死,卢永祥顺势升任浙江督军,留下自己手下的嫡系大将何丰林接任淞沪护军使。何丰林把司令部从高昌庙搬到了龙华镇,和淞沪警察厅、水警营、缉私营挨得很近。张啸林了解到,警察厅有个主任秘书刘春圃,他和缉私营统领(营长)俞叶封都是出自浙江武备学堂,与自己是校友。

年过四十的张啸林非常不惑,他清楚这两个校友通过张载阳不难结识,关键还是何丰林。而要结交何丰林,最好是通过卢永祥,这就还是得靠张载阳。好在张载阳是浙江军方实力派人物,卢永祥新官上任,不能不给他面子。

作为把兄弟,而且还有救命之恩,张啸林自信张载阳不会不对自己伸出援手。果然,通过张载阳的积极引荐疏通,张啸林以一介平民的身份,成功打入了浙江军政界,混得如鱼得水,在何丰林面前都能说得上一两句话,跟俞叶封更成为不分彼此的至交,两人后来干脆结为了儿女亲家。

张啸林知道,跟这群贵人的友谊若想维持乃至进一步发展,必须找到一件大家都感兴趣且利益相关的事情一起去做。那当然就是烟土生意。他能感觉到黄金荣对自己成见很深,便找到杜月笙商量大事。张啸林开门见山:"我知道你和师父最近不太顺。"这时的张啸林和杜月笙,还都管黄金荣叫师父。

"是的,现在一点头绪都没有。"杜月笙实话实说。

"妈的个×的冬天已经来了,春天还会远吗?"天地良心,这肯定不是张啸林的原话,但大概意思应该错不了,"依我看,当务之急是打通军方和华界官府的关系,否则烟土进不了法租界,师父的势力就发挥不了作用。"张啸林心中有数,胸有成竹。

"话是这么说,可是没有门路啊!"杜月笙开出口来,是书到用时方恨少的叹息。

"我有。"张啸林掷地有声。见杜月笙半信半疑地看着他,便得意地把这段日子和何丰林、俞叶封等权贵的交往简单地说了说,最后加了句:"如果需要,就是卢永祥那里,也是好说话的。"

杜月笙始而惊讶,继而惊喜,拉着张啸林就去找黄金荣。黄金荣把事情搞明白之后,不禁大喜过望,当即决定让杜、张入股三鑫公司,把失去的夺回来。这两位本来就没多少钱,花钱一向大手大脚,哪里能有股本?久旱逢甘霖般爽快的黄金荣表现得相当大方,事实上此时的三鑫公司基本就剩下一个空架子,不值钱,于是两个人分文不出进入了董事会,杜月笙出任总经理,主持全面工作;张啸林任副总经理,负责与军政方面打交道;金廷荪则担任财务主管,同时负责与商界的关系。

得此重任,杜月笙和张啸林不只惊喜,更多的是感激。士为知己者死,师父如此看重并提携自己,要再打不开局面,真是没脸做人了。好在哥俩心里有底,尤其杜月笙深知有钱能使鬼推磨,征得黄金荣同意后,他从公司支出一万元交给张啸林,拜托他去打通整个淞沪军政衙门的各个环节。

金钱开道,又有何丰林的面子,更有俞叶封的极力疏通,加上张啸林独树一帜的交际手腕,他的各项工作进展得相当顺利,没多久三鑫公司就理顺了军阀、华界、法租界方方面面的关系,等到把各方的责权利落实好,一条崭新的鸦片之路出现在了大家的面前:接货后由公海驶回高昌庙附近的江边码头,再从码头经高昌庙、龙华进入法租界。顺便说句,淞沪护军使衙门最早就驻在高昌庙,后来才搬到龙华。这个高昌庙,就是现在炙手可热的上海世博园所在地。

三鑫公司顿时起死回生,重放光芒,日进斗金,彻底垄断了法租界的货源。天天都是好日子,把个黄金荣和张啸林乐得一天到晚合不拢嘴,只有杜月笙时

刻不忘提醒自己：淡定，一定要淡定。

这是杜月笙的不平凡之处，这个不平凡，更多的来自生活的苦难给他的太多磨练。他能居安思危，想到了那些在"鸦片之路"上靠偷盗抢劫为生的各路江湖朋友，他们固然不太可能成大气候，但时间长了确实能烦死你，就像他自己当初折腾沈杏山一样。这还是小事，最怕的是他们中间再冒出一个张啸林式的人物，不说别的，让你做不成垄断生意，就已经足够可悲了。

杜月笙决定借用治理赌场的招数。他挨个拜访各个抢土帮派的老大，说好按月付给帮派里小头目以上的领导一定的津贴，换取他们的合作。这一大手笔，为杜月笙赢得了巨大的声望，并产生了两个后果：大家偷抢沈杏山的热情更加高涨；还有就是，"水果月笙"渐渐地不再有人叫，而换成了"月笙哥""杜老板"——这个时候，杜月笙对"杜老板"这个称呼还很受用，后来为了区别于江湖中人，他才要求别人叫他"杜先生"。也就是从这时起，开始有了"三大亨"的叫法。

这一年黄金荣五十一岁，张啸林四十一岁，杜月笙最小，整三十岁，正当而立，他也真的立了起来。这个时候，人人都在夸杜月笙是成功人士，不过你如果问他自己，他会浅笑不语，心里却在想："成功？我才刚上路呢！"

有句话是这样说的：运去金成铁，时来铁似金。当时对于杜月笙和沈杏山来说，正好站在了事情的两极。

原来1919年1月17日，万国禁烟会议将在上海举行，英国作为会议发起国之一，不能再放任英租界的鸦片横行。而作为主办国，北洋政府要做做表面文章。

杜月笙三十岁生日刚过不久，1918年8月，北洋政府开展了一场轰轰烈烈的禁烟运动，国内最大的烟土集散地上海，自然是重点整治对象，鸦片的查禁工作雷声大，雨点也不小。政府的如意算盘是，把市面上的烟土统统收缴入库，待到万国禁烟会议时，集中统一焚毁，以彰显禁烟的决心与成绩。

英租界将依法取缔所有烟土行、烟馆，全面禁烟的消息传出，杜月笙意识到这是个千载难逢的机会，立即找到黄金荣，询问法租界的态度。"法国人对这事儿不太热衷，他们才不愿放弃烟土这一块的收入呢。"黄金荣也很关心这事，已经打探出了风声。

"太好了!"杜月笙掩饰不住内心的喜悦,"那么英租界那些土行,看来只能搬到法租界来了。""想来应该是这样。"黄金荣笑着说,"不过法国人多少还是要做做样子的,月笙啊,往后你的担子就更重了,要多加小心啊!"

英租界很快就下了禁烟令,重申贩卖烟土非法,明令限期查禁,摆出了一副动真格的架势。法国政府不敢逆潮流而动,高调明令法租界禁烟,法租界当局当然积极执行,只是他们所谓的"禁烟",不过是发几个文件,类似于"严禁老虎吃人"而已。理论上法租界的烟土行不再合法,事实上生意更加兴隆。

如杜月笙所料,英租界那些著名的潮州帮大土行,诸如郑洽记、陈源大、郭鸿泰等等,以迅雷不及掩耳之势,纷纷搬到了"我家大门常打开"的法租界,其他的土行乃至烟馆,也都在谋划着搬家事宜,法租界迎来空前的繁荣,不知道羡慕死了多少人。

最羡慕甚至嫉妒的,首先当属沈杏山。突然间就要失去一笔巨大而稳定的收入,沈杏山自然心有不甘,想来想去也亏他想得出这么一个雷得死人的馊主意:跟黄金荣商量,接受英租界土商出走的事实,但他要继续担负起他们在法租界的烟土运输及经营上的保护重任,也就是说,要继续为大家服务,继续收保护费。

谈判在英租界四马路会乐里的一家高级餐厅里进行,沈杏山那边,大八股党全部到齐,黄金荣则带着杜月笙、金廷荪、马祥生、顾掌生四大金刚赴会。

沈杏山说出他的要求时,黄金荣鼻子差点没给气歪,只回了一句"放屁",站起身来走到沈杏山面前,抬手就是一耳光。这是黄金荣成名后唯一一次亲自动手打人,那气势直接震慑住了全场,以至于没有人敢轻举妄动。

今天的沈杏山这帮大八股党,已非当初联手打天下时的亡命之徒。他们在有了不小的身家之后,也失去了曾经的锐气。加上一直以来内部分赃相对不均,其凝聚力日渐消融,谁还肯为别人去拼命?何况是和势力更上一层楼的黄金荣拼命!更何况谢葆生早就被杜月笙收买成了自家人,不可能帮沈杏山。

沈杏山大败亏输,黄金荣出了口肮脏气,更加春风得意。整个黄公馆一片欢腾,唯有杜月笙依然谨慎,他知道瘦死的骆驼比马大,以沈杏山深厚的根基,绝不是一巴掌就能打倒的,必须再踏上一脚,让他永世不得翻身,否则一旦他缓过劲来,很难说会有什么后果。

杜月笙轻易不得罪人，但一旦得罪了谁，他通常会干到底，绝不心慈手软。这一次对沈杏山痛打落水狗，很符合他的性格。

也活该沈杏山倒霉。转眼到了1919年，上任不久的中华民国大总统徐世昌特派司法部次长张一鹏担任禁烟特派专员，前往上海指导禁烟工作。张一鹏抵达上海的前一天晚上，谢葆生急匆匆赶来，告诉杜月笙，沈杏山已经准备了一大笔钱，打算借张一鹏之手，整垮三鑫公司。

杜月笙不敢怠慢，直奔黄公馆，他刚到，张啸林也就到了。张啸林手眼通天，打听清楚了这位张专员不沾烟赌，却是色中恶魔。

有嗜好就好办。三大亨决定对症下药，用美人计爽死他。除此之外，杜月笙更有锦囊妙计，不信张一鹏不就范。

张专员一到上海就陷入了酒池肉林之中，来自方方面面的应酬把他搞得晕晕乎乎，酒没少喝，钱更没少收，工作上的事却毫无进展，因为大家都在热情地敷衍他。尤其令他困惑的是，大名鼎鼎的法租界三大亨居然没有露面，张专员不由得在心里嘀咕：难道连敷衍他的表面功夫也懒得做？这仨孙子未免太托大了吧！虽说你们在租界混老子管不着那里，但凭老子专员的身份，禁烟会议期间，即使是租界当局，多少也得买我的面子是不是？看老子不整死你丫的！

恰在此时，杜月笙亲自把请柬送来了，只说知道前几天专员大人很忙，不敢打搅，今晚特在一品香备了薄酒，请专员务必赏脸。

这一品香是个旅馆，建于清朝道光年间，历史悠久，名声显赫，张一鹏自然已经去过，但他愿意再去，因为那里美女多。当然了，他也想跟三大亨聊聊，是张专员工作的需要嘛。酒过三巡菜过五味，美女退场，时事开讲。开讲前张啸林笑着站了起来，他也要告退，理由很是温暖人心，是要亲自去给张专员挑一个顶级妹妹来伺候喝茶。

双方已经是朋友了，说起话来不再拘束，杜月笙率直相问："杜某听说专员此行不太顺利？""还好了，各方朋友见了不少。"接下来张一鹏并不隐瞒，"可是，不怕杜先生笑话，敝人来沪数日，工作上至今没有进展。不知杜先生有何高见？"

"高见不敢当，杜某愿意跟专员说说自己的想法。"关键时刻，杜月笙字斟句酌，但依然沉稳，"能在上海发烟土财的，哪个没有点靠山？哪个没有点实力？专员这些天所见之人，据杜某了解，都跟杜某一样，和烟土脱不了关系。"

张一鹏从没见过这么坦白的人，心里岂止是震惊，简直就是震撼。他哪里知道，这是杜月笙早就设计好的剑走偏锋的一招，接下来就该亮底牌了。此时的杜月笙还是不慌不忙，像在谈论一件小事："专员此来既是特派，想来不愿空手而归。"张一鹏微微点头，期待着下文，杜月笙喝口水接着说："杜某愿意捧专员的场，三鑫公司交一百箱土出来，任凭专员处置。"

张一鹏几乎是被感动了，举起酒杯说："杜先生的手面，果然名不虚传，敝人唯有感谢！"杜月笙也举起杯："我可以保证，从现在开始，专员在上海禁烟期间，法租界所有的烟馆全部停业，以配合专员的工作。"两只酒杯碰到了一起，张一鹏的脸上写满了春天。这就是杜月笙，他明白与人方便与己方便的生活道理。

接着，杜月笙开始借刀杀人："不过英租界才是大头，那边我们管不着，只能请专员亲自过问。找沈杏山就行，那边的土行全是他罩着。"说着就掏出一张单子："我这里有一份名单，专员或许用得上。"名单上详细列出了诸多土行的名字、地址、老板及保护人的姓名。当然，所有这些土行全是英租界里尚未撤走的，保护人无一例外都是沈杏山。

双方再次碰杯，一切尽在不言中。随后就是海阔天空的闲聊，杜月笙不善言辞，正焦急时，张啸林敲门进来，领着位绝色美女，大大咧咧地介绍道："专员，这位冠芳姑娘，是我们上海的第一任花国大总统，去年刚刚选出，新鲜出炉的耶！"杜月笙悄悄递给张一鹏一张支票，道声："专员辛苦，早点休息吧！"

再见还是在一品香，因为张一鹏已经常住于此了。这次是他约的杜月笙，为的是他想成就一番大事业。原来这一年正逢林则徐虎门销烟八十周年，八十年间，再无人创此伟业，张一鹏觉得这是个青史留名的好机会。如此一来，光杜月笙交出的一百箱鸦片，自然是太少了，就算加上华界收缴上来充数的那部分也没多少，烧起来肯定不够风光。

这难不倒杜月笙，他知道蔡乃煌有一千多箱鸦片储存在江海关，里面猫腻太多，正好可以给他拿来烧了。蔡乃煌当年是袁世凯的亲信，清末时当过上海道（即苏松太道，职权接近于上海市长，但比上海市长管辖范围大得多）。

那会儿正好岑春煊在上海假装养病。岑春煊是个大能人，本来在官场不太

第七章 借刀杀人扳倒沈杏山

起眼,在慈禧被八国联军赶跑,逃难西安的路上,因勤王有功,节节高升,成为慈禧的大红人,跟另一个大红人袁世凯很不对付,奈何谁也搞不掉谁,当时有"南岑北袁"之说。

岑春煊养病上海时,恰好慈禧太后最为痛恨的梁启超也在上海,袁世凯发挥了詹姆斯·卡梅隆式的想象力,要求蔡乃煌不惜一切代价搞一张岑春煊与梁启超在一起的合影出来。

岑春煊和梁启超根本不可能见面,蔡乃煌灵光乍现,重金请老外在暗房里捣鼓了一整天,合成了一张岑、梁的合影,并登在上海《中外日报》上。袁世凯活动李莲英等宫内红人,想办法让慈禧看到报纸,老太婆果然勃然大怒,岑春煊的政治生命就此告一段落。

袁世凯劝退大清皇朝,就任首任中华民国大总统后不久,突然想当皇帝。当皇帝需要钱,袁世凯钱不够,就利用蔡乃煌在下三滥方面横溢的天才,派其到上海担任苏赣粤三省禁烟特派员,为他去挣钱。

名为禁烟,实是卖烟。当时的江苏、江西和广东三省内积存有大量的印度鸦片,蔡乃煌一到上海,马上与上海、香港两地经销印度鸦片的烟土联合营业社签订《苏赣粤三省禁卖烟土合同》。合同以准许联社在江苏、江西、广东三省公开运销积存的鸦片为条件,规定联社每销售一箱鸦片向政府交纳三千五百元捐款。凭此,一年不到蔡乃煌就为袁世凯挣了上千万元,也激起了巨大的民愤。

合同到期后,迫于民怨,上海口岸不得不宣布禁止外国鸦片进口,北洋政府只好取消了积存鸦片的合同,联社剩下的一千多箱鸦片就此储存在了江海关。

张一鹏贵为禁烟特派专员,调出这批鸦片不是难事。1919年1月17日,万国禁烟会议在上海召开,休会之后,张一鹏特邀与会者前往浦东,观赏他的销烟盛举。张一鹏为了扩大影响,故意不用车子运载鸦片,而是雇了上千民工,挑着一箱箱的烟土前往现场,大大地吸引了眼球,以至于观者如潮。

不想开箱验货时出了问题,居然有一大半的箱子里装的全是砖头土块,引来阵阵起哄声——张一鹏哪里想得到,原来的烟土,早已被杜月笙等人买通江海关相关人员,给偷梁换柱了。当然张一鹏那时候也不会想明白这是为什么?

第二天,神清气爽的张专员,在万国禁烟会议上向与会代表郑重提交了他的调查报告:英租界探长沈杏山,利用职务之便,在租界内大肆保护、贩卖烟土，希望英租界工部局予以调查并严肃处理。

张一鹏的报告证据相当翔实，英国人哪里肯为了区区一个华人探长而受千夫所指？于是沈杏山就此丢了官。为了怕三大亨进一步的打击，他干脆跑到天津的租界里躲了起来，大八股党也就从此退出了历史舞台。

后来的这个张一鹏，抗战时期，应汪精卫之邀出任伪司法行政部长，寄望于能够借此释放一些政治犯。他给自己定的"汉奸时间"是半年，结果整整半年之后，得伤寒而死，非常巧合。

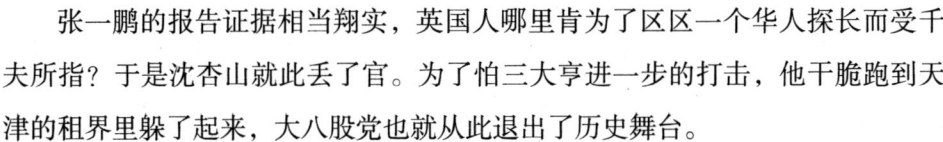

第七章　借刀杀人扳倒沈杏山

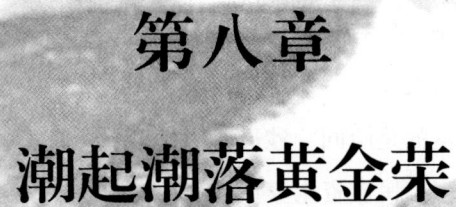

第八章

潮起潮落黄金荣

1 杜月笙迎娶陈帼英

打垮沈杏山后,三鑫公司完全垄断了整个上海滩的鸦片运输及销售市场,生意之红火自不必说,反正凡是和三鑫公司沾边的人,无论他是在法租界行政机构、巡捕房,还是就职于上海本地的政府、警察部门,包括各个黑道帮派,甚至一些小的地痞流氓,都率先富了起来。

当然,因为分肥的人太多,即使是三大亨本人,也不是我们想象中那样富得流油。当时上海最富的是哈同、沙逊等大洋商,他们此时已经基本退出了鸦片行业,而主营房地产。民族资本家里,像荣氏家族、朱氏家族、火柴大王刘鸿生、化工大王方液仙以及各路金融、地产大王,他们财产之多,往往令三大亨等黑道人物难以望其项背,至于那些达官贵人、豪门望族就更不用说。其实放眼全球,就从来没见过有混黑社会混成首富者,很勉强的一个例外是刘邦,那是因为人家混成了皇帝。

可毕竟是比以前有钱多了,黄金荣开始嫌同孚里的黄公馆不够排场,这大概就是专家现在常说的"改善性住房需求"。黄金荣手笔很大,买下了钧培里整条弄堂,新建了气派宏伟的黄公馆之外,其余的房子分给了手底下的各位大将,每年只需象征性地给黄老板交几块钱房租,应该算是"廉租房"吧。

杜月笙搬进了"廉租房",杜公馆比以前大多了,但他却越来越郁闷。和绝大多数为生活打拼的男人一样,杜月笙每天过着早出晚归的日子,因为工作的特殊性,有时候的确晚归晚得没谱,甚至偶尔会夜不归宿。是的,他是有去逛妓院、赌场的时候,但苍天可鉴,大部分时候他确实是在工作。工作很辛苦,应酬很伤神,压力之大更不用说,回到家中,他期待的是一个温暖的港湾。但是自己的这个家不温暖。平心而论,沈月英爱她这个老公,恨不得老公一天到晚都陪着她,奈何杜月笙实在太忙,于是,冷言冷语不说,她还总是拿脸色给老公看,时不时吵架撒泼,搞得杜月笙不胜其烦。

杜月笙本人是江湖侠客的作风,他的知识结构和价值观念来源于《水浒传》

《三国演义》《隋唐英雄传》等英雄豪杰所为，经中国传统文化塑造的所谓大丈夫、英雄豪杰是不屑于讨女人的欢心的，他们与女人的关系的准则在于大丈夫凭借本领赢得女人。所以杜月笙根本就不太懂得怎样和女人交往，更不会哄人，以至于后来终其一生，杜月笙一直处理不好和几位太太的关系。

那会儿包二奶是合法的，叫"娶妾"，杜月笙想到的就是娶个妾来消解内心的块垒。用现在的话来讲，杜月笙有一种"处女情结"，他要娶的一定得是处女。因为自己几乎不识字，所以希望对方有知识有文化，能对自己将来的事业有所帮助。他知道舞厅里有不少家境贫寒的女学生在那里陪舞，便拉了张啸林一起去玩。

上海最早的舞厅始建于1864年，位于外滩2号的英商上海总会内，最初只是老外热衷，并不为国人所接受，一是因为传统文化很不提倡女性抛头露面，再就是，那会儿女人都裹脚，所谓三寸金莲，根本就适应不了跳舞这项新潮运动。

辛亥革命后，裹脚这项陋习被以法律的名义禁止、取缔，1922年，英资大华饭店设立营业性舞厅，成为上海第一家商业性公共舞厅。多说一句大华饭店，1927年12月1日，蒋介石和宋美龄的婚礼就在此举行。1923年，中国影戏公司在派克路（今黄河路）创建卡尔登大戏院（今长江剧场），戏院还附设卡尔登舞厅和卡尔登咖啡馆，这是中国人创办的最早的商业性舞厅。

那会儿做舞女收入极高，优秀点的薪水能到中级白领的十倍以上，而且只是纯粹的陪舞，当然你要想卖身也没人拦着你，这样好的条件，难怪许多二线电影明星后来都要转型发展呢。

杜月笙的业余爱好是打麻将、逛妓院、听评书、听戏唱戏，对跳舞、电影之类的新鲜玩意儿毫无兴趣。偶尔被张啸林等朋友劝得急了，他也会去舞厅玩会儿，所以不算舞盲，只是跳得不太好，大概跟他的麻将水平相当。

两人来的是杜月笙来过的丽都花园舞厅，保镖随从一大堆，动静相当大。舞厅老板是小八股党之一的高鑫宝，见老大来了，赶紧出来迎接，恭恭敬敬。台上的西洋乐队一见杜月笙来了，马上改奏《茉莉花》《花好月圆》之类的中国民乐，连他们都知道，杜先生除了民乐，其他的曲子一律不会跳。

刚一落座闲聊几句，张啸林就忙着玩去了，杜月笙小声交代高鑫宝，去挑

第八章 潮起潮落黄金荣

几个女学生来看看,不一会儿就过来了七八个青春少女,一字排开,或低头视地,或笑脸相迎。

杜月笙挑了一个略显紧张、眉清目秀的女孩儿,拉着她就下了场子。女孩儿叫陈帼英,苏州人,年方十六,正上初三。因为家境不好,前一年便自作主张出来伴舞,因为上学的缘故,打的是零工,赚的钱除了日常开销,还能接济家用,是个很不错的女生。

杜月笙一下场子,所有的舞客不约而同地都退到了舞池边上。倒不是因为他有多霸道,而是大家都想欣赏这个难得一见的名人的舞姿。没错,他的舞姿不是太规范,或者也可以说有点诡异。

一曲过后,他拉着陈帼英回到包厢坐下。他今天很高兴,抬手招来贴身保镖陆桂才:"奏乐的朋友,送五百块!"

不一会儿陆桂才涨红着脸回来了,悄悄说了几句,杜月笙惊讶得连声音都提高了:"什么?我送的赏钱也不肯收?"杜月笙自成名后有个习惯,自己送出去的钱是决不允许退回来的。

高鑫宝闻声而至,搞明白情况后赶紧解释:"这支乐队是我重金从海外礼聘来的,刚来上海几天,搞不懂规矩,纯属误会,月笙哥千万别跟他们一般见识,我跟他们说去,待会儿让他们来道歉。"

杜月笙不是那种斤斤计较的小心眼,喝口酒开了口:"算了,不知者不怪。"然后对着站在边上的陆桂才吩咐:"那就送一打香槟去吧。"酒,老外是不会拒绝的,当场奏了一段华彩,几个人就对着杜月笙一鞠躬,杜月笙微微一笑,挥手致意,闹了个皆大欢喜。而那一打上等香槟,恰好价值五百元左右。

这一幕把个陈帼英看得目瞪口呆,正不知所措之时,杜月笙挥挥手打发走了身边那几位,转过身对着她,微笑着问:"陈小姐,你觉得这里好不好?"陈帼英不知道他什么意思,只好点着头连声说好。杜月笙不是个懂得浪漫的人,紧接着就说:"我要娶你做二房太太,你可愿意?"语气不容置疑,根本没有征求意见的意思。

陈帼英当时就傻了。这事儿来得太突然,她完全不知道该怎么办,虽然心里并不排斥,但还是觉得应该和家人商量下再说。愣了片刻,她老老实实地回答:"我得回家跟爸妈商量。"

杜月笙叫来陆桂才，让他坐自己的专车马上送陈小姐回家。

第二天，万墨林带着彩礼上陈家提亲，陈爸陈妈巴不得有这么一个乘龙快婿，便很爽快地收下礼物，把一切都答应下来，只是托万墨林转告一句，希望女儿不要和沈月英住在一起。这个要求实在是过于正当，让人无法拒绝。事实上杜月笙也愿意分开住，于是就在民国路民国里买了套房子，作为杜公馆二号，张灯结彩地迎娶了陈帼英。

从此杜月笙就很少回钧培里去住，偶尔回去也只会吵得更厉害，以至于更不愿意回去了。不过他从来没有起过休妻的念头，这是因为他感于沈月英在他落魄时嫁给他，没有功劳也有苦劳，正所谓糟糠之妻不下堂。还有更重要的原因是，这沈月英的媒人是对自己有知遇之恩、大力提携自己的桂生姐，杜月笙无论如何也不能拂了桂生姐的面子，这是他做人的规矩。

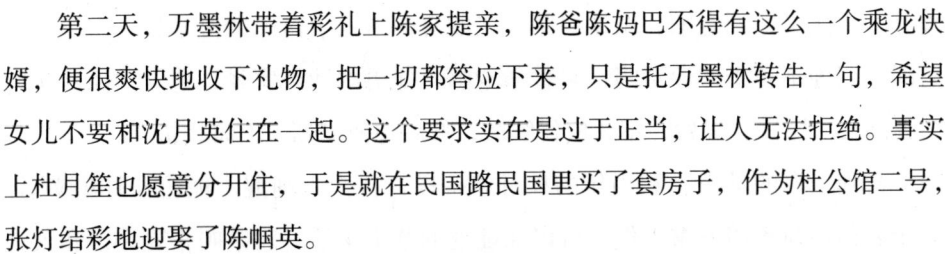

2 戴笠报到

这时，另一个重要人物闯进了杜月笙的视线，他是硬闯进来的。这人叫戴笠，他将成为杜月笙一生中最重要的朋友。

戴笠，浙江江山人，生于1896年，本名戴春风，后因算命先生认为他五行缺水，而自己改名戴笠，字雨农。戴笠身上有着天生的领袖气质，他十四岁进入县立文溪高小，十六岁就成了校青年会主席，十七岁以全班第一名的成绩毕业。

戴笠同时也是个热爱吃喝嫖赌的人，即使在十八岁和地主女儿毛秀丛结婚后，仍没能改掉这一点，好在这时他考上了浙江省一中，离家来到了杭州。在学校里，他因为聪明成绩好、组织能力强，很受老师同学的喜爱。然而终究本性难改，后来因为偷窃而被开除，不得已回到老家，这一年他20岁。

这时的戴笠，基本靠赌博赚钱、打发时间。他赌技很精，更精于作弊，所以屡赌屡赢。但终于还是有被识破的时候，那一次他差点被人打死，死里逃生之后又跑回杭州，报名加入了潘国纲指挥的总部设在宁波的浙江陆军一师。

戴笠在部队里依然沉迷于赌博，经常晚上翻墙出去和外面的地痞流氓赌，

赢来的钱就请大家喝酒吃饭，因此交了不少朋友，但受到了上司的处罚，他便离开了部队又回到老家，结果以第二名的身份考入了衢州师范学校。上了一段时间，因为不甘于毕业后当一名普通老师，他再次回到家乡，建立"团兵队"，自任团长，因没有经费，不久便告解散，然后他便来到了上海找机会。

初到上海的戴笠，和当年的杜月笙一样，在十六铺混。他比杜月笙幸运，有个表弟在商务印书馆工作，可以保证他的基本生活。表弟叫张冠夫，和太太租住在一间小阁楼上，房间很小，戴笠就打个地铺睡在表弟夫妇俩床边的地板上，张太太当然很不高兴，从不给好脸色看，以至于戴笠希望表弟给他在商务印书馆介绍个工作，张太太也坚决不同意。

这样戴笠就只能到街头去混了。他一向讲究衣装，所以每晚都要洗干净唯一的一套西装，以便睡觉的时候晾干，第二天可以很精神地出门。

戴笠机灵聪明，社会经验丰富，赌技又精，虽然挣钱有限，在十六铺却也混得如鱼得水。但他觉得这样下去不是正路，便想要结识人人都在谈论的杜月笙。像他这样的小人物连见到杜月笙都很难，但戴笠有办法，他直接来到了杜月笙开设的利生赌场。

戴笠玩的是掷骰子，他施展生平绝技，偶尔也做做手脚，很快就引起了赌场工作人员的注意，再一会儿，连总管江肇铭都过来了。要的就是这个效果，看差不多了，戴笠从容地对江肇铭说："我想见你们老板！"

江肇铭有点吃惊："你知道老板是谁吗？"

"当然知道了，我要见的就是杜先生。"

"你以为杜先生是你想见就能见的？"

"你不给通报一声，怎么知道杜先生不见我？"

江肇铭觉得这人有趣，同时也是出于一个赌徒对另一个技艺高超的赌徒的尊敬，真就派人去杜公馆通报，杜月笙觉得这个人行事特异，也真想见见是个什么人物，就叫江肇铭把他带来了。

杜月笙先让戴笠表演了一番绝技，看得他眼花缭乱，顿时心生好感。另外聊了几句，两人其实没做太多交谈，杜月笙已经发觉此人绝非等闲之辈，但一时没想好怎么用他，心想反正也来日方长，便请他常去赌场玩，并让他留下地址，然后很客气地让江肇铭把他送走了。

戴笠回到表弟家，兴奋得一夜未睡，第二天告诉表弟自己和杜先生见了面，杜先生很客气，并邀请他常去玩，他感觉这个大人物将会和自己有很多关系。

戴笠原想借此抬高自己的身价，没想到表弟说给老婆一听，张太太当时就急了，心想自家没造什么孽呀！怎么会跟杜月笙这个大流氓有了拐弯抹角的关系？马上给老公训话，结果戴笠当晚就被扫地出门。

戴笠找了个小旅馆住下来，然后去了杜公馆，结果杜月笙不在。戴笠留下新地址，等了几天，没见有人来找他，便一个人黯然离开了上海。等到杜月笙派人来时，戴笠已经走了好些天了。

娶姨太太这种事会上瘾。迎娶陈帼英大约一年后，杜月笙又娶了第三房太太孙佩豪，在民国里再租下一套房子，作为杜公馆三号，就在二号旁边。有两位佳人相伴，乐得优哉游哉，这是杜月笙非常快乐的一段日子。

3 黄金荣跌霸

杜月笙情场得意，黄金荣也没闲着，他也在恋爱，和所有老牛吃嫩草的黄昏恋一样，黄老板爱得死去活来，不知有汉，无论魏晋。

黄金荣的恋爱对象是他一手捧红的露兰春，比他小三十岁。露兰春，江北人，原名不详，自幼被法租界巡捕房翻译张师领为养女。张师是黄金荣的徒弟，因此露兰春小时候经常有机会去黄公馆玩，亲热地管黄金荣叫"黄公公"。小女孩相貌乖巧，活泼可爱，黄公馆上下都戏称她为"粢毛团"，就连黄金荣也对她宠爱有加。

露兰春在成长过程中，常跟随张师夫妇去黄金荣开的几家戏院看戏，看得多了时常会学着唱几句。在一次家宴上，小姑娘唱了一段助兴，赢得满堂喝彩。黄金荣见这是个可造之材，便让张师请了老师教她学戏。小丫头果然有天分，几年下来很快就青出于蓝，文武老生包括青衣样样拿得起放得下，明眼人都看得出来，一旦给她一个机会，她定能还你一个奇迹。

此时的露兰春也长大了，亭亭玉立，把个黄金荣给迷得晕晕乎乎的，心中

燃烧起了爱情的火焰,便决定捧红她。跟张师夫妇商量后,给小美女取艺名"露兰春",正式下海。

黄金荣爱戏,是法租界戏院的大护法,自己本身也开了几家戏院,加上露兰春本非平庸之辈,黄伯乐捧起来就更是得心应手。

说起来轻松,其实黄金荣还是下了大工夫。首先安排露兰春到共舞台挂了头牌,再找来各路名角和她搭档,并在报纸上大做广告,其中"露兰春"三个字,据说个个都有鸭蛋大小,可以说是不惜血本。毫无意外,露兰春一炮而红,瞬间风靡上海滩,就连百代这样的国际大唱片公司都抢着为她灌唱片,其每天的演出之一票难求,很容易让人联想到3D大片《阿凡达》上映时的盛况。

黄金荣估计是还没想好怎么表白,更现实的原因肯定是碍着太太林桂生的存在,所以开始的时候,他没有任何出格的举动,只是不管再忙,天天晚上都会奔赴共舞台,亲自为露兰春捧场,表现出的,尽可能是老爷爷对小孙女的爱,这也够难为他的。

黄金荣亲自压阵,上海滩上大大小小的流氓自然没人敢捣乱,倒是有不少想巴结黄老板的混混送了不少花篮,以博得美人一笑。

但还是出事了,简直就是祸从天降。

祸害叫卢筱嘉,是皖系实力派、浙江督军卢永祥之子。时值第一次直奉战争之后,直系军阀依靠吴佩孚的神勇,大获全胜,控制了北京政府,紧接着要上演的就是曹锟贿选总统的著名闹剧。与此同时,皖系段祺瑞、奉系张作霖,联络孙中山的广州政权,结成三角联盟,共同对付直系军阀曹锟、吴佩孚。居间联络的是孙科(孙中山之子)、张学良(张作霖之子)、段宏业(段祺瑞之子),还有一个就是卢筱嘉,时称"四大公子"。

卢筱嘉名列四大公子,自然风流倜傥,少不了爱看戏更爱戏中人。某一天就来到了共舞台,欲一睹天后巨星露兰春的风采。

不巧当天露兰春状态不好,不小心有句唱词唱跑了调。有黄金荣在,别人自然不敢撒野。可是卢公子没有不敢做的事儿,当场就喝了声倒彩,身边跟着的两个便衣警卫想来也跟着喝了两声。露兰春自出道以来哪儿受过这等委屈?站在舞台上两眼就红了,台下的黄金荣看在眼里痛在心头,一声"给我打",几个打手立即冲到卢筱嘉的包厢里面,没容他说"我爸是卢永祥",甩手就是两个耳光,把卢大公子打得天旋地转,俩警卫瞬间也被控制了起来。

等打手们把卢筱嘉拧到黄金荣包厢,黄老板正待教训人,却一眼认出了这厮竟然是卢大公子。想要道歉解释,又怕对方不依不饶白白丢了面子,便假装不认识,抬手说句"放他走"。卢筱嘉恨恨说了句"你给我等着",头也不回就走了。

黄金荣心知大事不妙,连夜打电话叫来杜月笙、张啸林,商量对策。好在中国军队不能进租界,一时半会儿应该不会有什么后果,只是冤家宜解不宜结,自己这边还是应该主动点,毕竟敌强我弱。最后三人决定,首先是要保卢公子的面子,这事儿不能声张;抓紧去给卢公子赔礼道歉,争取化干戈为玉帛;黄金荣暂时深居简出,防患于未然。

派去送礼道歉的人连门都没进去,只被管家告知卢公子从来没去过共舞台看戏,没和黄老板发生过任何误会,请黄老板不要多虑。这水泼不进的架势让杜月笙感到事态严重,张啸林都准备跑趟杭州去找卢永祥说说情——张载阳此时已就任浙江省长,和卢永祥交情足够——可仔细一想人家卢公子根本不承认有这回事儿,有力无处使只得作罢。

黄金荣是真规矩了一段时间,老老实实在家待着,哪儿也不敢去,卢筱嘉那边也真跟没事人一样。就这么风平浪静了一个多月,军方有人放出风来,说卢公子看黄老板不顺眼,要扣三鑫公司几箱鸦片给他点颜色看,然后就有知情人士散布消息,说是卢永祥卢大帅训斥了卢公子,说黄老板不是外人,而且双方都有不对的地方,不许胡闹。卢公子呢,也就想扣几箱鸦片,出一口恶气,这事儿就到此为止了。

于是大家就焦急地等待着鸦片被扣,等了几天真被驻军扣了一批鸦片,张啸林气得暴跳如雷,黄金荣却开心得春光灿烂。又过了几天果然不再有动静,更爆出卢公子被老帅召回杭州读书的传闻,黄金荣觉得事情终于过去了,当晚便迫不及待地前往共舞台,看他朝思暮想的露兰春。

哪知道剧院门口满是便衣军人,这帮人等了一个多月,眼看目标终于出现,当即一拥而上,分工相当明确,一部分治服保镖,一部分抓人。可怜黄金荣连看露兰春一眼的机会都没有,就被绑走了。

这是件大得不能再大的新闻,上海滩沸腾了。杜月笙、张啸林意识到,此

事不仅有关黄金荣的面子和声望,对三鑫公司的发展同样有着巨大的影响。

两人赶紧赶到黄公馆,和内心焦急表面还算镇定的林桂生商量解决方案。三个人做了分工:林桂生出面活动法租界巡捕房,同时请虞洽卿去向何丰林说情,千万刀下留人;杜月笙直接去和何丰林、卢筱嘉交涉;张啸林跑趟杭州,通过张载阳向卢永祥求情。

事情进行得很不顺利。虞洽卿求见何丰林,连面都见不着,因为何将军"病了"。巡捕房前往交涉,同样毫无结果。还好林桂生打听到何丰林母亲信佛,每天都要拜菩萨,赶紧找出一尊金观音、一尊竹节罗汉,连夜赶往龙华拜见何老太太。结果两人一见如故,老太太认了林桂生做干女儿,这下黄金荣的命算是暂时保住了。

其实何丰林哪里舍得杀黄金荣?当时淞沪护军使的衙门因为过于宽敞,三鑫公司租借其中一些房屋用作法租界外囤放烟土的仓库,何丰林都是点了头的。是这样亲密的自家兄弟,而且还是一起发大财的合作伙伴,巴不得共同进步呢?只是卢筱嘉受辱,他不能不做做姿态,所以黄金荣被关押在军营里。

杜月笙得知老太太出面了,更不着急。他明白黄金荣绝不会有生命危险,现在的问题只是如何让黄金荣体面地回来。把一切想清楚后,杜月笙依然不急不忙,决定晾何丰林几天再说。

何丰林拿着一个烫手的山芋,内心烦恼不问可知。一边是卢筱嘉磨刀霍霍,一心要宰了黄金荣;一边是老娘的招呼以及上海滩各种势力纷纷出面斡旋,而卢永祥在杭州一言不发。他感觉被抓的是黄金荣,被架在火上烤的分明竟是自己。所以无论是虞洽卿还是王晓籁等名流,谁来他也不见,内心只是焦急地等待着张啸林或杜月笙——这俩人,怎么还不来?

4 杜月笙出面讲斤两

杜月笙终于来了,带着十根一封的两封金条,每封一百两。他跟何丰林、卢筱嘉都没见过,不过有黄金开道,自然胸有成竹。何丰林、卢筱嘉陡见如此

重礼，内心想装沉脸上却无论如何也装不出来，三人坐下喝茶，气氛就显得相当融洽。

寒暄几句之后，杜月笙开门见山表示专为黄老板之事而来，恳请二位高抬贵手，并提出条件：由杜月笙出面摆酒为卢公子压惊，并请出上海滩的头面人物做调停人；另外，黄公馆的打手当面向卢公子请罪。经双方商议，这个调停人定了请青帮"大"字辈的张仁奎。于是这一条，卢筱嘉表示认可，但还是觉得不够，正迟疑未决时，第二个条件彻底征服了他。

杜月笙透露，三鑫公司打算成立一家聚丰贸易公司，这事儿已经筹备一段时间了，聚丰重点将针对浙江鸦片市场，张啸林早已通过张载阳张省长的关系，把事情理顺，并得到卢永祥的默许，未来除了杭州归卢永祥的嫡系亲信外，整个浙江的市场都将由聚丰负责开发经营。现在三鑫公司决定，送给卢永祥、何丰林聚丰的干股，走共同发财的道路，卢大帅和何将军需要干的，只是负责公司烟土运销的安全顺利而已。

杜月笙接着告诉他们，张啸林现在正在杭州，不日将会和卢永祥商谈，估计这两天大帅就会有指示下来。何丰林和卢筱嘉做梦也想不到天上会掉下如此大的馅饼，不禁大喜过望，所有的不愉快刹那间烟消云散。

大家既然已经是相亲相爱的一家人，断然没有继续关押黄金荣的道理。杜月笙不愿声张，只悄悄把黄金荣接回了黄公馆。

"请金荣哥先静养几天，暂不露面。这事儿还需要一个漂亮的收场。"杜月笙一席话，把黄金荣感动得慨叹万千：黄门弟子三千，最忠心最能干的还得数这个杜月笙！杜月笙行走江湖，他讲究的是情面、场面、体面这三碗"江湖面"，现在他要为黄老板赢得体面地下台，以圆了江湖上的场面。

杜月笙赶紧去走张仁奎的门路。苦于自己在帮中辈分太低，只是张老太爷的孙子辈，不便直接登门拜访。好在他跟张仁奎的大弟子、浙军某部营长吴昆山相熟，便请了吴营长帮忙。这是有面子的事，吴营长自然一诺无辞。正在这时张啸林回来了，带回一个巨大的喜讯：卢永祥要为黄金荣做面子。

原来何丰林为泄私愤，调动军队在租界抓人，引发了舆论极大的反响。上海影响大的报纸通通设在租界内，对浙军如此作为极为反感，反对军阀的社论、报道频频见报，卢永祥脸上就挂不住了。再考虑到几年前自己在上海任淞沪护

军使时,还给黄金荣发过上校督察的聘书,即使从正式名义上说起来也是自己人,遽尔翻脸不利于笼络下属,这更让他为难。

等到张啸林在张载阳的陪同下见到卢永祥,拿出聚丰公司的发展规划,卢永祥算是下定了决心,得帮着把黄金荣失去的面子找回来。卢永祥平民出身,能混到如此高位自然有其过人之处。他亲自带着卫队从杭州赶到上海,径直来到护军使衙门,辕门升帐,对儿子被打之事只字不提,只问他擅自调兵、违反军令之罪,将卢公子绑到辕门外。这是死罪,理论上接下来就是要枪毙,吓得何丰林带着身边的军官齐刷刷跪倒一片,只求大帅手下留情。

杜月笙事先得到消息,早已通知了能通知到的各路大亨,集体前往现场求情。卢永祥只是不肯,一定要大义灭亲。正僵持着,黄金荣穿着军装,在张啸林的陪同下赶来了,恭恭敬敬行个军礼,朗声开口:"都怪黄某对手下管教无方,冒犯了卢公子,还让卢公子蒙受不白之冤,内心深感不安。黄某恳请大帅赏一个薄面,收回成命。"卢永祥见火候已到,见好就收,咳嗽了两声说:"既然黄上校亲自出面求情,那就暂且饶过这个逆子……"

好戏就此收场,大家皆大欢喜。什么叫坏事变好事?没错,这就叫坏事变好事。此事过后,黄金荣感于杜月笙、张啸林的深情厚谊,不仅主动改了称呼,和二人以兄弟相称;更送了哥俩一块位于华格臬路的地,让他们拿去盖房子。

这是雪中送炭。原来,随着杜月笙混得越来越风光,上海滩三大亨的排名,由最早的"黄、张、杜",到后来的"黄、杜、张",如今,已经开始有了"杜、黄、张"的说法,不过暂时还没叫开,黄金荣得最后才能听到。

此时的杜月笙,开赌场、贩鸦片,日进斗金,风光无比,只是他场面撑得太开,从地痞流氓到军阀政客无不交往,花钱如流水,成了个过路财神,家里根本没什么存款。偏偏夫人和两位姨太太接连喜生贵子,到此时已有6个儿子。人丁越来越兴旺,丫鬟佣人月嫂老妈子更是兴旺,杜月笙的三处住宅就显得很拥挤了。

这三处住宅,杜月笙和夫人沈月英住的钧培里一个小院,是黄金荣提供的公司公寓;两个姨太太,陈帼英还好,孙佩豪干脆住在租来的弄堂房子里。也就是说,上海滩上让人谈虎色变的杜月笙,居然买不起足够的房子。

当然上海房子再贵,也不至于连杜先生都买不起,事实上之前杜月笙还买

过一栋美轮美奂的带花园的洋楼,是在杜美路 26 号,但那是专门用来接待贵宾的迎宾馆,比如黎元洪、徐树铮等,都在那里住过。更早的时候,爱因斯坦来华也住在这里,当然那会儿的主人还不是杜月笙——没错,杜先生和爱因斯坦不熟。

为住房拥挤所困,对于黄老板的一番美意,杜月笙自然感激不已。华格臬路是现在的宁海西路,临近上海最大的游乐场大世界,与跑马厅相隔仅两条街,交通便利,是个寸土寸金的地方。能在那里盖一个大院,杜月笙觉得是前世修来的福分。

大兴土木自不在话下。一座院落建成,两个院子,一个总门,进来后两个大门分别进张公馆和杜公馆。杜公馆大门口刻着一副对联:"友天下士,读古人书",这是杜月笙对自己的期许;另外在会客厅里悬挂着的另一副对联:"春申门下三千客,小杜城南尺五天",则是曾任黎元洪总统府秘书长的饶汉祥对杜月笙的赞颂。

杜、张两家之间隔着一道砖墙,中间特意开了一扇小门,为的是往来方便。两家的洋楼完全一样:都是三进四幢楼,其中最后一个天井太窄,只有一米,宽十米左右,因为光线不好,所以最后那幢楼专让各色人员临时居住,三个太太分别住一、二、三幢楼的楼上,沈月英住在第一幢楼,故也被称作前楼太太,二太太陈帼英住第二幢楼,是"二楼太太","三楼太太"自然就是三太太孙佩豪。

三房太太之间,就像巨星云集的皇马一样,内部关系错综复杂。三幢楼也就各成系统,每个夫人都有四五个佣人,每个少爷也都有佣人,此外,每层楼还有各自的厨师、丫鬟等。

杜公馆有 9 辆汽车,每辆车都配有一个司机和助理;杜月笙的专车是雪佛兰,车牌号 7777,司机是无锡人钟锡良,车技高超但绝不酒后驾车,且有一身功夫,随时可以客串保镖。另外三个贴身保镖功夫更高,不仅精通武术,更擅长玩枪,大概相当于三个 007。

杜月笙三个大点的少爷,老大维藩、老二维垣、老三维屏,在大东门的育才学校读书,后来杜月笙创办了正始中学,三个人又转到自家学校就读。这三位少爷上学,各有专车接送,并有一名荷枪实弹的罗宋保镖贴身护卫。所谓

第八章 潮起潮落黄金荣

"罗宋",是海上文人对 Russian 的音译。赫赫有名的罗宋汤,想来也是这个来历。

乔迁之喜,一番热闹是免不了的,主客自然是黄金荣黄大哥。觥筹交错之中,杜月笙做梦也想不到,满面春风的黄金荣,内心正在酝酿一件大事,天大的事。

5 黄天霸拜山

黄金荣知道,像自己这样的牛人,面子是挣来的,而不能靠别人给做。他很清楚,这一次卢永祥给自己做面子,虽说不露痕迹,但大体上也只能蒙那些不明真相的外人,既骗不了圈里人,更骗不过自己,情绪自然就稳定不下来。

心烦意乱之下,黄金荣对露兰春的爱情更加炽烈,他决定不顾一切也要把这个自己一手捧红,又为了她受尽委屈的明星娶回家来。张师夫妇不敢不从,但替养女开出了条件:必须明媒正娶,而且要做正房夫人;嫁过去后,露兰春要掌钥匙当家。这很有点像当年日本人给袁世凯的"二十一条",而想当新郎的黄金荣,居然和想当皇帝的袁世凯一样,稀里糊涂就同意了。

显然这对林桂生不公平。黄金荣内心有愧也有所惧,不敢面对结发妻子,只好请杜月笙出面替他去谈判。他知道林桂生和杜月笙感情极好,亲如姐弟,而且杜月笙虽然不善言辞,但他独特的逻辑能力令他的言说很具说服力。

"金荣哥……"跌霸事件后,黄金荣率先改口,从此黄、杜、张三人改以兄弟相称。"别说了,我知道你想说什么。但这个事情,我只能借重你。"好不容易把来意说明,林桂生先是傻了,继而愣了,等终于醒过神来,她反而显得比杜月笙平静。林桂生不愧是上海滩数得着的女光棍,她明白黄金荣既然同意了明知道她不可能接受的条件,那么夫妻一场,也就到了一拍两散的时候。想到此,她也不再说什么,只让转告黄金荣,拿五万块钱分手费,从此了断。五万,在当时大约可以买七八十万斤大米,大约合现在的二百万元左右;但换一种算法,五万,当时也可以在上海买四五套房子,搁现在怎么也值上千万吧!不过虽然不是小数目，但对黄金荣来说也不算什么。林桂生如此轻易就放过了这个负心汉，可见她对自己这个老公，已经是绝望。

黄金荣欢天喜地娶回了露兰春，这一年，黄金荣五十五岁，露兰春二十五岁。两大名人联姻，难免被报纸热炒。尤其是年龄相差如此悬殊，在那个年代，算得上人们津津乐道的谈资。黄金荣让露兰春做全职太太，不再登台演出。习惯了掌声与喝彩的露兰春，哪里耐得住这个寂寞？过不多久就连撒娇带流泪地争回了舞台表演权。

露兰春有许多粉丝，其中有一个至为疯狂。他叫薛恒，是上海大颜料商薛宝润之子，排行老二，人称薛二，是个如假包换的富二代。

精诚所至，金石为开，露兰春动了真心，两人如坐春风。可惜天底下没有不透风的墙，时间一长黄老板还是听到了些风声，虽没有确凿证据，还是派人把薛恒绑到荒郊野岭暴打了一顿。薛恒这个公子哥倒是坚强，一口咬定他和露兰春只是粉丝和偶像的纯洁关系，这和露兰春的说法一模一样。黄金荣无奈，只好敲诈了薛家四万块钱，并警告薛恒再不能和露兰春来往，连粉丝都不能再当，这事算是告一段落。转眼到了黄金荣、露兰春结婚周年纪念日，两人庆祝完没多久，黄金荣接到一项极其艰巨的任务，得去临城出差。

临城隶属山东枣庄，那里有座山叫君山，山势极其险峻，连牛都牵不上去，自古为了耕种山顶的田地，农民只好抱着小牛犊上山，养大了耕地用，所以山冈又名抱犊崮，易守难攻可想而知，向来都是土匪出没的地方。民国初年，这里的土匪头子是富户出身被逼上梁山的孙氏兄弟，孙美珠和孙美瑶，手下有三千余人，势力很大。

1920年，山东督军田中玉派兵剿匪，1922年8月，就在黄金荣迎娶露兰春后不久，孙美珠在和官军交火时中枪阵亡。孙美瑶继任老大。官军趁热打铁，持续进攻，抱犊崮形势告急。孙美瑶眼看前路茫茫，不知何去何从，便派人去上海找张聘卿问计。

张聘卿，原名张象珍，青帮"大"字辈，参加过同盟会，和孙中山有交情。他也是孙氏兄弟的枣庄老乡，而且是干亲戚，关系极广，手面颇大，之前很帮过孙氏兄弟一些忙，被兄弟俩视为导师一类的人物。

张聘卿算了一卦，然后告诉来人："穷干看幻，利在津浦。"提出"劫车掳

票,迫官军撤围,就抚受编,仿尺蠖之曲"。简言之就是说:应该在津浦铁路上劫持人质,迫使官军撤兵,接受官府招安。

1923年5月6日,孙美瑶指挥制造了震惊中外的"临城劫车案",劫持的是由浦口开往天津的豪华蓝钢皮快车,案发现场在临城和沙沟车站之间。

整个劫车行动共动用了一千多人,孙美瑶是总指挥,准备相当充分,分工非常细致。他预先派出一部分人伪装成旅客搭乘该次列车,以为内应;另有专人带队埋伏在现场四周,以便狙击闻讯前来的官军;在外围布有疑兵,并派出骑兵专司联络;负责扒铁轨的,则是曾经在铁路上工作过的专业人士。

至于劫车的一线人员,更是精挑细选,全是镖局出身、精通武术者,手持短枪匕首一类,无人敢于反抗。令人称奇的是,孙美瑶事先派人重金贿赂好了包围他们的官军五旅和二十旅,说要和六旅打一大仗,希望"帮衬点军火",结果这些十八个月没发军饷的官军,居然真卖给了土匪不少枪支弹药。

如此专业的团队,而且装备精良,战果自然相当"辉煌":洗劫了车上所有乘客的钱财之外,还劫持了一等车厢的旅客七十一人。官军赶来后的交战中,有一英国人被流弹击中不幸丧生;还有一法国女人因为太胖实在跑不动,被土匪扔下,最后实际被掳上抱犊崮的人质共六十九人,其中中国旅客三十人,包括袁世凯的女婿杨琪山;老外三十九人,来自于英、法、美、意大利、墨西哥等国,大多是医生、律师、记者、商人。

事发之后,舆论大哗,相关各国公使纷纷向北京政府施压。北洋政府当即派出山东督军田中玉、省长熊炳琦、交通总长吴毓麟等人到枣庄,组织人员与山上土匪谈判。一时间,枣庄群贤毕至,武装部队的调遣自不必说,中外营救人员、记者及政客们来来往往,多如过江之鲫。

其实老外们在山上的待遇很不错,吃得不仅比中国人质好得多,甚至比普通土匪都要好,而且还享有通信自由。美国人质鲍威尔在山上每天写一篇"匪窟通信",土匪真帮他寄到上海,交由《密勒士评论报》发表,这种类似于"在线连载"的特殊生活写实,引起了人们强烈的兴趣和关注,一直到它终于被阉割了,《密勒士评论报》的销量才有所回落,但依然高于以前的纪录。

谈判是从5月11日开始的,双方是北洋政府派出的二十名官员和绅商,以及孙美瑶的二十名代表。孙美瑶手握大把外国人质,有恃无恐,谈判中翻云覆雨，为所欲为，开出的条件忽高忽低，变化无常，搞得政府方面大为光火，中止谈判，假装要开打。

这下孙美瑶不干了，在人质中挑了一个在一战中获得过勇士勋章的法国人，请他带着新的条件下山去和官方接洽。为保险起见，孙美瑶特地让他宣誓保证，办完事后一定回来。没想到这厮再也没回来，这让匪徒们十分惊讶，他们无论如何也不肯相信老外竟也如此不讲信用。

还好孙美瑶接下来派下山的美国人质鲍威尔为外国人挣回了面子，他接洽了官方代表后，当天便主动回到了山上。

双方总算又回到了谈判桌上，接着谈，这次有了进展。

与此同时，各国的使领馆也没闲着。这些中国通们心知当时的北京政府真正能管的地方不多，当时的总统是黎元洪，实际掌权者是直系的曹锟、吴佩孚，山东根本就不是直系的地盘，不能全指望他们。后来不知道是谁来了灵感，想到利用黑道，于是法租界领导便找来了无所不能的黄金荣，让他去跑一趟，务必要打开突破口，救回人质。

黄金荣的势力和人脉全在上海滩，再具体点说主要都在法租界，跟远在山东的土匪真是一毛钱的关系也没有。接到指令，不能不去，可是去，且不说能不能不辱使命是个难题，就是能不能全身而退都不好说。一筹莫展之下，黄金荣只好召集杜月笙、张啸林、金廷荪、程子卿等神通广大的兄弟门生，共商对策。杜月笙说："我去找张老太爷，看看他有没有路子。"张老太爷即张仁奎，这个人我们已经不止一次提到了，不妨略微仔细说说。

张仁奎，字锦湖，号镜湖先生，位列青帮"大"字辈，杜月笙崛起之前，他基本可以算是青帮领袖级的人物。张老太爷是山东枣庄滕县人，出生于贫苦人家，武功高超，尤其擅长单刀，最初以贩私盐为生。有一次他路过瓜洲，与人赌博，连盐带钱输得干干净净，不甘就此走路，他抽刀剁下一截无名指，面不改色，只说："兄弟来自异乡，身上没多带银两，现截下身上一点骨肉，权当十块银圆，与各位大哥接着玩。咱们继续吧！"惊得在场各位目瞪口呆，只有一位我们之前说过的徐宝山徐老虎，看出这是个人物，当场和他结交，从此他就跟着徐大哥混，成为徐老虎的心腹悍将。

后来徐老虎被王柏龄、杜月笙设计炸死，旧部便由张仁奎接掌。此时他已

年近六十,是冯国璋手下的第七十六混成旅旅长兼通海镇守使,权力极大。他的驻防地在江苏南通,但家在上海,时常会回来,不难找。

杜月笙轻车熟路,通过张仁奎的大弟子吴营长找到了老太爷。张老太爷果然是江湖大佬,对临城劫车一案的来龙去脉了如指掌,当即对杜月笙说:"你让黄老板直接去就是了,能办成。"虽说是这么轻描淡写的一句话,但这出自张老太爷这样一言九鼎的前辈,他所说的每一句话,杜月笙都没有理由怀疑,事实上也不容他怀疑。

原来这次大案的幕后大人物张聘卿正是张仁奎的同乡,更是他的好兄弟。有这么一层关系,孙美瑶不能不格外给黄金荣面子。也是黄金荣运气极好,张聘卿让他带给孙美瑶的只有一句话:适可而止。畏惧于官方态度日趋强硬的孙美瑶正好顺坡下驴,接下来的事情跟黄金荣没啥关系,但这个事情确实很快就解决了。结果是中外人质全部获释,土匪被集体招安,改编为了山东新编第十一旅,孙美瑶如愿以偿当上了旅长。

平心而论,这一趟黄金荣运气成分居多,但也确实不能说他没有功劳。法国人不管那些,直接把他捧成英雄,而在江湖上,人们借用了一出京剧的名字来概括黄老板这一伟业——黄天霸拜山。这是黄金荣职业生涯最辉煌的顶峰,他同时将要面对的,是痛彻心扉的伤害。

孙美瑶的旅长只当了半年,在手下亲信被成功分化并内讧后,1923年年底,他就被新任的兖州镇守使张培荣在中兴煤矿公司设下鸿门宴,当场被乱刀砍死,部下全部被遣散。张培荣随后发表通电:孙贼认为作恶越大,取得官位越高,此风一长,人心不可收拾,故不杀不足以儆效尤。

第九章

妙手化解三鑫公司危局

1 帮顾竹轩和英国人打官司

真是洞中方一日，世上已千年。黄金荣山东之行不过十天，家里竟已是沧海桑田。

原来，趁黄金荣这些天不在，露兰春把他保险柜里的金银珠宝、美元地契等席卷一空，跑了。最要命的是，黄金荣与有关各方私下往来的重要函件、江湖上的秘密、官场上的罪证，都放在一个皮包里，这个皮包不见了。

黄金荣毕竟神通广大，很快就查到了露兰春的行踪。她先是投奔法籍大律师逖白克，出大价钱请他代理自己与黄金荣的离婚手续，逖白克不愿得罪黄金荣，遂婉言谢绝。然后露兰春又去投奔义父聂榕卿，聂榕卿是个戏迷，职业是法租界会审公廨的华籍推事（类似于法院的审判员），在上海滩也是个名人。

露兰春正住在聂公馆。黄金荣倒不怕狠下心来得罪聂榕卿，但对于露兰春手里握有的那些机密文件不能不有所顾忌，便托人带话给老聂，只说露兰春席卷了黄老板的财物出走，现在黄老板希望她回家，并说一切都好商量。聂榕卿为此询问露兰春，露兰春知道呆不下去了，不想让义父为难，遂离开了聂公馆。

谁也想不到黄金荣用情如此之深，即使到这时他仍不忍做任何伤害露兰春的事情，估计还等着佳人回心转意呢。之后，杜月笙出面，请来聂榕卿和许局长调停此事，结果是露兰春还回所有的财物、文件，并承诺永不再登台表演，黄金荣则同意离婚。

离婚后的露兰春果然嫁给了薛恒，两个相爱的人历经磨难终成眷属，自然分外珍惜在一起的每一分每一秒，结果一口气连着生了六个孩子。后来激情过后，两人沉迷在了鸦片里面，1936年，一代名角露兰春英年早逝，年仅三十九岁。

黄金荣闹家务这段日子，杜月笙一刻没闲着。三鑫公司走上了正轨，财源滚滚，他干脆就跑英租界混去了。英租界因为彻底禁了鸦片，英国人又着力加

强治理,一时间秩序井然,各帮派都相当低调。加上杜月笙为人四海、处事独到的章法,大家很快就不分彼此。这是黄金荣从来都没有做到过的事情。帮助英租界大亨顾竹轩打的一场跨国官司,更是令杜月笙声名鹊起。

顾竹轩是江苏盐城人,本名松茂,竹轩是他成名后请人起的名字。他比杜月笙大两岁,同样出身贫苦。十七岁背井离乡闯荡上海滩,图的是混一口饭吃,最开始在闸北新疆路一带拉黄包车,劳累而艰苦地活着。当时上海的黄包车夫基本都是苏北人,人称"苏北帮"。

顾竹轩为人慷慨仗义,好打抱不平,朋友很多,很快就在苏北帮黄包车夫中崭露头角。后来赶上英租界巡捕房招巡捕,只要年轻力壮就行,文化程度不限。顾竹轩兴冲冲前去报名,因为体格魁梧,被当下录用,当上了在马路上执勤的巡捕。

英租界交通规矩繁多,黄包车夫动不动就得被罚款乃至吊销执照,顾竹轩自己拉车的时候就深受其苦。他很讲义气,手中有了权力,不忍为难同乡,遇有违规的,大多睁只眼闭只眼给放掉。时间长了被人告发,结果惨遭下岗,不得不重操拉车旧业。

失之东隅收之桑榆,顾竹轩因此在苏北帮中赢得了大批粉丝,更交上桃花运,被一个富孀看中,富孀资助他开了家车行,就此当上了老板。顾老板毕竟干过一段时间巡捕,昔日同行多少得给点面子,加上礼数周到,善于周旋,他的车行就得到了更多的关照,发展得越来越好。然后他又拜青帮"大"字辈刘登阶为师,接着就在同乡中广收门徒,最多时有一万多徒弟;人多势众,于是巧取豪夺的买卖也干将起来,很快就混成了闸北一带赫赫有名的"江北大亨"。

发财之后,顾竹轩不改本色,照样一身短打装束。有一天他去大名鼎鼎的丹桂茶园看戏,不巧之前吃饭时吃了不少大蒜,口臭难免,在茶园门口检票时,直熏得旁边几个着正装者掩鼻而跑。检票人大怒,忙叫他快滚,顾竹轩掏出戏票,说:"我花钱买票,凭什么叫我滚?"说着就往里闯,两人就打了起来,那检票员哪儿打得过顾老板?正在这当口来了个印度巡捕,巡捕自然帮着戏院,当即以扰乱租界秩序为理由,把顾老板带到巡捕房里关了一夜。

第二天放出来后,顾竹轩叫人去丹桂茶园买了一百张戏票,当晚请了一百个车夫穿着工作服去看戏兼演戏。台上戏一开场,台下一百个车夫掏出大蒜就

第九章 妙手化解三鑫公司危局

开吃,顿时空气中飘满了"蒜香",观众跑得干干净净。第二天的报纸上,记者以醒目标题报道"大嚼蒜头风味独特,丹桂飘香臭气熏人"。

丹桂老板听说得罪的是江北大亨顾老板,立即开掉检票员,然后赶紧登门道歉,请客吃饭赔偿损失自不在话下。顾竹轩争回了面子,也就没再计较,但心里总觉得别扭,想来想去,只有自己也开家戏院,才算真正有面子。

富孀爱的就是他这种上进心,自然大力支持:"你去张罗,钱不是问题。"恰巧丹桂茶园斜对面有一块空地,顾竹轩托青帮"通"字辈季云卿帮忙,花钱从英租界工部局(英租界最高行政机构,法租界的叫"公董局")将这块地买了下来,办好所有执照,马上招标动工。

风声传进丹桂茶园,老板只说了一句话:"跟我唱对台戏?真是癞蛤蟆想吃天鹅肉!"顾竹轩回应道:"不想吃天鹅肉的癞蛤蟆不是好蛤蟆!这天鹅肉我吃定了!"立即更改外观设计,大屋顶顿时变身为一只面向丹桂的蟾蜍,取名"天蟾舞台"。

"天蟾舞台"落成后顾竹轩不惜重金,请来上海滩赫赫有名的文武老生常春恒演出连台本戏《开天辟地》,并不惜血本,在灯光、布景、道具等方面无不精益求精,结果一连三月场场爆满。丹桂茶园声势居然真被压了下去,生意大受打击。

顾竹轩春风得意,消息灵通人士杜月笙得到了一个消息,马上托人来跟他说:"你的天蟾舞台只怕要保不住了。"顾竹轩心知杜月笙不会和他开玩笑,赶紧赶到杜公馆,问到底怎么回事。

"你园子旁边不是永安公司吗?他们看上你这块地方了,准备盖一幢十层的大楼开旅馆。永安公司是英国背景,后台是英国总领事,工部局必须买他们的账,估计很快就会来找你拆迁。"

顾竹轩哪里肯拆迁?可一下子又茫然无措,只好问计于杜月笙,杜月笙就怂恿他打官司。顾竹轩毕竟没见过大世面,怎么也不敢在英租界里跟英国人打这场官司,杜月笙告诉他说:"据我所知,英国人还是讲道理的,你就打吧,我找阿德哥(虞洽卿的尊称)一起支持你。拼都不拼一下,也不是你顾四爷的风格呀!"这一下激发起了顾竹轩的豪气:"好,我要拼一下,老子大不了回家种地去。"

不久，英租界工部局果然派巡官送来一份拆迁通知书，限令天蟾舞台一个月内拆迁，为此，工部局将支付几百两银子（大约合一千块钱）的迁移费作为补偿。

顾竹轩当即赶到杜公馆，把拆迁通知书递给杜月笙。

"打官司？"

"打官司！"

"好，等我把阿德哥请来。"

虞洽卿了解完情况，沉思片刻，缓缓说道："老四别担心，道理在你这里。英国人讲法律，也就是讲道理。他们认理不认人，不像我们的衙门，只认人，只认钱。不过打官司总是要花钱，英国人审案子时间长，花的钱恐怕少不了。"顾竹轩豪情万丈："洽老，我顾老四就是要个说法，争口气。就算倾家荡产也要打这场官司。我想好了，大不了，就回家种地。"杜月笙在一旁忙说："还没开打，不兴这么想的。钱不是问题，一切有我。"

以顾竹轩的身份，哪里会要杜月笙一分钱？不过他毫无保留地接受了杜月笙提供的各种各样的帮助。杜月笙委托虞洽卿给介绍了两位外国律师，向英国驻上海总领事馆起诉工部局违反合同，强制拆迁。

总领馆的批复下来，把顾竹轩气了个半死——说是该地皮原是工部局官业，当初卖给天蟾舞台是对的，现在收回也是对的。还好后面多少还有句人话：应该赔钱。但是具体赔偿金额需双方商议，对方只肯出一千块钱。

顾竹轩和律师及亲友团杜月笙、虞洽卿一商量，状子就递到了北京英国公使馆，上诉理由是领事馆裁决不公。英国公使情知自己同胞理亏，但又不愿得罪人，索性就告诉顾竹轩的律师：这事儿不归我管，你们如果一定要上诉，就上诉到伦敦大理院去吧！大理院，是当时对最高法院的称呼。

顾竹轩也想横了，都没跟亲友团商量，直接让律师上诉到了伦敦。焦虑不安地等待了三个月后，判决下来了。伦敦最高法院裁定上海英租界工部局违约拆迁不合法，为了天蟾舞台择新址重建，工部局应赔偿十万元，足够黄金荣离两次婚了。

十万元固然可贵，但它的意义是，上海自有租界以来，普通中国人把租界当局告到伦敦的第一起案子，而且赢了，顾竹轩名声大震，一时风光无限。

第九章 妙手化解三鑫公司危局

顾竹轩打赢官司后的第一件事,就是亲自到杜公馆向杜月笙道谢。而杜月笙绝不居功自傲,尤其在外人面前,更只是夸赞顾老板有胆有识,给中国人争了面子,绝口不提自己在其中所起的作用。从此以后,顾、杜成为很好的朋友,肝胆相照。顾竹轩更是逢人便说:"杜先生会做人,杜先生真的会做人!"

杜月笙照

"黄金荣爱钱,张啸林善打,杜月笙会做人",其实这是大家对三大亨比较一致的评价。会做人的杜月笙,此时在整个上海滩,无论华界还是英法租界,无不左右逢源,朋友遍天下。然而天有不测风云,正当杜月笙春风得意之时,一场突如其来的战争,几乎粉碎了他的梦想。

2 三鑫危局

这场战争史称"齐卢战争"或"江浙战争",偶尔也被称作"第二次直皖战争",其实说穿了就是场鸦片战争,主要由浙江督军卢永祥和江苏督军齐燮元交火,围观者众,参与者也不在少数。

卢永祥是皖系军阀里的重量级人物,齐燮元则属于直系。这里需要交代一个大背景:其时的上海,无论从行政上、法律上,还是地理位置上,都归江苏管辖,即属于直系的势力范围;但事实上这个东南财赋之区一直为皖系所把持,唯浙江之马首是瞻,根本不买江苏的账。作为全国的经济龙头,尤其是最重要的鸦片集散地与消费区,上海之富得流油,更容易催生"人为财死、鸟为食亡"

的故事。

所以早在冯国璋主政江苏之时,就有心解决这个问题,只是碍于袁世凯的面子,没好意思轻举妄动;到了李纯时代,此梦依然,却因为实力不足,不得不忍气吞声。1920年直皖战争爆发,早就想动手的齐燮元因为吴佩孚的阻止未能参战,忍了几年,现在找个借口,终于忍不住动手了。这一场大战,双方本来旗鼓相当,却由于卢永祥麾下主力第四师的溃败,直接影响了战局的发展。

浙军第四师师长叫陈乐山,河南信阳人,是卢永祥的心腹大将。这仗具体怎么打的就不说了,说来话长也没啥意思,不过其中有一段不错的八卦,跟杜月笙多多少少沾了一点点边,值得简单说说。

说起来又是"女人是祸水"的老生常谈,其实这有一半是男人推卸责任的说辞。彭小姐,苏州绝色美人,祖上出过宰相和状元,绝对地出身名门望族。可惜遇人不淑,嫁给了清末富可敌国的高官盛宣怀的五公子。这个盛老五是个典型的纨绔子弟,终日沉迷于嫖和赌,常常冷落佳人,彭小姐不免有明珠投暗之怨愤。

彭小姐的报复来得极其快意——不是像我等凡夫俗子想的那样购物血拼,因为盛家根本不在乎钱——她选择了红杏出墙,而且男朋友一交就是一大堆。刚开始她周旋得游刃有余,后来遇到了上海滩德高望重的大绅士王一亭的六公子,日久生情,情有独钟,难免冷落了其他男友,其中一个就写匿名信向盛老五举报,两人就此离婚。

因为王一亭非常注重家风,彭小姐终于未能如愿嫁给王六公子。她有个闺蜜,不忍见她痛不欲生,便时常陪着她散心,这一天两人就来到了杜公馆。这个闺蜜人称"七姑太太",是后来的超级大汉奸王克敏的妹妹,干的是类似于高级交际花经纪人的营生,所以跟各路大亨、政客、军阀都相熟,杜公馆的大门,对她自然也是敞开的。

陈乐山那天正好也在杜公馆。这是齐卢之战前的事,当时陈乐山所部驻防在江浙交界的松江、枫泾一带,张啸林在浙江开拓鸦片市场成绩斐然,其中一项就是拉拢了这位陈师长和三鑫公司合作,共同发财。所以陈师长有的是钱,平时不住在军营,而是成天在上海花天酒地。

于是彭小姐就遇见了陈乐山陈师长,两人一见钟情。陈乐山为此要跟老婆

离婚,卢永祥知道后劝他:"糟糠之妻不下堂。你怎么玩都没关系,但不要当陈世美。再说你又姓陈,不好不好,不能离婚。"陈乐山为了照顾领导的面子,没敢张扬,花了一大笔钱,悄悄离了婚,再悄悄娶了彭小姐。

战争爆发之时,陈师长正腻在蜜月里不能自拔,哪里有心思和勇气打仗?就这么赖在上海,根本就没去前线。第四师群龙无首,在和直系陈调元四十七旅的接触战中阵亡了一个团长后,再也无所作为。

齐卢双方实力由此发生倾斜,此时正当吴佩孚和张作霖的第二次直奉战争打得如火如荼,吴大帅居然还有心情指使他一手提拔起来的福建督军孙传芳率军为齐燮元助战,这样卢永祥即使勉力也无法再支撑,只好通电下野,暂时流亡日本。

卢永祥一倒台,何丰林和卢筱嘉就落得个无处藏身的窘境,只好跑到杜公馆寻求保护。杜月笙念旧情,热情地接待了这二位爷,后来也安排他们到日本去了。最不幸的是张载阳,他重穿军装,以浙军第二师师长的身份统兵随卢永祥出征,竟战死沙场。这个消息,令他的把兄弟张啸林无比悲伤。卢永祥是倒了,但齐燮元也并不得意,大赢家是孙传芳,他几乎收编了卢永祥的所有部队以及整个浙江省。另外现在上海有了两个淞沪护军使,分别是吴佩孚的嫡系张允明和齐燮元的部下宫邦铎,一南一北,隔租界而治。这前后的一段时间,上海军界人物走马灯似的换,但真正的幕后老大,始终是孙传芳。

在此值得一提的是,齐卢战争期间,江南一带战火连天,各地难民纷纷前往上海避难。而在上海,虽然各慈善团体多方救助收容,绝大部分难民仍然无家可归,只能流落街头。

上海总商会、县商会发起组织各慈善团体成立了保安会,公推虞洽卿为会长,向社会各界劝募赈灾善款。此时杜月笙的社会成分大体还被归类于黑道人物,没有资格加入保安会,但他有做善事的本能。杜月笙第一次向灾民捐款是在1923年初,那次他手气极好,参与募捐游艺中了头奖,把三百元奖金全部捐给了浙江水灾的灾民。这一次,杜月笙索性叫上了黄金荣、张啸林,由于战争的关系,三大亨只各捐出五百元,发起组织了江浙善后义赈会,共募得善款七千元,买了三千套棉衣棉裤,全部捐到了难民手里。

为救助难民,杜月笙搞了一场救助义演——"恳商伶界联合九班演剧助赈"。

这次演出，除了广邀名角，杜月笙、张啸林更亲自登台表演京剧，轰动一时。这是杜月笙第一次公开登台演出，以后这样的机会很多，没有一次不是因为赈灾救助等慈善活动。

讲个小故事，背景还是杜月笙中奖的1923年，上海各界救助浙江水灾灾民。当时真的是全民参与，就连在租界里做寓公的孙宝琦也组织发起了一个"救助乡亲赈灾会"。孙宝琦，杭州人，清末当过驻法、驻德大使及山东巡抚等要职。民国初年，当过袁世凯的外交部长和代理国务总理，资历显赫。

但毕竟时过境迁，人走茶凉，"救助乡亲赈灾会"成立后，却没什么人买账，一个月下来，才募到捐款一千出头，这让孙老感到很没面子。有人劝他去找杜月笙帮忙，孙宝琦死马当活马医，顾不得素昧平生，知道杜月笙以贩毒为主业，便带着三个上等印度大土，来到杜公馆拜访。

杜月笙见老总理来访，不敢怠慢，热情接待不在话下。

等到孙宝琦转弯抹角也没说明来意，只说要把这三只市面上已绝迹的大土送给杜月笙，杜月笙终于恍然大悟。三只上等印度大土，有价无市，大概值六千元，杜月笙直接吩咐秘书开了张一万元的支票，捐给了"救助乡亲赈灾会"。孙宝琦高高兴兴地告辞出门，上了汽车，司机告诉他："三只大土，杜先生已经派人送回来了，就在后座上。"有人问杜月笙，像孙宝琦这样的过气政客，何必对他如此客气。杜月笙倒也直言不讳："人总是爱捧的，因而也同情捧人的人。我对于这些失意的老人何尝有什么报偿的希望？但是将来得到的会比我目前很方便地付出去的东西多得多。"

城头变幻大王旗，三鑫公司因此陷入了危机。军阀换人，千辛万苦开辟的鸦片之路再也走不通，偌大的生意突然间就失去了货源，当然也就断了财源。黄金荣底子厚、事业多、花钱省；金廷荪善理财，有积蓄。这事儿对他们一时影响不是特别大。但杜月笙、张啸林及他们手底下的弟兄，个个花钱大手大脚惯了，一下子没了收入，这些过路财神连日子都不知道该怎么过了。

张啸林急得把老婆的珠宝首饰都给逼着拿出来当掉，可毕竟有限，过不了几天钱又没了。张啸林此时只恨自己平时对老婆不够好，没给她多买些值钱的东西，真是书到用时方恨少的另一个版本！

杜月笙更惨，虽说他和家人的日常开销相对不是很大，但赌博是个无底洞，

加上他爱做慈善,像修桥筑路、施药施粥、照顾鳏寡孤独等等,样样开销都不在少数,这下子就不只是捉襟见肘了。

像郑洽记、郭鸿泰、郑宝成、蔡益源等大小土商同样心急如焚。更急火攻心的,是不计其数嗷嗷待哺的烟民,他们无论如何也想不到,无所不能的三鑫公司如今也陷入了绝境。

3 杜月笙结交新贵过难关

天无绝人之路,顾嘉棠他们没头苍蝇般地到处乱撞,居然打听到了陆冲鹏手里有货,并且借来了十箱,可聊解燃眉之急。

陆冲鹏,浙江海门大地主家庭出身,张仁奎的弟子,属青帮"通"字辈。另一方面,陆冲鹏是晚清秀才,现为上海滩执业律师,同时也是国会议员,和皖系颇有渊源,尤其和段祺瑞执政府的财政总长李思浩交情匪浅——1920年直皖战争,段祺瑞被吴佩孚打败之后,曾和李思浩等政府高官在他家里避过难,属于患难之交。

这样一个上流社会的正人君子,哪里来如此多的鸦片?杜月笙虽说内心从焦急转为兴奋,表面却仍不慌不忙,开始安排相关人等去打听——不打没把握的仗,这是杜月笙做事的一贯风格。

消息很快反馈了回来:江南的齐卢战争结束不久,华北的直奉战争也分出了输赢,结果因为冯玉祥的阵前倒戈,以至于吴佩孚大败而逃,曹锟这个以五千元一张的价格,从国会议员手里买来一大堆选票当选的总统,被黯然赶下台。张作霖和冯玉祥两大实力派控制了北京,公推段祺瑞出山,就任中华民国临时执政。

段祺瑞上台后什么都缺,但最缺的还是钱。缺钱缺到了什么程度?举个例子,因为军费缺乏,北洋海军欠饷已久,海军官兵很不高兴——当年慈禧太后修颐和园挪用的就是海军经费,现在北洋政府拖欠的还是我们的工资,难道老子是后娘养的不成?结果经不住官兵们讨薪闹事的压力,海军总司令杜锡珪不得不下课。

那个年代，当官就是为了捞钱，没钱，这官当得还有什么味道？于是段祺瑞手底下就有人打起了鸦片的主意，直接提出了鸦片应由政府专卖的提案，美其名曰"寓禁于征"，引发舆论大哗，结果此提案在内阁遭到否决。

但政府不能没钱啊，至少军队的欠饷得解决。段祺瑞及他的皖系和日本人关系一向很好，于是由财政总长李思浩出面多方奔走，得到日本三井财团的暗中协助，日本人答应每月从波斯采购五百箱鸦片运往上海分销，本钱由三井垫付，利润用来支付海军欠饷。这是无本万利的买卖，但有一个技术问题，上海这个江湖鱼龙混杂，李思浩他们必须找一个绝对信得过的人经理此事才能放心，结果就选中了人脉极广的陆冲鹏。

于公于私这都是义不容辞的事情，陆冲鹏兴冲冲地就和广茂和土行签了合同，约定所有货物由广茂和独家分销，无需支付定金，货到付全款。没想到由于那一段上海过于兵荒马乱，造成人心浮动，以至于广茂和因为股东纷纷撤资，等到陆冲鹏的第一批五百箱货运到外海，他们竟然拿不出足够的现款。

陆冲鹏对上海失去了信心，联系好了老头子张仁奎，张仁奎同意通过他的防区中转，把这些鸦片卖到苏北去。现在第二批的五百箱也快过来了，陆冲鹏还想如此运作，杜月笙心说：不！

事不宜迟，必须把这批货拿下来。杜月笙知道，事情的关键环节在于军方，只要能得到军方的支持，就不怕陆冲鹏不给货。而且这不是一锤子买卖，三鑫公司若要起死回生，上海驻军永远是绕不过去的一道坎。之前驻军头领换来换去，杜月笙他们不知道该拉拢谁，只好采取观望的态度，现在被货源逼到了绝路上，顾不得这些了。

和官场打交道，最擅长的还是张啸林。杜月笙便赶到张公馆，共商大计。张啸林和杜月笙的观点一致，必须结交孙传芳手下的新贵。他倒是认识其中之一，该人叫宋希勤，以前是孙传芳的驻沪代表，属于心腹人物。现在的官阶是孙传芳所部驻沪办事处处长，权力极大。张啸林和宋希勤只是场面上的朋友，没什么感情基础，所以他率直说道："现在手里都没钱，拿什么去打开这条路？""杜月笙"这三个字就是钱。他找到了前段在英租界新交往的朋友傅筱庵，开口要借两万元，这是巨款。

傅筱庵比杜月笙大十六岁，是个正经商人，却很有些江湖气。早年受知于

有中国第一官商之称的盛宣怀,平步青云,是盛大人的重要助手。此时任职当年盛宣怀所创办的中国通商银行总经理,钱多人精。他跟杜月笙认识不久,来往不多,但很欣赏这个后起之秀,当即叫手下支出两万现金,没办任何手续,连借条都没打一张,就把钱交给了杜月笙。

杜月笙转手就把钱给了张啸林。有钱开道,张啸林办起事来效率极高。宋希勤对这位老朋友非常热情,甚至把奉系大将张宗昌的驻沪代表单先生也介绍给了他。有了这样的交情,事情就好办了。

陆冲鹏本无所谓把鸦片卖给谁,只要回款顺利,对他来说买家是谁都一样。所以有了宋希勤和单先生打保票,他也落得卖个人情给杜月笙、张啸林。生意就此成交,大家皆大欢喜。

鸦片运抵当晚,陆冲鹏居然是坐着军舰去公海上和日本人办的交接手续,当然这是宋希勤帮的忙。宋希勤帮的另一个忙是,请孙传芳直接下令,要求高昌庙到分隔华、法两界的枫林桥这一路,全程戒严,且沿途全是荷枪实弹的官兵。杜月笙、张啸林亲自到高昌庙接货,身上都带着手枪,极为谨慎。

结果一切都很顺利,五百箱鸦片,安然运入了三鑫公司在法租界的库房。这一天,距离1925年的春节只剩三天,上海的土商和烟民们可以过一个好年了。

为了表示感谢,杜月笙和张啸林备足礼物,在宋希勤的陪同下,专程赶往杭州拜见孙传芳。双方相谈甚欢,商定长期合作,杜月笙到此才算真正地松了一口气。

孙传芳对杜月笙非常信任,两人私交甚好。后来有人向上海警备司令李宝章密告杜月笙图谋不轨。已成长为五省联帅的孙传芳知道后立即给李宝章去电,说杜月笙先生为本署咨议,诚实可靠,切勿听信谣言,致堕奸计。孙、杜关系之亲密,由此可见一斑。

陆冲鹏感于杜月笙、张啸林做事利落、信誉卓著,没少在李思浩面前说好话。客观上杜、张两位也确实帮了段祺瑞政府的忙,于是李思浩以中央政府财政部的名义,发放了两张委任状,聘任杜月笙、张啸林为财政部参议。

如果日子就这样下去,那该多么幸福……可惜没有如果。风云继续变幻,张作霖安定好北京之后,开始觊觎江南,派张宗昌统军十万,护送卢永祥回来,讨回失地,上海又要江山易主了。

第十章

乐不思蜀张宗昌

1925年初，如日中天的北方实力派人物张作霖为了妥善安置齐卢战争中大败而逃的浙江督军卢永祥，更为了取得对江南膏腴之地的控制权，特派旗下第一军军长张宗昌，率十万大军护送卢永祥回江浙上任，武力赶走盘踞在江苏的齐燮元、孙传芳。

写过"大炮开兮轰他娘，威加海内兮回故乡"这样诗句的张宗昌，自然是个魔鬼，却也是个妙人儿。他有个外号"三不知将军"，所谓"三不知"，是不知道自己有多少钱、多少兵、多少姨太太。反正在北洋军阀里，他的姨太太肯定是最多的。不过张宗昌有个异于常人的品质：偶尔有他久不眷顾的姨太太跟人跑了，他也不生气。其观点很前卫：我顾不过来的女人，别人拿去照顾，也算是物尽其用。

张宗昌也是苦孩子出身，他早年在东北当过土匪；后来跑到被俄国抢占去的海参崴混过黑社会，主要以欺负在异国谋生的中国人为主；再后来投奔李征五，辛亥革命时参加了上海的光复军，立有战功；然后受袁世凯手下指使，刺杀了沪军都督、蒋介石的大哥、陈立夫陈果夫的叔叔陈其美；后再投张作霖，从不受待见的底层干起，做到了奉军旗下的一员大将。

言归正传。慑于张宗昌的威名，大军开到宜兴，齐燮元即已闻风而逃，江苏基本算是不战而下。因为上海的反战气氛浓烈，张宗昌便命部下做好战争部署，自己则先到上海去看看风向，同时也是去领略一下十里洋场的花花世界。当时的上海，华界、租界共生，任何人到租界都不许带枪，对于军阀来说，安全上并没有绝对的保障。尤其张宗昌刺杀过陈其美，革命党人随时都惦记着找他复仇。而他敢于只带几个亲信随从前往，是因为两个原因：一是他的老上级李征五居住在上海，仍有一些势力；还有就是，他的驻沪代表军需官单先生，是青帮中人，在上海人头很熟，早已奉派做了很多工作，得到了三大亨黄金荣、杜月笙、张啸林的安全承诺。

张啸林外号叫张大帅，实际上是个粗野之人，不说类似"妈的个×"的脏话就几乎开不了口，和张作霖的奉军开口就是"妈拉个巴子"，尤其是张宗昌张大帅的出口成"脏"极为相似，所以刚一成名便被人称为"张大帅"。讥讽的意味很浓，张啸林却并不在乎，反而得意洋洋，因为这名字拉风。

真正的张大帅要来，这让张啸林很是兴奋。因为这时为了女人，黄金荣刚受过又一次沉重打击，正有倦怠之意，懒于过问江湖中事，张啸林便找到杜月笙，表示要好好热闹一下，欢迎张家的大人物。

杜月笙当然一诺无辞。一则当时三大亨里，结交官场主要是张啸林负责的工作，得尊重他的职责；再就是杜月笙有自己的打算，希望能够通过交往对张宗昌施加影响，免除上海的战火，最好不要让他的大部队开进来——张宗昌的部队就像蝗虫一样，走到哪里都是危害一方，绝无例外。

一月底，张宗昌带着一万多人马（其中包括白俄兵）开到了上海郊外，消息传来，华界的名门大户小康之家纷纷躲入租界，家境差点的，只好听天由命。李征五赶紧设宴欢迎，只邀请了杜月笙、张啸林作陪。

李征五是张宗昌的老领导、杜月笙等三大亨崛起前上海滩的顶级大亨，有"小孟尝"之美名，他是晚清军机大臣王文韶的女婿。据说新婚之夜，李征五揭开新人的盖头，不禁大吃一惊，原来宰相小姐脸上贴满了金叶子——这应该是两个意思：老子的女儿长得不好看，你要多包涵；老子家有钱有势，你别乱来。

但还是"乱"来了。老丈人虽贵为宰相，李征五却愤慨于清廷的腐朽不堪、丧权辱国，毅然参加了同盟会，并利用自家是上海富豪，不为租界当局所注意的有利条件，掩护了不少革命党人。1911年武昌起义后，上海随之响应，李征五捐出百万家产，招募新兵五千，每人给以安家费，组成光复军，并被推为统领（即司令员），孙中山先生授以少将军衔。他还组织并率领一支敢死队，参与攻打江南制造局的战斗，为上海的光复立下了巨大的功劳。

就是在这个时候，混得很不得意的张宗昌带了五百多人、三百匹马，由山东乘船到了上海，投到李征五手下。因为作战勇敢，不久即被李征五推荐为光复军骑兵独立团团长。张宗昌对此提携之恩始终铭记在心，任何时候，凡是提起李征五，一概尊称为"老祖宗""老统领。"到了第二次直奉战争，张宗昌已然权势熏天，他特意派专列把李征五接到天津，车站红毯铺地，军乐队齐奏，张宗昌亲自率众官兵下跪迎接。此事轰动一时，大小报刊争相登载。

是这么一位老祖宗要求严明军纪，不得骚扰地方，张宗昌自然是一诺无辞。不过李征五和杜月笙一样，口才不好；张宗昌因为老祖宗在场，不敢乱说脏话，可是不带脏字他就不会说话，所以席间只能诺诺连声，没更多说的。张啸林则是杜月笙交代过的："啸林哥，今天这个场面，李平老（李征五字平书）是大

绅士,张大帅是山东人,山东人最忌讳骂到他的娘。所以你这'三字经',今天万万说不得。"李征五和张宗昌这两个人都是张啸林佩服的,所以他索性咬紧牙关,忍着一言不发。好在李征五目的达成,也就不在意匆匆散席,接下来就是杜月笙来安排了。

这个李征五,1922年,陈独秀在上海被捕,是李征五保释出来的。李征五晚年并不太得意,他和张啸林等人一起创办了长城唱片公司,公司由德国商人投资,李征五的弟子叶庸方主持。杜月笙是公司董事之一。

杜月笙早从单先生那里了解到,张宗昌平生两大嗜好,一是赌,一是色,饭后便安排张宗昌去富春楼老六那里喝花酒、玩牌九。

张宗昌身材高大,特别是一双长腿极为罕见,绝对的天赋异禀,所以他的座车是在美国福特公司专门订购的加大型防弹车,这一次特意用火车从南京运到上海来。车上挂着军用车牌,在租界里难免显得不伦不类,杜月笙便把自己的车牌取下来给他挂上,并派了两个罗宋保镖护卫。杜月笙的车牌号码很好认,是7777,租界里十字路口的巡捕,看到这个车牌,都会预先打开绿灯让他畅行无阻。

畅行无阻的车队很快来到了富春楼。富春楼当然是一家妓院,学名叫"长三堂子",属于最高档次的妓院。所谓长三,就是说游客前往茶会须给三元,召妓堂唱每次亦需三元,生客只能喝茶唱曲喝花酒,不许留宿,混熟了才有人陪睡,那当然就不止三元了。不过杜月笙做烟赌生意来钱太快,他又太好面子,每次出手动辄几十上百,甚至有一千元的记录,三元的规矩就此不复存在。所以妓女圈里提起杜先生,人人称道。

上海最出名的长三堂子姑娘花名叫"林黛玉",1897年曾被《游戏报》评为沪上四大姿色超群的妓女之首。这个"林黛玉",最感天泣地的事迹,是一生从良二十多次,重操旧业二十多次,把从良这么严肃的事情,搞成了儿戏。

1918年"黛玉"姑娘最后一次复出江湖时,其死忠粉丝、上海滩颇有名气的《新闻报》老板汪汉溪先生主动在报纸头版为她登了一条广告,大书特书十六个大字:"潇湘馆主老林黛玉重行出山弦歌应征",极为轰动。

富春楼老六,则被很多人认为是继林黛玉之后花国的翘楚,所以张宗昌第一眼看到这个长身玉立、气质高雅、貌美如花的姑娘,一下子就惊呆了,说不出话来。杜月笙赶紧介绍："老六，这是张大帅。"单先生则忙为张宗昌介绍："大帅，六小姐是花国大总统。"这个大总统是选票选出来的。所谓"花国大总统"的选举，说白了就是风月场中的选美大会。

花国选举始于何时已难以考证，清朝时候盛行的是评选"花国状元、榜眼、探花"，其中最负盛名的"状元"是大名鼎鼎的赛金花，尤其是她以十三岁的妙龄嫁给真正的状元郎、四十八岁的洪钧，在当时，其轰动性可想而知。

不过进入民国后，状元榜眼已不时髦，所以1917年上海新世界游戏场和《新世界报》再次花国征选时，主办者与时俱进，想出了选举"花国大总统、副总统、总理"的噱头，一时间吸引了数不清的眼球。

就像2005年"超女"节目爆红后的情景一样，各个机构都开始跟进"花国大总统"这项娱乐活动，仅参与的媒体就有《晶报》《荒唐世界》《牵丝攀藤》《花天日报》《花世界报》等等，其中以《晶报》的选举最为叫好叫座。基本规则大体相同：报纸上刊登候选人相关资料，参与者买选票投票即可，得票最多的前三甲即当选大总统、副总统及总理。选票价格为一元一张，童叟无欺。要知道，在当时，一斤大米不过三四分钱，一元一张选票，可知这个选举还真是有钱人的游戏。

到了1923年10月，北洋军阀曹锟贿选成功，花几百万元买了个大总统来当着玩，举国愤怒。于是，本已渐趋冷落的"花国总统评选"陡然升温，再次万众瞩目，来年的选举异常火爆，结果是，杜月笙的宠爱富春楼老六当选"花国大总统"，含香老五以微弱劣势成为副总统，花国总理则是明珠老八。听完介绍，张宗昌这才回过神来，仿佛面前的人是袁世凯或黎元洪，恭恭敬敬一鞠躬："末将参见大总统。"

这是张宗昌的急智。他另一次表现急智更有意思，那还是他在张作霖那里没完全混开的时候，一次军事演习上，被副总指挥、张学良的老师郭松龄找茬破口大骂："我操你妈！"张宗昌惹不起郭松龄，但谁也想不到他竟顺势跪下，说："郭大帅，您操我妈，那您就是我亲爹，没说的，儿子一定听爹的。"搞得比他还要年轻几岁的郭松龄哭笑不得，只好作罢。

闲话少说。却说坐定以后，张啸林又从各个堂子里叫来二十个招牌美女，其中八个专陪张宗昌。没了李征五，和杜、张二人也熟了些，张宗昌话就多了，

一口一个"他奶奶的""妈拉个巴子",让张啸林也放下了包袱,"妈的个×的张大帅你知道吗?刚才那顿饭……"

气氛顿时热烈起来。

自此张宗昌就住在杜月笙位于杜美路 26 号的迎宾馆里,日夜沉迷在和老六的浪漫中。

杜月笙当然不会吃醋,因为他的新宠已经换成了含香老五。含香老五真名叫胡慧琪,本是浙江平湖的大家闺秀,却因父母吸鸦片上瘾,把偌大的家产败光了,不得已把女儿卖入青楼。老五很漂亮,很大气,也很中国,脚上永远是一双绣花鞋,这一点尤其让杜月笙喜欢,特地为她买了一辆十分抢眼的绿色别克小轿车。再后来,他干脆把老五从堂子里赎了出来,在外面租个小洋楼给她住,这就是现在的富民路 259 号。

虽然如此,老六对杜月笙依然言听计从。这一次杜月笙给她定的目标当然不是没有蛀牙,而是在枕边说服张宗昌,让他和孙传芳见个面,大家化干戈为玉帛。这是釜底抽薪的一招,也很难,但杜月笙相信老六能办到。

没过几天,在杜月笙的迎宾馆里,张宗昌和孙传芳果然就见面了。孙传芳客气得一塌糊涂,张宗昌自然也不好太摆架子,结果两人越聊越投机,最后通过段祺瑞的小舅子、曾担任过陆军总长的吴光新的运作,并在杜月笙、张啸林的怂恿下,这俩对手居然结拜成了把兄弟,每天在一起喝花酒、赌牌九,亲如手足一般。

这一下张宗昌是真的为难了。虽说因为分赃不均自己有点闹情绪,懒得为张作霖卖命,但毕竟这次是专门来打孙传芳的,不打吧,跟老帅没法交代;但是打呢,现在自己和孙传芳两人都已经拜了兄弟,还怎么打?何况小孙一口一个大哥地叫着,而且一起嫖过娼,怎么好开枪?

左右为难中,结果本来就留恋上海滩声色犬马的张宗昌现在更不想回去备战了。不过他没再和老六腻在一起,在气度高华的老六面前,他多少有点自惭形秽的感觉,干什么都放不开,不够爽。所以现在,杜月笙给他换了一个豪放的广东美女肖红,这美女很对张大帅的路子,两个人一天到晚玩得兴致勃勃、甜甜蜜蜜,张大帅是真正的乐不思蜀了。

第十一章

荣升法租界华董

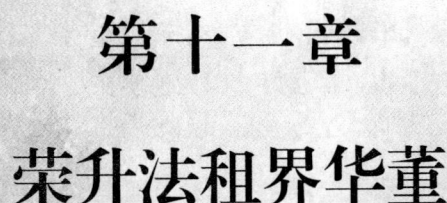

1 改换行头杜先生

张大帅不爱江山爱美人,成天和肖美人腻在一起,不问世事,日子真是甜蜜蜜,转眼就到了春节。

除夕之夜,杜月笙和往年一样,哪儿也不去,陪着一大家子人,热热闹闹,他觉得这样挺好。一家人在一起,也没什么特别的,就是发发红包、吃吃东西,聊聊家长里短,杜月笙觉得这样很好,因为他实在是太难得能晚上在家陪着家人了。

十二点一过,舒舒服服洗个澡之后,杜月笙上床睡觉,养精蓄锐,以迎接第二天的应酬。

大年初一一大早就得起来,因为杜公馆早已门庭若市,拜年的人成群结队,纷至沓来,各色人等都有。红包早就准备好了:两块钱的小红包三千个,是给一般司机、仆役和巡捕等人的;一英镑的中等红包二百个,是给朋友、徒弟们带着前来拜年的小孩子们的;另外特制的五十个金洋钿,是专给干儿子、干孙子们的。

徒子徒孙们照帮规行下跪磕头礼,其他人有鞠躬的,有打躬作揖的。巡捕房的巡捕来得最壮观,最多的四五十人一大队,到门口排成队列,齐声高喊:"给杜先生拜年来了!"就有管家统一招呼他们,每人一个红包,发毕,他们再喊一声"谢谢杜先生",就走了。还有一些小流氓地痞,也成群结队来拜年,同样每人一个红包。少不了也有浑水摸鱼的,类似于现在蹭婚宴者,也红包照发。

杜月笙自己只去两处拜年,首先是到恩师黄金荣家,孝敬一万元;然后到他的老头子陈世昌处,同样孝敬一万元。其他地方,无论什么样的达官贵人,都只投一个拜年名片。

忙过大年初五,杜月笙就会督促大管家万墨林回故乡高桥去查看棉衣发放情况。每年春节前,杜月笙都会差人买一些棉衣在家乡向穷人发放,夏天则免

费发放诸如诸葛行军散一类的药品,另外他还通过慈善团体施舍棺木,这些事情都由万墨林总负责。万墨林需要亲自管的,是经常会有到公馆来告帮的人,他得一一盘问,只要真有困难,都会发一张卡,凭卡可以到指定的钱庄去领几块钱。当时一块钱大约能买二十斤到三十斤大米。

杜月笙的乐善好施,帮他赢得了某种超越帮会的声望,加上他什么事儿都能摆平,渐渐地便有越来越多的邀请,包括请他出席一些上流社会的活动。

一直到这个阶段,杜月笙的穿戴始终是标准的上海白相人打扮:一身黑拷绸短打,敞胸露怀,露出悬挂在胸前的金怀表链——道上约定俗成,表链越粗代表腕儿越大;袖子要卷起来,露出胳膊上的刺青;右手大拇指一定要竖起来,因为上面会带着一枚大戒指,戒指越大越名贵,就越有身份。杜月笙的戴的是一枚巨大的金刚钻戒,异常夺目;手腕上的刺青比较别致,是一只蓝靛的铁锚,袖子一卷,便露了出来,很是拉风。

第一次应邀出席正装晚宴,杜月笙就是这样一身装束。虽然面对大名鼎鼎的杜先生,秉承"衣冠不整者谢绝入内"理念的门童不敢阻拦,但一旦进入大厅,总免不了招来异样的眼光。杜月笙天生就是一个敏感的人,看着身边熙来攘往身着晚礼服的绅士淑女,更是觉得自己这身打扮和上流社会格格不入,不免气短,赶紧回家把衣服换了。

从此以后,杜月笙摘掉大拇指上的钻戒,取下胸前挂着的西洋金表,穿上长衫,连最上边的一颗领口扣子都要扣紧,一年四季莫不如此。即使在三伏天,即使那会儿根本没有空调,长衫袖子也绝不卷起来,免得露出那曾经令他得意的"铁锚"。

杜月笙自己都没想到,自己的这一举动,竟然改变了圈子里数十年不变的流行风潮,

杜月笙的签名照

一时间,粉丝们纷纷改头换面,模仿起了杜月笙的装扮,这就是偶像的力量。

杜月笙把自己的一大爱好——听说书升华到了提升内在素质的高度,像自己的儿子一样,每天都要上课,绝不间断,连双休日也不休息。

杜月笙上课,就跟皇帝上课一样,他坐着听,老师站着讲——他的老师

上海滩三大亨,杜月笙(左),张啸林(中),黄金荣(右)

都是说书先生,说起来手舞足蹈,不站着不行。杜月笙对老师足够尊敬,他有时会亲自给老师倒茶,这是连上海市长都享受不到的待遇。当然他请的老师也都有真才实学,全是上海滩最有名的说书先生,《三国》《水浒》《岳飞传》《杨家将》等等无不说得眉飞色舞、引人入胜。

听说书这个习惯和爱好,杜月笙保持了一辈子,即使后来抗战时远走香港、重庆,随行人员中,总会有重金聘来的说书先生。

随着"学习"的日积月累,杜月笙渐渐也"腹有诗书气自华"了,无论言谈举止,还是行为做派,都有脱胎换骨的变化。这个时候,他发现了一个人才,这个人叫苏嘉善,是杜月笙、黄金荣、张啸林最大的财源——三鑫公司的员工。

苏嘉善最早是做烟土生意的常州老板,生意做得不大,后来他的公司被三鑫收购,他就从老板变成了职员,级别不高,此时却引起了杜月笙的注意。

三鑫公司来钱太多也太容易,所以底下的员工个个养成了吃喝嫖赌大肆挥霍的毛病,苏嘉善是极少数洁身自好、出淤泥而不染的。而且因为自幼饱读诗

书，受过正规教育，无论谈吐还是见识，都跟其他那些出口成"脏"的同事大不相同，于是杜月笙随意找他聊过两次天，发现该人果然眼光独到，见识不凡，且赤胆忠心。这样的人才，自然要重用，于是苏嘉善很快成了杜月笙的心腹。

杜月笙在上海一日千里，找他来递门生帖子的人如过江之鲫，当然，此时还是以帮会成员、地痞流氓为主，所以递上来的帖子大都很不讲究，基本都是用纸质极粗极不吸墨的大红纸写就，字当然也是歪七扭八的，相当粗陋。这样的帖子，可想而知，能被杜月笙选中的几率就会小很多。

只有韦钟秀每次送来的帖子，都是用柔软精致的梅红笺写成，字写得很秀美，外面还加上了红封套，与众不同。那时的杜月笙虽然不太识字，字的好坏还是一目了然的。有一天他就问韦钟秀："你拿来的帖子，请谁写的？"韦钟秀时任淞沪警察厅的侦缉队长，也是杜月笙的学生，自然老老实实回答，是他认识的一个中医帮忙所写，"陈医生很会看病的"。"请他来走动走动好了。"这个陈医生名叫陈存仁，后来成为著名中医，至今用百度搜索他的名字，还有五万条左右的记录。

韦钟秀领着陈存仁中午一点到的杜公馆，杜月笙刚刚起床吃完饭吸完烟，精神正好。那天正好是端午节，陈存仁给杜月笙带了一件礼物，是一本精致的剪报，剪贴了所能收集到的三段有关杜月笙的新闻。

杜月笙识不得几个字，看不明白，就问这是什么意思。陈存仁说："杜先生在民间的名声很大，但报纸上尚少见到新闻，我搜集到三段新闻，特地剪下来送给你。"杜月笙哪里收到过这样雅致的礼物？顿时面露笑容，急急说道："读给我听，读给我听。"

于是就读。第一段新闻是："杭州西泠桥畔，新建'武松墓'，墓碑上刻着'义士武松之墓'，下款具名的是黄金荣、张啸林和杜月笙三人。"杜月笙哈哈一笑，显得非常高兴。

接着就很急促地问："第二段呢？"

"讲的是浦东中学部分校舍坍塌，由杜月笙捐资重建。"杜月笙听了，"噢！噢！噢！"微笑不已。

陈存仁再读第三段，记的是静安寺寺僧争庙产，由杜月笙调解平息。杜月笙听后又笑了一阵，说："今天端午，收到的礼物很多，但我最喜欢的倒是你

的这本簿子，以后有任何新闻，你都替我留心剪下来，补贴在这本簿子上。"两个人的交往从此就多了起来，天文地理历史掌故，陈存仁懂得太多，杜月笙听得也起劲，越混越熟。顺便帮杜月笙看看病那是再正常不过的事，陈存仁医术确实高明，后来杜月笙还介绍他给戴笠看过病。

当然这时杜月笙最关心的还是报纸，为此他专门请了一位教书先生天天为他读报，并每天教他认两个字。这位先生也很有来头，是上海滩颇为有名的大商人尚慕姜。偶尔尚慕姜有事不能来，则会有金立人先生代课。就这样每天半小时的读报、识字时间，日积月累，几年后杜月笙居然也大体能自己看报了。

这是一个里程碑式的进步，在此之前，杜月笙周围全是猛张飞一类的狠角色，现在，他开始有了自己的徐庶、庞统、诸葛亮，一个新的起点就此诞生。

2 张宗昌轶事

却说带领大军驻扎在宜兴的副军长褚玉璞等人，早已做好了一切准备，日日等着张宗昌下令攻打浙江，奈何上海方面毫无消息，众人纳闷中一筹莫展。最后是毕庶澄自告奋勇，愿到上海去探个虚实。毕庶澄是张宗昌手下一个补充旅的旅长，长得英俊潇洒，据说堪比后来的国军骁将张灵甫。

小毕此时率部驻扎在无锡，自诩周瑜周公瑾再生的毕旅长，已经偷偷跑上海去玩过几次了，苦于人生地不熟，一直没能寻到心中的小乔，便想着这次正大光明去玩，也许借杜月笙的神通，能有所惊喜呢。

到了上海，毕庶澄首先去杜月笙的迎宾馆参见张宗昌。公事谈完，张大帅让他就住在这里，然后单先生带着毕庶澄出去吃饭。两个人来到西藏路的一品香，一品香是当时上海最好的一家饭馆，和现在北京一些味道平平华而不实以价格昂贵招揽客人的所谓"私家菜馆"只能靠忽悠吃"文化"不同，一品香完全是靠菜品和档次而声名远扬。

菜单递上来，毕庶澄见第一页的主厨推荐下面有一项叫"六小姐饭"，觉得

这名字很脱俗,便问单先生:"这是什么饭?""就是什锦炒饭,但是做得很讲究,上面还加个荷包蛋。是富春楼六小姐特地嘱咐厨师长这么做的,所以叫这个名字。"六小姐就是富春楼老六,毕庶澄饶有兴致地听单先生娓娓道来。

晚上杜月笙专门在富春楼宴请毕庶澄,毕旅长终于见到了心仪已久的六小姐,真正是一见钟情。其实双方都是一见钟情,毕竟美女也爱帅哥。趁张宗昌带着一大堆人闹哄哄地打麻将,毕庶澄和老六悄悄找了个安静的地方,窃窃私语,相约第二天单独来拜访,吃六小姐亲手做的"六小姐饭"。

哪知风云突变。按照秘密分工,在杜月笙、张啸林拼命周旋张宗昌的同时,上海另一大闻人虞洽卿等人联合了上海各界,一次次电请段祺瑞政府勒令奉军撤离上海。加上英法各国的不断交涉,段祺瑞政府压力不可谓不大。这时段祺瑞已经沦为了张作霖的傀儡,但毕竟辈分和面子还在,加上势力和野心越来越大的张作霖对局势有了新的看法和安排,便做个顺水人情,力保张宗昌为山东督办。

当然这里还有个重要原因,就是张宗昌本身也在闹情绪:张宗昌赶走了齐燮元,江苏督办按既定方针给了卢永祥他倒没话说;但就近的省份,安徽计划分给郭松龄,江苏则将安排杨宇霆接班,李景林更是守着直隶重地,姜登选虽说还没落实,但安徽、江苏都有可能轮到他。张作霖手下的五虎大将李景林、郭松龄、韩麟春、姜登选还有自己,只有自己和韩麟春没有固定地盘,但韩麟春好歹在大本营当着东三省兵工厂督办,位高权重,唯独自己,带着大军东征西讨,干的是最脏最累的活,好处却全让别人占了。

张宗昌心想,你当我是谁啊?宁愿呆在上海也不去打孙传芳,为的就是让张作霖知道,一碗水要端平,否则,你影响我发展一阵子,老子就要恶心你一辈子!

张作霖此时正在用人之际,自然要格外笼络手下的大将,本来苦于自己能控制的地盘实在是不够分,现在既然段祺瑞要求张宗昌撤出上海,他便把球踢了过去:张宗昌撤走好说,浙江不开战也好说,但是,得给他安排个地方。芝泉兄(段祺瑞字芝泉)你看着办吧!

这也就是段祺瑞,天可怜见,他居然把自己皖系仅剩的一块地盘——山东,给让了出来:免去山东督办郑士琦的职位,改由张宗昌接替。

张宗昌闻讯大喜，但他比谁都清楚，郑士琦的官免是免了，但他得把地盘让出来才行。他要真赖在那儿不走，自己这个督办，也就是个虚衔，就好比隆胸垫臀的美女，空好看而已。

想想四月初八就是老娘的生日，老娘虽说是个巫婆，职业不太体面，但张宗昌是大孝子，想要赶到济南风风光光地给老娘祝寿。看看时间不多了，便命令队伍马上开拔，奔赴山东，赶走郑士琦。毕庶澄在和六小姐幽会的过程中接到了单先生的紧急电话。军令如山，多情男女只好依依惜别，相约再见，这天正是1925年2月14日，西方的情人节。张大帅如愿当上了山东督办兼省长，并很风光地给老太太做了寿。

张宗昌在外面混的时候，父亲不幸去世，为生活所迫，母亲改嫁给了一个老头儿。本来老头儿老太太还担心大富大贵的儿子对此会有意见，尤其是老头儿，心情不是一般的忐忑。没想到初次见面，张宗昌先给老太太磕了三个头，抱头痛哭，然后再给继父磕了三个头，很诚恳地说："这些年我不在家，全靠你照顾我娘了，从今后你就是我爹。"

写到这里我只能说，张宗昌无恶不作，并且当了省长后把个山东搞得乌烟瘴气、民不聊生，但平心而论，个人的孝顺和懂得感恩确实是他的可取之处，坏就坏在这小子没有社会责任感。

张宗昌还办过一件好事，就是创办了山东大学（前身为袁世凯巡抚山东时兴办的官立山东大学堂），作为首任校长，他的训话绝对惊世骇俗："俺张宗昌识不了几个大字，今天轮到咱当校长了，没有多说的话，谁敢欺负咱的子弟，咱要×他妈，还不答应他！"附庸风雅是军阀都爱干的事情，张宗昌自也不能免俗。他曾经拜清末状元王寿彭为师学写诗，学成后出了诗集。其中最通俗的一首叫《游泰山》，写得比赵丽华的梨花体和车延高的羊羔体还要平实：

远看泰山黑糊糊，上头细来下头粗。

有朝一日倒过来，下头细来上头粗。

最有名的自然要算叫板汉高祖刘邦《大风歌》的那首《俺也写个大风歌》：

大炮开兮轰他娘，威加海内兮回家乡。

数英雄兮张宗昌，安得巨鲸兮吞扶桑。

这首诗的写作背景很神奇,说是有一年济南大旱,庄稼枯死,以致民不聊生。许多百姓跪地焚香,向苍天求雨,却毫无效果。张宗昌见后大怒,认为自己开府济南,老天居然敢多日不下雨,让治下的百姓受苦受累,这是不给自己面子,便下令:开大炮,轰他娘的。于是手下官兵就跑到郊外山顶上去,架起大炮对着天就没命地轰。应该是巧合,轰着轰着还真下起了一场大雨。随着干旱解除,张大帅炮轰老天爷的故事也流传开来。

3 春风得意荣升华董

这时候,北京新崛起了一个京剧大腕,就是从上海北上发展的孟小冬。其声名之盛,甚至已经和梅兰芳以及由余叔岩、杨小楼、荀慧生、陈德霖合组的双胜班呈三足鼎立之势。作为一个京剧痴迷者,杜月笙为自己未能在上海一听孟小冬甚为懊恼,于是专程去了趟北京,拜访孟小冬,一了心中遗憾。两人相谈甚欢,听了几场戏之后,杜月笙才尽兴而归。

回来之后,依然兴奋的杜月笙,托人去百代唱片公司,希望为孟小冬灌录唱片。结果等到孟小冬来上海,百代一口气为她灌录了《击鼓骂曹》《逍遥津》《徐策跑城》《武家坡》《奇冤报》《捉放曹》等一系列专辑,这些唱片,到现

 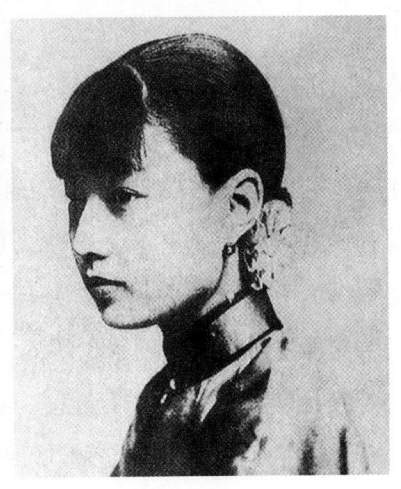

孟小冬照

在已经成为颇为珍贵的京剧文化遗产。

刘春圃是张啸林的校友，时任上海警察局的司法科长，口才极好，笔下也很了得。刘春圃走进了杜门，杜月笙奉之为上宾。杜月笙认为自己应当"友天下士，读古人书"，从此以后他对知识分子可谓是毕恭毕敬。

见杜月笙对听书读报延引人才如此有兴趣，张啸林就慷慨地把自己公馆里的才子翁左青介绍了过来。翁左青曾任职绍兴安昌镇警察局长，写得一手锦绣文章。据说他曾救过张啸林的命，两个人感情很深。后来和陈效沂一起随张啸林打天下，打下之后就在张公馆帮忙兼帮闲。杜月笙无意间得到翁左青的辅佐，感觉就跟中了五百万似的，满心欢喜。翁左青就此成为杜月笙的首任秘书。

这时苏嘉善给了杜月笙一个至关重要的建议："杜先生现在需要请一位得力的法文翻译。"他的理由一下子就打动了杜月笙："黄老板这就要退休了，以后与法国人的联络，他的关系无论如何也隔了一层。我们必须得建立自己的关系，没有翻译肯定不行。"杜月笙从善如流："应该，法文翻译好找，租界里中法学校的毕业生多的是，个个精通法文。"苏嘉善分析道："光精通法文不够，杜先生要请的人，应该对中法两国的政治、文化都有相当的了解，而且要跟租界的头头脑脑有一定的关系，最好是跟他们已经混得很熟。这个人不仅是翻译，而且还应该是杜先生的顾问，甚至是大使才行。"杜月笙对苏嘉善的见解佩服得五体投地。对他来说，这样的人也不难找，很快第一位法文翻译就到位了。

他叫王茂亭，是早期的留法学生，回国后混了许多年，交游广阔，人脉复杂，此时在法租界已是小有名气。王茂亭给杜月笙上的第一课就是：在西洋，法国人有一个外号叫"欧洲的中国人"，他们骨子里和中国人没区别。所以杜先生既然能玩转中国人，就一定能玩转法国人。

王茂亭帮助杜月笙建立的是和法租界巡捕房的关系。杜月笙发现，每一个和他见面的巡捕，无论是越南来的，还是法国本土来的，都对他热情有加，甚至不乏谄媚，这使得他更加坚信了一个道理：有钱能使鬼推磨。

杜月笙随之派来得力助手金廷荪，把分配红包的事儿梳理得清清楚楚，把这帮老外爽得欲仙欲死。"杜先生"这块金字招牌，在法国人那里也开始有了市场。真正把杜月笙带到法租界巅峰地位的，是他的第二任翻译李应生。

李应生是个牛人。他和弟弟很早就加入了孙中山领导的同盟会，1911年广州起义失败后,为了给死难的烈士复仇,兄弟俩在黄兴的指挥下,秘密潜入广州城,炸死了刚刚上任的清政府广州将军凤山,名噪一时。李应生随即流亡海外,到法国留学,学成后回国当上了上海法租界巡捕房的翻译,同时经营一家珠宝店,很快成为上海滩上的珠宝富商。李应生交游不是一般的广阔,和法租界的中高层混得很熟,因此当王茂亭因故离开之时,杜月笙立即托人带话,希望他来做自己的法文翻译,李应生愉快地接受了邀请。

杜月笙照

这就是行得春风有夏雨。此前不久,李应生与到上海发展,后来有"香港电影之父"美誉的香港电影人黎民伟一起创建了民新电影公司,算是中国电影事业的奠基人之一。对电影毫无兴趣的杜月笙,为了赢得李应生的友谊,自告奋勇当了股东,成为公司的大护法。

民新公司力捧的是李应生的女儿李旦旦。李旦旦不负众望,凭着出色的表演,很快成为影坛一颗耀眼的新星,与胡蝶、王人美、周璇、王莹、高倩萍、阮玲玉一起被誉为"星级七姐妹"。后来李旦旦大概是厌倦了电影圈的浮华与虚伪,急流勇退,改名为李霞卿,远嫁法国并学习飞行,学成回国后成为轰动全国的女飞行家。抗战爆发后,李霞卿积极投身于抗日救亡工作。鉴于抗战中药品极度匮乏,她应美国援华药物局之邀,赴南北美洲各国访问,飞行三百多城市,以飞行募捐投身抗日救亡的民族大业。这期间,杜月笙没少帮忙。

对于杜月笙的帮助,李应生极为感动,上任之后,工作起来自然尽心尽力。有这么一个手眼通天的向导,杜月笙很快就登堂入室了,不仅和法租界高层交上了朋友,并当选了租界华董。

在当时,法租界的最高统治机构是公董局,最牛的权力机关是公董局警务处下面的巡捕房。驻沪总领事身为最高领导,仅负外交与政治之责,一切行政事宜,皆由公董局及其附设机构负责处理。公董局的公董最初全是清一色的法

国人，直到 1927 年 1 月 15 日改选，在十七名公董中，才有五位中国绅士入选。华人公董，被称为"华董"，是租界里中国人能坐到的最高位置。杜月笙的奋斗目标即在于此，李应生回应："以杜先生的实力，区区一个华董，当不在话下。"

法租界当局很给杜月笙面子，对他的就任，格外隆重对待，破例搞了一连串的仪典。由法国总领事馆以公事明令发表，并满街贴出红榜。这是其他华董都没有享受过的待遇。现在谁都知道，公董局虽有五位华董，老大却是杜先生。

风光无限之时，中国大地上，北伐战争正如火如荼地展开，杜月笙的命运，也将迎来新的转机。

第十二章

计涮毕庶澄　走向北伐军

1 美人计涮死毕庶澄

1926年7月1日,广州国民政府发表《北伐宣言》。9日,蒋介石就任总司令,国民革命军八个军约十万人,誓师北伐。北伐军一路势如破竹。吴佩孚、孙传芳等北洋军阀节节败退,革命风暴一时间席卷了半个中国。到1927年初,白崇禧、何应钦的先头部队已经逼近了上海。

北洋军阀自然不甘放弃抵抗,早在上一年年底,张作霖就组织了安国军,自任总司令,任命孙传芳、张宗昌、阎锡山为副总司令。张宗昌的任务是沿津浦线南下,进攻宁沪,助阵孙传芳抵抗北伐军。

防守上海的任务,张宗昌交给了毕庶澄。1927年2月24日,毕庶澄兵发上海,此时他的头衔已经是安国军直鲁联军第八军军长兼渤海舰队司令,统率两万人马。毕军长把司令部设在了上海北火车站,效仿军中偶像、北洋第一名将吴佩孚,把总指挥办公室设在火车车厢里面以利于移动指挥,大有不成功便成仁的豪情壮志。

看来战争是不可避免了,整个上海顿时混乱起来。有点身家的人家都往租界跑。英、法租界当局怕被战火波及,一方面加强戒备,一方面分别要求国内增兵支援。与此同时,共产党领导的总工会组织了两次大罢工及武装起义,并建立了工人纠察队以及武装起义总指挥部。上海滩的头面人物,为了市面的安定,更重要的也是为了自保,纷纷四处疏通,以求免于战祸。而各方疏通的对象,大都集中在三大亨黄金荣、杜月笙、张啸林这里,尤其是杜月笙,崭露头角之后,至今仍在急速上升的通道中,有担当,且与方方面面都有交情,更是众望所归。

在毕庶澄抵沪当晚,三大亨在黄金荣的公馆里开了一次会。

杜月笙的意思是,北伐军军纪最好,势头正盛,主张也最得民心。而且白崇禧、何应钦都有表示,希望保持上海的稳定和繁荣,而上海的稳定和繁荣,和三大亨的切身利益息息相关,所以应该支持并且帮助北伐军。

张啸林和张宗昌、卢永祥等北洋军阀都有交情,自然不愿如此:"妈的个×,不管怎么说,张大帅的后台是张作霖,张作霖那边实力还是很强劲的,北伐军现在打得好,以后到底怎么样也不好说。再说,从卢永祥到孙传芳再到张宗昌,不管谁掌握上海的时候跟我们都配合得很好,我们现在何必坍他们的台?"

杜月笙不为所动:"现在不是讲交情的时候。事情明摆着,连吴大帅(吴佩孚)都挡不住北伐军,你还能指望孙传芳和张宗昌?现在就像在押大小,这一宝出入太大了,必须得押对。"

杜月笙和张啸林意见不一的时候,总是以黄金荣的态度为准则,这一次黄金荣站在了杜月笙这一边。"月笙说的有道理,按他说的办吧。"黄金荣没说出口的是,北伐军总司令蒋介石和他有特殊的关系,蒋落魄的时候得到过他的帮助,并因此拜他为师。

三大亨意见达成一致,杜月笙提出了独特而大胆的想法:以三大亨的实力以及他们在上海各界的影响力,协助北伐军打败毕庶澄不是件困难的事情。不过只要动了兵戈,就不可能不祸及地方。所以,对上海最好的保护,是让这场仗根本打不起来。那么,策反毕庶澄就成了最好的选项。三大亨具名的请帖送到的时候,毕庶澄刚刚连着开完两个军事会议,正一个人坐在办公室里苦思退敌妙计。

他深知北伐军来者不善,他更深知盟友孙传芳并不可恃,不过一向以周瑜自诩的毕庶澄,想得更多的还是周公瑾"羽扇纶巾谈笑间,樯橹灰飞烟灭"的赤壁大战。"就算是敌强我弱,形势又哪里有孙刘联军那么凶险?如果不是足够凶险,周公瑾又如何凭一战名满天下?"这样想来,更增添了内心的豪迈,不由得就念起了北洋太祖李鸿章的诗句:"丈夫只手把吴钩,意气高于百尺楼。一万年来谁著史,三千里外觅封侯。"

看着请帖上黄金荣、杜月笙、张啸林的名字,毕庶澄不由得又想起了朝思暮想的六小姐。再一细看,晚宴正是设在富春楼。英雄难过美人关。毕庶澄不是英雄,根本就没想要过美人关,于是打扮一番之后,带着副官和亲信卫士,兴冲冲赴宴去了。

杜月笙对老六做了相当认真的交代:不管使用什么手段,最低限度,要让

第十二章 计涮毕庶澄 走向北伐军

毕庶澄在富春楼呆几天，足不出户，时间越长越好，就是要让他无心打仗；最高目标，则是劝他投降，至于条件，自然会有人跟北伐军那边交涉。

难得杜月笙如此郑重，老六不敢怠慢，邀集了此时和她并称"北里四小金刚"的另外三位，芳卿，张素云，云兰芳，四大美女齐上阵，把个毕庶澄迷得七荤八素的。一激动便想，靠，这仗，不打就不打了吧，至少先玩几天再说，反正北伐军也没那么快就能从杭州打到上海来。

一不做二不休，毕庶澄索性睡在富春楼不走了。这时张宗昌、孙传芳为了支持战争，在上海发行了一千万元的债券，指明以江海关关税做抵押，勒令上海工商金融界认购，结果除了通商银行的傅筱庵，各界几乎无人搭理，反而纷纷掏钱支持北伐军。张宗昌大怒，电令毕庶澄不择手段解决此事，结果毕听了杜月笙的话，来了个将在外君命有所不受。等到孙传芳在南京快要守不住，张宗昌命令他派兵支援时，毕庶澄已经习惯了。

告急电文频频传来，毕庶澄懒得看一眼，甚至北洋海军总司令杨树庄想跟他见个面商量作战方案，他也置之不理。杨树庄看这架势不免心灰意冷，干脆投降了北伐军，受任为国民革命军海军总司令，当即派出军舰三艘，驶往九江，归北伐军指挥。陡然间，第八军及渤海舰队腹背受敌，形势危急。富春楼里的毕庶澄却不以为意，照样美人相伴花天酒地，居然跟六小姐谈婚论嫁了。

这一切杜月笙自然了如指掌。看看火候差不多了，便招呼老六开始劝降。六小姐倒也对毕庶澄动了真感情，劝起来自然是声情并茂，句句攻心，不过千言万语归纳起来也就是一句话：在哪儿当官不是当官？投降吧，只要不打仗，就算不当官，我们俩双宿双飞不比什么都好？

温柔乡里的毕庶澄哪里还想打仗？便委托杜月笙帮着联系北伐军谈判投降条件。毕庶澄开出的条件是，投降后，换成北伐军的番号，继续当他的军长和海军司令。杜月笙更爽快，只要投降，什么条件都好谈，不过我得先去跟北伐军接洽。

没想到条件还没谈拢，北伐军第一军第一师师长薛岳已经带领部队攻到了龙华。毕庶澄流着泪扔下六小姐，来不及唱一句"虞兮虞兮奈若何"，便匆匆奔回北火车站，顾不上手下的生死，仓皇下令开车，总算逃了出去。第八军可就惨了，群龙无首之下，绝大部分被北伐军包围缴了械，另外有一部分想逃往租界，结果被英法军队用机枪扫射，死了几百人；剩下的放下武器之后，好歹被租界收容。

毕庶澄则逃到青岛躲了起来，不敢到济南去见张宗昌，只是打电话汇报过一次。难得张宗昌沉得住气，没太怪罪他，反而拿"胜败乃兵家常事"来安慰了他几句。

私下里张宗昌可不这么想。在他看来，毕庶澄私通北伐军，不听调遣，罪不可赦。原来张宗昌、褚玉璞、毕庶澄曾经"桃园三结义"，按年龄，以张宗昌为大哥，毕庶澄为小弟。现在，张宗昌要演一出大义灭亲，他把这个活儿交给了老二褚玉璞。

毕庶澄和褚玉璞交情很深，亲如兄弟。不过后来褚玉璞官越升越大，毕庶澄渐渐就有些嫉妒乃至不服气。但两人反目是在前一年年底，当时毕庶澄去天津养病，驻军天津的褚玉璞正任职直隶督军（这个官大约相当于现在的北京军区司令员），殷殷招待自不在话下。期间发生了一件事，褚玉璞的一个姨太太和天津当地一个著名京剧演员好上了，褚知道后大怒，派兵把演员抓了起来，打算杀掉。毕庶澄作为著名票友，和京剧界人士颇有交往，便有人请他去救人，他觉得自己面子够大，就应了下来。

当晚毕庶澄前往褚公馆，褚玉璞知道他的来意，觉得他只要一开口这个面子就不好不给，便连声招呼："老弟的来意我了解，放心，一切都好说。先坐下来打四圈麻将。"谁知一圈麻将没打完，外面一排枪声响过，卫兵进来报告："大帅，奸夫淫妇都毙掉了。"

毕庶澄顿时有一种被欺骗之后的愤懑，拍案而起，怒斥褚玉璞。然后拂袖而去。气得褚玉璞大骂："我靠，被人睡的又不是你老婆！"哥俩就此结下了梁子。

接到干掉毕庶澄的命令，褚玉璞做好必要的部署，便打电话约毕庶澄第二天上午来济南，说有紧急军情相商。毕庶澄将信将疑，召集亲信开会研究，绝大多数人认为不去的好，只有他的卫队长马文龙慷慨激昂："我保司令平安去平安回来。"马文龙是吉林人，手持双枪，枪法了得，一向自负。

可是坐火车到了济南，马文龙连开枪的机会都没有，就跟毕庶澄一起被乱

枪打死了。可以聊以自慰的是，富春楼老六闻得噩耗，痛哭流涕，只身前往济南，为毕庶澄收了尸。

这位六小姐，后来由杜月笙介绍，嫁了盛宣怀的孙女婿周文瑞作第三房姨太太。周文瑞身为台湾银行的大买办，家产不计其数，却爱财如命，只有对六小姐，花起钱来出手大方、心甘情愿。六小姐并不爱他，常感叹遇人不淑。抗战中，周文瑞和他的亲家尤菊荪都落水当了汉奸，尤菊荪被军统干掉，周文瑞于抗战胜利后进了监狱。

周入狱后众叛亲离，家里只有六小姐重情义，每周两次前往监狱看望，给他送吃的用的，一直到两年后他出狱。出狱后，六小姐随周去了香港，随即与之分手，带着子女重回上海。1949年，再回到香港定居，从此，滚滚红尘中再也没有六小姐的消息。

2 紧密谋，跟定蒋介石

1927年3月22日，上海市民代表大会召开，宣布成立上海特别市临时政府，推选钮永健等十九人为临时市政府委员。当时尚处国共合作时期，国共两党各占九席，工人代表占一席。钮永健、白崇禧、杨杏佛、王晓籁、汪寿华当选为常务委员。

3月26日，北伐军总司令蒋介石抵达上海，以枫林桥原淞沪交涉使署为总司令部。两天后，经蒋介石授意，吴稚晖、李石曾、古应芬等人在上海召开国民党中央监察委员会常务会议。吴稚晖在会上以"共产党员谋叛国民党"的名义，提议对共产党进行弹劾，这一提案立即获得通过。4月2日，吴稚晖、李石曾、陈果夫等八人在上海召开中央监察委员会全体会议，通过了吴稚晖向会议提出的"请查办共产党"呈文，作为蒋介石发动反共事变的法律根据和舆论准备。蒋介石在上海召集张静江、吴稚晖等连续举行秘密会议，策划反共清党的具体部署。

此时，上海工人纠察队已经发展成为五千人的武装，势力强大。蒋介石知

道这支共产党领导的工人武装不好对付,再说自己的军队根本就开不进租界,他想到了人地皆熟的地头蛇——上海帮会力量。而上海帮会首领当推三大亨。

1927年4月的一个晚上,华格臬路杜公馆一如既往地热闹非凡,映衬着一个麻将的世界。玩的人很多,包括杜月笙和邻居张啸林。突然电话铃响起,黄金荣打来的。黄老板只对接电话的大管家万墨林说:"让月笙、啸林赶紧来我这里,一刻也不要耽误。"听这语气,杜月笙、张啸林哪敢留恋,起身就走。两人急急上车,直奔钧培里黄公馆。在这里,他们见到了身着便装的杨虎和陈群。

杨虎,字啸天,安徽宁国人,早年毕业于南京将弁学堂。1913年二次革命后,亡命日本,后回国参加护法战争。1922年后曾任孙中山大元帅府参军、海军处长。1926年参加北伐战争,担任北伐军总司令部特务处处长。杜月笙还在十六铺混时,三教九流的朋友交往了许多,包括不少革命党人,其中就有杨虎、王柏龄等日后的大人物。杜月笙和杨虎算是老朋友,虽然之前只是酒肉朋友。

陈群,字人鹤,福建闽侯人。早年留学日本,毕业于明治大学,1921年任广东军政府秘书。1926年参加北伐战争,任白崇禧的东路军前敌总指挥部政治部主任。杜月笙和陈群是初次相见,两人之间的故事还很长。杨虎、陈群二人受蒋介石派遣,专程来租界与黄金荣、杜月笙、张啸林秘密联络。他们透露了蒋介石将镇压共产党和工人武装力量的意图,要求三大亨协助,并承诺给予五万元的经费。

黄金荣的心情是复杂的。辛亥革命时,当时还叫蒋志清的蒋介石在陈其美的麾下,屡立战功。陈其美被刺后,蒋介石只好混迹于上海滩,生活非常潦倒,

北伐前后之杜月笙(左)、杨虎(中)、陈群(右)。

为生计所迫，曾和戴季陶、陈果夫等在虞洽卿的上海证券交易所做过生意。这几人都不是做生意的料，赔得一塌糊涂，后来经虞洽卿介绍，蒋介石拜到黄金荣门下。一生吝啬的黄金荣可能是看到蒋介石气度不凡，居然给了他五百元，资助他去广州投奔孙中山，而蒋介石也终于打出了一片天地。前几天蒋总司令重回上海，黄金荣不敢托大，请虞洽卿帮自己把门生帖悄悄退还，以示不敢再以老头子自居。不过蒋介石依然尊黄金荣为老师，并托虞洽卿送回一块金表作为纪念。这块金表成为黄金荣的镇宅之宝，平时舍不得戴，只有在大喜之日，才会戴出来示人，以彰身价。蒋介石对黄金荣说："先生总是先生。"

昔日的门生已成大器，依然如此看重自己；杨虎和陈群领命后也是首先拜会黄公馆，这不免让黄金荣感动。但即使如此，黄老板毕竟已经是六十岁的人，年纪大了，少了些锐气，况且前不久刚刚受到租界当局申饬，不得已申请退休，正在心灰意冷之际。他知道共产党提出的口号和主张深得人心，觉得蒋介石未必能赢，内心主张观望，便当即用眼神示意杜月笙和张啸林，暂且别表态。

张啸林心领神会。杜月笙却不以为然，他认为北洋军的时代已经过去了，既然连吴佩孚、张作霖都斗不过蒋介石，天下自然就应该是姓蒋了。那么全力参与反共，与蒋介石建立密切的关系，获得新的政治靠山，才是最明智的选择。现在杨虎、陈群主动找上门来，绝对是机不可失、时不再来。这时的杜月笙已经不再是从事烟赌的杜月笙，而是表现出了对政治、对时局相当的敏感。

所以杜月笙假装没看到黄金荣的眼神，慷慨陈词："既然是陈先生和啸天哥的事儿，那么没说的，我们干！"杜月笙一句话就把三大亨全给代表了，当着外人的面，黄金荣和张啸林也不好说什么。送走杨虎、陈群，杜月笙费了好一番口舌，总算说动了黄金荣和张啸林，三大亨决定统一行动。黄金荣只是多说了一句："这个事我同意并且支持，只是我老了，现在在家隐居，况且好歹还挂着法租界的职务，不方便抛头露面。月笙，你们放手去干吧，我的门生都交给你们指挥。"

第二天，在杜公馆专为接待贵宾而设的古董间里，杜月笙、张啸林再一次与杨虎、陈群碰头，开始了具体的行动策划。中心任务分为两项：一、在工人群众中进行欺骗宣传，蒙蔽、拉拢工人，以削弱上海总工会的力量；二、建立一支由三大亨支配的武装，配合蒋介石的"清党行动"，这支以帮会流氓为主的

地方武装，为蒋充当打手。这时三大亨的灵魂人物，是杜月笙。

杜月笙决定首先尽可能多地拉拢各方力量，以壮大实力。当务之急就是介绍杨虎、陈群加入青帮，以便更好地利用青帮无孔不入的势力。在青帮里，杜月笙辈分很低，就连黄金荣都不算高，当时在全国范围内青帮辈分最高的是"大"字辈，只剩几个人还健在，黄金荣的挂名老师张仁奎在其中最有影响力。张仁奎此时隐居在上海，杜月笙因为差了两辈，不好直接出面，便找到黄金荣，请求他帮忙引荐张老太爷，收杨虎、陈群为门生。

黄金荣感到很为难。"我恐怕也没这个资格吧？"话是这么说，其实是另有苦衷。原来黄金荣最风光的时候，一直冒充青帮大佬，盛气凌人，自称"天"字辈，意思比"大"字辈还要大。后来拜张仁奎为师，是在因为露兰春而栽了大跟头之后，由杜月笙穿针引线促成的。只是虽然递了门生帖子，也送了两万元贽敬，老太爷却一直没让他磕头行大礼。这一方面是对黄金荣地位和身份的尊重，另一方面，大概也表示对他之前的离经叛道不能彻底原谅。

黄金荣担心的是，一旦杨虎、陈群给老太爷磕头行礼，他在一旁该情何以堪？杜月笙目光如炬，早已洞悉一切。连劝带夸，几句话就打消了黄金荣的顾虑。紧接着连夜奔走联络，黄金荣加杜月笙的面子，张老太爷不能不给，再加上杨虎、陈群本身来头就大，老太爷为了表示客气，也兼保密，特意开了小香堂，简简单单搞了个仪式，杨虎、陈群磕头行礼后，从此成为青帮"通"字辈成员，算黄金荣的同门兄弟，辈分犹在杜月笙之上。

一入青帮，豁然开朗。尤其打着张仁奎老太爷的名号，又是杜先生的朋友，杨虎、陈群行走上海滩，出入三教九流之中，就跟回家探亲一样，左右逢源，为开展活动带来了极大的方便。

第十三章

杀害汪寿华　投靠蒋介石

1 汪寿华被害

杜月笙在杨虎、陈群的策划之下，积极着手组织徒子徒孙，为即将到来的战斗做准备。与此同时，杜月笙找来几位与他关系密切、专做军火生意的洋行买办。这几位买办个个神通广大，只要给钱，他们随时可以买来各种武器。杜月笙直接下令：不惜一切代价，以最快的速度，大量收购枪支弹药。"只要有货，钱不是问题。"结果短短时间，他们一共搞来了一万两千多支枪和大量的子弹。

黄金荣听说杜月笙在大量收购军火，不免担忧，毕竟他还暂时挂着法租界捕房督察长的头衔。于是打电话把杜月笙请到家里。

"在租界私藏军火，是法国人最忌讳的，你要多加小心。"

杜月笙以不容置疑的语气说道："武装冲突是马上就要来的。现在军火已经买来了，我只嫌不够多，怕误了大事。金荣哥放心，法国人那边，我会十分小心。"

黄金荣显然是被杜月笙的情绪感染了。"你那边要是地方不够放，不妨叫他们送到我这里来。我想，捕房里的朋友，总不好意思跑来搜我的家吧。"随即又加了一句，"月笙，如果钱不够，随时来我这里拿。"回去之后，杜月笙找来张啸林商量，决定立即停止设在两家的赌博活动，杜绝一切闲人进出。从此，华格臬路216号的两个公馆，成了戒备森严的指挥部。

杜月笙招来了心腹弟兄"小八股党"顾嘉棠、芮庆荣、高鑫宝、叶焯山等八人。这八个人，个个都是狠角色，是当年杜月笙打天下时最得力的臂膀，曾经在抢鸦片的血雨腥风中，威震上海滩。如今八个人都已有各自的事业，说起来都是大老板级的人物，腰缠万贯，醉生梦死。可是只要一声召唤，他们便马上赶到杜公馆，就此住下，以便随时听候差遣。杜月笙之驭人有道，由此可见一斑。

杜月笙给八个人的任务各有不同，总纲却是一样的：组织训练徒子徒孙，

并进一步招兵买马。为安全起见,杜月笙把家里的几十条枪全部拿了出来,杜公馆从管家到仆佣,只要是男的,人手一支。同时为了杨虎、陈群的人身安全和办事方便,杜月笙特意打电话给黄金荣,请他派巡捕来保驾。结果黄金荣派自己的副手沈德复带人前来充任杨、陈二人的保镖,给足了面子。

为了便于纠集徒众,黄金荣、杜月笙、张啸林经和杨虎、陈群共同策划,决定组建所谓"中华共进会",以此名义,更方便招兵买马。杨虎、陈群内心希望杜月笙当会长,可杜月笙不愿意轻易得罪任何一方的人,虽然已经上了蒋介石的船,却不肯公开带头与共产党作对,于是极力推举黄金荣当会长。黄金荣老奸巨猾,哪里肯出这个头?又不好直接推脱,便借口应该借重洪门的力量,所以这个会长,最好请一位洪门大哥来当。

青帮和洪门,是江湖上势力最大的两大帮派,在全国范围来看,洪门犹在青帮之上。只是在上海等地,青帮的风头盖过了洪门而已。杜月笙提出由横跨青帮和洪门两大帮派的浦锦荣出任会长,大家一致赞同。浦锦荣,上海本地人,绰号"阿水徒",大家也尊称他"阿水哥"。本身是洪门大哥,也是青帮"大"字辈王德龄的门生,属于"通"字辈,和杜月笙的弟兄金廷荪、高鑫宝是同参弟兄,会武功,有蛮力,混迹法租界几十年,徒子徒孙众多,在黑社会里有相当号召力。他儿子浦贤元是杜月笙的徒弟,他自己又长期接受三鑫公司的津贴,所以对杜月笙来说,这是个既能冲锋陷阵又便于控制的角色。

杜月笙派金廷荪去做浦锦荣的工作,浦锦荣一口答应,并提议将共进会设在他家里,即法租界格洛克路紫阳里7号(今柳林路140弄内)。4月5日,上海各报登出通告:中华共进会成立。

正在这时,王柏龄来到上海,找到了黄金荣、杜月笙。王柏龄,字茂如,江苏扬州人,曾就读于日本士官学校,黄埔军校成立后,担任过教育长和教授部主任,北伐战争时,任职国民革命军第一军副军长兼第二师师长。早在辛亥革命时,王柏龄在陈其美手下,与黄金荣、杜月笙等人即有来往,杜月笙还为他炸死徐老虎帮过大忙。这一次,他由蒋介石派来做杜月笙的军事顾问。

黄金荣、杜月笙、张啸林、王柏龄、杨虎、陈群六人,当即歃血为盟,结为兄弟,一个野心勃勃的小集团由此诞生。很快共进会拉起了一万六千多人的阵容,其中黄金荣、杜月笙的徒子徒孙就占了一半以上。

　　1927年4月9日，蒋介石宣布上海戒严，委派白崇禧、周凤歧为戒严正副司令。4月11日，密令各省市对共产党和革命群众实行镇压。

　　杜月笙等人立即开始行动。9日当天，杜月笙即已派大管家万墨林给上海总工会负责人汪寿华送去一份请帖，请他于11日晚八点到杜公馆赴宴，共商机密事项。

　　汪寿华，共产党员，原名何松林，浙江诸暨人。他曾和刘少奇一同去过苏联，回国后在上海从事地下活动。五卅惨案时他是学生会的领袖人物，之后从事工人运动，具有天才般的组织能力。1927年的时候，上海的八大工会，已经全部由汪寿华掌握，并经他组成总工会。依托总工会下有八十万工人，汪寿华的力量举足轻重。汪寿华和杜月笙原本相识，他也想趁机说服杜加入工人运动，所以听说杜月笙有要事商议，便一口答应准时前往。

　　4月11日下午，空气中已经满是怪异的味道。大批国民党军队，四处巡逻、布岗；英法租界巡捕房及驻军也都荷枪实弹，戒备森严，他们的任务，是阻止任何人带枪进入租界的土地。山雨欲来风满楼。

　　当天晚上，杜公馆摆开杀场。顾嘉棠、芮庆荣、叶焯山、高鑫宝四大金刚以及马祥生、谢葆生等人埋伏在大门内；大门外则停放着两部汽车，一部在华格皋路通往李梅路的转角，内有司机和两名武装流氓，另一部在靠近大门处，内无一人，但放着麻袋、绳索、铁锹等杀人凶器。七点三刻，顾嘉棠里外检查一遍，认为一切准备就绪，便将情况向坐在客厅里的杜月笙作了汇报，杜月笙点点头，起身避往楼上，只叮嘱了一句："不要在我家里动手。"

　　八点整，一辆小车载着汪寿华和一名警卫，来到杜公馆。

　　门卫在大门口迎接。汪寿华下车后刚走入大门，停在转角处的汽车便悄无声息地驶向汪寿华的汽车，车内的打手在警卫和司机猝不及防的情况下，将他们绑架至秘密地点杀害了。

　　汪寿华进入杜公馆后，快步走向客厅，躲藏在门边的叶焯山乘他抬脚跨过门槛时，用右肩猛然撞击其左胸，接着顾嘉棠、芮庆荣等一拥而上，穷凶极恶地反剪汪寿华双手，捂住他的口鼻。顾嘉棠等四大金刚随之将他架上预先停在门口的汽车，由高鑫宝开车，向法租界外的枫林桥地界驶去。

　　汪寿华在车上极力挣扎，奈何寡不敌众，只是徒劳。四大金刚作贼心虚，唯恐碰上工人纠察队，提前在汽车里下了毒手，芮庆荣双手扼住汪寿华喉咙，将他掐得晕死过去。汽车开过枫林桥到了一处僻静的地方，几个人跳下汽车，将汪寿华塞进一个麻袋，七手八脚地挖出一个泥坑，谁知挖到一半，汪寿华在麻袋里苏醒过来。几个人吓了一跳，意识到在汽车里只将他掐昏，并未掐死，立刻手脚忙乱地将汪寿华拖入泥坑，活活掩埋了。

杀害汪寿华后，杜月笙等人率领一万六千余名徒众，以突然袭击的方式，追随蒋介石参与镇压共产党领导的工人武装运动，协助蒋介石取得了清党的"胜利"。

杜月笙获少将参议时的照片

第十三章 杀害汪寿华 投靠蒋介石

蒋介石投桃报李，下了委任状，委任黄金荣、杜月笙、张啸林三人为"军事委员会"少将参议、"行政院"参议以及"海陆空军总司令部"顾问。

杨虎、陈群"清党"有功，论功行赏，杨虎任上海警备司令部司令，陈群升任国民党中央宣传部驻沪办事处主任兼国民革命军第二十六军政治部主任。杜月笙手捧委任状，心中无限感慨：虽说自己一无依靠，混黑道起家，好歹天道酬勤，现如今，总算是鲤鱼跳龙门了。

从陈群手中领取了证书及证章后，杜月笙特地在军装店定做了一套少将军服，到国际饭店附近的光艺照相馆拍了一张相片。这张照片后来就悬挂在他会客室的正中。《申报》《新闻报》想方设法从照相馆得到了照片，登了出来。因为杜月笙不太喜欢照相，所以很少有他的照片出现在报纸上，但这次登出之后，他也很开心。却不想这张照片后来竟引发了一个小小的插曲，我们也从中可以看到杜月笙的做事风格。

那是几年以后的事儿了,其时上海时兴起一种滑稽戏,从业者众多,裴扬华、程笑亭是其中的佼佼者,被誉为黄金搭档。因为竞争激烈,各路豪杰免不了挖空心思争取客源。像这类表演,自然是拿名人来调侃最讨巧,一时间上海滩的名妓、电影明星等没少被人拿来开涮。裴扬华、程笑亭不走寻常路,为了在惨烈的竞争中拔得头筹,两人想到了当时在上海滩已经家喻户晓的杜月笙。从纯技术角度讲,这绝对是个好创意。

两个人排了一出《小山东到上海》,裴扬华演小山东,程笑亭演浦东陶巡长,这个陶巡长,自然不是个好角色。出场时陶巡长所穿的警察制服,与杜月笙登在报纸上那张少将军服照片大同小异。尤其是,陶巡长在台上一开口,完全是杜月笙口吻的浦东话,模仿得惟妙惟肖,听者无不会心而笑。有种说法是,后来两人干脆把这出戏的名字改成了"杜月笙到上海",这个现在已难以考证,反正戏甫一露面,就轰动了上海滩,演了一轮又一轮,经久不息。

有手下建议杜月笙封杀之:"《小山东到上海》,这是在讽刺杜先生,弟兄们看不下去,不如去把场子给他砸了。"杜月笙表现得很大气:"他们二位我知道,大家都是浦东人,有饭大家吃,不要乱来。后天晚上我请客,就叫裴扬华、程笑亭到我家里来演《小山东到上海》,而且你要好好说,我决不难为他们,否则,我就不叫杜月笙。"

手下找到两位艺人,说明来意,程笑亭早吓得面如土色,表示再也不敢了,这戏马上停演,只希望高抬贵手,堂会能不能不去。手下忙说杜先生并无恶意,担保决不会难为他俩,前提是得原汁原味地表演。到了演出那天,两人一登场,裴扬华还算镇定,程笑亭却止不住手脚发抖,声音低沉像是喃喃自语,不知道在说什么。杜月笙见状立即吩咐从人到后台致意,并带着大家鼓掌,顿时掌声如雷,众人之前竭力忍着的笑声也一下子爆发了出来。程笑亭压力一去,精神大振,瞬间恢复了杜月笙的模仿秀,妙语连珠,把大家笑得前仰后合,杜月笙更是笑得眼泪都掉下来了。演出完毕,重赏二位更是不在话下。

2 赴南京晋见蒋介石

三大亨获封少将之后觉得,蒋总司令如此大的关爱,不仅惠及自身,更是光耀了门楣,自己这边不应该没有表示。商议毕,仿照京剧上学来的知识,决定上南京向蒋介石当面谢委请训,唯有如此,才能表达感恩图报之情。

仔细一想,杜月笙又怕蒋介石太忙,不一定有时间接见他们,空跑一趟白白招惹笑话,这个人丢不起。于是便问计于陈群。陈群大笑:"谢委请训,那是封建官场上的东西。现在什么年代了?国民政府不兴这个,不兴这个喽。"陈群接着又一本正经起来:"蒋总司令很忙的,你们就算去了他多半也没时间召见。其实,总司令哪里是想见就见的,他老人家要召见谁,都是会事先通知的。"

"四一二"之后,杨虎、陈群曾给蒋介石提交过一份秘密报告,是对三大亨表现的考语:黄金荣因任职法租界,诸事不便抛头露面,尽可多方协力;张啸林与北洋军阀渊源较深,且脾气暴躁,易于树敌;杜月笙则"时刻不忘奋发向上,谦冲自抑,且时值年富力强,正可为党国效力"。看来是这份考语打动了蒋介石,没过几天,陈群带来了蒋介石的诏令,他要在南京单独召见杜月笙。

杜月笙大喜过望复受宠若惊,黄金荣、张啸林难免有些嫉妒,但心知杜月笙已非昔日的吴下阿蒙,势力已然超越他们,只能接受现实,所以还是很有风度地表达了祝贺之意。接着,杜月笙就着手紧锣密鼓地筹备这一趟无上荣耀的南京之行。

杜月笙赴南京朝觐,手下的门生个个觉得脸上有光,更纷纷要求随行。这件事太大,杜月笙不敢张扬,觉得应该低调一些,哪里肯搞得跟打仗一样带很多人去?最后,除了万墨林、司机、保镖及随身侍奉的马阿武之外,只千挑万选了几个亲信门生,其中有一个叫黄振东,是杜月笙经不住他苦苦哀求答应带上的。

临行前,杜月笙再一次告诫大家:"俗话说'不到南京不知道自己官有多小',南京大人物太多,况且我这个少将参议不过是个虚职,你们切不可当回

事。所以到了南京，你们千万不许拿出在上海的作风，更不许自命参议随员，否则回来有你们好看。"众人自然是诺诺连声。

一行人上了火车，一夜无话。车抵下关车站，蒋介石的总司令部派来专车直接把大家接到了中央饭店。中央饭店是当时南京最豪华的饭店，地位尤其独特，大约相当于我们现在的钓鱼台国宾馆，是国际贵宾和各地大员赴南京的专门下榻地。蒋介石给安排住在这里，杜月笙感到很有面子，也更加谨慎小心。于是再一次叮嘱大家：要遵守规矩，不许乱来。

第二天，杜月笙前往官邸拜访蒋介石。这一年，蒋介石四十一岁，杜月笙三十九岁。除了年龄相仿，两个人的身份地位等完全是判若云泥。然而蒋介石此时正在用人之际，杜月笙则正好处在"放下屠刀立地成佛"的转折点上，这时在他的眼里，蒋介石毫无疑问就是"佛祖"。所以两个人虽是初次见面，却是一见如故，大有相见恨晚之感慨。

杜月笙当然要赞颂蒋介石英明伟大，蒋介石少不了也会夸奖杜月笙公忠体国，并勉励他再接再厉，为党国尽心尽责。蒋介石很忙，没留杜月笙吃饭，但这绝不妨碍双方尽欢而散。

走出官邸的杜月笙，春风满面，志得意满，感于总司令的器重，杜月笙暗想，一定要跟着蒋先生好好干，成就一番大事业。

风风光光的南京之行本来就该这样圆满结束的，不曾想，黄振东却给杜月笙捅了个不大不小的娄子。

这黄振东是个富二代，家里有的是钱。他名义上是华新公司总经理，不过这个花花公子成天不务正业，公司实际上依然掌握在他父亲手里。华新公司在轮船业中规模不小，一向与日本的轮船公司山下株式会社有业务往来，主要是从日本及东南亚进口白糖。1925年五卅惨案发生后，上海各界掀起了抵制日货的运动，凡有贩卖日货的，被查处后都要戴着高帽子游街。黄振东被公司员工检举揭发贩卖日货，证据确凿，就被"经济绝交大同盟"给扣押了起来。黄父心急如焚，托关系找到杜月笙，最后是由黄振东捐出四十万元，杜月笙亲自出面保释出了黄振东。黄随即拜到了杜月笙门下。

有一天，黄金荣门下弟子汪其俊找到黄振东，说是湖州大亨沈田莘居然敢骂他，"连我们黄门弟子都看不下去了，振东哥你得去把这个面子找回来"。

想那湖州帮，是陈其美一手打造出来的，陈其美虽然早已被暗杀，湖州帮却依然有钱有势，不可小觑。沈田莘作为湖州帮的头面人物，连三大亨在他面前都客客气气的，没想到黄振东这人头脑简单，竟然干了他师父都不敢干的事情：某一次聚会，黄振东走到沈田莘的面前，举起手中的折扇，照着他的光头就打，一边打一边骂："叫你丫的骂我！"若不是旁边有相熟的赶紧跑上来打圆场，声明黄振东是傻子，他非得被当场打死不可。后来是杜月笙亲自带着徒弟去找沈老太爷道歉，才算把这事摆平。

3 要退黄振东门生帖子

黄振东其实不傻，他只是因为锦衣玉食长大，不知人世间的险恶罢了。另外，他还有一个毛病，就是好色。

秦淮河自古艳名卓著，柳如是、董小宛、李香君、顾眉生、陈圆圆，多少文人墨客、江湖浪子销魂于此，留下千古绝唱，倾国倾城的传奇在这里也并非妄谈。

是的，这里正是黄振东的梦幻田园。此来南京，他才不关心什么蒋总司令李总司令，斯人欲探寻的，是秦淮八艳的芳踪。其实这在当时也不算什么，不过千不该万不该，他还把小姐叫到房间里来服务，这是堂堂中央饭店，还被抓了个现行。

当然杜月笙贵为蒋总司令的客人，饭店方也识得轻重，对黄振东批评教育一番就算了事。只是好事不出门坏事传千里，这下子上海滩上人们津津乐道的，已不再是杜先生南京行的风光，反而全是杜先生门生的风流韵事。

自成名后，杜月笙何曾被人如此消遣过？所以回到上海，第一件事就是命万墨林找出黄振东的门生帖子，退了回去。

这在黄家不啻晴空霹雳。在黄父的布局中，当前自己这个宝贝儿子唯一的作用，也是顶天立地的作用，就是其杜月笙门生这一重身份。有这个身份，就没人敢欺负自己，华新公司的生意也就有了保障。可现如今，天塌下来了。

对儿子一顿怒斥加暴打自不可免。接着就托人去找杜月笙求情,毫无结果。再带着宝贝儿子去磕头道歉,却连磕头的对象都见不着。黄父万般无奈之下,忽发灵感,不惜花费十万巨资,买了一艘豪华游艇,作为赔罪礼物,托人送给杜月笙。杜月笙执意不收,三番五次退回;黄父执意要送,三番五次回绝,这艘游艇就这么不尴不尬地一直停在十六铺码头,任凭风吹雨打。

过了一段时间,杜月笙气差不多消了,便有人适时地告诉他,游艇就这么放着,时间久了会生锈烂掉,未免可惜。这时黄父又走通了杜月笙心腹谋士苏嘉善的路子,苏嘉善剑走偏锋,找机会跟杜月笙说:"杜先生,这事儿其实应该怪你自己。"

"怎么会怪我?""你想,如果当初不是你要带振东去南京,何至于搞得这样不堪?"杜月笙竟然接受了这个说辞,总算把游艇收下了,并取名"月宝号"。这便是"杜氏海军"月宝、欢迎、波涛三艘游艇中第一艘的来历。杜月笙收下游艇,气自然就消了。黄父赶紧命黄振东继续到杜公馆行走,再给万墨林送了一笔大礼,于是连门生帖子重新送回,杜月笙也就无可无不可地收了下来。

黄振东后来对杜月笙倾心相报:抗战胜利后,杜月笙几个子女结婚,他每次都送十多两重的纯金盾一个;杜月笙六十大寿,他更是和徐懋棠、孙志飞、章荣初一起,合送了一套纯金制成的福、禄、寿三星,有十多斤重。

当然不是每个被逐出杜门的弟子都还有机会回来,像后来的周孝伯就是一个例子。周孝伯也是个富二代,是毕业于复旦的高材生,曾作为复旦的学生代表到南京向蒋介石请愿抗日,并得到蒋介石的书面回复。这时他的职业是个律师,可惜家道已经中落。

周孝伯曾经和某当红电影明星结婚,并签订婚约:若抛弃女方需要赔偿巨额经济损失。结婚三个月果然就离婚了,被抛弃的女明星要求喜新厌旧的负心郎按婚约赔偿,始乱终弃的周孝伯外强中干,哪里赔得出那么多钱来?最后家务闹到了杜公馆,杜月笙说:"孝伯没有钱谁都知道的,你就是打官司打赢了,他没有钱法院也没办法。算了,还是我来吧。"送了女明星一笔钱,数额不算多也不算少,女明星也只好撕掉婚约,接受了这个现实。

女明星走后,杜月笙吩咐万墨林把周孝伯的门生帖子找了出来,当场撕毁,周孝伯随即被赶出杜门,再也没能回来。

第十四章

罢工！叫板英美烟草公司

1927年5月,时任国民政府财政部长的宋子文,为了发行一种叫二五库券的金融债券,到上海宴请工商界领袖。那时的杜月笙还远不能跻身工商界领袖之列,但也被邀请赴宴。感于宋部长的知遇之恩,杜月笙出手不凡,认购数目排名第一,达到上海工商界认购总数的四分之一。

杜月笙这么给面子,宋子文不能不有所表示,便带了秘书唐腴庐,亲自到杜公馆致谢。这是一次礼节性的拜访,说的全是客套话,宾主双方交谈得相当愉快。

临走时宋子文说,上海市政府的财政收入远不如租界,其中以香烟的税收出入最大,如果可能还想请杜先生想想办法。杜月笙脱口就是"我是中国人,应该尽力。"这话似乎有点过于冠冕堂皇,在官场上摸爬滚打惯了的宋子文,以为是在敷衍,也没当真。

1920年代的上海,烟民众多,烟的品类也五花八门,其中市场份额最大的有六种。最牛的是老刀牌,烟民们习惯叫它"强盗牌",因为它烟盒的画面,是一个面目狰狞的持刀海盗;其次是红锡包(俗称"大英牌")、绿锡包(俗称"三炮台")、白锡包(俗称"绞盘牌"或"蓝炮台")。所谓红锡包,取名自粉红色的烟盒加上内衬锡箔纸,绿锡包、白锡包依此类推。以上四种都属于高级香烟,是有钱人抽的。中级烟是前门,中低级则是哈德门。所有这六种畅销烟,通通出自同一家公司——英美烟草公司。

英美烟草公司在英租界,中国政府管不着,它自然也懒得向中国政府交税,而只向租界当局纳税。租界的税比国民政府的税轻得多,成本优势一目了然,这是英美烟草公司鹤立鸡群的一个重要原因——他们一家的市场占有率大大超过所有中国本土烟草公司市场占有率的总和,很像是当今世界军费排行榜上的美国。

1927年6月,南京国民政府财政部通令:从当年7月1日起,实行统一卷烟税。随后国民政府决定,自8月1日起,实行关税自主,由政府统一征收关税。消息传出,群情激昂,民族烟草行业更是一片喝彩声。谁都知道,一旦英美烟草公司失去免税特权,大家平等竞争,对于被压制多年的民族烟草业来说,就是花要开了、鸟要飞了。

英美烟草公司自恃强国背景,对中国政府的通令置若罔闻。南京政府财政

部的反应是：不交税可以，但从此以后，英美烟草公司的产品只能在租界内销售，一旦出了租界，即全部没收。

英租界，就算再加上法租界，虽然商业发达，购买力旺盛，毕竟地盘不大，加一块也就六十平方公里的面积，需求有限。而英美烟草公司的产品一向畅销全中国各地，如果真被限制于租界，其命运也就只能自生自灭。英国人识相得厉害，赶紧收拾起不可一世的傲慢，组团同财政部讨价还价，要求降低关税，象征性交一点了事。财政部一击制敌，士气正盛，坚决不肯妥协，事情就僵在了这里。

中国政府从来没这么强硬过，英美烟草公司一时也不知道该怎么办。待到清醒过来，他们使出一记狠招：以关税过重为借口，宣布公司所属三个烟厂停工两个月。三个烟厂共有八千多员工，八千多工人失业，必然牵涉到八千多家庭数万人。英国人玩的是以退为进，等到这几万人生计都成问题而上街请愿时，中国政府迫于压力只能让步，关税的问题自然将迎刃而解。

为了配合这一出围魏救赵的大戏，英国人另外下了一剂猛药：冻结工人的存储款，禁止提取。所谓存储款，是英美公司对员工的一种保障性奖励，具体操作是：公司员工凡是工作满半年以上者，都给办一个储蓄卡，五年之内，员工每月实领95%的工资，公司每月将剩下5%的月薪加倍存入每个员工的储蓄卡内。员工工作满五年后，可以自由支配这笔钱；五年内如果公司辞退员工，这笔钱同样属于员工本人。同时，五年内员工可以随意支取这笔储蓄款，但不得超过一半。

因为有这笔储蓄款，足够度过小危机，所以停工后工人们并不慌乱。只是公司釜底抽薪的这一招，彻底把他们打蒙了。公司方面则不失时机地挑动工人：停工俩月、禁提储蓄款，都是因为南京政府的关税所致，你们只有去向政府请愿，才能维护自身的利益。

这一切，杜月笙都看在眼里，他和英美烟草公司工会的几位头脑，如李长贵、顾若锋、陈培德，都交往密切，其中陈培德本是黄金荣的学生，和杜月笙关系更不寻常。通过他们，杜月笙对一切都了如指掌，也一直在筹划解决方案。

作为一个草莽英雄，杜月笙从来没有忘记自己对宋子文的承诺，更没有忘

第十四章 罢工！叫板英美烟草公司

记自己那句"我是中国人",虽然居庙堂之高者如宋子文之流,根本就不相信这样的慷慨激昂。

杜月笙的通盘计划是,不仅要帮工人们渡过难关,更重要的是,一举彻底制服英国人,向宋子文展示自己的实力,赢取他的友谊。

他的策略极为大胆:掀起工潮,反戈一击。他的秘密武器是收集到的确实证据:烟厂停工期间,公司职员依然领薪水,只是工人们停发工资。民不患寡患不均,这种严重的不公平,本身就是一个火药桶,一点就炸。

杜月笙有一个基本的处事原则,就是轻易不得罪任何人,所以他并不直接出面,只是隐居幕后,操纵一切。他本就和工会关系密切,八千多工人中更不乏他的徒子徒孙,他不出面,但点爆这个火药桶,也不费吹灰之力。于是工潮瞬间爆发。

杜月笙授命唐世昌,积极策动新闻界声援。

唐世昌是上海发行量最大的《新闻报》的编辑,也是杜月笙在新闻界收的第一位高级知识分子门生。他本就在上海新闻圈中风头强劲,进入杜门之后,更是如虎添翼,在很长一段时间,都是上海报界最有势力的人物,杜月笙需要借重新闻界的事情,通常都由他出面办理。

以杜月笙的势力,上海各报老板纷纷与其称兄道弟甚至投入杜门自不在话下,不过杜月笙做事与众不同,他希望不仅最高层,最好还能直接控制第一线的编辑记者,于是经唐世昌介绍,各报的编辑、记者成为杜门子弟的亦不在少数,往后名重一时的上海报人如汪松年、赵君豪、姚苏凤、余哲文、李超凡等人,便是其中的佼佼者。

杜月笙很清楚媒体的力量,他又善于笼络人,所以其他学生仔拜师,都会有赘敬作为拜师礼,这是相沿多年的规矩,但只要是新闻界中人递上门生帖,杜月笙不仅不收赘敬,反而会花钱补贴他们。在各报馆工作的杜氏门人,按月都有津贴,钱的多少因人而异,大体上如果他们把这笔额外收入存银行,一年下来就能买辆小轿车,至于车的档次,大约相当于现在的 QQ 到别克君越。

杜月笙对他新闻界中的学生仔,特别亲切爱护。上海滩水深似海,但是无论在什么情形下,杜月笙都有能力绝对保障新闻界门人的安全——最著名的案例是,赵君豪在上海沦陷时期担任上海影响力最大的《申报》总编辑,倡导抗日，被汪伪政权指名通缉，日军前来逮捕时，赵居然能够化险为夷，逃出上海，平安抵达重庆。杜月笙就有这么牛。

现在我们不妨再看看当时的新闻界有多么牛！仅举一例：抗战爆发后，袁世凯的女婿杨毓珣落水当了汉奸。如此煊赫的家世背景，自然不愁没有好的位子，华北伪政府首脑王克敏是袁世凯的老部下，便想举荐他当北平市长，杨毓珣竟不敢，理由之一就是怕报纸会骂他，并借题发挥，把袁世凯家族中那些陈年丑事重新展现在世人面前，难免有辱先人。

杜月笙不怕这些。有一次，北平《世界日报》、天津《逸世报》两位上海记者站的青年记者写了一篇关于上海烟土买卖的通讯，其中不可避免地提到了烟土老大杜月笙的作用，见报后，不等唐世昌出面，上海市长吴铁城竟然亲自约见两人，很客气地说了一句："杜先生晓得你们这样写，他一定会不开心。你们年纪轻轻的，何必去得罪杜先生呢？"从此再没有记者敢写关于杜月笙贩毒的报道。不仅是贩毒，凡是对杜月笙不利的，或者他不希望看见的新闻，就没有报纸会登。

相应的，凡是杜月笙希望看到的，报纸都会大登特登。所以现在杜先生发话了，各报自然群起响应。以《申报》《新闻报》为首的大小报纸纷纷展开愤怒声讨，强烈谴责资方的不义行为，老百姓群情汹涌，无不痛骂英国人欺人太甚，各商店、烟摊更是展开了拒卖英国香烟的爱国行动。英美烟草公司各品牌香烟销量大减，加上民众很生气，英国人终于意识到了后果很严重，碍于面子却又不愿认输，只是放出的口风再也硬不起来了。

8月13日，上海市政府派出专员，偕同工会代表前往英美烟草公司商议解决方案，英国人有了台阶，顺坡下驴也派出代表，经过两天讨价还价的谈判，最终英方妥协，同意了工会提出的复工条件，并终于同意向中国政府缴纳50%的统一卷烟税。对于财政极度困难的南京国民政府来说，这将是一笔巨大的收入。8月15日，停工两周后，三个工厂全面复工。

谁知英国人只是想渡过眼前的危机，并没有真正打算遵守约定，他们没有赔偿工人的损失，更没打算向财政部照章纳税。到9月30日发工资的时候，工人发现补偿依然不见踪影，立即推举工会代表找公司交涉。英国人翻脸不认账，

破口大骂,并调来英国海军陆战队相威胁。工人们很团结,当即开始大罢工。这次罢工规模比上次更大,包括了英美烟草公司所属的所有工厂,参与工人达一万多人。

10月6日,英美烟草公司工会发布罢工宣言,揭露了公司一项见不得人的秘密:为了不缴纳卷烟税,他们利用在中国的内河航行权,不惜调动军舰将所生产的香烟贩运到长江沿岸各省,再转运至全国各地,为此躲避掉了一大半的税款。

舆论再度哗然,前几年因五卅惨案和沙基惨案而在全国掀起过的"反英、抵制英货"的风潮眼看就要复萌,一时间,上海滩头,群情激昂。只是民愤虽大,但这涉及一万多人的大罢工,背后是数万人的生计问题,若要坚持下去,不知道需要多少钱才能负担得起。这担子实在太重,所以即使工统会(上海工会组织统一委员会,有浓烈的政府背景,以党、政、军为后盾)都不敢挺身而出,其他各类民间组织更是只能口头声援了。

这就显出了杜月笙的能量。他是下了决心要赢下这一战的,各种预案早已做好,不过他不愿公开得罪英国人,所以知会工会领袖及工人中的徒子徒孙,以口头传话的方式,让所有罢工工人知道:这次罢工中出现的一切问题,都由杜先生负总责,大家只要坚持住就行了。

杜月笙的闲话一句,有如一言九鼎,这基本已经是整个上海滩的共识。所以他一开口,工人们算是彻底有了底气,再也没有人有所动摇。

杜月笙的第一招是请来南洋兄弟公司的老板简玉阶、华成烟草公司老板戴耕莘等民族烟草界的头面人物,共商大计。他不说空话,只谈利害:"大家的机会来了!"其道理是:民族香烟被英美烟草公司打压多年,就连前两年的"抵制英货"也没能让大家彻底翻身,主要是因为英国人无论在资金、规模还是品牌知名度上都远远高于我们自己,双方根本就不是一个重量级的对手。但是,现在这场大罢工将从根本上改变这一局面。因为,第一,罢工总有结束的一天,一旦结束就意味着英国人也得向国民政府老实纳税,那么它的成本优势就将不复存在;第二,复工的路估计会很遥远,而在漫长的缠斗期间,市面上的英国香烟只会越来越少,直至于无,这岂不正是民族烟草占有市场的黄金时期?

几位老板不由得连连点头称是,只说:"杜先生尽管开口,希望我们怎做?""首先,请各位拿出来一笔捐款,作为罢工工人的后援款。"杜月笙慢悠悠地说:"只有社会各界都伸出援手,罢工才能持久下去。我们同业,自然应该带个头。"几位老板对此毫无异议,纷纷表态义不容辞。"其次,各位应该在此期间扩大生产规模,抢占英国人让出来的市场。"杜月笙继续说,"这样就需要各位增加工人数量,正好可以接收一部分罢工工人,一举两得。"

几位老板频频点头,双赢!何乐而不为?"最后呢,大家应该抓住这个难得的机会,好好建立自己的品牌。"说到这里,杜月笙有点眉飞色舞:"英国货早晚会回来,等他们回来的时候,人们已经习惯了我们自己的牌子,把他们香烟的牌子都忘了,这才是真正的胜利。"

从容淡定中搞定。杜月笙随后暗中牵头成立罢工后援会,民族烟厂自然成为其中的中流砥柱,当时杜月笙在工商界还没有多少人脉,所以其他成员主要是他的私人朋友及大大小小的香烟批发、零售商。不过就是这样,所募捐款也很可观,单是南洋兄弟一家,就捐了三十万元,仅这一笔就足够支持工人罢工将近一个月。

同时,杜月笙在幕后操纵,通过工会中的工人领袖及自己的徒子徒孙,迅速组建了一支庞大的工人纠察队,在上海华界地区日夜巡逻,只要发现哪家商店或烟摊还胆敢卖英美公司的香烟,立即没收,并当众销毁。

杜月笙唯恐工人们对上海地界不够熟悉,索性叫来顾嘉棠、高鑫宝等人,让他们安排杜门弟子中混街头的去协助纠察队巡逻,整个上海滩华界地区的大街小巷就弄了个全覆盖。光掌握上海还不够,车站、码头等通往各地的交通要道,同样密布了杜门弟子及便衣纠察队员,只要见到试图运出上海的英美公司香烟,一律查扣。

在这样的背景下,英美烟草公司受打击之大可想而知。尤其是随着库存的不断消耗,存货越来越少,后来,连租界的市场都被国产品牌抢走大半。英国人最初认为一定会发生的"罢工后援会"后援不力、一万多工人及其家属生活无着的情景完全没有踪影,而随着罢工及抵制的继续,烟民们正在渐渐淡忘"老刀""红锡包"等品牌,这时候,英国人很有点手足无措,真正悔不当初。

后面的故事很简单:罢工持续了几个月之后,英国人实在扛不住了,终于签署城下之盟,接受并履行了工会提出的所有条件。工人全面复工那天,国民

政府的税务人员正式进驻英美烟草公司及其下属工厂,求财若渴的财政部长宋子文从此对杜月笙更是刮目相看了。

策动英美烟草公司罢工并取得成功的首席功劳当推杜月笙,该事件中方的完胜大长了南京国民政府的威风,也令财政部长宋子文脸面增辉。此外,让宋子文部长难堪的一段绯闻,则被杜月笙善舞之长袖轻轻抹去,没有留下痕迹。

一个巴掌拍不响,任何绯闻,都是至少两个人的事,所以关于宋子文的绯闻,我们要先说一个被岁月尘封的绝色美女,她叫唐瑛。

唐瑛生于1910年。父亲唐乃安,是清政府获得美国所退还庚子赔款资助的首批留洋学生之一,也是中国第一个留洋的西医,学成后在北洋舰队当军医,因对官场的丑恶深恶痛绝,退役后没有从政,而是在上海开了家私人诊所,专给富家大族看病,看着看着唐家也成了富家大族。

唐瑛毕业于上海教会学校——中西女塾,算是张爱玲的学妹。中文、英文的水平都很出色,艺术造诣更是一流,尤其弹得一手好钢琴。某年英国王室访华,唐瑛现场表演钢琴和昆曲,技惊四座复艳惊四座,各大报无不刊登她的大幅照片,风头之足甚至盖过王室,这是她交际生涯最显赫的时期。

这时的唐瑛,秀美、多情、气质高雅,足够领衔上海滩的交际场。即使在全国范围,也只有北京的陆小曼可以和她相提并论,于是有"南唐北陆"之说。后来陆小曼也来上海,就双剑合璧了。

唐瑛和陆小曼一起吃过一餐饭,那餐饭被当时的小报记者形容为"民国最尴尬的饭局"。这个尴尬,是因为这个饭局是国画大师刘海粟为调解两段著名的三角恋而特设。

徐志摩、陆小曼常去唐瑛家玩,有一次同去的有他们的好友杨杏佛。杨杏佛那会儿是孙中山的秘书,一见唐瑛即惊为天人,就成为她多如过江之鲫的追求者中最新的一个。可惜唐家已经为唐瑛定了亲,男方是刚留学耶鲁回国的李祖法,出自大名鼎鼎的宁波小港李家,是我们前面说到的"上海滩小孟尝"李征五的族侄。

杨杏佛和李祖法是好朋友,就像徐志摩和王赓是好朋友一样;杨杏佛想抢李祖法的未婚妻,也和徐志摩想抢王赓的老婆一样。偏偏六个当事人的名字个个如雷贯耳,于是这两对段三角恋故事迅速走红。

六个人也觉得这样下去不是长久之计，徐志摩便请刘海粟出面调解，"主持公道"。刘海粟说：咱们还是一起吃顿饭好了。

于是刘海粟在上海功德林菜馆做东，把陆小曼、徐志摩、王赓、杨杏佛、唐瑛、李祖法请到一起撮了一顿。饭局中，刘海粟宣布：没有爱情的婚姻是不道德的。各方就此达成共识，并相约有缘再一起吃饭。

后来王赓就同意和陆小曼离婚成全徐志摩。这个毕业于清华、留学过普林斯顿及西点军校的才子，回北京辞掉了北大的工作——那会儿的北大教师，至少不逊于现在的院士吧——应邀前往江苏担任五省联帅孙传芳的总参谋长。临行前，王赓当面对好兄弟徐志摩说："你要好好对小曼，否则我派兵来收拾你。"徐志摩果然一生对陆小曼都好得很，哪怕后来晚清宰相翁同龢的孙子给他戴了绿帽子，他也开开心心的若无其事。

唐瑛则正式拒绝了杨杏佛，这是1925年底的事儿，美女年方二八。十六岁的唐瑛，有一个同父异母的妹妹叫唐薇红，一样的天生丽质，后来一样是风靡上海滩的交际花。唐薇红现在八十多了，依然活跃在上海的时尚前沿，是诸多小资杂志热捧的人物。唐瑛还有一个哥哥，名叫唐腴庐，是宋子文的秘书。宋子文就是通过唐腴庐认识唐瑛的。

国舅宋子文初见唐瑛同样惊为天人，立即从与盛七小姐失败的恋爱中振作了起来，一天一封情书，看得小美女晕晕乎乎的，几乎就要忘了李未婚夫。清醒的时候，她大概会想，一边是名门望族的小港李家，一边是财政部长、未来世界上最富有的男人，到底自己该何去何从？

唐瑛父母坚决不同意这段恋情。对于儿子的从政，夫妇俩已经痛心疾首，哪里肯再搭进去一个女儿？乖乖女唐瑛只好听从，很快就嫁到了李家。当然这并未妨碍她的交际生涯——在当时，交际花是一种很高尚的身份。

两度恋爱失败，让三十三岁的宋子文悲痛欲绝，揣着一颗破碎的心，到庐山避暑散心去了。没想到在庐山成就了姻缘，宋部长闪婚十八岁的当地美女张乐怡，抱得美人归。这已经是1927年的事了。

国舅大婚，当然举国瞩目，报纸上少不了各式各样的花边新闻。就在这时，宋子文和盛七小姐及唐瑛的两段恋情，不知道怎么就被一个小报记者给挖了出来。好在唐世昌第一时间了解到内幕，当机立断，要求该记者先别发稿，然后

立即把这事儿通报给了唐腴庐。唐腴庐不敢怠慢，马上报告宋子文，宋子文下令：无论如何不许见报。

租界讲究新闻自由，记者是真正的无冕之王，只要是有根据的事，没什么是不能见报的。不过这是正常情况下，如果杜月笙出面打招呼，则另当别论。

此时宋子文和杜月笙已经打过交道，唐腴庐登门杜公馆也算轻车熟路。杜月笙见是国舅的事，自是一诺无辞："小事情，闲话一句。"交代万墨林给唐世昌打了个电话："杜先生说了，这事无论如何不许见报！"事情就摆平了。

第十五章

挺身而出杜先生

1 礼遇君主立宪专家杨度

杜月笙名气如日中天。话说有一天,杜月笙生了一场大病,肚子疼得要死要活的,家人连夜请来了法租界里最有名气的法国医生谢毕——也就是杜月笙有这么大的面子,把谢名医深更半夜叫起床,带了翻译和护士,开车到华格臬路出诊。名医发话:"急性盲肠炎,必须立刻送到医院开刀。"

杜月笙虽然疼得要死,但死也不肯开刀,甚至颤抖着从枕头下掏出手枪表示决心。家人无奈,却突然想起有个叫王仲奇的中医,专治疑难杂症,就把王中医请了来。王中医把完脉,很从容地说:"小菜一碟。杜先生的痛叫肠痈,我开个方子,火速抓药来吃,可以治得好。"吃了两天药,真就好了。

法国名医很负责,每天打电话来询问病情,表示需要的话请杜先生随时来手术室。最后他听说杜月笙不开刀居然好了,大为惊异,这也轰动了黄浦滩上的西医:想不到中医中药,竟如此神奇!

毫无意外地,王中医立即红了,门庭若市。他得在诊疗室里设一道铁栅栏,医生看病,像在坐牢,病人求诊,伸只手进栅栏里去,以便王大医师把脉。

杜月笙广收学生仔,揽入门下的就已经远不止帮会中人。三教九流,甚至各路社会名流无不厕身其中,杨度就是其中的一个。杨度字皙子,是在中国历史上也能够占有一席之地的人物。此君生于1874年,十九岁中举人,1903年接近穷途末路的清政府新开"经济特科"进士考试,杨度是第一批考生,考中一等第二名,后来成为袁世凯政府财政部长的梁士诒是第一名。可气的是,梁士诒这个名字涉嫌"梁头康尾"(梁启超的"梁"字,康有为字祖诒的"诒"字),而"康梁"因为戊戌变法,为慈禧太后至为痛恨,梁状元因此竟被除名。杨度莫名其妙受此牵连,又因是"湖南师范生",有革命党的嫌疑,也被除名。辛辛苦苦到手的功名,不明不白就没了,其实杨度哪里是什么革命党人?他一生沉醉于帝王之学,是不折不扣的君主立宪派。

杨度感到在国内呆着很无趣,索性东渡日本,与汪精卫同学,并交好于蔡锷,成为留日学生的重要领导人之一,因此结识了梁启超、孙中山和黄兴等重量级人物。

1905年清政府迫于各方压力,计划预备立宪,派载泽、端方等"五大臣"出洋考察宪政。他们到欧、美、日本走了一趟,考察了各种游乐场、红灯区、博物馆、赌场、红酒庄园等等之后,不得要领。好在有备无患,早在出国前,他们即已派首席随员熊希龄去日本找人代写考察报告,结果找到了正穷困潦倒的杨度。杨度实收一万块钱后,请熊希龄吃喝玩乐一番,便开始翻阅资料,运笔构思。不愧大才槃槃,根本就没去过欧美的他,居然写出了两篇像模像样的宪政考察报告——《中国宪政大纲应吸收东西各国之所长》和《实行宪政程序》,再加上梁启超应杨度之请所写的一篇《考察各国宪政报告》及若干奏稿,五大臣回国后足够交差了事。但是,报告写得太好,竟在国内政学两界引起轰动。没有人相信如此有见地的文章会出自不学无术的五大臣之手,寻根问底之下,杨度这个名字终于浮出水面,立即名动公卿。谁都知道,杨度的春天就要来了。

1908年,当世最有实力的两大阁僚袁世凯、张之洞联名保荐杨度,说他"精通宪法,才堪大用"。袁世凯安排他在颐和园向皇族亲贵演说立宪精义,恶补法律常识,极力主张开设民选议院。作为晚清的宪政专家,清政府关于立宪的文件大多出自杨度之手。

杨度被袁世凯誉为"旷代逸才",他对袁世凯也怀有知遇之感,认定袁是中国第一人。同时为了实践自己的帝王之学,他联合同道,不遗余力地把袁世凯推上了皇帝的宝座。老袁称帝换来天下大乱,蔡锷发起护国战争,赢得全天下响应。杨度万万没想到,自己宰相没当成,却害死了恩公。袁世凯临死前说的最后一句话是"杨度误我"。而杨度则为袁世凯写下如此一副挽联:

共和误中国,中国误共和;千载而还,再评此狱。

君宪负明公,明公负君宪;九原可作,三复斯言。

黎元洪继任大总统后,下了一道"变更国体祸首惩办令",杨度不仅榜上有名,更当之无愧排名"祸首榜"榜首。他先是逃到天津租界,又在青岛蛰居过一段时期,这段时间他倒也没闲着,曾游说曹锟、吴佩孚参加革命,不得要领后自己于1922年加入了国民党。再后来,他还在张宗昌那儿当过总参议,张大帅对他相当尊重。1926年,北平《社会日报》社长林白水因撰文骂张宗昌是

第十五章 挺身而出杜先生

"睾丸"被抓,张大帅要杀人,任谁求情都没用,只有杨度来劝,才给面子同意放人。可惜杨度来晚了,张宗昌枪下留人的命令传下去,林白水已经殉难。

张宗昌终败于复出的蒋介石后,杨度再次失去依附,黯然南下上海,客居陆冲鹏家。陆冲鹏北洋时期担任过国会议员,和杨度是旧识,也是杜月笙很要好的朋友。老杨因此结识了杜月笙。

杜月笙此时正热衷于延揽名流以提高社会地位,碰到杨度这么一个举世闻名的人物,当即揽入门下,将薛华立路155弄13号(今建国中路瑞金二路附近)的一幢洋房送给他住,每月发给五百元薪水——那是高级白领也未必享受得到的待遇。

杨度在杜公馆第一次出手,是为大管家万墨林改名字。万墨林本名万木林,上海话有个骂人的词叫"阿木林"。万木林是杜月笙的表弟,和杜一样,出身极端穷苦,真正的一字不识,不过再不识字也知道自己的名字不好听。他始终记得初到杜公馆时,杜月笙对他说的那句话——"人可以不识字,但不能不识人头",所以见到杨"国士",哪肯放过?便央求着替他取个好听的名字。杨度是真有学问,就给他改名"万墨林"。一字之差,境界判若云泥。

上海小报传说杨度是杜月笙的徒弟,杨度对此坚决否认:"我一没递过帖子,二没点过香烛,我称他杜先生,他叫我皙子兄,老实说,我不是青帮,只是清客而已。"

杜月笙对杨度这个清客是真倾心相待。吃吃喝喝自不必说,杨度爱看报,杜月笙吩咐手下人每天给他买报纸;杨度爱打麻将,杜月笙有空就陪他打;杨度爱抽鸦片,杜月笙不限量供给他最好的……等到杨度终于想起来曾经答应过梁启超编著《中国通史》一事想要动笔时,杜月笙更是和陆冲鹏一起,帮着收购了大批典籍史料,连全国各地的州府县志,都几乎搜集齐全。这绝对是项浩大的工程,可见杜月笙对杨度的支持真是不遗余力。

杨度版《中国通史》最终也没写出来,杜月笙并不在意。1930年杜月笙打算在老家建宗祠,只消说一句"借重皙子兄大才",杨度挥笔就是一篇《杜氏家祠记》,觉得不够,又写了一篇《杜氏家祠落成颂》,还觉得不够,再撰写了一副楹联:

大江以南,推为望族。

明德之后，必有达人。

除此之外，杨度还担任了杜祠落成典礼文书处秘书，干得不是一般的敬业，活活给累病了，这是1931年6月间的事儿。结果就再也没好，到了9月初，竟然溘然长逝。真是鞠躬尽瘁，死而后已。去世前，杨度自撰挽联：

帝道真如，如今都成过去事。

医民救国，继起自有后来人。

杨度笔下，杜月笙是个游侠式的人物。《杜氏家祠记》中他如此写道："其行谊如古之游侠者流，慷慨好义，重然诺，能与人共患难，轻财货而重交游，宾客甚盛，车骑日集。其门人有请求，无不立应，因是其名重于大江南北，识与不识，咸慕其风。""凡利民之务，如兴学、设医、救灾、恤贫诸举，辄捐巨金以为倡导。""予初闻杜君名，意为其人必武健壮烈，意气甚盛；及与之交，则谦抑山下，恂恂如儒者，不矜其善，不伐其能。人向往之，其德量使然也。"

2 为死难工友挺身而出

对于杨度之类的社会名流，杜月笙可谓倒屣相迎。而在积极拉拢工人，扩大在工会、商会影响力方面，杜月笙也是不遗余力，为的则远不是虚名。

天助杜月笙的是，为了工作及人身安全有保障，当时的产业工人很流行参加帮会组织。而杜月笙朴素地感觉到，赢得工人们的依赖和好感，有助于增强自己的势力，更能进一步提高社会地位，于是不仅自己收了不少工人领袖级别的门生，更要求手下的徒子徒孙，凡是工人前来投奔，一律不得拒绝。就这样日积月累，杜月笙在上海产业工人中的影响力渐渐大了起来。

当然，影响力的最终达成，也得靠他多年来建立起来的四通八达的人脉关系和慷慨仗义的行事作风。

1928年9月16日晚11点，法商电车公司的司机吴同根驾车收班回厂，按公司规定，收班车不得搭载乘客，所以这是辆空车。行经法租界霞飞路和萨坡

赛路口时,突然从路边蹿出五个法国水兵,拦在车前,个个酩酊大醉。吴同根不得已停下车,水兵们强行登上电车,勒令吴为他们开车兜风。

吴同根不敢违反公司规定,怕因此丢了工作;更不敢冒犯法国兵,只好苦苦哀求,请他们下车打出租去兜风。几个法国兵哪里肯听?越是哀求,他们越是借酒发疯,其中一人更是掏出一把弹簧刀,猛地刺向了吴同根的左眼。这一刀刺得太狠太深,吴同根一声惨叫,顿时血流如注,栽倒在车上,当场就死了。

这时街上的行人都纷纷聚拢过来,几个法国兵跟没事儿一样,下车之后,甩下一句"你们算个屁",便扬长而去。

围观者个个义愤填膺,虽然没人敢去阻拦法国水兵,但有人找来了报社记者。第二天的《申报》《新闻报》等各大报纸迅即刊登了这起惨案的经过,读者无不震惊,整个上海滩沉浸在一片悲愤之中。

上海市总工会发表了激烈的宣言:

这是杜月笙唯一穿西服的照片

"……一切不平等条件的罪恶,租界的罪恶,我们难道真个束手以待残杀吗?……我们唯一的方法是:一致团结,打倒帝国主义,废除一切不平等条约,收回租界!"

法商电气电车自来水工会宣称:

"……吴同根是为帝国主义的铁蹄践踏而死,……不仅是对他个人的侮辱,乃是对整个中华民族的侮辱!"

与此同时,上海市长张定璠亲自出面,向法国驻沪总领事范尔迪提出严正抗议,要求法方惩办凶手,公开道歉,赔偿受害者家属,并保证以后不再发生此类事件。

法租界当局对此完全无动于衷，范尔迪的回应也只是一句敷衍了事的话："肇事水兵已经拘留，有关部门正在调查中，我们一定会给大家一个满意的交待。"一旦涉及那五个水兵的姓名、军龄等具体情况以及调查进展、赔偿方案等实质性问题，范尔迪就开始犯浑："这是租界的事情，暂时无可奉告。"

面对法国人的傲慢，愤怒已经冲出了上海，举国上下，同仇敌忾。

法国人依然不理不睬。这时，杜月笙出场了。

杜月笙出场之前做了充分的准备工作。他先派手下仔细调查了惨案发生的经过，写出中、法两种文字的调查报告，附上了多名现场目击证人的证词以及相关照片。并将五个法国水兵的姓名、年龄、所属军队等详细情况以及逍遥法外的现状，通通列举出来，十分的详细。

带着翻译李应生以及调查报告，杜月笙直奔法国驻沪总领事馆，拜访范尔迪。

杜月笙和范尔迪交情很深，不仅大手笔地按月向范尔迪行贿，而且还救过他的命。那是多年以前，范尔迪刚来时的事情了。

范尔迪初到上海，在总领馆任职书记员时，是个大龄未婚青年，工作轻松，收入不菲，无聊时便常常混迹于各种交际场所。因为长得帅，而且优雅大方，风流倜傥，最重要的，是其相当于现在公务员的总领馆工作人员的身份，让这个初来乍到的法国人很受各路女士的青睐。

范一见钟情了樊菊丽。樊菊丽，宁波籍，女，二十六岁，未婚，这在当时，算得上高龄剩女了。她也确实符合现代剩女的标准：有知识有文化，毕业于两江女子专科学校，懂英文、会法语；长得不错，身材高挑，美目盼兮，巧笑倩兮，男人见到她，难得有不多看两眼的。之所以沦为剩女，是因为家庭条件好，老爸是长江轮船的买办，家里有钱。再加上本人天生丽质秀外慧中，难免患上"剩女病"——总觉得自己嫁给谁都亏了。

嫁给范尔迪这样有身份有地位的老外当然不亏，于是两个人很快就喜结良缘。新婚燕尔，小两口兴致勃勃跑到太湖去游玩，划着小木船于烟波浩渺间游兴正浓的当口，土匪来了。那艘不起眼的小木船，刹那间就成了这对情侣的泰坦尼克号。

他们遭遇的是太湖土匪。那个年代，在东南一带，太湖土匪名头相当响亮，被他们逮去，得破费点钱才赎得回来。土匪口述，樊菊丽翻译，范尔迪执笔给当时的总领事那齐亚写了封求救信，说中国土匪还算人道，请领事大人火速派人来谈判，保证不会有事。否则，后果不妙。

那齐亚找来了巡捕房总探长黄金荣。可黄金荣与太湖土匪也不熟，只好把杜月笙、张啸林叫到黄公馆，看有什么办法。

杜月笙想都没想，脱口就是："小事情，闲话一句。"

其实杜月笙那会儿和远在太湖的土匪也没交往，但他自信朋友遍天下，没有自己的触角伸不到的地方。果然，当他把左膀右臂"四大金刚"叫来一说，高鑫宝就笑了。

"月笙哥，这等小事，我跑一趟就搞定它。"

高鑫宝没吹牛，他和太湖各路土匪的总瓢把子吴世魁是拜把兄弟，去要个把人出来，确实是小菜一碟。

高鑫宝带着两个徒弟跑到太湖，吴世魁果然大开山门，带着手下够级别的兄弟，列队迎接，欢迎欢迎，热烈欢迎。

高鑫宝两句话说明来意，吴世魁当即下令放人，派手下弟兄把范尔迪夫妇从黑牢里放出来，直接带到筵席的首桌坐下，表示这顿饭既是欢迎高大哥远道而来，也是给夫妇二人压惊。

范尔迪夫妇有惊无险，平安归来，对杜月笙自然心怀感激。为了报答杜月笙的救命之情，范尔迪利用职权，一口气送了他二十多张法租界特别通行证。持有此证，就可在法租界畅行无阻，不受任何人检查。杜月笙本人倒不是太需要这个，不过干他那行的，手底下的弟兄是太用得上了。

范尔迪见到杜月笙一向特别高兴，这次也是热情洋溢地拥抱、问候，是真正的老朋友见面的感觉。只是当杜月笙说明来意之后，他愣了愣，半晌才说出话来："杜先生，你是准备替我说话，还是准备替老百姓说话？"

"范尔迪先生，你知道的，"杜月笙微微一笑，"杜某从来只替道理说话。"一番唇枪舌剑之后，范尔迪自知理亏，正支吾呢，杜月笙示意一下，李应生立即掏出调查报告和一大沓材料，从案发当晚的经过，到法国水兵最近逍遥自在

的情况，一应俱全。

范尔迪接过来看了看，很是吃惊于材料之详尽，随即看着杜月笙，很认真地说："杜先生，我很佩服你。说吧，这件事你希望怎么解决？大家是老朋友，我愿意听你的意见。"

"范尔迪先生，我很领你这个情。"杜月笙很诚恳地说。范尔迪很诚恳地点头，不过接下来的话，让他眼睛都绿了。杜月笙非常认真地说道："根据我掌握的情况，我们中国人有五点要求：第一，公开道歉；第二，高标准赔偿受害者家属；第三，保证以后不再发生类似事件；第四，取缔法租界只许外国士兵出入的酒吧；第五，取缔法租界只许外国士兵出入的妓院。"

"杜先生！"范尔迪有点急了，"你们中国政府都没有你这么多条件。""你误会了，范尔迪先生。这不是条件，只是我根据调查情况给你提供的建议。"杜月笙慢慢地说，"但是我认为只有这样做，这个事情才能够最终解决。请相信我也是站在你的立场考虑的。"

"可是，取缔酒吧和妓院，你们中国政府也没有这样要求。再说这也没有道理。""当然有道理了。"杜月笙顺手拿起调查材料，"事发当晚，那几个水兵就是在酒吧里喝醉后，又跑到妓院里去闹了一通，然后再到大街上闹事杀人的。不关掉酒吧、妓院，谁能保证这样的事情以后不再发生？"

范尔迪笑了："好吧，杜先生。后面两条我们等等再说，前三条我现在就可以答应你。遇害者家属，我想以总领馆的名义，赔偿一千元，你看如何？"

"很好。"杜月笙微笑着回答，然后话锋一转，"吴同根有一个太太和九个孩子，遗属一共有十个人。他的太太没有工作，九个孩子都还未成年，一千块钱恐怕不够维持生活。"

范尔迪脸上有点挂不住，忙解释："杜先生，这是我的权限范围内最大的数字了，如果再多，就得要开会商量……"没等他说完，杜月笙就哈哈一笑，"这样吧，范尔迪先生你也别为难，你们总领馆赔一千元没问题，我个人再送他们一千五……"

堂堂法国驻沪总领馆的赔偿还不如杜月笙一个人的馈赠，这下真的让范尔迪这个总领事面子上挂不住了，不过他急中生智倒也想出个办法。"我让法商电车公司也送一千。"

"这样最好。我就知道你有办法。"杜月笙不忘夸他一句,接着又是一个大手笔。"现在有三千五百元,不算多,但我想当做吴同根九个孩子的教育基金大概也够了。他们全家的生活费归我,我每个月付给他们三十元,一共十年。"

范尔迪了解杜月笙的为人,心知这个面子无论如何争不回来了,只好服输,由衷地感叹:"杜先生,你让我很感动。"

杜月笙谢绝了范尔迪共进午餐的邀请,有事先走一步,李应生留下与范尔迪指派的领事馆工作人员交涉具体细节,当天便拿到了两千大洋现款。回到杜公馆,杜月笙命万墨林从账房处支出一千五百元,再加上第一个月的生活费三十元;然后再让他乘专车去吴同根家,将吴太太接了过来。

杜月笙将三千五百三十元的来历,一笔笔对吴太太交代清楚,又交代她和万墨林,以后每月三十元的生活费怎么领取。交代完毕,吴太太扑通一声,跪下就开始磕头,杜月笙赶忙把泪流满面的她扶起,吩咐手下送她回家。

第二天,上海各大报一边继续声讨法帝国主义的残暴傲慢,一边不约而同登出了通栏广告,内容是:吴太太鸣谢杜月笙先生慷慨解囊、法总领馆厚恤遗孤。

此时的杜月笙作为一位社会名流,已经承担起了隋唐英雄评书里扶危济困的江湖豪侠的道义,这种价值观他始终坚持了一生。当然他很喜欢受益者登报致谢。和以往一样,看着报上的大幅鸣谢,杜月笙感慨万千。

第十六章

开银行娶新人

1 开银行顺手敲打闻兰亭

1928年，杜月笙四十岁，步入不惑。这一年的11月1日，国民政府中央银行在上海正式挂牌，财政部长宋子文兼任总裁，蒋介石亲赴银行大楼，给大舅子授总裁大印。宋母更是由两个女儿宋霭龄、宋美龄陪着，上午参观完大女婿、实业部长孔祥熙主持开幕式的国货展览会，下午又来参观小女婿授印、大儿子任总裁的央行，国事如家事，一时风头无两，成为那几天最广为传播的八卦新闻。

挂牌当天，冠盖云集，部长、院长来了不少。社会名流应邀到场的不多，虞洽卿是其中之一，虽然他的主要任务是在那里陪老外聊天，但毕竟去了，而杜月笙未获邀请。

杜月笙因此大受刺激，对自己的现状很不满意。虽然此时已贵为法租界公董，在法租界乃至整个上海滩都是个很说得起话的人物，但他越来越觉得，自己应该有更大的发展。

说白了就是杜月笙根本不甘心做一个"黑社会老大"。从小到大听评书所受的传统文化熏陶，使得他非常在意别人对自己的评价，尤其看重身后名，所谓"人死留名"。他女人无数，而且很多女人并不只是因为他出手大方而对他死心塌地，但他觉得女人是过眼云烟，这不值得炫耀，况且总有玩不动的一天；他挣了很多很多钱，自己花不了那么多，大部分都花在了别人身上，以至于他觉得钱已经没什么意义；他黑白两道路路通，该出手时就出手，人人见了他都恭恭敬敬，但他觉得让人害怕没啥意思，他希望的是得到尊敬。

杜月笙的痛苦在于，虽然游走于帮会、官府、军阀、洋人、绅士、富豪之间，甚至连蒋总司令都有借重自己的地方，但他非常清楚，蒋介石所借重的无非是他杀人放火的能力，远不如对虞洽卿等商界领袖的期望，他们的事业往往关乎国计民生。归根到底，自己的两大经济支柱烟和赌，终究是上不得台面的营生，"黑帮大亨""烟土大王"的名头再响亮，都不足以支持他真正跻身于上流社会。

"是转型的时候了。"他对自己说。此时,他还没想清楚该怎么转,但目标已经很清晰:进军商界,做一番正经的事业出来给大家看看——在二十世纪二三十年代的上海,商人地位崇高,甚至有参与国家重大决策的影响力。显然杜月笙的人才储备绝不足以支撑他成功转型的梦想,正烦恼间,一件偶发的小事让一切转动了起来。

有一天钱新之突然来访,让杜月笙非常意外。

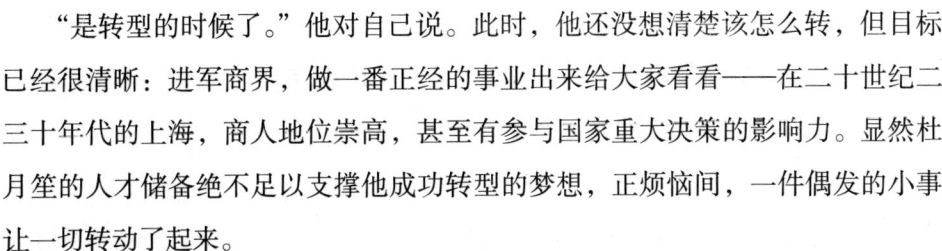

钱新之,字永铭,浙江湖州人,长杜月笙三岁。有留法背景,少年得志,三十一岁就当上了大佬张謇的助手,成为交通银行北京总行的秘书;1920年就任上海银行公会会长,1927年国民政府成立后,应邀担任财政部次长,现在他正担任中国最有势力的北四行——中南、金城、大陆、盐业银行储蓄会经理,是上海金融界数一数二的巨头,位居当时位高权重的四大银行家之列。

所谓北四行,总部自然是在北平、天津。国民政府定都南京,四大行才开始重心南移,重中之重是在上海,所以有一段时间钱新之上海、北平两头跑,很辛苦。

这一次钱新之回上海,还是住在英租界的公寓里面,不想一天晚上家中被窃,丢了两只箱子,内含几件传家之宝和重要文件。报案之后,巡捕房始终破不了案,钱新之着急,便想到了万能的杜月笙。

这两个风云人物当然彼此不陌生,在社交场合也见过几次,但钱新之根本看不起杜月笙这样的江湖中人,避之唯恐不及,所以连点头之交都算不上。今天钱新之不好意思亲自登门,而是委托一个朋友"请杜先生帮个忙"。杜月笙很干脆:"闲话一句。"

结果第二天晚上,也就是除夕之夜,钱新之一家团团圆圆正开心之时,两口箱子送回来了,打开一看,东西一件不少,还多了两张当票。原来其中有两件传家之宝已被窃贼送当铺当掉了,是杜月笙派人给赎回来的。钱新之要还赎款,来人死活不收,只说杜先生关照过的,大家交个朋友。人敬我一尺我敬人一丈,大年初一,等到杜公馆略微清静下来,钱新之怀抱着一颗感恩的心,特地前来拜谢。

第十六章 开银行娶新人

时值1929年的春节,杜月笙认为这是他收到的最好的新年礼物。

这一次两人聊得十分投机,杜月笙的斯文、谦虚和豁达大出钱新之的意料,他越来越觉得这个无所不能的朋友值得交。再一想,自己的朋友好歹该有个体面点的身份,便聊起了正经事,当然他的措辞相当得体:"杜先生,依新之愚见,凭您现在的地位、名望和势力,应该进军工商业界,这样,您的声望才会更高,才会不负您的远大抱负啊!"见杜月笙微微颔首,听得异常专注,钱新之赶紧趁热打铁:"要搞工商实业呢,一定要跟银行界搞好关系,最好先有个自己的银行,直接进入金融圈。这一点,我想以杜先生的实力,不是难事。"

这话真是说到杜月笙心里去了。只是他有他的难处,难就难在隔行如隔山,金融工商,他一点把握都没有,岂敢轻举妄动?好在钱新之是现成的大才,既然他提出来了这个想法,那就索性请他帮忙好了。杜月笙一开口,钱新之自然一诺无辞。

可杜月笙接下来的话,大大出乎钱新之预料。大意是说,杜某摊子铺得很大,又是烟又是赌,来钱确实又快又多,只是,花销太大。不怕永铭兄笑话,这些年杜某人前风光,其实只是个过路财神。办银行,不懂是一方面,现在是启动资金都有困难。

钱新之哪里肯信?只当杜月笙舍不得出钱,心里颇不以为然,但既然是自己提出来的建议,帮人就要帮到底。毕竟在银行业浸淫良久,这点小困难难不倒钱总。他告诉杜月笙,开一家资本金五十万的银行,自筹二十五万即可开张,那么剩下的二十五呢?"上海银行界有一个大家默认的行规,凡有新银行开业,各家银行都会在当天存一笔钱进去,以示祝贺,这就是堆花。"杜月笙恍然大悟,钱新之接下来的话更是让他热血沸腾,"上海滩大小银行几十家,凭杜先生这三个字,新之相信定能创下堆花的记录,二十五万我想不在话下。"

杜月笙点点头,正要说声"好",钱新之却意犹未尽:"还有一大笔存款,我想比堆花更靠谱。据我所知,上海滩所有烟土行、赌场的老板无不看杜先生眼色行事。"说到这里,钱新之顿了顿,见杜月笙并无不悦的表情,这才接着说:"这两档可都是银行的大客户,杜先生若开了银行,这笔存款想来是跑不掉的。"

杜月笙笑了，"不瞒永铭兄说，杜某确实从小就在烟赌圈子里打滚，这方面的朋友，多少还是会给杜某一点面子的。""那这事就可以开始筹备了，今后有什么问题，杜先生尽管吩咐。"钱新之微笑道别。

自筹二十五万股本，杜月笙没当回事，担心的还是门下缺少专业人士，眼下唯一能依靠的，似乎只有一个苏嘉善，但一个人肯定不够。杜月笙绞尽脑汁，觉得田鸿年也许合适，就把他和苏嘉善一起招呼了来。

前面已经说过，苏嘉善小老板出身，是杜月笙智囊级的人物，精于理财，人品极好。田鸿年呢，则是专门负责杜月笙与各银行业务往来的人物，从未经过独当一面的历练，杜月笙此时用他，很有点"蜀中无大将，廖化当先锋"的味道。

对于开银行的事，两人都极表赞成。杜月笙便开始布置任务：田鸿年去各家银行摸个底，同业银行的堆花通常会是多少，做到心中有数。苏嘉善的任务重一些，也不困难，无非是给同业的各家土行、赌场打个招呼，就说杜先生要开银行了，希望大家到时捧个场。

接下来杜月笙安排了一个饭局，商量股本的事，客人只有两位：朱氏家族的公子、通汇信托银行经理朱如山，大英银行买办徐懋棠。朱如山是杜月笙的铁哥们儿，自然二话没有，积极响应。徐懋棠比他更爽快，开门见山地问："杜先生，我该出多少？"

原来杜月笙帮过徐家一个天大的忙。徐懋棠的父亲徐庆云是个积德行善的巨商，不幸暴毙，没有留下遗书，留下两千多万遗产，分配就成了个问题。徐庆云太太比他走得还早，但他有个姨太太，姨太太要求与徐懋棠兄弟俩按人头平分遗产，徐懋棠哥俩和她没什么感情，哪里肯干？奈何姨太太不是个省油的灯，而且其要求也并非完全无理，事情就僵在那儿了。

徐懋棠是个明白人，知道打官司未必有把握，就算赢了，法官、律师那里天知道会吃掉多少，这条路万万不可走。但是，时间拖长了，姨太太必然会提请诉讼，想到这里他就头大。还好他朋友多，就有人提议不如请杜先生来帮忙解决。

于是徐懋棠拜了杜月笙为"老头子"，杜月笙出面，果然是快刀斩乱麻，不同凡响。他派人请来姨太太，晓之以情动之以理，当然这没用，少不了还得要

第十六章　开银行娶新人

威逼利诱，甚至安排打手在隔壁房间打人，阵阵惨叫传来，姨太太立马心理崩溃，什么条件都一口答应。杜月笙倒也没太亏待姨太太，让徐懋棠给了她五十万元做赡养费。这笔钱相对于姨太太和徐懋棠的心理预期来说都不算多，其实也实在不少，正好是杜月笙现在开银行需要的资本金数额。

一场风波圆满化解，徐懋棠对杜先生感恩戴德。只是当他拿出一大笔钱来打算孝敬老头子的时候，杜月笙谢绝了他的好意，只说了一句话："不好这样的。"

当杜月笙说出打算：自己出五万，希望二位各出十万元。徐懋棠当即豪情万丈地表示："这样，杜先生和如山兄出多少我不管，我个人出二十万。"紧接着声明："我只出钱当股东，具体的事情一概不管。"

1929年2月，杜月笙的银行隆重开张，定名为"国民银行"，地址设在爱亚多路97号。杜月笙亲任董事长，田鸿年任总经理，苏嘉善屈居副总经理。

开张当日，贺客盈门，银行同业堆花更是盈门，存入的款项是通常的好几倍。来自于土行、赌场的存款不比堆花少，而最令杜月笙惊喜的是，法国驻沪总领事范尔迪亲自前来捧场，并存入了一笔巨款。当然这笔钱的很大一部分，源自于三鑫公司历年来的分红。

还有一个存入巨款的是闻兰亭，他是被杜月笙逼的。

闻兰亭，江苏泰兴人，和黄金荣年龄仿佛，是杜月笙的前辈。他是青帮"通"字辈，但没混过黑道，一直是正经商人、社会活动家。后来抗战爆发，杜月笙避走香港、黄金荣闭门不出、张啸林当了汉奸、虞洽卿被劝到重庆后，上海民间社会一度出现权力真空，闻兰亭遂成为众望所归者，出面维持市面，当时受人敬重的"海上三老"，即以他居首。

闻兰亭棉花店学徒出身，后来奋斗成为上海滩纱业巨头，那时的杜月笙还未拜师陈世昌，处于找不到方向的迷茫时期。他曾备了厚礼，请人把他引见给闻兰亭，希望拜其为先生，跟着他混。闻兰亭一听这人是个江湖上的小混混，气得哭笑不得，门都没让进。

这事杜月笙倒没太在意，毕竟别人有不带他玩的权利。但就在这一年年初，杜月笙计划开银行之前，他和张啸林到闻兰亭任理事长的华商纱布交易所炒股票，两个人都做空，没想到一连十几天天天涨停板，赔得张啸林日日骂娘，杜

月笙嘴上不骂，心里没少骂，骂自己笨。但愿赌服输，哥儿俩有赌德，也就自认倒霉了事。

但这里面有鬼，庄家就是交易所其中的几个理事。有个叫顾永园的南通人赔得很惨，了解到大名鼎鼎的杜先生赔得比他还惨后，便打听到了一些内幕，通过陆冲鹏向杜月笙投诉，希望杜先生为大家做主。像这种出老千的勾当是赌场里最大的忌讳，杜月笙身为赌徒最见不得的也是这个，何况这次自己也是受害者，真是是可忍孰不可忍！

于是当即通知张啸林，张啸林气得肺都要炸了，真就要去炸交易所，好歹被杜月笙劝住。再附耳一说妙计，张啸林大喜，立即派了几十位弟兄协助顾永园去大闹交易所。

几十个弟兄个个一身短打，有些还腰间胀鼓鼓的分明带着手枪，一进入大厅，就把顾永园围在当中。顾永园登上高处开始演讲，直指庄家黑幕，要求赔偿损失，立即吸引了众人的注意力，更引起了做空赔钱者的共鸣。见来者有枪，交易所的保安根本不敢靠近。只能打电话向巡捕房报案，纱布交易所在英租界，电话自然打向英租界巡捕房。

接电话的是戴步祥戴队长，他等这个电话已经很久了。

戴步祥是早年沈杏山的大八股党成员之一，排名第八，早被杜月笙收服。这一次，杜月笙给他打了个招呼，他自然知道该怎么办。

"知道了。"听完报案，戴队长很从容。

电话又响，"马上就来。"然后接着喝茶看报纸。

过了半小时，戴步祥才领着几个巡捕赶往现场。交易大厅已经差不多要被砸了，几个巡捕只管站在一边漠然地看着，任凭交易所负责人如何投诉，戴步祥等就是不闻不问。

这人一看不对，只好给闻兰亭打电话，闻兰亭一听有带枪的人来捣乱，巡捕居然不管，心知对方有来头，怕自己镇不住，拉着副手、后来的"海上三老"之二袁履登，驱车直奔华格臬路杜公馆，不想门都没进去。门童只说："对不起，杜先生在休息。"

两人只好去求虞洽卿，虞洽卿领着他俩再来到杜公馆，总算请动了杜月笙。

杜月笙出马，果然不同凡响，三言两语就把顾永园劝了下来，再叫过闻兰

亭、袁履登,当着所有围观者的面,和虞洽卿一起,现场调解。顾永园继续咄咄逼人,而且真能抖出点模模糊糊的内幕,表示要告到法院去。见两个调停人的态度不偏不倚,终于交易所的主任承认了庄家的存在,只是声明绝对没有交易所内部人士参与,就有也肯定是临时工,闻兰亭理事长完全不知情。

到这时候,杜月笙开口说话了:"我看官司不要打,纱布交易下午就继续开拍。从今天下午开始,行情要跌,天天都要跌停板,跌回原价,两不相欠。"

大家都得给杜先生面子,事情就这么定了。杜月笙自己挽回了损失自不必说,之前赔钱的那些人对他感激涕零自然也可想而知。

这次国民银行开业,杜月笙想起了闻兰亭,决定教训一下这个老前辈,便派苏嘉善给他带话,要求他在纱布交易所内划拨七十万来做堆花。闻兰亭不敢拒绝,但又舍不得一下子拿出那么一大笔钱,就承诺出三十万。杜月笙很不高兴,当即叫万墨林打电话,让闻兰亭立即赶到杜公馆来,闻兰亭识时务,一见面就把一切都答应下来,总算保全了面子。经过此事,闻兰亭也心灰意冷了,后来杜月笙替代他荣登纱布交易所理事长宝座,和此也不无关系。

好了,现在杜月笙的国民银行,要资本有资本,要堆花有堆花,要存款有存款,可谓要风得风要雨得雨,甚至刚一开业即可直接向中央银行领用钞票。这不是每家银行都能享有的待遇,因为当时凡能向央行直接领用钞票的银行,央行都会给一笔补贴。所以,国民银行成立不久,在金融圈中便已小有名气。

国民银行横空出世即在银行业站稳了脚跟,这在一般人该是件得意的事,不过杜月笙高兴归高兴,却没太当回事,

杜月笙在上海中汇银行董事长办公室

因为其志远不止于此。

当时上海金融业一片繁荣，英国的汇丰和渣打、美国的花旗、日本的正金、法国的汇理等等不必说，官僚资本控制的所谓国家银行，有中央、农民两家，但它们并不是最牛的，最牛的是民营的中国银行和交通银行。其他的民营银行更是枝繁叶茂，像"南三行""北四行""小四行"，这是大的，小银行则不计其数，少说也有几百家。在杜月笙看来，开办国民银行，不过是买了张门票，得以进入圈子。1934年，杜月笙斥资一百五十六万元在当时最繁华的爱多亚路建起一幢大楼，命名为"中汇大厦"，作为自己银行的写字楼，国民银行就此更名为"中汇银行"。

中汇银行开张那天，盛况不必细说。同业间送来的堆花，相对于惯例，则数额更大，期限更长。最引人注目的是陈光甫，他以上海商业银行的名义存入五十万两白银，时间不是惯例的三天，而是整整一年，且利息分文不收。中汇银行开业，杜月笙终于有了个黑道之外的正经事业，这令他很是惬意。

这之后，杜月笙在银行界就混得风生水起了。不久即当上了梦寐以求的上海银行公会理事，并应邀出任二十多家银行、信托公司的董事、监事，成为上海金融界呼风唤雨的人物。

2 喜娶明星姚玉兰

法租界巡捕房总巡捕换人，费沃里从巴黎被派到上海走马上任。上任之后，费沃里不管走到哪里，总能听到关于杜月笙的谈论，不禁大为好奇，便想好好会会这个人。

按照惯例，新任总巡上任，租界的头面人物都该露个面喝杯咖啡或喝场酒认识认识。可该出场的都出场了，唯独杜月笙，只有名字在空中飘荡。费沃里难免有点不开心，更多的则是好奇：这杜月笙，到底是个什么人物？

终于有一天，有位中国绅士前来拜访，商谈公事。来人谈吐高雅，气度非凡，尤其一口流利的巴黎腔调，令费沃里这个略有马赛口音的法国人都不免自

惭形秽。赶紧让座上茶请教尊姓大名。

"在下李应生,是杜月笙杜先生的翻译。"旁边就有人悄悄告知:这位李先生也是上海滩富豪之一,尤其在法租界兜得很转,极有身价。这一下费沃里真是被结结实实地雷到了。看那李应生,风度翩翩,器宇轩昂,在租界里可以通天,居然只是杜月笙的翻译,那杜月笙岂不得是拿破仑一类的人物?想到此,感想又有不同,谈完公事之后,便说:"李先生,我想拜托你帮我联络一下,找个时间去拜访杜先生。"

法国新上任的高层主动拜访华人,这是前所未有的大事情。在杜公馆的下人看来,杜先生真是为国争了光;杜月笙也觉得很有面子,遵循他一贯的作风:你给我面子,我更要给你面子。于是两人一见如故,结为至交自然不在话下。后来不仅在工作上互相倾力支持,在生活中更是肝胆相照,仿佛民国版的俞伯牙与钟子期。

不久之后,国民政府决定将一直由法国人担任的邮政总办一职收回,改由中国人出任。法国驻华使馆得知后,大为不满,意图阻止,担子压在了费沃里肩上。费沃里一筹莫展,只能请求杜月笙秘密设法。这时的杜月笙还未能像以后那样手眼通天,不过这事对他来说也不算麻烦,稍微费了点力气就走通了交通部长王伯群的门路。王部长答应将撤换法国人所任邮政总办的决定扣压三个月后执行。费沃里得以向上头交差,内心对杜月笙自是万分感激。能踏踏实实帮费沃里一个大忙,杜月笙也感到很爽。就在这时,他留意到上海官场正在崛起的一个新贵,自然不愿放过。

新贵叫吴开先,上海金山县人,1899年生,"四一二"后,担任国民党上海市党部执行委员、青浦县党部监察委员,官不大,是国民党CC系陈立夫、陈果夫的嫡系,前程颇被人看好。果然,到了杜月笙开银行转型前后,吴开先官运就发达了,升任上海市党部执委会常委、组织部长,私底下,人们管他叫"党皇帝",绝对属于实力派人物。

杜月笙很想结识这个"皇帝",但他要面子,不愿主动,就让他在市党部任职的学生陈君毅想办法把吴开先约到杜公馆来。陈君毅和吴开先私交不错,说话不需要拐弯抹角,只说:"你应该去见见杜先生。杜先生最爱交朋友,和他交往,只有好处没有坏处。"

吴开先久闻杜月笙大名，对他的背景很有忌讳，自然不肯去，陈君毅猜到他的心思，就说："杜先生是上海滩新晋的银行家，你是新晋的部长，你们俩算是一对新人，见见何妨？"吴开先不好驳朋友面子，只好推说太忙，有时间再说。结果经不起陈君毅二番五次的劝说，终于还是从了。

吴开先得到的接待规格极高：杜公馆总管万墨林站在大门口迎接，第二道门，恭候着大律师秦联奎，杜月笙则起身到客厅门口热情相迎，置其他许多客人于不顾，给足了面子。

杜月笙外表斯文瘦弱，一副绅士派头，这已经很出意外，及至交谈，吴开先发现这个如雷贯耳的黑社会老大，竟远非想象中的大老粗，而是对方方面面的事情都有自己的见解，且见解不凡，就不由得不刮目相看，动了倾心结交的念头。双方你情我愿，很快就无话不谈，随着来往的增加，渐渐结为至交。后来的岁月里，两人合作甚密，暂且不表。

这一段时间，杜月笙真是顺风满帆，大有赢家通吃的势头。唯一让他品尝不到赢的滋味的地方，是赌场。但是赌场失意情场得意，杜月笙来迎来了又一场桃花运。

女主角是个名人，叫姚玉兰，梨园世家出身，其母筱兰英是个腕儿，倾力教授，所以很快姚玉兰及其妹妹玉英也成了腕儿。尤其是玉兰，以坤伶而能演生戏，她演的关公，每唱必红。

这一次，母女三人应邀来到上海，在黄金荣开的黄金大戏院演出，合演《群英会》带《华容道》，筱兰英前鲁肃后曹操，姚玉英前周瑜后周仓，姚玉兰演关公。演出极为轰动，传为一时佳话。

杜月笙被誉为"天下第一号戏迷"，对京剧的热爱绝不亚于赌博，这一出《群英会》，看得他如醉如痴，对其中的"关公"更是念念不忘，待到后台见到卸妆后的姚玉兰，美目盼兮巧笑倩兮，顿感酒不醉人人自醉。从此不管多忙，每天晚上黄金大戏院是非去不可的地方，但凡有点身份的朋友，都被他拉去捧过场。这就比当初黄金荣之迷恋露兰春来得更炽烈，任谁都看得出，杜先生在恋爱了。

此时还只是单相思，不过这滋味挺奇怪、挺美妙。杜月笙阅人无数，其实之前并没有真正经历过恋爱，即使娶了三房太太，也无非是男婚女嫁，应景的

成分更多些,跟爱情没多大关系。

可这次不一样,他已然陷入情网不能自拔,又不知如何开口,心想人是黄老板请来的,不如就请他帮这个忙。黄金荣有前车之鉴,对此很不以为然,再说他出面去提亲也不合适,便托儿媳李志清去想办法。

筱兰英母女感于杜月笙多日来持之以恒的捧场以及所表露出来的诚心,更重要的是,她们自知惹不起这个谁都不敢惹的大人物,只好同意。但提出了两个条件:明媒正娶,坐龙凤花轿,享受正房夫人待遇;另设公馆,不和那几位太太住一起。

杜月笙一口答应下来,同时也提了一个条件:婚后姚玉兰不再登台演出,安心做杜夫人。这个母女俩也没意见。于是杜月笙在辣斐德路买下一座房子,敲锣打鼓地就把姚玉兰娶了进来。为了表示谢意,他专门买了一块金表,送给李志清作为谢媒礼物。

姚玉兰照

杜月笙和姚玉兰过上了只羡鸳鸯不羡仙的日子,恩恩爱爱,好不甜蜜。因为有共同的爱好,琴瑟更是不一般的和谐。当然杜月笙还是很忙,为了排遣姚玉兰的寂寞,他招呼来文武场面(也就是乐师)到新宅,组织家庭内部排戏吊嗓,家里几乎变成了一所票房。

杜月笙一般不在这里办公事,所以出入此处的客人大多是姚玉兰的朋友,或朋友的朋友,以曲艺界人士为主,杜月笙因此结识了不少京剧界名流及票友,这让他很是开心,觉得自己简直是娶了一宝。心情舒畅之际,杜月笙没忘了正事,顺手就把朱如山的事给办了。

3 为报恩摆平警备司令熊式辉

朱如山是杜月笙认识的第一个有钱人,两个人的交往缘于一场"碰瓷"。那时的杜月笙还是十六铺的一个小混混。有一天朱如山开车经过十六铺,面对熙来攘往的人流,他只好把车停下,孰料刚一停车,就有一个老头儿撞了过来,然后倒地不起。朱公子下得车来,正待看个究竟,旁边走过来五个二十岁上下的年轻人,和他年纪相仿,穿戴截然不同,敞胸露怀的短打,标准的"白相人"(流氓)打扮。

为首的正是杜月笙,他不紧不慢地开口说:"撞了人,别跑,跑不掉的。"朱如山再是纨绔子弟也明白碰到什么事儿了,他倒也不慌不忙:"我没想要跑。你们说怎么办?"

杜月笙多少有点吃惊,根据他的经验,这人就算不怒发冲冠,至少也会跟他们喋喋不休地争论,眼前这年轻人居然如此沉稳,他不由得就和颜悦色起来:"这位先生,我看你不像个赖账的人,兄弟佩服。那我们就简单点,你既然把人撞了,就应该负责任,你看是去那边看医生,还是赔点钱走人?"

朱如山笑了,指着躺在地下呻吟的老头儿:"我估计他也懒得去看医生。"又看着杜月笙说:"今天既然遇见这事儿了,就算我倒霉。兄弟你说个数吧,赔多少钱?"杜月笙也笑了:"这种事儿,本来最少应该赔十块钱,我看先生你也是个爽快人,随便给吧。"说着踢了老头儿一脚,淡淡地说:"你可以走了。"

朱如山掏出皮夹子,随手数出二十块钱,递给杜月笙,说了句"再会",就要上车。杜月笙有点不好意思,忙说:"先生不慌走,我想请你喝杯茶。"朱如山回过头:"抱歉,我现在有点事。你等我一会儿,过一个小时,还在这里,我来找你。"

杜月笙说声好,就带着几个弟兄走了。没想到朱如山会回来,朱回来的时

候,他也没太惊讶。"喝什么茶呀,跟我走吧。"杜月笙上车后,朱如山大大咧咧地说。进了一家咖啡馆,朱如山只是笑不说话,杜月笙忍不住开口:"先生怎么称呼?"

"我姓朱,叉袋角朱家的老十。""原来是朱十公子。我叫杜月笙,今天多有得罪,那二十块钱,已经分给弟兄们了,但算我借朱公子的,来日一定奉还。""钱是小事。不过月笙你听我一句劝,我看你不像坏人,这种事还是不干的好。以后缺钱,找我就是,都在我身上。""朱公子说笑了。我杜月笙虽然穷,还是识得好歹,今天的事算我做得不好,钱以后一定要还的。"

等杜月笙回到十六铺一打听,才真的大吃一惊。

原来这叉袋角朱家竟是如此的大名鼎鼎:朱家祖籍安徽,这个十公子叫朱如山,他的曾祖父曾经加入淮军,给李鸿章办过军需后勤,立有大功,和李鸿章、盛宣怀感情很深,可惜英年早逝。李鸿章感念旧人,对其子朱鸿度格外照顾,把全国第一家民营纱厂的牌照颁给了他,这就是裕源纱厂(该厂1894年创办于上海,解放后为国棉四厂),朱鸿度花钱捐了个浙江候补道(三品官)后,又创办了裕通面粉厂,经营有方加上背景太大,很快就成为上海数一数二的富豪。

朱家有钱到了什么地步?某年春天,朱鸿度的大公子同杭州将军(相当于浙江军区司令员)之子赌马,在西湖边不慎将一旗人幼子撞死。当时汉人低旗人一等,撞死旗人,朱公子按律至少也需要抵命。为了保住儿子这条命,朱鸿度花了几乎一万两黄金上下打点,朱公子终被从轻发落,发配新疆充军。当然这个充军是名义上的,朱公子带着家眷仆役来到新疆,在那儿还娶了个姨太太。

朱鸿度的次子,也就是朱如山的父亲朱幼鸿把朱家的事业更加发扬光大,上海之外,他在南昌、南京、武汉、天津等地陆续办起了工厂和贸易公司,富甲天下。不过1925年朱幼鸿去世后,五个儿子懒得再费心打理家业,索性分了家产,工厂、不动产不算,每人分得上千万银圆,迎来了花天酒地的新生活。

朱如山在五兄弟中排行老三,但在包括堂兄弟的大排行里排名第十,故人称"朱十公子"。八卦一下,朱家兄弟中有个朱三十二,大名朱践耳,后来成为大指挥家,名噪一时的《唱支山歌给党听》,就是由他谱的曲。

杜月笙没把朱如山当做花花公子,相反他觉得这个人处变不惊,心地善良,值得尊敬,所以当他有了点钱之后,当真找到朱如山还钱。朱如山哪里肯要?

可杜月笙执意要还，不得已，朱公子便带着杜月笙来到汕头路的高级妓院，痛痛快快吃喝嫖赌一番，直至把二十块钱花干净为止——杜月笙阅人无数，但进高级妓院，这是第一次。

既然一起嫖过娼，两个人自然成了好朋友。再往后杜月笙开始有了自己的事业——贩卖烟土，渐渐发达起来。有一次杜月笙遇到特大困难，急需一大笔钱周转，因为是救命的事儿，不得已向朱如山开口借钱，那时朱家五兄弟还未分家，朱如山手里也没那么多钱，他硬是从家里偷出一张地契，杜月笙拿到银行抵押出了救命钱，山重水复终至柳暗花明，杜月笙对朱如山的感激无法言表。

杜月笙一直想报答朱如山，可是没有机会。像朱如山这样的花花公子，身家巨万而不招惹是非，而且有杜月笙这样兄弟般的朋友，等闲也没有是非敢找他。就连家里的如云妻妾，朱公子都能至少表面上安顿得亲如一家，这个本事不是一般人所能具备，也是杜月笙最佩服他的地方。想帮他，还真不知道该从何帮起。

不过机会终于还是让杜月笙等来了。1929年，朱家二公子朱靖候家中失窃，怀疑是家中厨子所为，便将他扭送到租界巡捕房，刑讯逼供下来，厨子身受重伤。时任上海警备司令部司令的熊式辉正垂涎朱靖候的一处地产，便指使大律师江一平威胁朱靖候要为厨子打官司，摆平需要八十万元，否则就交出地产。朱靖候知道熊式辉、江一平都是杜月笙的朋友，被逼无奈只好求朱如山请杜月笙帮忙。

朱如山早为这事找过杜月笙，杜月笙让他别着急，等等再说。因为张啸林也为这事亲自找过他——张大帅要看朱二公子出丑，原因是朱靖候在张啸林参股的某家银行出现资金周转困难时，坚持将存在该银行的五十万现金提走，跟张啸林结下了梁子，只是张啸林知道朱家跟杜月笙的交情，不好自己下手而已。

朱如山再次上门请求干预，杜月笙跟张啸林打好招呼，便让朱如山带他二哥到隔壁找张大帅赔个不是，张啸林把朱靖候痛骂一顿也就罢了。杜月笙再亲自安排了个饭局，把熊式辉、江一平和朱家兄弟约到一起吃了一顿，熊式辉不能不买杜先生的面子，只能放过朱靖候。

还有种说法是，杜月笙派了个徒弟，给江一平送去一个信封，里面有一支手枪几颗子弹。江一平吓得当晚就逃到了苏州，此事终于不了了之。

第十七章

上海各大报说：鸣谢杜月笙先生

1 祝贺你们胜利

杜月笙沉浸在悠长蜜月的幸福中时，1930年年底的某一天，有一艘法国邮轮抵达法租界外滩，邮轮上有一位重要人物，是法国外交部的一位高官，属于租界当局的领导，对他的殷勤接待自然是必修课。

可就是殷勤不起来。那些天整个码头的工人正在罢工，任谁也叫不动。不得已，租界当局只能用救生艇把高官接上岸。上岸之后立即登车，直奔领事馆而去，一路上，只见黑乎乎一片，所有的路灯也在罢工；垃圾堆随处可见，一阵阵臭味扑面而来，连汽车玻璃都挡不住。高官在车上就训斥开来，搞得范尔迪灰头土脸的，很没有面子。

原来吴同根案的圆满解决，极大地激发了工人阶级争取自身权益的热情。之前在"清党"中已经被解散的法商电气电车自来水工会迅速重组。两年后的1930年10月8日，工会正式向公司要求加薪、改善待遇，并提出十六条意见。法商公司置之不理，二十天后，工会发表告全国各界同胞书，指控公司无故拘押工会执行委员徐宝生并开除了十几名工友，请求社会各界给予支持。

告同胞书发表后，引发了极大的反响。为了不至于扩大事态，上海市政府农工商局紧急召集劳资双方，力图调解。工人代表早早到了，法商公司却保持了其一贯的傲慢，根本就不到场，更没有一句话的解释。事情僵持到12月3日，法商公司下属电气、电车、自来水公司共一千二百多名工人宣布大罢工。12月5日，上海各工会纷纷组织后援会声援罢工工友，罢工运动轰轰烈烈，法国外交部高官此时来华，确实没撞对日子。

范尔迪受了批评，不敢怠慢，第二天一早就赶到上海市政府，找到市长张定璠，请求上海市政府出面调解，以解燃眉之急，张定璠一口答应下来。

张市长派陈景仪去找杜月笙。陈景仪和杜月笙是老朋友，见面先是一阵狂夸乱捧，待到杜月笙心花怒放之时，他才表明这一趟是受张市长之命而来，为的是罢工的事。

其实早在罢工开始不久，范尔迪就已经找过杜月笙了。杜月笙当时认为时机不成熟，自己也还没有把握，就婉拒了范尔迪，话说得很客气："这个事，我资望不够，办不下来，你还是另请高明吧。"杜月笙当然不会认为自己资望不够，他是在等待，因为这事双方闹得太僵，太早介入只会两面不讨好，不如索性坐山观虎斗，等到法国人扛不住的时候，再出面轻松搞定，才不至于辱没了自己的金字招牌。

既然范尔迪已经求到了市政府，那么现在就是时候了。面对陈景仪，杜月笙一诺无辞："这个事，杜某闲话一句，管定了。"送走陈景仪，杜月笙吩咐万墨林给范尔迪打电话，约定时间地点，由法租界公董局召集法商公司高层开会商讨。会上杜月笙要求所有工人工资翻番，由当时的月薪八至十元涨到二十元左右。法商公司高层坚决不肯，几经讨价还价，最后商定工人加薪75%，但是罢工期间的工资通通扣发，以防工人养成罢工的习惯。

杜月笙随即发出请柬，邀请各路工人领袖——这中间包括不少他的门生，到三和楼吃饭。杜月笙本人并未到场，而是由陈景仪和工人领袖们开会，商议复工条件。工人们的条件很简单，无非是罢工期间工资照发，然后就是加薪。加薪的幅度，由30%到50%，都低于法方已经同意的75%。

陈景仪立即打电话到杜公馆，杜月笙知道大功即将告成，便动身前往三和楼，先笑眯眯地跟在座所有代表打个招呼，引来欢声雷动，然后开始讲话。杜月笙口才不好，讲话一贯言简意赅，他的第一句话就开门见山："你们要求的薪水太少了，我替你们和法国人谈好了，每个人加薪75%，大家满意吗？"

这还能有谁不满意？自然是大家高呼："满意！满意！"第二句话效果没那么好，杜月笙说："罢工期间的工资不发了，你们服从吗？"大家面面相觑，情绪不像刚才那么高，不过还是纷纷表示："算了，算了。"就在这时，有一个人站了起来，大声说："我不同意，不服从！"杜月笙倒也不觉得意外，镇静地回应："这个我已经答应法国人了，不能更改。不如这样吧，你们罢工期间的工资，由我个人来付。"

这一下掌声尤其热烈，谁知那位工人代表很坚持："杜先生个人拿钱，我坚决不接受。我只要公司拿钱。"杜月笙当即回答："好的，大家的损失由我个人来弥补，你的一份，我负责让公司付给你。"说完不容那人再说话，举起酒杯

对着大家说:"我祝贺你们取得了胜利!这也是中国人的胜利!希望大家明天就回去上班。"饭馆里再一次掌声雷动,一场持续数十天的大罢工,就此结束。杜月笙的声望,随着第二天法商工会在上海各大报刊登的"鸣谢杜月笙先生"的广告,再次达到新的高度。

2 与范哈儿的交情

常言道福无双至今日至,这边刚刚搞定大罢工,那边川军师长范绍增不远千里,派人从四川给他送来了二百担川土——四川产的鸦片烟,真是天外飞来横财。

范绍增,四川大竹县人,生于1894年,袍哥(四川一带帮会的官称)出身。长得有点傻,做起事来好像也有点傻,旁人不懂得"扮猪吃老虎"的智慧,遂送外号"范哈儿"(哈儿,四川方言,傻子的意思)。20世纪90年代,巴蜀笑星刘德一主演的四集电视剧《傻儿师长》红透全四川,故事就是改编自关于范绍增的各种传说。

范师长打仗没电视剧里说的那么神勇,至于好色,则是有过之而无不及。当年四川军阀中,有两大好色之徒,一为杨森,二就是范绍增。杨森迷信采阴补阳之说,尤其偏爱十几岁的小姑娘,他的名言是"鄙人虽多妻妾,却节制于房事,牢记七损八益之名训"。该人最值得被历史记住的是,跑到台湾后,1974年以九十岁高龄,娶十七岁少女张灵凤为十二姨太,一年后,张姨太为杨上将生下一女,轰动一时。

作为杨森曾经的部下,范绍增没领导那么能干,他胜在量多。范师长姨太太多达四十多个,是唯一一个可以媲美张宗昌的军阀。当然相对来说,范师长只能算小军阀。范绍增在四川的主要财源是鸦片,他和杜月笙的渊源自然由此而来。

打仗更要用钱,鸦片暴利,就成为各军阀重要的军费来源。于是各地政府纷纷鼓励农民种植罂粟,当然要征税——按所种窝数征收"窝税",不种也没关系,但要交"懒税",农民的种植热情很高。

上海是当时中国最大的鸦片集散地,供应地区远至淮海区域、长江两岸。

相对应的，另一个有租界的海港都市天津，是华北各省鸦片的集散地，但由于华北地区不如东南及华中富裕，上海鸦片市场的规模远胜于天津。

国产烟土在和洋土的竞争中处于下风。像范哈儿的烟土，在四川当地的收购价每两只合几毛钱，到了上海就得至少涨十倍，否则不足以盈利。当时上海市场吃香的货源是波斯红土，国货则有云土、川土、陕西土以及来自安徽、福建、热河等地的各种烟土，竞争极为激烈。

为了让自己的烟土销量有保证，范绍增托人请杜月笙帮忙，顺便再帮自己采办军火。范绍增的笑话很多，杜月笙有所耳闻，愿意交这个朋友，便利用自己在业界无与伦比的影响力，要求各个销售渠道尽量照顾范师长的货，效果自然很好。这就是我们现在常讲的渠道为王。

杜月笙帮人一般不求回报，可越这样袍哥大佬范绍增就越觉得不好意思。虽然中间杜月笙曾经介绍上海吗啡大王陈坤元到他的防区邻水县开了所吗啡加工厂，范给予了无微不至的保护，但他还是觉得不足以回报，于是买了二百担上好的鸦片，千里迢迢给杜月笙送到了上海。收购这批鸦片，范绍增只花了十四万元，但货运到上海就立马身价大增，价值百万以上。这里面有两项硬成本很大：按照四川督办署财政处规定，二百担鸦片运出四川，需要缴纳特税二十四万元；出川之后，经过武昌，又要交四十万元特税，再加上各种盘剥，不得了。

这是拿去送人，范绍增自然不甘心被黑那么多钱，武昌那边鞭长莫及，自己省里面还是有办法好想的。范哈儿找到了财政处长刘航琛，通过刘处长做四川老大刘湘的工作。这时候杜月笙的名声早已不再局限于上海滩，刘湘愿意卖这个交情，居然就免掉了四川境内那二十四万元特税。

1931年2月，四川两大军阀刘湘和刘文辉为抢地盘公开决裂，眼看就要大动干戈。之前刘湘打败了杨森，收编了范绍增所部，实力很雄厚，绝对是当之无愧的巴蜀老大。刘文辉比刘湘小六岁，却是他的堂叔，实力要略逊一筹，他有句名言："政府房子比学校好，县长就地正法。"他有个亲哥哥比这句话更有名，入围过小学教科书，那就是刘文彩。

刘文辉自知实力不济，为了打赢这场恶仗，派人给范绍增送了五十万元去，请他倒戈。范师长高高兴兴收了钱，连夜跑去向刘湘报告："收到狗日的刘文

辉五十万大洋,请示军长如何处置?"刘湘乐了,当然也不放心再让他参战,就说:"你不是爱玩吗?出去玩一趟吧!"

范绍增久闻上海的繁华,不胜向往,就来了。杜月笙当然要热情接待,接风酒邀请的是上海军政两界要人作陪,相当隆重。这顿饭有个小插曲是,到最后上果盘的时候,不知道为什么,可能是那个年代的习惯吧,上来的梨是整个的,都没削皮。见范绍增拿起又放下,杜月笙掏出随身带的水果刀,拿起个梨神情自若地一边和他聊天一边开削,谈笑间就削好了,把个范哈儿看得目瞪口呆。他不了解杜月笙的出身,率直夸奖:"杜先生好手艺!"杜月笙淡淡一笑:"我以前就是干这个的。"一下子,在座各位都感到很囧,范绍增尤甚。杜月笙却若无其事。

接下来陪酒的是各帮会的头面人物,个个都给足范师长面子,把个范哈儿高兴得整天哈哈大笑。再下来就是杜月笙各行各业有头有脸的门生轮流坐庄,天天都是吃喝嫖赌,爽死了。临走之前,杜月笙还特意送了范绍增一批新式的英国军用武器弹药,足够装备一个营的人马。

范绍增回四川不久,刘航琛来了,他是来请杜月笙帮忙的。

刘航琛,四川泸州人,祖上经营药铺,兼做酒生意,富甲一方。刘航琛是个才子,毕业于北大经济系,谢绝了冯玉祥的邀请回四川发展。因善理财,一度同时当过刘湘二十一军和刘文辉二十四军的财务处长,略有苏秦挂六国相印的风光。此时任职四川善后督办公署财政处长。

作为刘湘的心腹、范绍增的好友,刘航琛在范绍增给杜月笙千里送烟土一事中,为其减免特税出过力,这一点杜月笙心知肚明,执礼相待自不必说。刘处长这一次来,是因为中央政府拨了一批军火弹药给刘湘,东西在上海,他特来提货。

没想到一来就得到可靠消息,他的前任张处长和他有仇,这次趁他到上海,要绑架他。张处长和黄金荣关系匪浅,黄金荣派了弟子刘颐漳经手此事。

刘航琛知道上海的水深,但任务没完成不能半途而废,这就想到了杜月笙。杜月笙二话没说,一个电话就叫来顾嘉棠,请他二十四小时贴身护卫刘航琛,务必保证其安全。刘航琛知道顾嘉棠是杜月笙手下第一员大将,非常感动。

为这事,杜月笙拜访黄金荣,晓之以情动之以理,请他无论如何收回成命。结果两天后,黄金荣派刘颐漳给刘航琛送帖子,请他吃饭,双方握手言欢。

第十八章
杜氏家祠威风落成

1 章太炎赐名"杜镛杜月笙"

"富贵而不归乡,犹如锦衣夜行。"杜月笙从未淡忘过光宗耀祖的理想,现在时机成熟了。他要建宗祠,告慰逝去的父母以及他都不知道来自何方去往何处的先祖。

说干就干,请人设计好规划图后,杜月笙在浦东高桥镇高南乡陆家堰买下十亩半农田,委托高桥创新营造厂老板谢秉衡建造杜氏家祠。

到了1931年初,家祠将要完工,为表风雅,自然需要当世文豪作文题字。此时恰好大名流章士钊来上海,住在黄金荣家,他便给杜月笙开出一张名单,领衔第一名是章太炎,表示非章太炎一篇锦绣文章,不足以彰显杜氏家祠的高华。

章太炎,人称"章疯子",中华民国国号及象征五族共和的五色国旗皆来自于他。章太炎,在中国近代史上是一个响当当的名字。

章太炎之博学多才每每令人高山仰止,无论在文学、史学、哲学、佛学、经学,还是文字学、音韵学、诸子学,甚至医学上,都算得上最顶尖的人物,更有人说:"章太炎不只是革命家,更是近代中国最博学、思想最复杂高深的人物。"

不过章太炎最出名的还不是他的学问,而是他的骂人。骂人方面,鲁迅够牛吧?但即使章太炎时不时会做出一些荒唐事,鲁迅也从不敢开骂,因为在日本的时候,他曾是章太炎的学生。

章太炎骂人一向指名道姓,大开大合,晚清时骂慈禧太后、光绪皇帝独裁专制,结果进了监狱;袁世凯想当皇帝,他干脆以客人的身份,跑到新华门外破口大骂一小时以上,导致最终被软禁于龙泉寺,"民国祢衡"之美名不胫而走。

这样一个狂人,请他为杜月笙家族宗祠做命题作文,绝对难于上青天。所以杜月笙请章士钊代为求文,章士钊当即表示这活他干不了。章士钊当然最清楚，章太炎很看不起自己。大家都是要面子的人，何必去自讨没趣？

杜月笙的道上朋友徐福生受命而去。徐福生在上海黑道上是个让人闻风丧胆的人物，绰号"闹天宫福生"。他居然和章太炎有所交往，缘于两人曾是狱友。

事情得从著名的"《苏报》案"说起。清朝末年有一家报纸叫"苏报"，设在英租界，是革命党人的一个宣传阵地。1903年，邹容在上面发表了不朽的《革命军》，章太炎则更为活跃，常常在此痛骂保皇党领袖康有为，顺便把慈禧、光绪也骂了，骂光绪是"载湉小丑"，怒斥他和慈禧都是"汉族公仇"。

这太后和皇帝当得够窝囊的。自古以来，历朝历代，还没有哪个平头百姓敢于公开辱骂最高当权者，慈禧当然就不干了，凌迟章太炎的心都有。可惜章太炎他们住在租界里，慈禧的手伸不进去。清政府只能要求上海英租界工部局查封《苏报》，并逮捕办报人，英国人以新闻自由之名，断然拒绝。清政府不得已只好走法律程序，以"劝动天下造反""大逆不道"为名提起诉讼。不堪压力，租界当局查封了《苏报》，并逮捕了章太炎。邹容则出于义愤，自动投案。

经法庭审判，判处章太炎三年、邹容两年监禁，但清政府引渡二人的要求再次被断然拒绝。那会儿徐福生还是个小混混，因为刑事案和章太炎关在一个监狱里，他很敬重太炎先生，两人遂成为朋友。因为同属难友，徐福生自信能不辱使命，可是章太炎虽然对他十分客气，却坚决不接这个活儿，一千元润笔费也被原数退回。

之后我们前面提到过的陈存仁大夫出场。陈存仁是杜月笙的朋友，又是章太炎的学生，既想成杜月笙之美，又希望借此缓解老师的生计问题，所以志在必得。当时章太炎住在上海南阳桥康悌路的一个小巷子里，生活异常窘迫，让他那个才华横溢的绝色美女太太汤国梨不知何以持家。

章太炎和汤国梨结婚于1913年，婚礼在上海最有名的哈同花园举行，朴实而轰动，参加者包括了孙中山、黄兴、陈其美等革命党头面人物及各界名流，证婚人是民国重量级人物、北大历史上最伟大的校长蔡元培先生。章太炎生活中一向不拘小节，结果婚礼上把鞋穿反了，闹了个小笑话。

章太炎本对钱没有概念，应该是结婚后有了家庭责任感，再加上看别人当

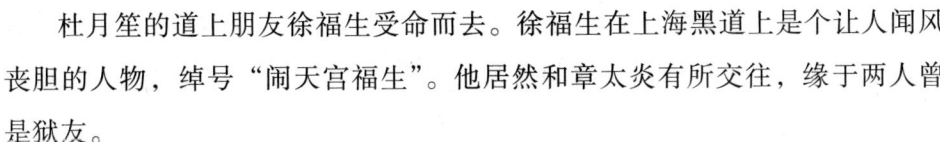

第十八章 杜氏家祠威风落成

官来钱容易,才有了自己也弄点钱来花花的念头。

章太炎当时官拜东三省筹边使,虽没有一点实权,但级别在那里,加上名满天下,更是大总统袁世凯拼命想拉拢的名士,一般人都得给他面子。可惜他不是俗人干不了俗事,比方说,他捞钱是这么捞的。有天,章太炎找到老朋友、国务院秘书长陈汉第,只说要借六百万外债,请他帮忙找袁大总统批准,却死活不肯打借款报告。陈汉第问他为什么要借款,章太炎竟然如此实话实说:"老实对你说吧,六百万借款,我可得六十万回扣。"陈秘书长哭笑不得,自然帮不了这个忙,章太炎就急了,质问道:"他们为什么可以弄许多钱?我为什么不可以弄几个钱?"搞得老朋友毫无办法,最后是袁世凯的机要秘书张一麐出面,托财政部长"梁财神"梁士诒送了他一万元才算作罢。

这么一个书呆子,肯定是捞钱无门,生活穷困潦倒是绝无意外的。章太炎烟瘾酒瘾都极大,有一次实在是没钱买烟了,就写了张纸条给一个朋友,说借两块钱买香烟,另一个朋友得知后问他:既然已经开了口,为什么不多借点?他回答说:"我和他只有两块钱的交情,多了怕借不到。"着实可爱得很。

好在夫人汤国梨也不是俗人,跟着过苦日子从来没有怨言,只是穷到连柴米油盐都无法保证,一连二十个月交不起房租要被房东驱逐,这日子该怎么继续呢?有时候就只好请陈存仁帮忙解一时之急,所以陈存仁那时经常出入于师门,和老师、师母感情很好。

陈存仁了解老师的脾气,绝不敢开口说钱的事,不过他是医生,最懂对症下药,找个机会就跟章太炎聊起了专诸、聂政、朱亥、红拂等传奇侠士,章太炎谈性正浓时,陈存仁便说我们上海现在恰巧也有这么一个游侠,一点不比朱家、郭解他们逊色,然后就大谈杜月笙的种种故事。这些故事很对章太炎的胃口,看看时机到了,陈存仁终于点到正题:"太史公在《史记》上作过一篇《游侠列传》,老师何妨为杜先生的祠堂落成做一篇文章,做镇宅之宝。"

章太炎对游侠一向有所赞赏与期许。早在1906年,他出狱不久远赴东京主编《民报》,即发表《革命之道德》,提出"无道德者不能革命。知识愈进,权位愈申,则离于道德也愈远。"后来他与蔡元培、陶成章创办光复会,联络东南会党实行"排满革命",就颇寄希望于"有游侠之风"的下层民众。

听陈存仁如此说,加上夫人汤国梨在旁边鼓动,章太炎不由得兴致大发,当即动笔,只四十分钟就写出了《高桥杜氏祠堂落成记》,章士钊看后感叹"真是传世之作"。

杜月笙自然满心欢喜,请陈存仁引荐,亲自登门道谢。这边陈存仁悄悄塞给师母一千元,那边章太炎则和杜月笙亲切交谈。章太炎见杜月笙谈吐还算不俗,越发喜爱,便说起他的名字——当时杜月笙还叫"杜月生",很普通的名字。

"杜君这姓氏还有些来历,只是这名字不够雅致。"章太炎说起话来一点都不懂得客气,杜月笙倒也不介意,反而趁机请大师给他取个新名。章太炎学问大,各种各样的辞章典故烂熟于心,张口就来:

"东方之乐曰笙。《周礼·眡瞭》上说:'凡乐事,播鏞,击颂磬、笙磬'。郑玄注:'东方曰笙。笙,生也。在西方曰颂'。"说到这里名字就有了,"杜先生,您的大名应该叫'鏞',再在您的'生'字上加个"竹"字头,月笙作号。这样,一面保存了乳名的原音,一面又寓有发扬光大的意味,典雅不俗。您看看可好?"

哪里有不好?这个名字,既典雅庄重,又渊源古拙,还切合杜月笙的出生来历,更不改原有发音,仅一字之差,就妙不可言,不愧是大师手笔。

杜月笙当然还不能完全体会其中的妙处,只是觉得章太炎能亲自赐名,已是莫大的光荣,自然心满意得。从此以后,凡是公开正式场合,他都用"杜鏞"两字签名。而私人用章,仍是"月生",他身边常挂着一颗黄金小图章,长度不满半英寸,镌着"月生"两字。

得到了章太炎亲笔所书的皇皇大作,接下来便该是编修族谱,首先得要选定个祖宗。杜月笙养了不少文人清客,擅长干这些事。在历史上有名有姓的杜姓名人中海选,最终提交给杜月笙两个候选人,由他自己裁定。

这两个"准祖宗",一个是横跨曹魏和西晋的名将杜预,还有一个更是如雷贯耳:唐太宗的宰相杜如晦。杜月笙对两人都很满意,无奈只能选一个,就很为难,不知道哪个更合适。这时有人提出,杜预虽然很牛,但是前半段生涯属于三国时期,跟《三国演义》里的关公、张飞、吕布、马超、赵云、周瑜他们比起来,知名度远远不够;而且晋朝年代久远,族谱编起来需要填的人太多,

第十八章 杜氏家祠威风落成

不如唐朝好。此说有道理，杜月笙就打算定杜如晦了，可杨度不认可，他的说法别具一格："晦"是阴暗不明，更有"晦气"的意思，如果宗祠里头一个祖宗就来个"晦"字，看起来肯定不吉祥。

杜月笙连夸杨度大才，考虑得周到，这样，杜如晦也出局了。后来再选，选来选去，杜月笙选中了杜甫做祖宗，倒也风雅。万事俱备，只欠东风，经上海几大风水师反复讨论，终于选定了一个黄道吉日：1931年6月9日，作为送主日期。于是就定在6月8日至10日，举行杜氏家祠落成典礼及栗主奉安之礼。一边紧锣密鼓地筹备，一边大发请柬，广邀亲朋。

2 上海滩从未有过之盛典

整个上流社会都知道，杜先生要开宗祠了！开祠的组织机构，按北洋时代军阀元帅府下设八大处的架构，设了一个包括八大处的办事机构。该机构由虞洽卿、黄金荣、王晓籁任总理，张啸林、金廷荪、郭祖绳、蔡琴荪、胡泳莱、俞叶封、李应生任协理。具体的八大处，张啸林因为爱唱戏也会唱戏，担任的是剧务处主任，他的亲家俞叶封因为爱吃也会吃，就任宴席处主任。杨度，当之无愧是文书处主任。前面我们说到过的上海大绅士、张宗昌的"老祖宗"李征五，则和袁履登一起，担任特设的招待主任。

从5月份开始，络绎不绝的送礼人群如潮水般涌向杜公馆，金银珠宝、古董玉玩、旗伞花篮、礼券现金，不胜枚举。杜月笙不太在乎钱，在乎的是送礼者的身份。我们暂且挑一部分匾额出来看，中华民国自开国以来，历任国家元首中，除已经去世的孙中山、袁世凯、黎元洪、冯国璋，其余的几位如徐世昌、曹锟、段祺瑞、蒋介石都有所表示：

"孝思不匮"——国民党军事委员会委员长、国民政府主席、陆海空军总司令蒋介石贺。

"敦仁尚德"——前北京国民政府大总统徐世昌贺。

"俎豆千秋"——前北京国民政府大总统曹锟贺。

"望出晋昌"——前北京国民政府临时执政段祺瑞贺。

"武威世承"——前北京国民政府孚威上将军吴佩孚贺。

"好义家风"——陆海空军副总司令张学良贺。

"世德扬芬"——军政部部长何应钦贺。

"慎终追远"——实业部部长孔祥熙贺。

"千国栋家"——司法院院长王宠惠贺。

"光前裕后"——警察总监吴铁成贺。

"武库遗灵"——国学大师章太炎贺。

"源远流长"——著名书法家、国民党元老于右任贺。

"慎终追远"——西藏活佛班禅额尔德尼贺。

"东方望族"——法国驻沪领事馆领事范尔迪贺。

"明德之后"——日本驻沪日军司令坂西利太郎贺。

杜氏家祠，以祖宅杜家宅，即杜家花园为中心，规模宏伟，富丽堂皇，计五开间三进，宛如皇宫气派，两侧还有余屋十多间。此外还配有藏书楼、学校、医院、花园。藏书楼藏书十万册，全由杜月笙的好友及门生捐赠。此外，花园内华表石坊林立，名树异花繁多，屏条书画不计其数。

为了接待来自全国各地的贺客，祠堂门前搭起一座五层高的彩楼，楼中央便是招待来宾看戏的戏台。彩楼下的广场也够大，足够容纳好几千人。

祠堂四周的空地上搭满了一百余间席棚，陈列着各地送来的礼物，公开展览。由于有太多各种各样的好玩意，以至于每天从早到晚，观者如潮。

祠堂西面，更是搭了一个其大无比的席棚，里面可以摆放两百多张圆桌，专门用来开酒席。谁知竟不够用，盛典那几天，因为人太多，每顿饭要开一千桌左右，分四五次才能开完，几乎整天都是在开饭。

典礼期间上海邮政局特意在那里设立了一个临时邮局，赠送来宾每人一套印有"杜祠落成典礼纪念"的信封信纸，并加盖红色纪念邮戳。凡去道贺的客人，不管送不送礼物，都可以得到一枚很精致的纪念徽章，凭这一徽章可以去看戏和吃饭。

杜月笙出身寒微，祖上没有传下家谱，三代履历无从考证，祠堂内便无法一一设立牌位，只好做一道总神主，由华格臬路杜公馆送往浦东高桥杜氏祠堂，

这就是"奉主入祠"。上面讲到的选祖宗一事,就很难说是否坚持到底了,我们就姑且当它是一个有趣的传说吧。

1931年6月9日,是杜月笙人生的巅峰。一大早,从华格皋路到李梅路、恺自迩路,早排满了社会各界赠送的锦旗、伞盖、匾额。九点整,奉主入祠的队伍起行。

前导队伍共分六个集群。第一集群,由一排骑着高头大马的英国巡捕开路,其后,是一面青天白日旗,旗后面是四十四杆写有斗大"杜"字的旌旗。这些旌旗太大,每一面都要七八个人服侍,三五人举着旗杆,二三人拉住旗角,另有一个在旁高喊口令,以使举旗人步伐整齐,排列一致。

之后是法租界巡捕房里的近百名安南(越南)巡捕,各推一辆自行车护送。自行车这东西,当时还是很稀罕的玩意。安南巡捕之后,是戴钢盔、穿长靴的中国巡捕走正步。黄金荣办的金荣小学的学生,则穿着童子军制服,举着军棍,敲打洋鼓,护送上海钱业公会送的旗伞牌亭。

该集群中重心是蒋介石所送的"孝思不匮"匾额和淞沪警备司令熊式辉、军法总监何键所送匾额,各由八人杠抬,前由国民党淞沪警备司令部的军乐队和一排荷枪实弹的步兵开道,后由国民党陆军第五师军乐队和一连全副武装的步兵压阵——为了本次盛典的排场,英、法租界当局给足了杜月笙面子,破天荒允许中国军队开进租界,并且可携带枪械。这是连蒋介石都享受不到的礼遇。

第二集群,以国民党上海市公安局军乐队为前行,后由保安队员及铁华学校的童子军护送淞沪警备司令部副司令张春甫、上海市市长张群及外交部长王正廷所送匾额和新江、天新、宁绍等轮船公司所送的伞亭。

第三集群,由国民党吴淞要塞司令部的军队、静安小学童子军护送监察院长于右任、司法院长王宠惠所送匾额。

第四集群,由国民党陆军第五师军乐队、闸北和南市保卫团、宁波旅沪小学童子军护送原北洋军阀各派系头面人物徐世昌、段祺瑞、曹锟、吴佩孚、张宗昌等人所送的匾额。

第五集群,以江湾救济会的西洋乐队为前导,护送国民党中央各院部头脑、各省主席及法国官员所送匾额。

第六集群,由国民党海军司令部军乐队开道,护送各社会团体及私人所送

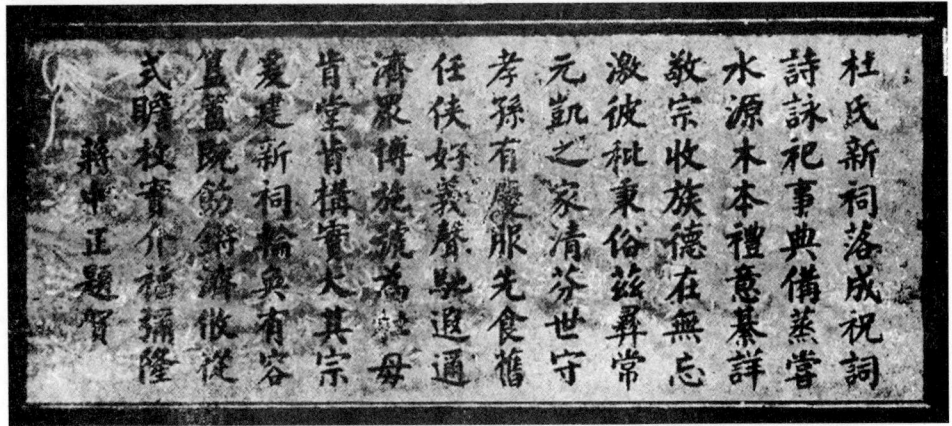

杜氏家祠落成蒋介石送的匾额及颂词

第十八章 杜氏家祠威风落成

旗伞花篮。

六大集群之后，便是护卫神主轿亭的仪仗队。轿亭前是一块巨大匾额，是前一日下午蒋介石特别派杨虎送来的，上书祝辞：

诗咏祀事，典备蒸尝。水源木本，礼意綦祥。

敬宗收族，德在无忘。激彼秕秉，俗兹彝常。

元凯之家，清芬世守。孝孙有庆，服先食旧。

任侠好义，声驰遐迩。济众博施，号为杜母。

肯堂肯构，实大其宗。爰建新祠，轮奂有容。

簋簠既饬，锵济攸从。式瞻枚实，介福弥隆。

仪仗队成员金甲金盔，手执刀矛，赫然竟是仿效前清的宫廷銮仪。杜月笙头戴礼帽，身穿长袍马褂，率领几个儿子，在古装武士的簇拥之下，手扶轿杠，缓步而行。

最后，是大批伴送的亲朋好友，全部队伍约有五千人之多，绵延数里，在喧天的鼓乐声中，向金利源码头缓缓而去。

码头上早已由杜月笙的徒子徒孙们搭好几座迎宾牌楼,彩旗飞舞,锣鼓声声。黄浦江畔特备一百四十艘汽轮,女宾另备专轮。每船桅杆顶上高高飘扬着红底白字的杜字旗,在滔滔江面上排成一字长蛇阵,直驶高桥镇。船上的中西乐队,或击洋鼓,或吹唢呐,热闹至极,吸引了大批围观的民众。

杜月笙的舅舅朱扬声率杜家亲属在高桥码头列队相迎。奉主入祠队伍登岸

杜氏宗祠盛典之炫耀

后,杜月笙与长子杜维藩捧着神主牌位,钻进汽车,先行驰向杜氏家祠。

为了接送宾客,杜月笙在高桥码头备下十五辆奥司汀汽车和一百五十辆黄包车,但仍远远不够用。不少太太、小姐只得雇当地农民的独轮小车,由人推送而去。一时间,由高桥码头到杜氏家祠的八里路上,小汽车、黄包车、独轮车,你追我赶,川流不息,好不热闹。据统计,仅6月9日一天,到高桥镇的宾客便达数万人。

6月10日,在杜氏家祠举行栗主奉安典礼。那天清晨五点一刻,顿时鼓乐喧天,鞭炮齐鸣,杜月笙身穿长袍马褂,面容肃穆,毕恭毕敬地捧着用栗木做

的神主牌位，安置进神龛，用以永久保存，便于经常祭祀。

家祭开始，杜月笙率四房太太及众多儿女，遵照古礼，跪拜磕头。与此同时，陆海军、警察局西乐队等组成的大乐队奏乐，江防要塞司令部在附近鸣礼炮二十一响。国民党中央委员、国民政府参军杨虎中将，受蒋介石委托，代表国民政府和蒋介石主席，当面向杜月笙表示祝贺。

公祭典礼是由国民政府警察总监吴铁城、国民政府广东专员刘志陆、宋子

杜氏宗祠盛典 送礼之人络绎不绝

文的代表宋子安、孔祥熙的代表许建屏、何应钦的代表何辑五等执祭，杜月笙率众儿子在旁答礼。

吴铁城等宣读达官贵人、社会名流的贺电，来宾道贺并依次向杜氏祖宗牌位行礼。参加的来宾有法国总领事甘格林、英租界警务部长毛鼎，还有日本总领事和日本驻军司令板西中将及许多外国客人。此外，各省主席、市长的代表，各地帮会首领，上海工商、金融等各界的头面人物及各路来宾共一万多人。

行礼之后，这一场奉主入祠典礼便宣告结束。但真正的高潮，其实才刚刚开始，因为杜氏家祠特设的戏台，精彩演出正在渐入佳境。

这次的演出真是星光闪耀,几乎囊括了当时中国所有的京剧界大腕。上海本地的周信芳、常春恒等自不必说,名震全国的四大名旦居然也一个不缺:梅兰芳从广东赶来,荀慧生在上海大舞台演出,就近过来,程砚秋从哈尔滨来,尚小云从天津来。另外,十多年没有到南方演出的龚云甫,这次也破例来了,王又宸抱病而来。其他如杨小楼、马连良、言菊朋、高庆奎、肖长华、姜妙香等等,通通到场。举世公认的超级大腕里,只有一个余叔岩因病无法登台而未到,这让尤其喜爱老生戏的杜月笙略感遗憾。

各名剧家合影

所以从10日到12日的三天连台好戏,使上海、南京乃至江南为之轰动,人们趋之若鹜,不得已上海警备司令部特派一个中队,警察局派了几百名警察,此外驻扎在上海的海军、陆军、水陆警察,南市闸北保卫团、缉私营、侦缉队、救火会、红十字会、蓝十字会,统统派有专人,到高桥来帮杜氏家祠维持秩序。

可以充当门票的一万枚纪念徽章早已发完,临时还增加了几千张入场券。因为还是有太多的人根本无法入场,杜月笙又不愿扫大家的兴,便由顾竹轩旗下的天蟾舞台等戏班在场外演出招待。

此等盛会,上海报界自然不肯放过,连篇累牍,报道得够细致。举《新闻报》的一篇稿件的一段为例吧,小标题是"人气白热",专门报道现场的拥挤状况:

"剧场广可容数千人,但观者近万,几无插足地,加以天热场低,四周密不通风,观众挥扇观剧,莫不汗流浃背,致场内空气,异常混浊,'人气白热化'五字形容,最为恰当。台上由张啸林、王晓籁两君维持秩序,率亦无法驱散台上观众。入晚,客复陆续而来,跋涉十余里,畏难而退者,日必数千人。贵宾席中占有位置者虽极视听之乐,但兀坐通宵,呼吸急促,一身不能转侧,大有欲罢不能之势,诚有说不出之痛苦也。"

外国媒体也不甘人后，纷纷前往采访，报道起来更是倾注了巨大的热情。例如日文报《每日新闻》的一篇标题，翻译过来大意是：

堂皇华贵之杜月笙氏家祠落成典礼壮丽夺目

6月13日出版的英文报纸《大陆晚报》，标题则是：

八万来宾恭祝杜祠落成盛典

《大美晚报》在新闻中叙述：

"浦东杜月笙君家祠落成纪念之三日大庆祝，业于星期四（6月11日）晚间结束，来宾之参与盛典者，有政府大员，有当地巨商，总计在八万人以上，可谓上海有史以来空前盛举！"

这一次，家祠建设及盛典举行，杜月笙共耗资百万以上。而本次盛典，规格之高贵、声势之浩大、反响之热烈，在旧上海算得上空前绝后。杜月笙完成了一个心愿，也挣得了许多面子，不亦乐乎。

这中间另有一件让他很开心的小事，就是无意中看到了一个熟悉的身影，此人正是当年在他穷困潦倒时批发水果给他救急的张恒大水果行账房黄文祥。那几天杜月笙太忙，根本顾不上去打招呼，只叫身边的跟班悄悄去通知黄文祥，请他下周一到华格臬路杜公馆去，"杜先生有事和你商量"。

到了周一，黄文祥自然依约前往，杜月笙待以家人之礼，关怀备至。知道黄文祥近况不是很得意，他便让万墨林找来总账房杨渔笙，让他马上做工作交接：把钥匙和所有工作全部移交，黄文祥随即走马上任，成了杜公馆的总账房。当年的好兄弟王国生，也被请来做财务工作。杨渔笙则被安排去了国民银行任职。

后来黄文祥去世，杜月笙安排他儿子黄国栋接任了此职，一直干到了1949年杜月笙远走香港。

第十九章

礼尚往来驰援陈光甫，耍手腕解困张学良

1 为灾民募捐的急先锋

1931年7月中旬，长江、黄河、珠江、松花江等流域普降大雨，持续将近两月的雨水，造成17省受灾，灾民高达八千万至一亿左右。8月6日，上海市各界成立了"上海筹募各省水灾急赈会"，推举许世英为主席，王震为副主席，杜月笙和虞洽卿、王晓籁、张啸林等十一人为常务委员。8月17日急赈会又增设了五百组劝募组，每组负责劝募一千元。杜月笙与王晓籁、张啸林等担任劝募组委员。

1927年之后，杜月笙开始积极追求上进，对社会工作的参与热情高涨，无论是介入工运、调解纠纷还是募集善款，都干得有声有色。尤其是在赈灾募捐方面，仅1927年到1931年四年间，杜月笙就参与了对浙江水灾、陕西旱灾、东北水灾、长江水灾等灾害的赈济，其所作所为无不令人赞叹。

1928年7月和9月，浙江先后两次遭受飓风暴雨，三十三县一市共七十余万人受灾。浙江成立了水灾筹赈会，聘请蒋介石、张静江、虞洽卿、王晓籁、黄金荣、杜月笙、张啸林等六十四人担任筹赈委员，又在上海设立驻沪办事处，杜月笙和虞洽卿、张啸林、王晓籁等任委员。一场赈灾义演下来，据当时报纸报道，所有门票"共售券资四万零五百七十八元，杜委员月笙销券独多，计一万一千二百三十五元，占全额四分之一强。"

到了这次的长江大水灾，杜月笙表现更为活跃，不夸张地说，所有委员里，他是最卖力的一个。当张啸林在"急赈会"全体执委会议上提议，各位有房出租的执委捐出一月租金时，杜月笙率先表态，将华德路豪宅月华坊的两月租金共六千六百元全部捐赠。随后成立的劝募房租委员会，他和张啸林、王晓籁、王一亭、朱子桥、许静仁、邬志豪、虞洽卿等人一起担任了特别委员。

杜月笙还做了个别具一格的倡议，号召各界将婚丧嫁娶所收的红包捐出来。首先响应的就是黄金荣，黄老板那年六十四岁，生日庆典共收到贺礼五万零二百八十八元，经杜月笙、张啸林劝说，全部捐了出来。

连爱财如命的黄老板都捐了,别人更没话说。接下来像袁履登的父亲八十九岁寿庆所得一万两千元、吴瑞元母亲丧礼所得四万元、屈文六父亲丧礼所得二千七百八十四元等等,也都如数捐出。

此外,杜月笙与钱新之、张啸林发起了一场类似于福利彩票的慈善香槟会,连同获奖者的捐款,共募得二十五万元,其中杜月笙个人捐了两万。他还向自己的朋友劝募,比如从韩芸根处募得五万两千六百元,从张澹如处募得五万元,杜公馆全体工作人员也捐了几千元。

除了募款、捐款,杜月笙还出钱购买面粉等物品,用以救济灾民。急赈会8月26日拨给汉口的一万包面粉中有五千包由杜月笙个人捐助,拨给皖南、皖中、皖北的五千包面粉全由杜月笙个人捐助。除了自己,杜月笙还动员金廷荪、钱志翔、黄振东、黄涤箴、李应生等五人各捐面粉一千包。另外,他还给江北灾民捐了棉衣五千套,外加一万元现金。

急赈会从成立到1932年5月24日结束使命,共募得赈款二百六十一万一千七百七十一元三角八分八厘,支放二百六十万七千零四十九元七角九分,实存四千七百二十一元五角九分八厘。杜月笙的募款和个人捐款总数在五十三万元左右,超过整个急赈会募款总数的五分之一。

整个募捐过程中,最值得一书的是1931年9月14、15、16日,杜月笙联合王晓籁、张啸林,发起沪上著名京剧票友在大舞台举办的三场义演。不仅杜月笙、张啸林亲自登台表演,连杜月笙新娶的夫人,京剧名角姚玉兰也复出舞

杜月笙与张啸林剧照

台——这是她结婚后唯一一次抛头露面。

前面说过,杜月笙酷爱京剧,还专门拜苗胜春为师学艺,偶尔也会登台表演。他第一次登台是1922年,在无锡荣宗敬(荣毅仁的伯父)五十岁寿辰的堂会上。后来也只参加自家或朋友的堂会以及大型慈善义演。

因为是海上闻人,而且其演出一定跟慈善挂钩,故通常杜月笙的公开演出,虽然票价昂贵,但也必定爆满。那会儿梅兰芳的演出,一等票价五元,而杜月笙则要十元。所以这三场演出下来,门票收入高达五万九千五百元,当然全部上缴了急赈会。而同年2月,杜月笙等邀请梅兰芳来沪义演,为河南、江西两省募捐,门票收入一万一千三百八十六元,就远有所不如。

一次次的急公好义,确实极大地提升了杜月笙的公众形象。而这一场水灾,还令他结识了仰慕已久的大银行家陈光甫。

2 紧急驰援陈光甫

现在我们回头来说说杜月笙的国民银行,这家银行出了点问题。

银行开业之初,两大巨头田鸿年、苏嘉善精诚合作,再加上方方面面都给杜先生面子,整个业务做得不错。

一年之后,确切地说,是从1930年夏天开始,苏嘉善病重,不得已在家休息,不再过问公事,田鸿年毕竟背景和能力都要逊色一点,根本无力独当一面,危机乍现。

田鸿年干的一件蠢事是调款到黄金交易所投机,亏了五十多万,幸好苏嘉善底子打得好,到年终结算,整个国民银行总算还有盈余十九万。田鸿年内心有愧,向杜月笙引咎辞职。田鸿年是杜公馆老人,杜月笙也不好太责备他,但还是接受了他的辞职,并请来傅筱庵的公子傅品圭接任总经理,这是1931年初的事情。

真正让杜月笙伤心难过的是随之而来的苏嘉善病故。作为心腹智囊及得力助手,苏嘉善的离去,在杜月笙有如曹操之失去郭嘉,有五雷轰顶般的痛。苏嘉善临走前，请杜月笙照顾他中学即将毕业的大儿子在银行界寻个差事，杜月笙自然一诺无辞。可是当苏嘉善说明想让儿子进上海商业储蓄银行时，杜月笙不禁心里打起鼓来。但是他不能不让苏嘉善安心，只能故作轻松地回应："闲话一句，我来办。"

杜月笙的顾虑不是没有道理。这上海商业银行的老板，大名陈光甫，名列上海滩四大银行家之一，排名犹在钱新之上，是金融界的顶级大腕。他的银行有个硬规矩，任用人员，一律公开招考，不买任何人的面子。这样的事情有过几起后，陈光甫的用人制度在银行界就无人不知，连与他素无来往的杜月笙都有所耳闻。

苏嘉善病逝，杜月笙替他办了很排场的后事。出殡那天，从顶马到灵柩，送丧行列长达数百米。杜月笙那天身体有恙，但他坚持亲自执绋，一直送到终点，而终于忍不住泪流满面。不久，苏公子毕业了。

杜月笙很为难。一方面他绝对要兑现当初的承诺，一方面又实在想不出好的办法。他倒是有自信陈光甫一定会收下这位小朋友，怕只怕收得不够痛快，如果真是这样，那最后事情办得再好，别人也会说"原来杜先生办事也有不漂亮的时候"，那这个面子丢得就大了。

实在没有办法，只好找杨管北来商量。杨管北是杜月笙新的智囊，未来将是苏嘉善的接班人，杨管北和陈光甫是同乡，并且私交不错，这样，就正好由他去做说客。真是不辱使命，陈光甫非常爽快，给足了杜月笙面子，破例不经考试就录用了小苏，令杜月笙心存感激。

这些都是杜氏家祠开祠之前的事情，开祠盛典过后不久，1931年7月，长江发生大水灾，陈光甫运气不好，他的上海商业储蓄银行做的一笔食盐生意在长江里遭遇沉船，食盐见水就化，根本无法抢救，结果直接损失高达一百多万元，而市面传言就变成了几千万。几千万，这可是天文数字，一下子就闹出了储户的信心危机，陈光甫的麻烦来了。

储户担心银行倒闭，争先恐后前去提款，银行门口排的队就是那一字长蛇阵。不过三天时间，储户提走了两千多万，超过了总存款额的一半。眼看银行危在旦夕，而前来取款之人却是有增无减，陈光甫不由得想起五十年前的胡雪

岩。也是在上海,五十年前的胡雪岩是中国首富,旗下产业众多,其中的阜康钱庄是当时国内名列前茅的金融机构。胡雪岩几乎是一夜之间的破产,正是源起于阜康钱庄的挤兑风潮。

我们不妨说一下胡雪岩,胡雪岩起家靠的除了自己的聪明才智,还有就是浙江巡抚王有龄,而他的发展壮大则更多地依赖于晚清名臣左宗棠。当然他和王有龄、左宗棠都是互相借重的关系,可以说没有胡雪岩早年的慧眼识珠,就没有王有龄日后的飞黄腾达;而没有胡雪岩不遗余力的经济支持,左宗棠断然不可能那么有底气地嚣张。事情也坏在了这里。左宗棠和李鸿章极不对付,几乎到了势不两立的程度,李鸿章誓要打击左宗棠,自然要从剪除其羽翼着手,首当其冲选定的就是胡雪岩。

整治胡雪岩,李鸿章罕见地动用了手下两员最能干的心腹大将:天津海关道盛宣怀幕后策应,上海道邵友濂台前冲锋。先说说这个道,是道台的意思,道台大体上是四品官,按现在的官称找不到相对应的职位,应该是介于市长和省长之间的一方首长或项目特任首长,权力之大,足够造福一方,也足够祸害一方。

两大高手齐出招,自然不同凡响,先是邵友濂利用职权耍流氓,强行冻结了胡雪岩一大笔资金,然后静观其变。也该胡雪岩倒霉,那段时间他正和老外对赌生丝行情,老胡做多老外做空,老胡损失异常惨重,眼看就要支持不住。这时盛宣怀和邵友濂阴招险招无所不用其极,招招齐奔胡雪岩财富帝国的心脏阜康钱庄,其结果就是掀起了惊涛骇浪般的挤兑风潮,只几天工夫,上海阜康总部及全国各地几十家分号通通黯然倒闭,胡雪岩其他所有事业随之瞬间崩溃。只剩下一个药店胡庆余堂,因为属于公益事业的性质而未被查封,但也不再属于他。

上海商业银行的遭遇倒是和政治无关,但任何挤兑风潮的后果都是一样的严重。虽然有中国和交通两大银行倾力相助,一车车的大洋运过来,无奈提款者实在太多,再多的钱似乎也是杯水车薪。陈光甫万般无奈,只好跟同业相商,从各家银行借一些钱来充门面。于是一卡车一卡车的银圆、美元、日元被拉到商业银行,到深夜再原封不动送回去,借以稳定储户的情绪和信心。但是提款的队伍依然人潮汹涌,局面丝毫未见好转。走投无路之下,陈光甫想到了杜月笙。于是托杨管北出面求援。"我想除了杜先生,怕是再没有人帮得上忙了。"

杜月笙正愁不知道怎么还陈光甫的人情呢,况且这也是在金融界扬名立万的绝好机会,如何肯轻易放过?当即叫来万墨林,吩咐道:"你挨个打电话,把烟赌两档上休面点的朋友,通通给我请过来。"

杜月笙有一个习惯,和电影《教父》里的柯里昂教父类似,就是从不拨打电话,他的电话,都是万墨林伺候。万墨林是个怪才,一字不识,连自己的名字都不会写,但记忆力惊人,尤其擅长记电话号码,杜月笙所有来往的几百个号码,全在他脑子里,绝不出错。

杜先生招呼,谁敢怠慢?杜月笙开门见山:"明天九点银行开门前,各位可以凑齐多少现款?都报个数上来。"最后一个刚一报完,万墨林算出:"一共是二百万。""很好。"杜月笙开始布置任务:"明天九点,请大家务必准时送到上海商业银行,存进去。"

众人散去,杜月笙再交代万墨林打电话给国民银行,要求备好一百万现金,明早跟着自己的车走,送到商业银行去。随后又让万墨林通知相熟的工商界人士,大家明早八点到杜公馆来共商大事。

早八点,客厅里熙熙攘攘,众星云集。杜月笙就上海商业银行的这一单食盐生意损失没那么大,要求大家不信谣不传谣,提出"我们大家应该给陈光甫捧捧场"。"请各位老兄帮帮忙,从今天起,凡是上海商业银行的存户,不要再参与挤兑,最好还能再存点进去。没有开户的,现在就跟我去开个户头,把手头能调动的现款,全部存进去。"一切交代清楚,安排妥当后,杜月笙带着随从,驱车直奔商业银行,后面紧跟着两辆汽车,装的是国民银行拿来的一百万现金。

九点开门,上海商业银行门口等待取钱的储户早已排成了几条长龙。杜月笙故意让他的黑色雪佛兰开到队伍最前面停下,他的车牌号"7777"上海滩尽人皆知,人们一看杜月笙来了,只当也是来提款的。没想到杜月笙下得车来,径直往银行大门走去,后面跟着七八个随从,个个手里都提着一只沉甸甸的箱子。银行保安早已让出了一条路,待杜月笙走近,银行大门豁然打开。不一会儿,银行职员喜形于色地奔出大门,贴出大红喜报:杜先生存进一百万元。

杜月笙名头实在过于响亮,这一举动瞬间就动摇了不少人的排队热情。正

第十九章 礼尚往来驰援陈光甫,耍手腕解困张学良

在此时，各种各样的小汽车从四面八方汇聚而来，土行、赌场的老板们，或亲自赶到，或差人代劳，但见一提箱一提箱、一麻袋一麻袋地直往银行里运，里面全是白花花的现大洋，碰得叮当响。

工商界的代表们陆续赶到，大红喜报一张接一张地贴。天气变了，看热闹的人多了，提钱的人少了。这不明摆着的是杜先生帮忙吗？陈光甫的商业银行还有什么可担心的？

一场绝大的风波，就此烟消云散，陈光甫对杜月笙，唯有至诚的感激。

3 耍手腕解困张学良

现在张学良遇到了麻烦。

因为报上关于杜先生的新闻报道已经无一例外全是歌功颂德型，杜月笙对新闻界的掌控便更多地体现在为朋友化解负面消息上。十里洋场，极度繁华，也极度糜烂，达官贵人的桃色新闻、各色丑闻层出不穷，这些东西，不管在哪个时代都是平民百姓最喜闻乐见的，各路报纸对此的报道自然倾注了极大的热情。

在当时，权贵名流要搞定一家报纸非常难，于是人们纷纷找到杜先生，请求帮忙"保全名誉"，杜月笙确实也从来没让大家失望过。他的哲学是，"别人存钱，我存交情。钱有花完的时候，交情花不完"。江湖上人人都知道，只要杜先生开口"闲话一句"，上海滩上就没有摆不平的事。为此，杜月笙不知道交了多少朋友，本来就四通八达的关系网更加发达，"杜先生"三个字俨然是一张畅通无阻的名片。

像张学良这样的超级大人物，居然托人找自己帮忙，就算是天大的麻烦，杜月笙都不觉得大，反而很高兴。张学良作为官二代，一生最不擅长的事是打仗，最擅长的事是享受。吸毒和泡妞是他的两大爱好，最多的时候，他曾同一时间有十二个女人。张少帅对此颇为自得，晚年写过一首诗："自古英雄多好色，未必好色尽英雄。我虽并非英雄汉，惟有好色似英雄。"还有一则真实的故事是说：晚年张学良带着赵四小姐为原配夫人于凤至扫墓，沉吟良久，他说：平生无憾事，唯一爱女人。

九一八事变当晚，身为全国海陆空军副总司令兼东北边防司令长官的张学良将军正在北平六国饭店和胡蝶相伴跳舞，并馈赠佳人十万大洋。部下来报："日军已侵占沈阳，我们该怎么办？"少帅对抱着美人乐的兴趣压过了十万火急的军情，一句话："风紧！扯呼！"东北军一枪未放，东北沦陷。

事变过后，有德国报纸恶搞，大力推荐张学良，说他应该获得当年的诺贝尔和平奖。少帅的脸丢得满世界都是。

如此的草包将军，自然激起举国愤怒，讨伐之声不绝于耳。前北洋政府司法总长、时任广西大学校长的马君武先生，奋笔疾书作《哀沈阳两首》诗作，发表在当年11月20日的上海《时事新报》上，对张学良加以无情嘲讽。流传甚广的一首是："赵四风流朱五狂，翩翩蝴蝶最当行。温柔乡是英雄冢，哪管东师入沈阳！"

时人纷纷将此诗比作明末清初大诗人吴梅村所作的《圆圆曲》。《圆圆曲》讽刺的是吴三桂为了名妓陈圆圆而降清，反戈一击帮着清朝灭了明朝的不堪之事，其中最出名的两句即"恸哭六军俱缟素，冲冠一怒为红颜"。据说吴三桂看到此诗后勃然大怒，无奈他正在云南打仗，无法跨省追捕诗人，只好派人带着一千两金子去浙江，要求吴梅村改诗，遭到断然拒绝。事实上也没法改，这首诗早已风靡全国了。

张学良比吴三桂心理素质好得太多，根本不太在乎一两首破诗，直到顾无为受此诗启发编出舞台剧《不爱江山爱美人》，才让他感到脸上有点挂不住了。顾无为是个才华横溢的电影人，当时刚应电影大亨张善琨邀请，担任齐天舞台的总监。老顾编好《不爱江山爱美人》，交由大华剧团公开演出，由王元龙饰演影射张学良的角色，经过化装后，其举手投足、言谈神态，均酷似张少帅，演得活灵活现。顾无为的姨太太卢翠兰饰演张夫人于凤至，阮玲玉饰某女士影射胡蝶。还特邀了胡蝶的前未婚夫林雪怀参加演出。人物虽全是化名，但傻子都看得出来是在指桑骂槐。群星汇聚，民心所向，该剧首演之后，立即轰动，媒体争相报道，顾无为也就越发高兴。

张学良赶紧派驻沪代表找顾无为交涉，要求对方停演，否则后果自负。顾

第十九章 礼尚往来驰援陈光甫，耍手腕解困张学良

无为在租界里演出，不怕张学良来捣乱，所以根本不理他。硬的不行，张学良那边只好来软的，几次谈判之后，顾无为好歹做了让步，把名字改成"爱美人"，剧情丝毫未改，继续大演特演。

光改个名字，张学良还是觉得没面子，但张拿租界里的顾无为没办法，只好派私人代表到上海，找到市长吴铁城，请他帮忙。吴市长告诉代表：这个事，你只有去找杜先生。杜月笙很痛快："闲话一句。你在上海好好玩两天，然后就可以回去交差了。"

杜月笙派人把张善琨和顾无为请到杜公馆，商量此事。杜先生开口，顾无为不敢不听，只是这出戏实在是叫座，票已经卖到一周之后了，就商量着问能不能再演一周，演完就停，永不再演。杜月笙没再说话，端茶送客。

当天晚上，齐天剧场继续上演《爱美人》，台下照样人满为患。这时有杜月笙派去的人高喊：不好了，有炸弹。场内顿时一片混乱，工作人员果然在角落里找到了一枚定时炸弹，多亏发现得早，赶紧处理了事。事后杜月笙派人送了一笔钱给顾无为，带话说："这是顾先生损失的一星期票房。顾先生能够配合，杜先生非常感谢。"

第二十章
"一·二八"上海抗战做狮子吼

九一八国难期间，杜月笙所作所为当然不会只是给张学良化装，事实上，他干的其他事情，足以令张学良羞愧。

1931年9月18日晚，日本关东军在几个少壮派军官策动之下，派工兵炸毁了南满铁路沈阳北部柳条沟的一段铁轨，反诬是中国军队所为，以此为借口，向北大营和沈阳发动突然袭击。张学良放弃抵抗，东北军一枪不放退出沈阳，东三省一百二十八万平方公里的土地就此沦陷。

日本的野蛮侵略，激发起中国人民汹涌澎湃的抗日怒潮，上海当然不会平静。9月24日，三万五千名码头工人举行抗日罢工，十万学生举行抗日罢课。9月26日，上海各界人民举行抗日救国大会，通过要求对日宣战、武装民众和惩办张学良等决议案，会后举行了抗日示威游行。10月初，上海各行各业八十多万工人组织了抗日救国联合会。

杜月笙自然也投身其中。早已今非昔比的他，找来虞洽卿、王晓籁等人，商量成立一个民间抗日组织，领导民间的抗日活动。这几个都是振臂一呼、应者云集的人物，搞个民间组织那是小菜一碟。在国民党上海市党部的支持下，"上海市反日救国会"宣告成立，后改名为"上海市抗日救国会"，以杜月笙、虞洽卿、王晓籁、王延松、陈霆光等人为常务委员，国民党上海市党部委员陶百川出任秘书长。

长期以来对角色转变的孜孜追求，杜月笙现在已经完全训练出了一套商人思维，对于抗日，他首先想到的就是抵制日货。这个提议，得到了大家一致的支持。抗日救国会一面呼吁上海市民行动起来，拒绝日货，一面在市内各个地点设立检查所和保管所，一旦发现日货立即没收。大量的执行人员，主要来自于杜月笙的徒子徒孙以及他们的社会关系。其中杜月笙的得意门生陆京士，邮政工会出身，从事工运多年，在上海工人阶层中人脉广泛，这一次他就发动了不少工人参加。

杜月笙的另一个门生于松乔，在检查过程中，搜查到了上海市纱布同业公会理事长陈松源的商号"合昌祥"，居然从仓库里搜出了两大箱日本棉布。陈松源是有头有脸的人，在上海商界影响力很大，根本没把小小一个于松乔放在眼里。没想到于松乔真就把棉布没收，直接送回了保管所。

等到陈松源带着武装保镖赶到保管所，想把棉布抢回来，而于松乔坚决不

肯让步,在保镖打算硬抢时,他舍命相拼,最后居然把陈松源关了起来。闻讯赶来的国民党高官陶百川、吴开先以及虞洽卿、王晓籁等,无论怎样劝说,于松乔就是不放人,只是放下一句狠话:"你们谁要来硬抢,我就一头撞死在这里。"他把陈松源和自己关在了一间很小的房间里,谁也进不去,杜月笙出面打破了僵局。这是最好的宣传,经此一役,抗日救国会威名顿起,"连陈松源都会被抓",那谁还敢囤积或者买卖日货?

与此同时,杜月笙牵头积极组织募捐,并将募到的第一笔十万元汇到黑龙江,慰问在第一线孤军抗战的马占山将军的队伍。上海福昌烟草公司也不失时机地推出了一款"马占山将军"牌香烟,并在报上刊登广告,"爱国民众已一致改吸马占山将军牌香烟,为民族争光",并在宣传词中写道:"全国景仰马占山将军,每箱有慰劳金国币拾元,色香味惠,能抵抗舶来品。"一时间,"马占山将军"牌供不应求,就连不抽烟者往往也会买几包留作纪念,以表达对前线抗战将士的支持。

杜月笙又组织了"东北难民赈济游艺会",邀集名角名票及各路演员义演募捐,更举办了轰动一时的"名媛选举",历时一个月,募得二十多万元,全部用以救济难民。

日本人恨死了抗日救国会,通过外交渠道不断地向中国政府施压。1932年1月,日本驻上海武官田中隆吉按照时任关东军高级参谋板垣征四郎的授意,与著名间谍川岛芳子密谋,制造了一起中国人杀害日本人的事件。事件发生后,日本驻上海总领事村井仓松向上海市长吴铁城发出最后通牒,限1月28日前,道歉、赔偿、逞凶、解散反日组织,否则正从日本赶来的大日本帝国海军将会"自由行动"。

吴铁城市长赶紧向南京请示,为了避免战祸,中央政府要求上海政府妥协,接受日方的要求。1月28日晨,吴铁城前往和日本人谈判之前,给杜月笙打了电话,要求他配合自己的工作。

杜月笙和吴铁城是非常好的朋友,同时他也明白,既然这是中央政府的决定,那么任谁也是独木难支,这个日,暂时抗不了了。想到这里,便派手下人到街头每个点去打招呼,让大家务必保持冷静,以大局为重。1952年,吴铁城在《纪念杜月笙先生》一文中提到了他与杜月笙的这一段合作:"民国廿一年,

余长沪市之初,即遇"一·二八"之变,当时日牒之答复,后方之应付以及停战之协定,地方与政府意见一致,合作无间,因应适宜,实出先生之助。"

日本人玩的是惯用的伎俩:不宣而战。

中国军队并非日本人想象中的不堪一击,十九路军在蔡廷锴将军的指挥下,奋起抗战,战事极其惨烈,中国军队并不落下风。

当时在上海四周的日本军队数量有限,接着打下去毫无胜算,于是司令官野村中将就想用缓兵之计展开停战谈判,以拖延时间,等待国内的支援。只是因为战争是自己挑起,怕此要求被中国政府拒绝,为了不丢面子,就想先做非官方试探,至于接触渠道,他们想到了杜月笙。

不得不承认,日本侵略者虽然阴险狡诈,但就纯粹的工作角度来说,至少有一点很值得我们学习借鉴,那就是他们的准备工作做得非常充分细致,大量的间谍早已对中国社会的一切情况,包括政治、经济、军事、文化、人事关系、民间社团、流氓势力、风俗习惯等等了如指掌,行动起来,当然就不会无的放矢。

日本人其实早就在打杜月笙的主意,除了公开场合的酬酢,私底下他们更是下了苦功夫。杜月笙好赌举世闻名,杜公馆里,每天晚上一桌麻将,一桌牌九雷打不动,在圈子里这也不是秘密。于是九一八前后,杜公馆的赌桌上就经常会出现几个手头阔绰的赌客,李泽一便是其中一个。李泽一,民国初年活跃于政坛,属于皖系,精通日语,曾作为北洋政府财政总长周自齐的随员,出访各国。后来追随段祺瑞的小舅子、皖系大将吴光新,而吴光新是杜月笙的好朋友,因为这层关系,李泽一和杜月笙并不陌生。

杜月笙知道李泽一有钱,打牌打得大,一场就算输个十万八万的也毫不在乎,很有点自己的风范。他当然也了解到,李泽一此时已被日本特务的祖师爷土肥原成功拉拢,在日本驻上海的外交官、特务及金融工商界的日侨中,有不少"朋友",背景相当复杂。

这一次李泽一来杜公馆不打牌,只谈正事。表示日本军方其实不想打仗,现在愿意谈判解决问题。如果杜月笙愿意倡导和平,那么他可以出面约请日军高级幕僚出来,大家一起谈谈。

杜月笙觉得和平是好事,很希望可以一力促成,况且参与其中非常有助于自己身份地位的提升，何乐而不为？便赶紧赶到上海市长吴铁城家中通报此事，并询问政府是否支持这个民间的谈判。吴铁城不敢擅自做主，立即请示南京，得到的回复居然是："这个事情，应该由杜月笙自己决定。"这个态度，突出表现了政治的艺术与政治的险恶。

杜月笙不怕，常常以"中华民国一品大百姓"自居的他找到了法国驻沪总领事甘格林，表示他愿意以法租界公董局华董和华人纳税会会长的身份，以保护法租界安全的名义，与日本军方会晤。至于会晤地点，他希望在法国领事馆内，甘格林答应。

日本人本希望杜月笙以"抗日救国会"副会长的身份出面，但杜月笙久经沙场，一眼看穿了日本人的鬼把戏。"以抗日救国会副会长身份与日本人谈判，岂不是说中国人不再抗日，寻求妥协。当汉奸的帽子太沉了，我杜月笙难道是三岁小孩吗？"

当天，杜月笙一身狐裘、两部包车，满载保镖、秘书、自备的日文翻译，准时抵达法国总领事馆，进入甘格林的大办公室，两人略一寒暄。李泽一陪着几位西装革履的日本军人来到，李泽一一一做了介绍。

日本人趾高气扬地用中国话训人："'一·二八'战争的爆发，完全是你们十九路军不遵守撤退命令引起，由此可见你们支那人是没有组织、没有纪律的！"

杜月笙的行事风格是刀切豆腐两面光，虽然混迹江湖但是从不愿意轻易得罪人，但是这次令他血往上涌："十九路军该不该撤退，我是老百姓，我不清楚！不过你们关东军司令本庄繁不得你们政府的允许，就下令炮轰北大营，占领中国的沈阳和东三省，倒是各国报纸上都登的有的。日本有这么乱七八糟的关东军，难道也算是有组织、有纪律的国家？"

日方的气焰顿时软了下来，经李泽一打圆场，谈判继续进行。杜月笙说："我今天只是带了耳朵来，听听日方有没有诚意停火。"一番唇枪舌剑，双方决定休战三天再谈。

但是2月24日后，日军新任司令官白义则亲自指挥，进攻我十九路军江湾阵地，蔡将军率众血战，有位旅长翁照垣喊出："没有枪，用刀；没有刀，用牙齿咬。"整个是一个同仇敌忾，与你丫的小日本拼了。这时杜月笙手下侦知，

部分日军进入法租界，隐藏在日本侨民的商店、住处，准备从背后攻击我军。

杜月笙心急火燎地率随从直奔法国总领事馆找甘格林。甘格林承认确有其事，但说日方气焰嚣张，实在没办法。杜月笙说，一旦开战，将要"出大事体哦"，要求日军撤出法租界。甘格林答应召集各国驻沪总领事开会商讨此问题，中方由上海市政府秘书长俞鸿钧到会。

日本驻沪总领事村井厉声咆哮，其他各国领事事不关己高高挂起，谁都不出声。多年来杜月笙鲜有发脾气的时候，这时他挥拳喝道："好，东洋兵可以进租界、住租界，利用租界打中国人。你们尽管通过这个议案，不过我杜月笙要说一句话，只要该议案通过，我请日本军队尽量地开来，外国朋友一个也不要走，我杜月笙要在两个钟头之内，将租界全部毁灭！我们大家一道死在这里！"说毕，拂袖而去。

当然，法国总领事非常明白杜月笙的能量：不仅是青帮大头目，手下众多，而且在政界、工商界人脉极广，现在还是工会领袖。一向说一不二，是能够做出这事的。日本兵最后还是没有从法租界进攻，走了。

虽然日军不断增兵，但也并没有占到多大便宜。当初"四小时占领闸北"的狂言，成为了一个笑话。最后是激战月余，日军三易主将，数次增兵，在付出惨重的伤亡后，才撕开了国军的防线（后来张治中将军的第五军及中央陆军军官学校教导总队也加入增援），但十九路军只是退让，并未退缩。

杜月笙交游就有这么广，他和十九路军的幕后老板陈济棠、总指挥蒋光鼐、军长蔡廷锴、参谋长赵一肩都是很好的朋友。

朋友在前线打仗，杜月笙当然不会袖手旁观。就在"一·二八"淞沪抗战爆发的第二天一早，他就开始了积极奔走，联合上海各界领袖、名流，以"抗日救国会"为基本班底，成立了"上海抗敌后援会"，《申报》老板史量才为会长，杜月笙、上海商会会长王晓籁为副会长，虞洽卿、秦润卿、林康侯、张啸林、钱新之、朱吟刚、刘鸿生、徐新六等为理事。办公地点设在福煦路181号——张啸林、杜月笙等人开设的远东第一大赌场福生公司所在地。

杜月笙了解到，十九路军因为不是蒋介石嫡系部队等种种原因，官兵已被欠饷数月，现在连伙食费都没有着落，去年年底经蒋光鼐、蔡廷锴多方奔走交涉，好不容易上面同意发放二十几万元，最后拿到的却是军需署的白条，相当于废纸一张。

抗敌后援会的首要工作便是为十九路军募捐，干这事儿，杜月笙轻车熟路，加上史量才新闻界老大的身份，各路媒体更是热情配合，民众响应相当热烈。无论贩夫走卒还是富豪大亨，无不踊跃捐款捐物，钱且不说，吃的、穿的、用的，甚至打仗需要的医疗用品、沙包麻袋等，都潮水般涌进了抗敌后援会的办公地和仓库。基本上只要上海抗敌后援会说一声"抗战需要"，立刻就会有大量所需物资像小山般堆积在该会门前，以至于当时的报纸电台经常会发表如下声明："昨日本报（本台）说十九路军需要某某物品，现各界同胞捐赠数量太多，早已超过实际需要，该会亦无地方代为保管，请大家从现在起不要再捐了。"到了4月下旬，军部只是从捐款中拨出一部分，便将全军累计九个月的欠饷一次性付清。

打到5月5日，中日双方签订《淞沪停战协议》，十九路军开往福建前，所剩现款达到了上百万元这样的天文数字，怎么用也用不完，军部便将其中大部分存进了上海国华银行。这笔存款，将来会引出一些麻烦，这是后话。

对于杜月笙在此次淞沪抗战中的表现，1932年4月，广州《银晶日报》出版的"十九路军特刊"中载有"杜月笙小史"，赞扬杜月笙"能率其徒侣共赴国难"。

战争结束，十九路军开拔前，军部答谢并宴请给予了巨大帮助的各界代表，总指挥蒋光鼐向杜月笙敬酒说："三十五天血战，十九路军最不能忘记的一个人，就是杜月笙先生。"蔡廷锴更称其为"支援一·二八抗战的地方领袖"。

第二十一章
办教育开办正始中学

十九路军的撤离，标志着淞沪抗战告一段落，上海滩重新恢复了往日的繁华，杜月笙的生活也回到了往日的轨道。突然有一天，他想要办一所学校，这个事跟陈群有关，所以得从遥远的过去说起。

话说1927年"四一二"清党之后，蒋介石的北伐并不是一帆风顺，反而屡屡受阻。在徐州大战败于张宗昌的同时，国民党内的斗争持续升温，蒋介石与汪精卫、胡汉民、孙科等人的权力斗争趋于白热化，汪精卫的武汉政府甚至派出唐生智、张发奎两路大军东征，剑指蒋介石的南京政府。与此同时，冯玉祥虎视眈眈，李宗仁、白崇禧虽袖手旁观却绝不会是蒋的盟友，局势对蒋介石极为不利。不得已，1927年8月13日，蒋介石宣布辞职，黯然下野，回到老家奉化溪口"隐居"。这段时间不长，很多党政军界重量级人物纷纷前往密谋，杜月笙也前去拜访过。

蒋介石下野后国民党内部派系斗争更加激烈，加上中央军将领都是出自黄埔军校的蒋校长嫡系，中央军依然效忠于他们的校长，除蒋介石之外没有人能指挥得动。此时，各军阀各派系间的明争暗斗更加激烈，汪精卫完全控制不了局面，终于体会到高处不胜寒的味道，面对来自四面八方的指责，不得已自动下野，出国远游。

逼迫蒋介石下课的那些人总算认识到了，此时此刻，只有蒋介石才能收拾得了这个烂摊子，纷纷电请老蒋重新出山。连冯玉祥也主动联合阎锡山，一再呼吁蒋重出江湖，于是1928年1月5日，蒋介石宣布复职。这时的蒋总司令，才真正开始有那么一点大权在手，春风得意。

在那段日子里，杨虎和陈群生活得很是幸福，真恨不得向天再借五百年。两人一个是淞沪警备司令，一个是国民党宣传部驻沪办事处主任、二十六军政治部主任，大权在握，无恶不作。人们习惯于把他俩合起来称作"狼虎成群"。两人最喜欢干的就是抓人。只要宣称谁是共产党或者亲共分子，无需证据，抓了就走，然后就等着亲属拿钱来赎人。两个人胃口都很大、耐心都很小，所以亲属只要来晚了或钱带少了，结果一律是"撕票"。名声传出，两人挣钱自然是又多又快。

悲剧的发生缘于蒋介石复出后到杭州的巡视。在西湖边上，蒋介石看到一座新起的硕大无比、异常豪华的别墅，就问随从："这是谁的别墅？"结

果这别墅是杨虎刚盖的。蒋介石大怒,几乎就要下令将杨虎免职,又认为杨虎的堕落断然是出于陈群的教唆,就想把陈群免了拉倒,可考虑到陈群是胡汉民派系的人,而老蒋此时正跟胡汉民合作着,这才放过了陈群。

到了1931年1月,陈群就任国民政府南京警察厅厅长,一个月之后,蒋介石和立法院院长胡汉民翻脸,老蒋很生气,把老胡给软禁了起来,陈群随之公开加入了反蒋的行列。

各路反蒋势力立时联起手来,逼迫老蒋下课,双方对峙到了年底,1931年12月15日,蒋介石被迫第二次通电下野,汪精卫登上最高舞台,孙科出任行政院长组阁,陈群因此升了官,成为内政部政务次长兼警察厅厅长。

可惜离开了蒋介石,无论汪精卫、孙科还是其他任何人,此时都玩不转。一月后,汪、孙便辞去各自职务,黯然下野,蒋介石随即复出,陈群这官肯定没法干了,便辞职跑回了上海。

可怜陈群多年来虽然搜刮颇多,却吃喝嫖赌挥霍无度,另外他还有个昂贵的雅好:收集善本图书,所以有多少钱都花得出去,算个标准的月光族。突然之间就没得官当,眼看就要沦落为啃老族了。

山穷水尽之时,杜月笙不忍看把兄弟落难,亲自登门,盛情相邀,陈群要面子,非要等杜月笙好话说了一箩筐,才半推半就地住进了杜公馆,按月领五百大洋。虽然不能再像以往那样大手大脚花钱,总算还是混了个高级白领待遇。患难见真情,此时的陈群自然对杜月笙感恩戴德,看到杜月笙热衷于教育事业,便建议他不如办一所学校。

曾经浦东有一个叫杨斯盛的人,泥水匠出身,后做建筑,因为手艺好,业务繁多,很有些积蓄。他很遗憾自己不识字,希望后人不重蹈覆辙,便个人出资兴建了几所学校,其中最大的一所建在浦东老家,取名"浦东中学",请了黄炎培做校长。学校占地十余亩,杨斯盛个人出资十二万两银子(约合当时的十八万元),因此成为浦东第一个捐资办学的名人,这是1904年的事儿。那会儿杜月笙还在十六铺闯荡,正为生计而奔波,不敢想象自己以后也能有如此作为,但对杨先生极为景仰,视其为偶像。

1908年杨斯盛先生去世,浦东中学的办学经费就靠他留下的教育基金勉力支撑,基金越用越少,渐渐就有不支的感觉。进入20世纪20年代,杜月

笙开始成长为黑道大亨，便自告奋勇补贴每年不足的经费，从此被浦东中学推举为董事长。这一切陈群看在眼里，便建议他自己也建一所学校，杜月笙早有此意，只是苦于手下没有人选，现在来了个陈群陈人鹤，就立即行动，先在法租界善钟路，后来又在上海西区法华镇买下五十多亩地，创办了正始中学。

正始中学校舍宽大宏伟，单是它的大礼堂，就为上海所有学校不及，而且它还设有停车场，在当时更是闻所未闻。抗战胜利后，上海市成立首届"市参议会"时，没有合适的会场，最后就是假座正始中学的大礼堂开的。

正始中学教学质量很高，并从高一开始设日语、德语两种第二外语作为必修课，上海市每年的高中会考，正始中学总是第一第二，所以学校创办不久即声名大振。杜月笙对品学兼优的学生有特殊奖励：高中毕业后考入国立大学或日本大学的，由他资助一切学习费用。后来的著名数学家吴文俊就是从正始中学毕业后考入国立西南联大而得到资助的，吴文俊曾说他的英文和数理基础都是在正始打下的。原北大副校长朱德熙是中国著名的文字学家，

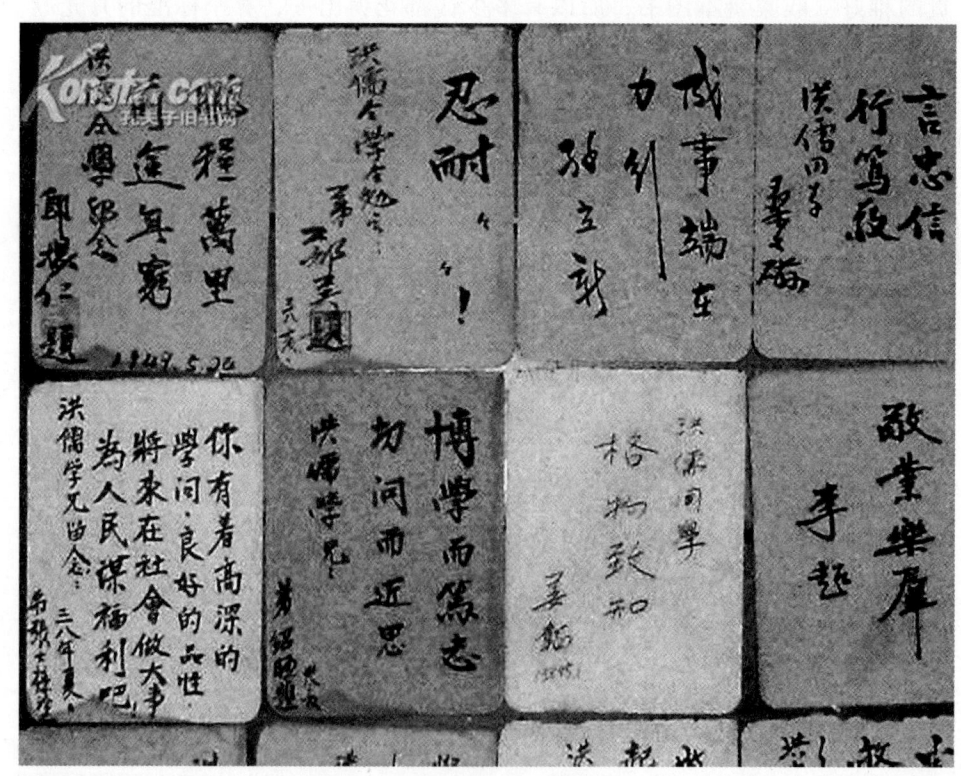

正始中学学生题词留念

也曾是正始中学的学生。

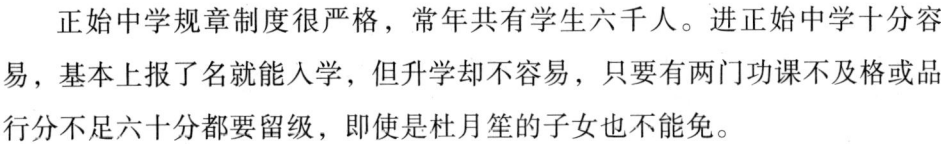

正始中学规章制度很严格，常年共有学生六千人。进正始中学十分容易，基本上报了名就能入学，但升学却不容易，只要有两门功课不及格或品行分不足六十分都要留级，即使是杜月笙的子女也不能免。

学校最初自然是陈群当校长，教育专家陆澹任主任掌管教学。学费只是象征性收取，家庭困难的，一律免收学费，甚至连衣食住行都由学校负担——杜月笙小时因为家贫交不起学费，只上过四个月的学，他发誓不让自己的学生重演如此悲剧。

学校对学生管理极为严格，校规由陈群亲手订定。因为他留学日本的背景，所以仿照日本学校的规矩，学生必须剃光头。杜月笙的长子杜维藩读高三那年十九岁，奉父母之命结婚，杜月笙包下整幢新新公司，光是堂会便有两台，梅兰芳、高庆奎等名角通通到齐。婚礼上新郎如果是个和尚头，难免有碍观瞻，但是陈群一点也不通融，杜维藩只好经父亲同意，向学校请了两个多月事假，一边在家蓄发，一边请家教补习功课。婚假一满，照样剃回光头去上学。

除了杜维藩，杜月笙的二儿子杜维垣和三儿子杜维屏也在正始中学上学，而且都在初三时留级，没能升入高中。杜月笙也只能责怪孩子天资不够，学习不努力，并没向学校提出非分要求。

杜月笙对几个儿子要求相当严格。杜维藩高一时有次考试怕考不好居然逃考，陈群知道后打电话报告给杜月笙，结果杜维藩在老爸的一个耳光加一阵痛骂后，整个高中期间再也不敢做任何违反校规的事情。老二杜维垣与同学在操场上用学校配备的玩具刀打闹时，不小心戳破了同学的脚，吓得当即下跪请求原谅；陈群则立即派人到这个同学家中求情，说千万不能让董事长知道，否则杜公子可能会没命。

在家里，杜月笙更讲究身教。他在家吃饭的时候不多，但只要在家和家人一起吃，他从不剩饭菜，甚至于有时候一碟酱油倒多了，他都会小心翼翼地把它分成两碟，绝不浪费。

作为京剧名票，杜月笙和梅兰芳私交很好，梅兰芳每次到上海演出，一定会抽时间到杜公馆拜会，有时候大家兴致到了梅大师也会当场表演一段。

每次唱完，杜月笙都会带着子女到后台致意，看到梅兰芳妆都没有卸，总是先忙着向琴师、伙计们和跑龙套的拱手道谢，连说"辛苦辛苦"。杜月笙会趁此机会告诫他的孩子们："你们看好，我要你们学的，就是人家的这种谦虚诚恳。这才是真正的了不起。"

杜月笙教子有方，他的儿女们大都学有所成，事业虽不至于辉煌，但正像杜月笙所期望的那样，过着平静从容的生活。与他们相比的是张啸林的儿子张法尧，完全被娇惯成了一个大活宝、大废物。

杜月笙一向很关心张二哥的这个宝贝儿子，早在1925年，就和上海地方法院院长郑毓秀一起，劝得张啸林把儿子送到法国去留学，学的是法律专业。

张法尧是个十足的花花公子，花钱如流水自不必说。他在巴黎交了个很要好的朋友，汪精卫的大儿子汪孟晋，物以类聚，这两人自然就是一对宝物。汪精卫这人大事糊涂、小节无亏，不贪不占不近女色，也没什么钱，不过他老婆陈璧君出身南洋巨富人家，有的是钱，背着老公给了儿子多少钱谁也不知道。汪孟晋买车，只问希特勒坐的是什么车。别人告诉他希特勒是德国元首，当然坐的本国的奔驰，他就买最贵的奔驰。

张法尧烧钱更猛，他的豪车好几辆，最夸张的一辆是他别出心裁改装的，里面不说，上下左右前后都是灯，居然一共有十八盏之多。那会儿连中国驻法公使顾维钧博士出席一些大的活动，为了面子好看，都要向他借车用。

张公子留学八年，一无是处，回国后张啸林一心想把他安排到司法系统工作，结果无论是通过自己的关系还是杜月笙的关系，甚至杜月笙介绍了政府高官亲自面试，反正只要一面试，必然没戏，气得张啸林一边骂儿子，一边迁怒到了政府头上。杜月笙倒是在自己的各个公司给这个宝贝侄子安排过十多个职位，但是张大少爷一概不屑为之，从未上过一天班。

张法尧下场很惨：因为迷上了鸦片，便天天和太太一起吸食，直到张啸林当汉奸被杀死，两人也无动于衷。很早以前杜月笙、张啸林还未真正发达的时候，两个人合伙投资开了家临记香烛店，张法尧夫妇二人从此就靠着这个小店的收入维持吸毒所需。抗战胜利，小店被封，张法尧没钱吸毒，索性把张公馆卖掉了，跟太太搬到亭子间去住。后烟瘾越来越大，改吸海洛因、白面、红丸，死在了毒品上。

第二十二章

转型难,江湖丑事一箩筐

1 烟土行被逼搬家

淞沪抗战结束不久,法租界开始禁烟禁赌,这次是来真的。因为开赌场贩鸦片被投诉,杜月笙不得已连租界公董局华董都只能辞掉了,他和他的三鑫公司等诸多事业,眼看在劫难逃。

法租界烟赌肆虐、治安糟糕,邻居英租界不干了。

英国人没有孟母幸运,不能择邻而居,便通过伦敦向巴黎抗议,历数上海法租界多年来的种种乱象,并警告说:再不管的话,法租界将不再是法国人的地盘,而变成青帮的天下。法国政府这才急了,派人一调查,英国人说得不算太夸张,赶紧把领事范尔迪以及巡捕房总巡费沃里撤掉,派梅里埃和法伯尔接任,从严从重治理整顿,用今天的话说,叫打黑反贪。

费沃里经常说:"杜先生是我在中国最好的朋友。"临走前他和杜月笙有过一次谈话,请他和自己一起去法国,安度余生。理由是:中国的租界不会长久,杜月笙的烟赌事业也不可能长久。至于杜的其他那些正经事业,费沃里没好意思说"那不是你的擅长",但他从局势出发,认为中国的将来会如何,很难说,还是急流勇退的好。

这样的推心置腹,杜月笙不能不感动,但他正在如日中天,哪里舍得走?只说没那么多钱拖家带口地去国外享清福,婉言谢绝。"也好,杜先生。"费沃里真的非常有诚意,"无论何时,只要你来法国,请事先通知我,我会尽自己所能,为你准备好舒适的房子。"

不出费沃里所料,梅里埃和法伯尔新官上任,第一把火就烧向了烟和赌。杜月笙一个人就开了五家赌场,还和黄金荣等入股了张啸林开的有"远东第一大赌场"之称的福生公司,再加上庞大的烟土生意,一旦关掉,每月损失如何巨大姑且不说,单是这些"事业"所养活的不计其数的弟兄们该怎么办?

还好通过淞沪抗战,杜月笙和吴铁城市长结下了深厚的友谊,他知道"有困难,找市长",就找到了吴铁城,吴市长非常爽快,欢迎杜先生把所有事业全部转移到华界来。

原来早在一年前，国民政府对鸦片就实行了开放的政策，美其名曰"寓禁于征"，理由充分而又崇高：鸦片的生产、贸易和消费，与其让它处于秘密状态，不如让它公开化，以便于控制它、限制它，并逐渐禁止它。这显然是经过了专家的缜密论证，否则哪里有这么冠冕堂皇？只是他们都假装忘了国父孙中山先生的话，凡主张法律准许鸦片营业，或对贩卖鸦片之恶势力表示屈服，均为"民意之公敌"。

舆论自然大哗。其实当年北洋军阀如段祺瑞、曹锟等因为政府缺钱，也都想过行"寓禁于征"的"善举"，架不住舆论的强烈谴责，最后都没好意思执行，就连卢永祥、孙传芳等地方军阀也只是私下里干，从不敢公开承认。不过国民党不一般，这一次的舆论风暴对他们毫无影响，鸦片，这个毁了一个民族的东西，终于合法化了。

国民党做毒品买卖，此时还是外行，而既专业又关系密切的，自然非杜月笙莫属。于是，江浙、上海一带的禁烟局、禁烟处，无处不是杜门中人，以总部设在上海的江苏禁烟局为例：局长曾镛，杜月笙是他儿子的干爹；财政处长金廷荪、运输队长顾嘉棠、护缉队长芮庆荣、查缉处长马祥生等等，更都是杜月笙的亲密战友；上海本地同样如此，杜月笙本人担任着上海禁烟委员会常务委员，高鑫宝当上了金山县禁烟局局长，谢葆生则是上海县禁烟局副局长……也就是说，整个江南地区的鸦片运销、土行管理等，依然牢牢地掌握在杜月笙手上。

好在吴市长丝毫不计较这些，来的是朋友，又是纳税大户，理应欢迎。杜月笙因祸得福，鸦片生意做得越来越兴隆。

在此之前，1930年的时候，原潮州帮土行会计华清泉，伙同郑芹初，以原华利土行为基础，勾结淞沪警备司令部副官处长温建刚，在南市保安队一中队部搞了个吗啡厂，有专门的军警站岗保护。这种大买卖，幕后老板当然是杜月笙，还有孔祥熙和吴铁城。所以说这个厂不仅有黑社会背景，也有官方背景。杜月笙专门派出了自己的弟兄、有"吗啡大王"之称的陈坤元出任总经理兼技术顾问，该厂雇有三百多员工，设备先进、产品纯正、畅销大江南北，甚至远销海外，赢利颇丰。

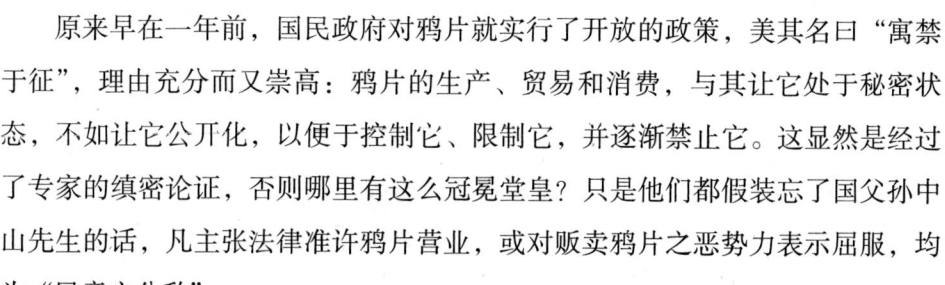

第二十二章 转型难，江湖丑事一箩筐

有人眼红。某一天,上海警备司令戴戟,派手下特务将陈坤元扣押在了英租界新新公司楼上,准备秘密押回司令部敲诈勒索。不想此事被一个叫陈小姐的高级妓女无意间看到,和上海滩上大部分交际花、高级妓女一样,陈小姐和杜月笙相熟,见杜先生手下被绑架,当即打电话向杜报告。

杜月笙马上叫来顾嘉棠,让他带了八个枪手,硬闯新新公司,从特务手中把陈坤元抢了回来。因为这是在租界,戴戟吃了哑巴亏也不敢声张,他本人又有十九路军的背景,知道十九路军的几个老大陈济棠、蒋光鼐、蔡廷锴等跟杜月笙关系密切,更是没有报复的胆量,只能认了。

当时上海有两个大规模的制毒机关,都在华界,一个是杜月笙的,一个是蓝衣社罩的,在上海北郊长江边的浏河镇附近。蓝衣社又叫"中华复兴社",是特务组织,戴笠此时也只不过是其下属的特务处处长。这么一个组织,按说一般人不敢招惹,但问题是上海市保安队(杨虎担任保安司令)不买账,为捞一笔,居然把这个吗啡厂给抄了。等杨虎和吴铁城把事情搞明白后,大惊失色,赶紧把抄没的东西奉还。

这岂不是在太岁头上动土吗?蓝衣社哪里肯善罢甘休?他们以牙还牙,大批人马冲进杜月笙他们设在保安队里面的吗啡厂,抢走所有设备、吗啡以及鸦片不说,还以保安队制毒贩毒为由,把状告到了南京。事情闹大了,南京政府不得不派人来上海做做表面文章,最后是把温建刚这个倒霉蛋抓起来枪毙了事。

这一场纷争显然不是杜月笙挑起的,但毫无疑问最终是他输了。不过蓝衣社那边见如此证据确凿,即使告御状也奈何不了这个家伙,加上有戴笠从中斡旋,也就见好就收。

2 《啼笑因缘》的电影之争

郑洽记的老板郑四太爷,是鸦片经销行业的泰山北斗,他有个四少爷叫郑正秋,这时也来到杜公馆找杜月笙帮忙,不过找的不是烟土的事,四小开从来就没干过和烟土有关的营生。

郑正秋，我们前面提到过，就是抱打不平写文章痛骂黄楚九那位义士。那事儿，最后是黄楚九请到杜月笙出面，郑正秋才算罢手，所以说，杜先生其实欠着郑编辑一个人情，两人不陌生。

郑正秋是广东潮州人，和杜月笙同岁，是中国电影的拓荒者，著名电影、戏剧艺术家、评论家。中国第一部电影是北京丰泰照相馆老板任景丰投资拍摄、京剧大腕谭鑫培主演的《定军山》中的几场戏，那是1905年的事。而1913年，由郑正秋创作剧本，并和另一个拓荒者张石川合作拍摄的《难夫难妻》，则是中国第一部有故事情节的电影。当时大量的热钱涌入了新兴的电影市场，大大小小的电影公司如雨后春笋般诞生。

1922年，炒股赔得一塌糊涂的张石川及时割肉，邀集郑正秋、周剑云，郑鹧鸪以及任矜苹，五个人一共凑了一万块钱，号称五万资本，组建了明星影片股份有限公司。张石川担任总经理兼导演，全面负责拍片事宜；郑正秋担任协理（副总经理），编剧兼导演；周剑云当经理，主管外联公关以及签订合同等等。这是中国电影早期最重要的一家公司，巅峰时期，胡蝶、阮玲玉、杨耐梅、宣景琳等都在其旗下。

那会儿拍电影是个很赚钱的买卖，通常一部电影成本在四千元左右，普遍能回收一万元以上，利润相当高。马克思说过，为了百分之百的利润，资本就敢践踏人间法律，而拍电影是正当生意，不需要践踏什么，所以各个电影公司拍片热情不是一般的高。但影片质量往往参差不齐，演员的薪水也偏低，女主角日薪在四到七元，其他演员更等而下之。

"明星"是大公司，需要维护公司形象，拍片就比较严谨，旗下的明星待遇也要好得多，比如胡蝶走红之后，"明星"给她的月薪是两千元，一半付现金，一半另算，这在当时算超级高薪。

市场的无序加上竞争的惨烈，明星公司表面风光，日子却并不太好过，比如有时候资金跟不上，张石川的太太就得进当铺，而且这种事发生得比较频繁。

好在张石川和郑正秋都是天才，1928年，两人根据平江不肖生的武侠小说《江湖奇侠传》改编拍摄的电影《火烧红莲寺》大为轰动，一集一集地拍下去，火了将近一年，算是为公司大赚了一笔。随后《火烧青龙寺》《火烧白雀寺》《火烧灵隐寺》等等山寨之作立即以不可阻挡之势纷至沓来。

张石川、郑正秋他们毕竟眼界更开阔一些,别人还在池塘里混战的时候,他们跳上了岸,准备开拓更广阔的天地,发展有声电影。

当时的国产电影全是无声的,根据影院不同,票价大概在两三毛、三五毛;有声电影票价贵得多,要一块六毛,这块市场完全被外国片垄断。明星公司决定改拍有声电影,第一部片子定为由张恨水的名作《啼笑因缘》改编。郑正秋他们有魄力,进行了生产设备的大换代。1931年春夏之交,公司派人赴美国采购有声电影器材,两部专业录音机,花去一万一千美金,一部有色摄影机花去一万多美金,总共花掉近三万美金。引进外籍人才,"明星"高薪聘回的三个美国技师,每人每周二百美金不说,合同规定还得提供高级食宿。所有这些加在一起,我们很容易联想到一个成语——不惜血本。

除了转型的需要,敢于不惜血本的底气,还在于"明星"买下了《啼笑因缘》的版权,可是他们可能是因为疏忽,没有拿到内政部的电影摄制许可证,这为后来的一场纠纷埋下了隐患。

《啼笑因缘》是鸳鸯蝴蝶派作家张恨水的作品,大约是在杜月笙开银行的时候,《新闻报》副刊《快活林》的主编严独鹤约请张恨水创作,完成后于1930年3月17日开始在报上连载,一时间洛阳纸贵;同年11月30日连载完成,依然是余音袅袅。

为了拍好更名为"啼笑姻缘"的电影,张石川他们还特意把张恨水从北平请来,聘请他和严独鹤作为编剧,每月支付数百元,志在必得。同时,公司的电影明星包括胡蝶在内,倾巢而出,在上海、北平两地拍摄。

小说《啼笑因缘》实在是太受欢迎,发生了撞车事件。先是有剧团排好了京剧《啼笑姻缘》,在位于北四川路上的广东大舞台演出,明星公司的法律顾问立即前往找到剧团负责人,要求停演。这个剧团比较温和,他们承认有错,但因为排这出戏,确实付出了大量的人力物力财力,马上停演,剧团及艺人的生活都将受到威胁。于是他们请出了大亨顾竹轩,经顾老大调停,双方商议决定,京剧改名为"戚笑姻缘",并只做短期演出。

另一个就不好对付了,因为这个人是我们前面说到过的顾无为。顾无为,浙江绍兴人,绰号"搅局大王",曾和张石川、郑正秋一起创办民鸣社,关系不错。顾无为早年加入同盟会,曾因演戏宣传革命被清政府通缉。辛亥革命时期,

他在陈其美手下,奉命化装成乞丐混入南京城刺探情报,差点被抓。革命成功后,他编写了一出戏叫《西太后》,反映清朝的腐败。袁世凯称帝之前,他又编了出戏《皇帝梦》,影射老袁,结果被捕,袁世凯死后获释。

顾无为交游广阔,跟胡适、李叔同等文化大师都是朋友;他也混黑社会,主要的依靠是黄金荣;与官场中人也有往来。此时顾无为的身份是大华影片公司总经理,并经营上海齐天舞台和南京大世界游乐场,他是真不知道"明星"已经买了版权,只管把《啼笑因缘》改编成了舞台剧,正在他的南京大世界游乐场上演,结果被张石川他们发现了。

因为都是老朋友,郑正秋希望"和为贵",大家不要为这点事翻脸,但张石川他们几个觉得自己有理,主要也是之前付出太多,又是大公司,不愿息事宁人,加上双方新有"过节",更是一定要告顾无为侵权,要求赔偿损失。这事儿就交给了周剑云去办,因为他和顾无为没交情。顾无为在南京接到法院传票,才知道自己无意间犯了错,赶紧给张石川打电话疏通,张石川只说事情归周剑云管,找自己没用。

现在需要说下他们间的"过节"。原来早在5月间,顾无为就带着人到日本东京拍摄了有声电影《雨过天青》,完成后于7月1日在上海公映,因为是一部有声电影,自然引起轰动,大卖特卖,这让正在筹拍有声电影的明星公司很不爽。其时,九一八事变爆发,全国人民抗日情绪高涨,上海掀起了抵制日货的浪潮。"明星"拿《雨过天青》是利用日本有声电影器材摄制做文章,公开指责《雨过天青》是冒牌国货,不能算是国产有声片。

有日货嫌疑的电影,当然遭到了市场的抵制,顾无为遭此一击,性情大变,本来此时他正在找关系积极寻求私了和"明星"的版权纠纷,现在他决定翻脸了。

当时"明星"一姐胡蝶正在北平拍摄"明星"版《啼笑姻缘》,这时举国纷传九一八当晚,张学良在六国饭店和胡蝶跳舞,对战事不闻不问等等。

张学良遭各界痛骂自是咎由自取,胡蝶此时恰也处于风口浪尖,顾无为灵机一动,觉得正好可以借此机会报复"明星",当然,此举更多地还是出于一个老革命党人对于张学良的痛恨,他熬了一个通宵,编写出舞台剧《不爱江山爱美人》的剧本,稍加排练便在自己的齐天舞台公演,反响极为热烈。

顾无为给张恨水打电话,希望可以和他也签订一份版权合同,借此在法律上站住脚。张恨水自觉人怎么能无耻到这种地步?绝不肯干一女两嫁的事。此路不通,顾无为只好另寻他途。

真是天无绝人之路,很意外地顾无为居然打听到了"明星"根本没有得到内政部的电影摄制许可证。根据法律,改编版权和许可证必须同时具备方可拍摄,这就有了极大的操作空间。而且那个年代,著作权根本就不受重视,更何况是改编版权?只要拿到许可证,改编版权有的是办法解决。

老顾顿时精神一振,一面给电影界大腕、上海新华电影公司老板张善琨打电话,请他立即去找黄金荣,希望黄老板尽快打通南京政府相关部门的关节;一面奋笔疾书,只用了一天一夜的时间,就赶出了顾版《啼笑姻缘》剧本,充分展现了他快枪手的本色,随即向内政部递交了要求尽快批准上演舞台剧和摄制电影《啼笑姻缘》许可证的呈文。

黄金荣很给顾无为面子,很认真地去活动。他跟蒋介石有特殊关系,在南京政府里面自然不缺少人脉,结果顾无为早上递上呈文,居然是部长亲自接待,内政部更是当天就审查通过,并且按急件处理,第二天就发给了他许可证。

顾无为马不停蹄赶到上海,先汇合张善琨到黄公馆道谢,然后直奔上海几家大报报社而去。下一天,上海报纸上登出了一则启示:"大华电影社已向内政部呈请取得了《啼笑姻缘》正式摄制电影和上演舞台剧的专利权,以后任何人未经许可,均不得将《啼笑姻缘》摄制电影和演出舞台剧。"并配发有内政部颁发的许可证照片。

看到报纸,张石川他们当即傻了,总算见识到了"搅局大王"的真功夫,个个有苦说不出。待打听到后面更有黄金荣的支持,他们知道大势已去,若要起死回生,只能找一位比黄金荣更牛的靠山,那就只有杜月笙了。郑正秋老爸跟杜月笙关系不一般,而且杜氏家祠盛典,他和张石川应邀带着公司的摄制组专门赶去拍过纪录片,再加上黄楚九事件卖过的面子,算起来跟杜先生很有点交情,于是这就带着张石川、周剑云来到了杜公馆。

郑正秋的要求是和顾无为和解。这本是小事,不过黄金荣既然已经插手在先,杜月笙就不方便再出面。所以只能说让我想想办法,这个事情要慢慢来。

黄金荣听说杜月笙有意介入,勃然大怒。黄、杜关系不如以前了——其实

两人间也没什么大的矛盾，主要是作为自己一手提携起来的弟子，杜月笙方方面面都远远跑到了自己前面，现在人们无论说起"海上三闻人"还是"上海三大亨"，排序永远是"杜、黄、张"，这让黄金荣很是不服气。加上黄老板年纪大了，所谓"老小孩"，时不时就会有些小孩脾气。1927年被迫从巡捕房退休后，只有金廷荪天天会来黄公馆看他，陪他打打牌聊聊天，杜月笙、张啸林因为太忙来得越来越少，这也让黄金荣很不高兴。当杜月笙请金廷荪帮着去探探黄老板的口风时，黄金荣只说了一句："这个官司，我已经管了，就要管到底。"

杜月笙当然不会为了这点芝麻绿豆的小事和黄金荣翻脸，但他有时间观望，"明星"那边却没有，因为顾无为已经把他们反告上了法庭。而且他们自己知道，公正判决的话，自己必输无疑，那么，"明星"除了倒闭关门，不会再有第二条出路。

为了避免这个结果，张石川他们只好也去内政部打点。好在内政部电影检查部门尽是熟人，只要礼到事情也不难办。相关官员很快就同意给他们补办登记手续，许可证就成了顺理成章的事。

官老爷们多少也还讲点道理，知道一个电影发俩许可证不太合适，便招来俩公司的代表，让各自回去准备，两周内将拍摄好的《啼笑姻缘》影片交来送审，谁拍得好新的许可证就给谁。也就是说，顾无为上次拿到的那个不算数了。

显然这是有人在暗地里帮"明星"，因为他们的电影早已开拍，而顾无为的"大华"这边，除了一个剧本还啥也没有呢。顾无为牛就牛在这里，回去后立马搭建班子，只花了十天时间，居然就把电影拍出来了。

而这时"明星"的《啼笑姻缘》摄制组还在北平拍外景，这帮追求艺术的艺术家们，根本不理会公司总部加快进度的要求，照旧按部就班地工作。结果两周过去，"明星"交不出片子来，许可证仍旧落在了顾无为手上，官司注定了要继续。格局不变：顾无为原告，"明星"被告。

为了不至于输得太惨，"明星"聘请组建了以虞洽卿的女婿、上海滩著名律师江一平为首的九人律师团。与此同时，他们欺负顾无为没钱，七拼八凑了十万元交给法院作为保证金，要求在官司结束前先行上映自己拍的《啼笑姻缘》，赚一笔再说。法院收了钱就批准了，"明星"马上在各大报纸登出大幅广

告、宣传之外，也是为了向对方示威。

哪曾想此时的顾无为，身后不仅有财大气粗的张善琨，更有呼风唤雨的黄金荣。于是当天顾无为也向法院上交了十万保证金，要求在官司结束前禁止上映"明星"版《啼笑姻缘》。法院收了钱，又批准了。

这下张石川们终于承认回天无术，不再折腾。抱着最后的一丝希望，郑正秋再次带着张石川、周剑云来到杜公馆。三个人进门就跪下磕头，请求杜月笙出面调停，什么结果他们都认。

杜月笙经不起这样的恳求，当即吩咐万墨林打电话，邀请黄金荣、张啸林、虞洽卿、王晓籁、闻兰亭、袁履登、林康侯等有头有脸的人物一起吃个饭。杜先生请客，当然没有人会不来。

席间，当着大家的面，杜月笙说了事情的原委，表示这事最初是顾无为的无心之失，不知者不为过；后来呢，主要是"明星"他们得理不饶人，甚至有欺负人的嫌疑。"但无论如何，现在郑洽记四小开都到我家里磕头了，就请金荣哥给我个面子，说句话，让顾无为把许可证转让给对方，他所有的花费，全部由对方承担。"

在座各位纷纷点头，认为这样处置于情于理都说得过去。黄金荣自己有了面子，自然不能不给杜月笙面子，当场表态"就按月笙说的办"。第二天，郑正秋把从法院拿回来的十万元保证金送到杜公馆，杜月笙差人把钱送到黄公馆去，不一会儿，许可证就带了回来。顾无为到法院撤了案，"明星"版《啼笑姻缘》终于公映，火爆得无法形容，创下了当时的票房纪录，总算弥补了之前各种各样的损失。

郑正秋、张石川、周剑云集体拜了杜月笙为先生，并聘请他当了明星公司的名誉董事长。因为是有史以来第一桩版权纠纷，《啼笑姻缘》案在中国电影史上倒是个大事情，不过在当时整个上海滩来说，这事没那么大。

3 绑架魏廷荣

话说 1925 年前后,黄金荣屡受打击萌生退意,这一连串打击中,放上最后一根稻草的是一个叫魏廷荣的人。魏廷荣是谁?他是上海巨商、首任上海总商会会长朱葆三的女婿。法租界第一条以中国人名字命名的路,就是朱葆三路(现在的溪口路),可见老爷子有多牛。其女婿当然也不差,毕业于中法学堂(今光明中学),由法租界公董局公费派往法国留学深造。归国后,历任中法银公司经理、公董局临时行政委员会首任华人委员等要职,交往的全是法租界最高层。这还不算,他还担任着法租界商团司令(又称"法租界义勇队总司令"),掌握着一支合法的武装力量。

女人真的是祸水。这一次的祸水叫吕美玉,是上海京剧名旦吕月樵和时凤仪的长女。和捧露兰春一样,黄金荣在自家的共舞台把她捧红,很花费了不少心血和钱财,其目的当然是另有所图。可正当他找好媒人准备上门提亲的关口,魏廷荣也看上了吕美女,并先下手为强,将吕美玉娶进家门当了姨太太。这下黄金荣不止是郁闷了:自己捧红的人,宁愿给别人做妾,也不肯过门当自己的老婆,老子这张老脸往哪儿搁才好啊?月笙,啸林,咱们得捶丫的魏廷荣。

黄金荣是吃了没文化的亏,不懂得换位思考:你顶天了不过是个租界巡捕房总探长、督察长,在别人看起来是很风光,可在魏廷荣眼里,这个官屁也不是。再说,人家魏廷荣三十出头,风华正茂;而

海派名伶吕美玉照

你黄金荣五十多快六十的老头子,日薄西山了。是,吕美玉小姐是你花大钱捧红的,那又如何?恋爱自由、婚娶自由在民国时期就是合法的。

杜月笙、张啸林和黄老板一样,根本不管什么法律和舆论,兄弟情谊胜过这些,这时混江湖的黑社会嘴脸就露出来了。三人同仇敌忾,恨不得做了魏廷荣。不过魏廷荣确实势力强大,三大亨不仅找不到机会下手,就算有机会,也根本没有必胜的把握。时间一长,黄金荣也就只好认了。

倒是杜月笙不甘心,托人给魏廷荣带话,约大家一起吃个饭,希望魏廷荣得了便宜至少能说几句暖人心的场面话,多少帮黄老板找回点面子,谁知道魏司令压根就看不上黄金荣,认为跟他讲斤头丢自己的人。所以仗着自己在法租界的权势,连杜月笙的面子也不给,反而联合了一帮租界的头面人物,向法国政府申诉,说上海法租界巡捕房和黑社会势力相勾结,腐败透顶,民愤极大。于是法国政府勒令清查,结果到了1927年,法租界当局为了撇清自己,将黄金荣等人申饬一顿。总算念他多年来既有功劳又有苦劳,照顾下面子,让他自动退休了事。这一年,黄金荣六十岁,这个生日礼物令他愤怒至极。

不仅如此,对于杜月笙在法租界的烟土、赌场生意,魏廷荣也不遗余力地打压。杜月笙自知暂时动不了他,只能忍耐着图发展。好在他长袖善舞,越做越大,魏廷荣也奈何不得。做大后的杜月笙,觉得冤仇宜解不宜结,就托人调停,想跟魏换帖结为异姓兄弟,并不顾自己大两岁,愿意认魏为大哥。魏廷荣认为自己留学法国、正经商人出身,是有身份的人,哪里肯跟黑道出身的杜月笙称兄道弟?所以只是敷衍了一下,并不同意。

这一下,魏廷荣是把杜月笙彻底得罪了。私底下,杜月笙跟黄金荣、张啸林说:"他自以为是上等人,看不起我们,我要给他好看。"杜月笙当然不会只是说说,而是铁了心要拿下魏廷荣,紧接着就开始了紧锣密鼓的布置。不过他做事一向很稳,所以并不急于一时,反而一再对手下人交代:"这个事情不要着急,一定要有万分把握才准出手,机会不好的时候,要等,等几年都没关系。"

虽说论势力,这时的杜月笙,已经完全可以和魏廷荣并驾齐驱,魏廷荣却自始至终也没把杜月笙放在眼里。一边过着美人相伴的幸福生活,一边还忙里偷闲打了场官司。

事情依然是由美女媳妇吕美玉而起。当时有一家新成立不久的华成烟草公司，打破英美烟草公司对北美烟叶的垄断，低价购入很多优质原料，推出了一款物美价廉的美丽牌香烟，烟盒上印的就是风情万种的吕美玉的剧照，是从照相馆花高价买来的。其广告语"有美皆备，无丽不臻"颇为深入人心，美丽牌香烟一炮而红。

当时中国人根本没有肖像权的概念，吕美玉对此也不以为意。但魏廷荣毕竟留学过法国，见多识广，他告诉姨太太，根据西洋法律，"凡未经本人同意而滥用其肖像制作宣传品"是一种严重的侵权行为。吕美玉这才意识到自己被侵犯了，当即聘请了著名的鄂大律师，把华成公司告上法庭，要求立即停止使用其肖像，并赔偿名誉损失。这是我国近代商业史上的第一例关于肖像使用权的侵权案例。

华成公司自知理亏，赶紧请人说和。结果达成了"今后，华成每生产一箱美丽牌香烟，便支付肖像使用费大洋五角"的协议。这是1926年的事，这场官司经报纸一再追踪，比什么广告都有效，美丽牌销量简直是日新月异。之后三年，美丽牌香烟的产量分别为三千二百五十八箱、一万四千六百二十一箱、两万两千七百四十四箱，吕美玉因此得到代言费两万多元，大概相当于现在的一百五十万到二百万元人民币。后来华成觉得这么拖泥带水地支付太麻烦，跟魏廷荣夫妇商量之后，以十万银圆买断了肖像使用权，这事儿就此了结。

魏廷荣娶回一个能赚大钱的姨太太，正爽着呢，哪知道危险已经进到了家门里面。他的连襟，也是杜月笙的门生赵慰先，经过长时间的观察，早已把他的活动规律掌握得一清二楚，并且策划好了一套完整的绑架方案。

赵慰先也是留法学生，回国后经舅舅朱竹坪介绍认识了魏廷荣，魏将其安排在中法银公司当职员，以后又请他在法租界义勇队当教操官。因为住在魏家，认识了朱葆三的小女儿朱九小姐，走进了婚姻的殿堂。

杜月笙安排得很周密很有步骤：先派其他门生带着赵慰先到自家开的赌场玩，两年下来赵慰先就把朱九小姐陪嫁的几万家产输了个精光，还欠了不少债。接下来，只能乖乖听从老头子杜月笙的摆布，把眼睛盯在魏廷荣身上。

1929年7月24日上午十点五十左右，魏廷荣带着三个年幼子女从中法银公司出来，开车向西行驶。到一个路口，遭遇三名持枪绑匪拦截。绑匪跳进车

内，将司机和三个孩子陆续赶下车，押着魏廷荣急驰而去。

开到一个码头后，绑匪将早已昏迷的魏抬上一艘小船。经过两三个小时的行程，来到南汇县六灶村村长樊庭玉家中。六灶村位于浦东远郊，与世隔绝，除木船外，无任何交通工具与外界相通。魏廷荣在樊家被藏匿五十天，没有一点风声透到上海。好在樊村长宅心仁厚，对魏廷荣非常友好。酒饭管够，还时不时陪他聊聊天，只是此时此地，魏廷荣哪有聊天的闲情逸致？

绑架案发生后，上海各界大为紧张，英、法租界巡捕房及华界警察局迅速展开部署，各车站、码头、关口、要隘都被封锁排查，却一无所获。以往遇见此类事情，法租界都倚靠黄金荣破案，现在不得已又找到黄公馆，黄金荣哈哈一笑："我老了，退休后外面的事情已经不过问了。"三天后，魏夫人朱二小姐收到绑匪来信，约定当天晚上在杭州碰头，并警告不许报案。

魏家等这一天仿佛等了一个世纪。魏廷荣纵横银行、古董、房地产各界多年，家里有的是钱，据说徐家汇三分之二的土地都属于魏家所有。对他们来说，能用钱摆平的事情都不算事情，自然不会通知警方。当晚朱二小姐赶到杭州，绑匪交给她一张魏廷荣亲笔写的纸条，要家中人准备赎票款项，并出示了魏随身佩带的金壳怀表作为信物。绑匪另外管朱二小姐要了一千元作为见面礼，却只字不提赎金的事，搞得魏家不知所措。

整整一个月后，一封署名"大侦探密告"的信邮寄到吕美玉处，信中指出绑架案是赵慰先干的。吕美玉和朱二小姐商量后，将信交到了法租界巡捕房，巡捕房查无实据，只能作罢。随后杜月笙就安排赵慰先当上了国民政府财政部税警独立营第六营营长，到苏州上班去了。9月15日上午，英租界巡捕房破获了一起凶杀案，案犯恰巧参与了魏廷荣绑架案，交代出魏的藏身之地。英捕房立即通知法捕房，法捕房派出人马赶往六灶村樊庭玉家，却已是人去楼空。

绑匪是前一晚逃走的。同伙被抓当天他们就知道了消息，当晚，樊村长的叔父、绑匪樊仁根突然来到村长家，准备"撕票"。樊村长心地善良，不肯"撕"，两人争执不下，吵得几乎打起来。樊仁根恨恨地走后，魏廷荣眼见不妙，赶紧跪在地上苦苦哀求村长救他一命，村长说："我救了你，同伙会要我的命。"魏廷荣保证，如能得救，将负责他一生的生活和安全。樊村长终究不忍杀人，决定救魏廷荣脱险。

两个人悄悄跑到苏州，到魏廷荣舅舅家避风头。经其舅舅奔走联络，在法租界义勇队（魏是总司令）的保护下，回到上海家中住了三天，终究觉得不保险，又赶紧启程赴北平避风头。

法租界抓到了三个绑匪里的喽啰，判了几年，这事算暂告一段落。第二年6月，又是从别的案子里，租界当局获得了赵慰先策划绑架案的线索，派人前往苏州诱捕到赵，押解回上海审讯。

杜月笙闻讯暗叫"不好"。绑架魏廷荣一事，自始至终都是他在幕后策划操纵，本来做得天衣无缝，算是已经圆满成功，不想过了这么久，主犯居然被抓回了上海。要是赵慰先扛不住，把自己给抖出来，那人可就丢大了！

杜月笙自转型以来，曾很坦诚地向工商金融界公开承诺过："我杜月笙原本不过是一条泥鳅，现在好不容易成了一条小龙。以前做的那些事，有上不得台面的，以后再也不会做了。你们也不用怕我，以后有什么事情，请放心招呼我，总归愿和各位一起共事。"大家开始就算是将信将疑，毕竟也还信着。如果这个绑架案爆出来，岂不真要砸了杜先生"言重如山"的金字招牌？

杜月笙的解决方案倒也简单，直接通过渠道，让人给赵慰先带话，要他千万扛住，死不承认，"杜先生自有办法让你出来"。另一方面，派出上海滩上声名显赫的两大律师秦联奎和章士钊，为赵慰先出庭辩护。这俩都是杜月笙的老朋友。结交秦联奎很有意思，杜月笙干起来有点无心插柳柳成荫的味道。

话说当年杜公馆建成后，设了个小赌场在里面，非上海滩第一流的人物，没有资格前去玩耍，真正做到了"麻将有鸿儒，牌九无白丁"。

秦联奎秦律师当时刚执业不久，身份不够，但他好赌，更是为了满足好奇心，便找到了朱如山，请他带自己进去开开眼界。朱如山是著名的富家公子，杜公馆常客，杜月笙的好友兼秦联奎的好友，推辞不过就带着秦律师来了。

秦联奎运气不好，进赌场三下五除二就输掉了所带本钱四千元。垂头丧气离开之时，恰被杜月笙看到，便问朱如山："这人是谁？"朱如山不好意思地说："是我一朋友，干律师的，非要来见见世面。"杜月笙忙说："这帮文人，挣点钱不容易，你去把钱还给他好了。注意要好好说话，别伤了面子。"

朱如山赶紧追到秦联奎家，把钱还了回去，只说："杜先生说交个朋友，欢迎你下次再去玩。"把个秦大律师感动得热泪盈眶，从此成为杜月笙多年的法

第二十二章 转型难，江湖丑事一箩筐

律顾问。

章士钊是杜月笙的另一个常年法律顾问,名气比秦联奎还要大得多。

章士钊1881年出生于湖南一个村长家庭,自幼聪明,学习很好。早年投身革命,干了不少事情。在此期间结交了女友,中国国民党第一位女党员吴弱男,两人后来去了英国,遂渐渐远离了革命。

再后来机缘巧合,章士钊当上了段祺瑞执政府的司法总长兼教育总长,几年总长干下来,攒下半世骂名。

段祺瑞因"三一八"惨案下课,其内阁被迫总辞职,章士钊丢官后结识了张学良,很受少帅的器重。1931年张学良不放一枪丢了东北,章士钊在政坛已无靠山,只好到上海挂牌当律师,投入杜月笙门下。

杜月笙给章士钊的待遇和杨度一样,每月五百元高薪,章也落得个逍遥自在。声色犬马中,章士钊交往上了第三房太太殷德贞。殷德贞,艺名雪明珠,无锡人,是四大名旦之一程砚秋的入室弟子。章士钊毕竟还是大律师,代理过不少大案子,最牛的一次要算给陈独秀辩护。那是1932年10月,陈独秀在上海被捕,押解南京。1933年4月,章士钊未经授权便以老朋友的身份,为陈独秀出庭辩护,辩护词写得相当精彩,引用欧陆经典,大谈国家和政府之区别,倡导言论自由。结果陈独秀从一审判十三年到终审判八年,章士钊功不可没。

章士钊替杜月笙出过的最大一次风头,则是戴笠遇难后,他代杜月笙为戴笠所撰的挽联:

生为国家,死为国家,平生具侠义风,功罪盖棺犹未定。

誉满天下,谤满天下,乱世行春秋事,是非留待后人评。

这幅不吹不捧、不卑不亢的挽联,引得好评如潮,被认为是最切合戴笠身份的名联。

闲话少说,言归正传。话说杜月笙派出章士钊和秦联奎做赵慰先的辩护律师,两大律师引经据典,慷慨陈词,以赵是现役军官,应归军法审判的名义,要求将其移送至淞沪警备司令部,由中国军方来审理,并成功达成了这一目的。然后通过杜月笙的关系,四处活动,上下疏通,到了1933年6月,经军法会审,赵慰先果然无罪释放。

赵慰先获释后,立即反咬一口,先是在报纸上登载声明,宣称魏廷荣买通绑匪诬陷他，接着就向警备司令部军法处反诉魏廷荣教唆诬告，律师当然还是章士钊和秦联奎。多亏魏廷荣成天在租界里呆着，才没被抓走。曾任孙中山秘书的洪门大哥、青帮"大"字辈老大哥徐朗西亲自出面讲和，劝魏廷荣花钱消灾。魏廷荣拿出三万块钱，这事儿才算不了了之。赵慰先还想将剩勇追穷寇，杜月笙说了句："事情不要做绝，要留有余地。"

杜月笙后把赵慰先介绍到淞沪警备司令部当了副官长。经此一役，魏廷荣对杜月笙彻底甘拜下风，从此退出商界，并辞去法租界一切职务，每天待在家里连门都不太敢出，以三十九岁的黄金年龄在家养老。不过他没有食言，很好地报答了樊庭玉的救命之恩。

第二十三章

杜月笙羽翼丰满建恒社
五虎上将顾祝同求上门

1 羽翼丰满建恒社

放倒了魏廷荣，此时的杜月笙，或褒或贬，声名鹊起，帮会之外，其门下弟子不计其数。

行走江湖多年，杜月笙人情练达，读懂了社会这本永远都没有结尾的书，知道旧式的帮会组织已不适应新形势的需要，必须进行与时俱进的改革。经陆京士等人的精心筹划，杜月笙决定创办自己的组织——恒社，有别于青帮，高于青帮。这时候的杜月笙作为上海大亨经常出席各种社会活动。

杜月笙主持足球开球典礼

陆京士，生于1907年，江苏太仓人，邮政系统工运起家，当过上海总工会主席。1928年率系统内五十名弟兄投到杜月笙门下，组成"精诚团"，时称"五十股党"，时任国民党上海市党部候补委员。他是杜月笙最倚重的三大弟子之首，另两人为朱学范、张克昌。

"恒社"这一名称，是当时还在帮杜月笙兴办正始中学的陈群所起，取"如月之恒"的典故，暗含杜月笙名字中的"月"字。英文名称"Constant Club"，可译为"永久俱乐部"，即"恒"。

1932年11月22日，恒社筹备会议召开，与会者共十九人，都是杜月笙指定的恒社发起人，同时也将是第一届理事会理事。十九人中，有陆京士、朱学范，其他如轮船招商局船务科长洪雁宾，律师周孝伯，大英银行经理徐懋棠，长丰地产公司买办蔡福棠，东新进出口公司经理黄振东，杜月笙开山门弟子、大世界总经理江肇铭，四明银行协理孙祥篯，新闻界大腕、《申报》编辑唐世昌等等，个个都是响当当的人物。

恒社社址设在爱多亚路的"息庐"，后来因为面积太小而迁到了吕宋路。本来杜月笙想建造一座恒社大厦，已派人在霞飞路近善钟路处买下了十四亩地，可临时发现这块地上搭建着几百间棚屋，住着上千口人。杜月笙不忍心撵他们走，干脆放弃了盖楼的打算。

1933年2月25日，在"息庐"举行了隆重的典礼，恒社正式宣告成立，法租界当局特派总监到会祝贺。和之前张仁奎显赫的"仁社"等社团不同，恒社不仅经国民党社会部核准，并在法租界注册登记，属于合法而公开活动的民间社会团体。

关于恒社，真要讲起来会很繁杂，所以大体上只需要说明一点即可：恒社的大门，并不向所有杜门弟子敞开，入会需如下条件：

1. 文职官员必须科长以上级别；
2. 武职官员必须少校以上级别；
3. 工商界人士必须科长、主任以上级别；
4. 年龄必须满三十岁以上。

恒社成立之初，会员共有一百三十人，后来逐年扩大，到抗战前，即已发展到了八百多人。通过组建恒社，杜月笙有效地整合了各方面的资源，羽翼更加丰满。

恒社的日常事务基本都由陆京士打理，杜月笙并不需要亲任烦巨，他也没工夫操持这些具体的事情。还在筹备之前，杜月笙就在杨管北的协助下，力压如日中天的荣氏家族，拿下了上海市面粉交易所理事长的职位；而在恒社筹建期间，1933年初的一天，杜月笙设宴为钱新之饯行，钱新之第二天将赴天津，办理蒋介石亲自交代的一件大事。

原来九一八后，日本侵占我国东北，建立了伪满洲国，并推出了溥仪这个傀儡皇帝。但日本人并不满足于此，不断将势力拓展到华北，积极策动华北五省自治，并在京津地区物色适当人选，拟组建华北傀儡政权，他们看中的第一号人物就是北洋之虎、前国民政府临时执政段祺瑞。

　　1926年的"三一八"惨案,当局开枪打死四十七名、打伤二百余名游行示威的群众,促成鲁迅先生写就名篇《纪念刘和珍君》,更促成了段祺瑞执政府的内阁总辞职,曾为死者下跪谢罪的段祺瑞,也因此下野。

　　下野后段祺瑞住进了天津租界,终生食素以示忏悔,有时得病,医生以"加强营养、增强体质"为名建议开荤,段也拒不采纳。段祺瑞一生清廉,当权时即被誉为"六不总理",即"不抽、不喝、不嫖、不赌、不贪、不占",所以此时经济状况十分窘迫,因为没钱,不得已把佣人都给辞退了,亏得一些老部下不忍见此,时常到段宅帮着打扫卫生,并顺便带些瓜果蔬菜来,他的生活才不至于太落魄。

　　段祺瑞失势已久,但毕竟是一时风云人物,影响力犹在,加之他所领导的安福系一向亲日,所以日本人选中他绝非心血来潮。说客很多,就连日本特务鼻祖土肥原都曾数度拜访,热情邀请其再度出山,而段祺瑞并未明确表态。这一段时间,冷清许久的天津段公馆还是突然热闹起来,蠢蠢欲动的失意政客们纷纷前来拜访,无非是来为将来跑官要官。

　　这些动态,并未能瞒得过南京国民政府,蒋介石了解到情况后,极感忧虑。就像当年袁世凯并不一定非当皇帝不可,但架不住其子袁克定以及杨度等人日夜忽悠,而终于走上不归路一样,其手下第一员大将段祺瑞就算不愿当汉奸,但难保其周围的失意政客不会为了贪恋荣华富贵而撺掇其落水,而这一旦成为事实,政治后果便极其严重。

　　蒋介石想到的是釜底抽薪,派人劝段祺瑞南下,脱离是非之人和是非之地,以自身的无为而作对民族的有为。钱新之曾在北京担任过交通银行总经理助理,属于北京上流社会的人物,与段祺瑞有所交往,与段的亲信曹汝霖、李思浩等交情不错,工作相对好做。

　　钱新之早年倾向革命,辛亥时期他曾积极协助陈其美,北伐时期,他资助了北伐军不少钱。国民政府成立后,蒋介石为表谢意,邀请名流出来做官,钱新之象征性地干了几个月财政部次长后卸任。钱新之名气虽大,却看不出什么官方色彩,以银行家和老朋友的身份,拜访段公馆,当不至于引起日军的怀疑。

　　杜月笙并不知道钱新之此行的使命,但他朋友遍天下,所以底气很足地说:"永铭兄这一趟,如果遇见什么麻烦,我在天津、北平也有一些朋友,你尽管找他们帮忙。"

钱新之北方之行经历曲折,好在还算顺利。段祺瑞对外宣称二女儿在上海读书,很想去沪上团聚,住上一段时间,顺便去普陀山烧香拜佛。对于这样的表示,日本人不好干涉,于是1月21日,在钱新之的陪同下,段祺瑞坐火车抵浦口,再由浦口过江抵达南京下关码头。

段祺瑞的到来,蒋介石很当回事,命令在南京的少将以上的军官都必须过江迎接,自己则在下关码头迎候,毕恭毕敬。段祺瑞十分感激,在南京拜谒中山陵后,再盘桓多时,把烧香拜佛的事都办完,就乘火车前往上海居住。

动身前往上海之前,在蒋介石亲自主持的饯行宴上,段祺瑞语重心长地对自己当年保定军官学校的学生蒋介石说了一句:"国杰的事,看在中堂大人的面子上,就算了吧!"

就这一句话,将间接地把杜月笙带进一个大漩涡,我们下章再表。

2 顾祝同求上门

这天,顾竹轩来了,说:"我有个侄子遇到了麻烦事,还请杜先生帮帮忙。"顾祝同,北伐骁将,号称蒋介石的五虎将之一。他的叔叔是顾竹轩,杜月笙的身边红人。最近顾祝同遇到麻烦事,遭到全国舆论界的一致讨伐,声名扫地的顾将军不得已求助杜月笙。

话说江苏镇江有份报纸《江声日报》,是刘煜生于1924年创办,刘自任报馆经理兼主笔。经苦心经营,该报受到当地民众欢迎,影响日大。

1929年春天,国民党国民政府定都南京,江苏省省会改迁镇江,《江声日报》一夜之间由一家地方报纸变身为省级大报,影响力陡增。作为一个有正义感和社会责任心的报人,刘煜生利用《江声日报》这块阵地,针砭时弊,揭露官场丑恶,使得该报很快成为江苏省内颇具社会影响的报纸。

不过刘煜生也有他不齿于人的一面,就是利用报纸勾结地痞流氓,或敲诈勒索,或操纵地方事业。由于敲诈的对象大多是贪官污吏或是土豪劣绅,所以

有分量的仇家也很多。

　　1931年底，国民政府警卫军军长顾祝同就任江苏省政府主席。顾祝同新官上任，春风得意，干的第一件事是大肆安插亲信党羽；第二件事则是严格执行蒋委员长"寓禁于征"的抢钱禁烟政策，令各地设立毒品稽查所，从中征收税金，变相买卖鸦片。刘煜生对此很是反感，遂公开抨击此目无法纪之事，因而得罪了顾主席。

　　顾祝同安排了他的儿女亲家赵启骐为江苏省民政厅厅长，因为两人行政经验都不足，所以在行政上颇为倚重镇江县县长张鹏。张鹏是镇江本地人，清正廉洁而又相当能干，是个不可多得的好官。只是张鹏一向厌恶刘煜生，把他视为"镇江一害"。

　　相对来说赵启骐就不堪了，他的发迹靠的是追随顾祝同多年，当过顾的参谋长以至于成为儿女亲家。赵启骐生平两大嗜好：抽大烟和炒股。按说那会儿吸食鸦片已经重新合法，炒股更是个人自由，这两个嗜好本也没什么。可惜赵厅长玩得高档，专门包豪华酒店抽大烟，一边还不忘打长途电话向上海股票交易所发出股票交易指令，每月长途电话费高达千元以上，全部从民政厅的账上开支，这在镇江是公开的秘密。

　　要知道，当时的最高领导人蒋介石每月的工资也不过八百大洋而已。跟踪多日之后，刘煜生掌握了赵厅长的行踪。有一天，他跟踪赵厅长到了酒店，估计时间差不多了，遂冒充省政府官员，骗过门卫，进入了赵厅长的包间。可怜此时厅长大人正躺在鸦片烟塌上，一边吞云吐雾，一边手拿电话向股票交易所喊话。刘煜生立即掏出相机，连拍数张，人赃俱获后遂扬长而去，留下厅长大人在那儿呆若木鸡。

　　遂连夜委派中间人联系刘煜生，总算是摆平了这事儿：厅长大人付出一笔巨款，条件是不得将此事登报，不得向外人道，并自毁底片。谁想刘煜生并未遵守约定，拿了钱后，虽未登报，却不时对外宣扬，坏了江湖规矩。这件事，让赵厅长在官场上十分狼狈。仇恨的种子彻底种下了。赵启骐和张鹏精心策划，要给刘煜生一个好看。

　　1932年7月，《江声日报》副刊《铁犁》在1月至5月间连续刊载了四篇短篇小说《边声》《下司须知》《当》《端午节》，其中出现过这样一些句子："一队咱们祖国的兵,向左边退下,自然隐隐的右边上来的是敌人";"地上泛起红潮,添上一片红";"铁的纪律";"奴隶们争斗吧,一切旧的马上都被冲倒,时代已敲起丧钟,一切眼前就要葬送",等等。张鹏等人宣称"左""右""红潮"等字眼是"宣传赤化",又把刘煜生曾于1927年3月"煽动车夫罢工,图谋扰乱治安"的旧账翻出来,声称他"实系共党"。于是刘煜生被捕入狱,和他一起入狱的还有四篇小说的作者于在宽和《铁犁》主编张醒愚。

可是就连国民党江苏省党部也认为《江声日报》"无反动文字"、刘煜生"无反动行为",要求将他交保释放;监察院院长于右任更认为不将此案移交法院,是违背约法;拒绝调卷,是破坏监察制度;封报捉人,是妨害言论自由,决定对顾祝同提出弹劾,以维法纪而保人权。

就在监察院即将正式咨请行政院,饬令江苏省政府迅速将刘煜生移送法院并惩戒顾祝同等人之际,为阻止自己被弹劾及调查程序再次启动,顾祝同走了一步昏招。

其实顾祝同等人本来没想杀刘煜生,只是希望他能"认罪",以后即便不同流合污,至少要听话。奈何刘煜生坚决不妥协,结果在释放了作者和主编之后,1933年1月21日,顾祝同下令把刘煜生枪毙了。

刘煜生被害第二天,上海《申报》率先报道了这一消息。看到报纸,顾祝同感觉不妙,立即派人赶赴上海,四处托人平息舆论,意图化解此事。奈何《申报》在租界里面,顾祝同拜托的政商两界实权人物都只能望洋兴叹,帮不上忙。反而是顾祝同本人最不看好的自己混黑道的远房叔叔顾竹轩那边开了花。

杜月笙听顾竹轩说是顾主席的事儿,立马答应下来。当即找来唐世昌,请他约了一个饭局,把上海报界有头有脸的老板、编辑全部请来。饭局上,杜月笙很诚恳,他说:"这个事情,刘记者肯定不该死,顾主席现在也知道自己做得不好。我想请大家给我杜某人一个面子,不再追究。至于我们上海的报馆和报人,请相信有租界的法律制度,有我杜某人在这里,我向大家保证,绝对不会出江苏那样的事情。"

既然杜先生发话了,上海报界不得不给面子。于是在随即展开的声讨顾祝同的浪潮中,南京、北平、安徽、天津、武汉、广州、青岛、济南、杭州、郑州、徐州、芜湖、南昌、蚌埠、长沙、香港、太原、汕头等地新闻界纷纷举行

第二十三章 杜月笙羽翼丰满建恒社 五虎上将顾祝同求上门

集会，发表宣言，通电全国，强烈要求严惩顾祝同，切实保障新闻记者的人身安全，落实"训政约法"所规定的言论出版自由。这其中，唯独不见率先发难的上海新闻界的身影。这件事，杜月笙扮演的角色实在不光彩。

但事情早已超出了上海的范围，不是杜月笙所能控制。紧接着，中国民权保障大同盟发表宣言，指出"此一血案，实与北洋军阀在北京枪毙邵飘萍、林白水之暴行（按：其实就是我们前面提到的张宗昌干的）如出一辙，全国人民应予以严重之注意。查人民应享有言论出版之绝对自由权，为近代文明国家之国民应享之权利，即使刘煜生有轶出自由范围以外之犯法行为，亦应依法交由司法机关审判，行政机关决不能非法拘禁，更决不容非法处死"。

宋庆龄、蔡元培等社会名流也以个人名义公开致电蒋介石要求政府查办顾祝同，甚至国民党元老胡汉民也致电国民政府主席林森要求为刘煜生昭雪并惩办"新军阀"。

国民党政府拖来拖去，实在拖不过去了，才由行政院于9月1日发出《保护新闻事业人员》通令，"特通令各省市政府、各军队军事机关，对于新闻事业人员，一体切实保护"。蒋介石宣布改组江苏省政府，将顾祝同免职，陈果夫担任江苏省主席，并令顾退出政界，重回军界，这就算是给了一条人命和全国舆情一个交代。

事情平息之后，顾竹轩前往中汇银行杜月笙的办公室道谢，正好他有位朋友，为了亚东银行的事想找杜月笙帮忙，就和他一同前往。事情谈完后，朋友先告辞，杜月笙居然起身相送，一直送到了电梯口，这让顾竹轩很是诧异，开口问道："为什么每次我来，你从不相送，他只是我一个朋友，你却如此殷勤？他有什么了不起？"

杜月笙笑笑，说："因为他是你的朋友啊！是你的朋友就了不起啊！"见顾竹轩依然大惑不解，杜月笙进一步解释道："我们是老朋友了，而且你知道我身体不好，熟不拘礼也不会见怪。但你的朋友不同，他不像我们这么熟，所以我必须格外恭敬。其实我对你朋友的尊敬，就是对你最大的尊敬！"

一席话，让顾竹轩格外受用，佩服得五体投地。重新品味上海滩上流传的那句话"黄老板爱财，张大帅善打，杜先生会做人"，不由得连连点头。

第二十四章

两度交手 "民国第一杀手" 王亚樵

1 李鸿章的混蛋长孙惹麻烦

上一章,我们谈到段祺瑞的一句话:"国杰的事,看在中堂大人的面子上,就算了吧!"这李国杰是清末重臣李鸿章的孙子。李鸿章对段祺瑞有知遇之恩,段祺瑞自然要说情,这是中国人做事的方式,自己的面子胜过国家的法律。

这个李国杰是个大活宝,他遭遇的麻烦,说起来很长。

李鸿章堪称晚清的中流砥柱。作为长孙,生于1881年的李国杰有着幸福的青少年时代:十二岁即被慈禧太后任命为二等侍卫,二十五岁就任广州副都统(相当于广州驻地部队副司令员),二十七岁高升农工商部左丞(相当于农业部、工信部、商务部联合副部长),二十九岁继承李家的一等肃毅侯,受封建威将军,出使比利时。李大使(那会儿官称不叫大使,叫"出使比利时大臣")在布鲁塞尔成天花天酒地,一掷千金,辛亥革命后居然还留任了。

1914年李国杰回国,和爷爷的衣钵传人袁世凯结为亲家。就任国民政府参政院参议,月薪五百元。这钱很不少,只是对他这个花花公子来说不多,好在有李鸿章留下的庞大家产足够他挥霍。

1916年,李国杰进入李鸿章、盛宣怀化公为私的类似于家族企业的上海轮船招商局,担任董事;1924年以大股东的身份,当选这家全国最大航运企业的董事长,这是民国以来他干的第一个肥缺,自然心情舒畅。

1927年北伐成功后,蒋介石建都南京,国民政府宣布"清查晚清官僚资产",以"收回航权、航业国有"为名,对上海轮船招商局实行改制——实行总办负责制,董事会成了养老院,董事长大权旁落,李国杰痛不欲生。

政府派来的总办是赵铁桥。赵总办大权在握,根本不把李董事长放在眼里,对他及手下亲信过往的贪渎之事不留情面地查办。李国杰痛恨赵铁桥,这个纨绔子弟耍不来他爷爷的官场手腕,他想出来的招数简单而刺激——找个杀手做了赵铁桥那厮。

他找的是合肥老乡王亚樵,江湖人称"王老九",尊称"王九爷"。

因为有荆轲、聂政等春秋战国时期的刺客在前,我们不好称王亚樵是中国历史上最伟大的杀手,但至少他能算之一。到目前为止,死在他手下的重量级人物,已有淞沪警察厅厅长徐国梁、日本上海派遣军司令长官白川义则大将,受伤的则有日本驻华公使重光葵,之后他还暗杀过蒋介石、宋子文等大人物,未果。而最终导致汪精卫不治而亡的枪伤,也是拜他所赐——派出杀手孙凤鸣行刺蒋介石而最终误中汪精卫。真难以想象,这是个如何不可思议的团队!

对于这么一个注定要青史留名的杀手之王来说,赵铁桥这单业务自然是小菜一碟,何况王亚樵本来就想杀他。

原来赵铁桥曾任国民党改组派首领王乐平的秘书,王乐平因为积极与蒋介石争夺国民党领导权,结果被戴笠

王亚樵

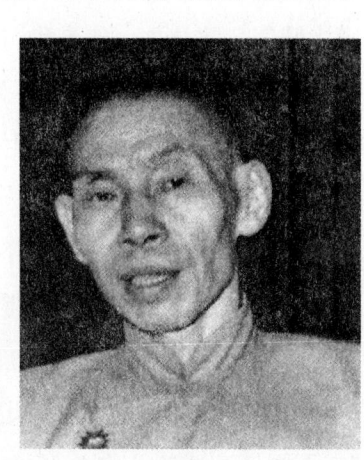
杜月笙

派人暗杀,他的行踪等关键信息就是由赵铁桥所提供。王亚樵和王乐平私交颇好,更是反蒋同志,因此一定要为战友报仇。

当然即使这样也不能白帮李公子的忙,而李公子对赵铁桥的仇恨之深,已经不能用金钱来衡量。最后是李国杰送了两万元作为定金,承诺事成之后连招商局的海轮"江安号"一并送给王九爷,并先行将契约送上。于是1930年7月24日凌晨,在福州路路口招商局门口,赵铁桥刚一走出大楼,还没来得及上车,就被王亚樵派出的杀手乱枪击中,死在了医院的病床上。非常巧合的是,李国杰后来也死在了同一张病床上。

王亚樵要接收江安号海轮了。这艘海轮赢利能力超强,王亚樵很是重视,特意聘请了曾经当过江安号经理的卓志铖来负责经营。而江安号现任经理张延龄来头很大,他是张啸林的侄子,还是杜月笙的弟子。有这样的背景,再加上有合法的合约在身,自是有恃无恐,不肯让出这艘船,并且动手打了卓志铖。

卓志铖惹不起张啸龄,只好向王亚樵求助。

王亚樵大怒,当晚派人趁着天黑,把张啸林家的后院墙给炸了个大窟窿,之前他也如此炸过虞洽卿家,以示警告。第二天托人带话:晚上码头见,了结此事。

张啸林年轻时也是个不要命的主,现在虽然岁数大了,但虎威犹存,哪里咽得下这口恶气?就要召集人马去火拼。杜月笙忙劝住,说道:"我觉得世界上有三等人。头等人,有本事没脾气;二等人,有本事有脾气;末等人,没本事大脾气。啸林哥,如果我们现在还靠打打杀杀来解决问题,那是自己把自己的场面做小了。"见张啸林不为所动,依然愤懑不已要去拼命,杜月笙进而劝道:"延龄说到底是我的学生仔,这事儿理应由我出面解决,啸林哥不必跟这伙亡命之徒一般见识。"

当晚码头上,王亚樵带着手下的斧头帮数百人,严阵以待,却见杜月笙只带了三个保镖款款而来。走得近了,杜月笙停下脚步,彬彬有礼地微笑相问:"请问哪位是王九爷亚樵先生?"

王亚樵没想到杜月笙如此从容,还这般斯文,只好也很礼貌地回了一句:"在下便是王亚樵。"剑拔弩张的局面总算有所缓和,谈判开始。王亚樵的意思,是要杀了张延龄等几个动手打卓志铖的人,杜月笙语气依然很平和:"亚樵兄何必为了几个小兄弟生这么大的气。这样,杜某今天在这里先代他们给亚樵兄赔个不是,明天再让他们登门道歉,所有医药费我这里出。"

王亚樵见杜月笙如此客气,也不为已甚,说:"好,这个事就按杜先生说的办。那么江安号怎么处置?"杜月笙很诚恳:"这条船,既然契约都在亚樵兄手上,自然该归亚樵兄所有,叫人随时去接管就是了。"王亚樵万没想到杜月笙这么爽快,正吃惊呢,杜月笙一挥手,身后的陆桂才捧着个木盒走上前来,打开,红布上面放着五根金条,也就是五十两金子。

杜月笙淡淡地说:"今天幸会,杜某愿和亚樵兄交个朋友,这是一点心意。"王亚樵也是场面上的人,尤其吃软不吃硬,这下子就有点不好意思了,赶紧说:"杜先生的心意王某领了,不过这条子,实在是无功不受禄,请杜先生收回。"

杜月笙继续轻描淡写地说:"亚樵兄可能有所不知,杜某人送出去的礼物,从来不收回的。"说完见王亚樵仍没反应,便吩咐陆桂才:"既然王九爷不给面子,你去把这些条子扔江里去。"陆桂才还未转身,王亚樵忙说:"既然杜先生给面子,那王某只好恭敬不如从命了。"遂收下了金条,双方握手道别。

这一番较量,显然是杜月笙服软认输。还没等他赶到张公馆,张啸林早已得到消息,气得要找人玩命。杜月笙赶到后,直劝他道:"啸林哥,服软是我服的软,不伤你的威名。"见张啸林依然不依不饶,他只好接着劝解:"我们现在好歹都是有家有业的人,为这么点小事,去和王老九这群亡命之徒拼命,不值得的。"好说歹说,算是把张啸林劝了下来。

李国杰这花花公子,根本没想过这事他是否得罪了杜月笙、张啸林,还好杜月笙一方面念他是个糊涂蛋,不值得太计较;另一方面也是考虑到他家族背景太显赫,打一顿不解气,真要做了他也怕树大招风,好歹劝住了决意要干掉他的张啸林。

李公子就当没这些事儿,只知道托人、花钱,一门心思活动那个总办的位置。功夫不负有心人,到了1932年春,也就是杜月笙的恒社成立不久,招商局总办改称总经理,李国杰终于如愿以偿,任董事长兼总经理,李总掌权后,无意于经营管理,只热衷于挥霍,反正这是国企。

有这样的总经理,招商局内部的腐败不消说,要命的是,居然很快就欠了一屁股债,其中光欠汇丰银行,连本带利就达六十万两银子,约合八十万元。汇丰银行发现招商局从一台赚钱机器变成了赔钱机器,不敢怠慢,屡次催款无果后,一纸诉状将其告上了法庭。英租界法院(会审公廨)依法判决:上海轮船招商局须在六十天内偿还汇丰银行白银六十万两。

李国杰哪里有钱来还债?走投无路之下,决定卖掉一个码头。该码头可以卖一百万两银子,还完抵押贷款二十万及欠债六十万,还能喝几场花酒,捧几个明星,打几圈麻将,简直是不卖不足以平李公子心头之痒!

不过卖起来也不容易,毕竟码头早已收归国有,总经理也做不了这个主。李国杰一边感叹没有碰到好时候不能为所欲为,一边积极疏通上级主管部门交通部的关系。李国杰买通了交通部参议黄居素和航政司司长蔡培,通过他们搭上了主持工作的交通部次长陈孚木的关系,四人相约卖剩下的二十万两银子大家平分,每人分五万。然后,在陈孚木的默许下,李国杰就把码头卖了。但是

所有的文件，陈次长都没有签字盖章。

一百万两银子刚一到账，陈次长便打电话通知李总：速汇七十万元到部里，有公事急用，一周后定当归还，李总就把钱汇了过去。正被政敌攻击，即将下课的陈次长收到钱，立即存入自己在外国银行的户头，然后买张机票，跑澳门定居去了。

贪官外逃一走了之，可就苦了咱们的李总经理。这事先是被杜月笙知道了，觉得可以名正言顺地为上次的事出口气，便通过自己的渠道，向蒋介石告状，蒋介石大怒，派了宋子文去上海严肃查办。这是1933年4月的事。

李国杰做梦也想不到的，一是牵头的竟是宋子文，二是参与审问他的，居然有他的同伙蔡培蔡司长。他还想不到的是，上海地方法院判处他八年有期徒刑。

之后，上海轮船招商局高层大洗牌，宋子文力邀当时最牛的企业家、火柴大王刘鸿生担纲总经理，而杜月笙也进入了董事会，任常务董事。

李国杰下狱之后，李氏家族的亲朋好友少不了四处奔走，但都无济于事。现在段祺瑞应邀南下，总算让他们看到了转机。李国杰的堂弟李国源娶过段祺瑞的女儿段式萱，虽说段式萱已经病故，李国源也已另娶，但一份翁婿之情，是任谁也无法抹去的。

于是李国源拜访老岳父，段祺瑞就给蒋介石来了一句："国杰的事，看在中堂大人的面子上，就算了吧！"李中堂在蒋介石这里毫无面子可言，但段祺瑞有，这就够了。等段祺瑞到上海英租界安定下来后不久，李国杰也就被悄悄地放了出来。

1938年3月28日，曾任段祺瑞执政府秘书长的梁鸿志投靠日本，在南京组建中华民国维新政府，之后不久，有传言李国杰将应邀出任伪政府交通部长。1939年2月19日，大年初一，李国杰在家门口遭遇军统暗杀，一枪倒地，送往医院后，医院得到通知不得救治汉奸，结果他死在了当年赵铁桥被刺后抢救时躺的那张床上，时年五十八岁。

2 为张学良剑拔弩张

杜月笙进了轮船招商局董事会,虽然这个常务董事目前还只是个虚衔,但总经理刘鸿生这个上海滩首屈一指的大实业家对他非常尊敬,这让他有如沐春风之感,毫无保留地支持刘总的工作,这也让刘鸿生很感动。

后来刘鸿生的四公子刘念智留洋归来,被杜月笙特邀到杜公馆做了一段时间的家庭教师,专门教他将赴英国留学的两个儿子学习英国上流社会的礼仪和常用英语,其教学成果令杜及家人极其满意,杜月笙为此破例,专门宴请了刘四公子这个晚辈。有了这样的交情,刘鸿生私人旗下大大小小的公司、工厂,也都尽得杜先生关照,普通大小流氓绝不敢去惹是生非。

不过偌大个上海滩,终究还是有敢于招惹杜月笙的人,这个人自然还是天王老子都不放在眼里的王亚樵。上一次,因为"江安号"海轮的事杜月笙向他服了软,后来王亚樵手紧,又向杜月笙"借"十万块钱,杜明知有去无回还是爽快地给了他。现在,两个人再一次剑拔弩张,为的却是张学良。

九一八事变,因为不抵抗,全国陆海空军副总司令张学良招致举国唾骂,但这没妨碍他官场继续得意,仅仅两个月之后,即1931年11月,张少帅顺利当选为中央监察委员会委员,并荣任国民政府军事委员会副委员长。可惜一个月后,蒋介石在国民党内斗中被汪精卫、胡汉民等巨头搞得被迫辞职,张少帅也被解除副总司令职务,但依然身负重任,改任北平绥靖公署主任。

随着蒋介石闪电般的东山再起,1932年8月,张学良被任命为国民党军事委员会北平分会代委员长,全面主持华北、东北的军事工作。时隔不久,1933年1月,日军进攻山海关,长城抗战就此拉开序幕。张学良豪言至少能防御三个月,但又怕打败了损失太大,为了保存自家东北军的实力,根本就没有投入重兵;又为了不让蒋介石染指自己的地盘,张少帅拒绝了国民党军队进入热河助战。

2月27日,日军进攻热河,3月3日,还没打到热河省会承德呢,东北军

将领、热河省主席汤玉麟就学着顶头上司张学良的样子，不战而逃。手下的将士，逃跑的逃跑，投降的投降，整个崩溃。作为本次会战的总指挥，张学良再次为千夫所指，终于接受了不堪压力的蒋介石的暗示，引咎辞职。3月12日，张学良带着夫人于凤至、赵四小姐及参谋、副官、卫队一大堆人，从天津乘船抵达上海。张学良自知舆论沸腾，举国皆言张少帅可杀，所以行踪非常隐秘。

上海滩鱼龙混杂，安全方面尤其可虑。所以养尊处优惯了的张学良不仅要住得舒适，更需要绝对的安全保证。张学良此次来上海是应好友宋子文之邀作短暂停留，只等宋部长为他办好了出国手续，少帅一行便将出国观光。

宋子文考虑得很周到，派手下早早就联系好了杜月笙。只有杜月笙，才能在租界、华界都一手遮天。更难能可贵的是，他有接待、保护政要的光荣传统。

杜月笙起点颇高，接待的第一个要人就是当时刚刚卸任的大总统黎元洪。那会儿他尚在黄金荣门下，还没自立门户。1923年6月，第二次担任大总统的黎元洪被曹锟赶下台，仓皇逃往天津活动，眼见无法复位，再南下上海，以图重整旗鼓。这次上海之行，总接待方是黄金荣，负责具体接待及保护工作的，则是当时已经在黄公馆一枝独秀的杜月笙。

接到这个任务，杜月笙相当地激动，他无论如何也想象不到，自己一个最底层的流浪儿，有朝一日竟然能出面招待大总统。为此他特意安排黎元洪一行住进了自己刚从犹太人手里买下的大公馆——这是一个可以载入史册的地方，1972年，《中美联合公报》在此签署。再后来，2001年APEC会议期间，菲律宾总统阿罗约等在此办过派对。

无论是吃穿用住，杜月笙通通施以最高规格，一切安排得井井有条。安全方面更不用说，手下的四大金刚顾嘉棠、芮庆荣、高鑫宝、叶焯山全部动员起来，无论刮风下雨，都带人日夜守护。杜月笙本人则但凡没有特别要紧的事情，就天天贴身陪护，把黎前总统一行人感动得不轻。

住了大约三个月，租界当局发觉黎元洪原来是在这里搞"足以引起军事行动"的政治活动，这既已违反了租界的法律，便把他们赶走了。临行前，黎前总统定制了十枚纯金奖牌，分赠杜月笙手下，其秘书长、一时文豪饶汉祥更是特为杜月笙题了一副对联：

> 春申门下三千客　　小杜城南尺五天

气势如虹，恭维得当，妙手偶得的佳句。杜月笙如获至宝，特地请来篆刻大师，将其刻为黑底金字，悬挂在会客室。

另一个大人物，是段祺瑞执政时期的陆军总长、参谋总长徐树铮。徐树铮有"小诸葛""小扇子"之称，足智多谋，是段祺瑞旗下的第一员大将。现在知道他的人大概不是很多，但1919年徐将军率军收复了外蒙，足以彪炳史册。

1924年齐卢战争时，作为皖系的重要人物，徐树铮曾来上海，和杜月笙有所交往，深知杜先生在上海滩呼风唤雨的本事。后来皖系兵败，徐树铮作为被通缉的头号战犯，被迫周游列国。1925年，段祺瑞重新出山，以傀儡之身君临天下，徐树铮便可以回国了，回来的第一站就是上海。

徐树铮是那种恃才傲物的性格，大权在握的时候，得罪过太多人，甚至还杀过一些人，其中就包括袁世凯的军警执法处长、冯玉祥的舅舅陆建章。现在落魄了，不知道有多少人想报复，他自己当然清楚这一点，所以早早托人带话给杜月笙，希望杜先生可以公开出面予以保护。对这么一个风口浪尖上的人物，黄金荣、张啸林嫌麻烦，都主张敬而远之，杜月笙却力排众议，说了句"锦上添花的事情让别人去做，我只做雪中送炭的事情"，又拿出皖系卢永祥、何丰林的交情说服了两位大哥，相约徐树铮到的当天，三大亨一起登船迎接。

在杜月笙的悉心护卫下，徐树铮在上海呆了近一个月，然后到北平见过段祺瑞，五天后南下，火车刚到廊坊便被截住无法前行，冯玉祥早已通知表弟、陆建章的儿子、自称"陆文龙"的陆承武，把他抓下火车枪毙了。徐树铮之死，算是间接地扬了杜月笙的威名，有杜先生的保护，徐将军安然无恙，一旦离开，竟至死于非命。

现在张学良找上门来，以杜月笙的性格，自然是一诺无辞。位于福煦路181号的远东第一大赌场此时已被杜月笙关闭，这个占地六十余亩的超级豪宅，现在正好供张学良一行居住，可以住得相当的舒坦。

杜月笙的接待无微不至，宾主双方其乐融融。为了表达谢意，张学良、于凤至夫妇亲到杜公馆拜访。正是春寒料峭的时候，于凤至貂皮大衣一脱，就只剩下薄薄的绸衫，冷啊！可毕竟是大家闺秀出身，两臂冻成了青紫，依然端坐

第二十四章　两度交手"民国第一杀手"王亚樵

在那里，面带微笑。

张学良和杜月笙穿得多，只管闲闲地聊天。聊着聊着就聊到了王亚樵。先是杜月笙很大气地说："汉卿（张学良字汉卿），你既然到上海了就谁也别怕，有我杜月笙。"然后又专门给了他三个自己的电话号码，说我不在的时候，不管在哪儿，你如果被人卡住了，就给我打电话，都没问题。"张学良频频点头，杜月笙话锋一转："只是你一定要小心王亚樵，这个人不一定要和你有仇恨，只要有人给他钱，他不管是谁都敢下手。"说到这儿了，张学良禁不住问道："月笙，我听说他敲诈过你十万块钱，这事是真的吗？"

杜月笙毫不在乎地回答："是真的。"张学良刨根问底："这钱是你给他的？""对，是我给他的。"张学良越发好奇："月笙难道你怕他？"

杜月笙笑了："我怕他干啥？"张学良觉得匪夷所思："你不怕他为啥要给他十万块钱？"杜月笙点点头说："汉卿你可真是，不是我杜月笙低头，十万块钱对我来说算得了什么？我给他十万块钱就拉倒了，何必跟他找什么别扭？何况我给完以后，他就听我的话了。"

真是说曹操曹操就到。这次会面后不久，181号的大门口被人放了一枚拔去引信、不会爆炸的炸弹，并附有警告信，要求张学良立即离开上海，否则下一枚炸弹绝没这么文质彬彬。杜月笙大怒，马上派人调查，这事儿正是王亚樵干的。

对方是一伙不要命的人，这就不好硬来，杜月笙只能派人去交涉，问他到底为什么？王亚樵回答得很干脆：不为什么，只因为张学良这厮是国家罪人、民族败类，人人得而诛之。老子作为中国国民，有权收拾他。并提出三项条件，请杜月笙转达张学良：

一、马上返回北方，重整军马，和日军决一死战；

二、若不敢战，则速回东北老家，自杀以谢国人；

三、既不敢战也不肯死，就请捐出全部财产，用以购买军火，接济关外的义勇军。

三条路，他请张学良任选一条，否则绝不客气。

虽然杜月笙做了许多保密工作，这事儿终究还是没有瞒过张学良。张学良胆小，知道王亚樵这个魔王现在冲着自己来了，禁不住不寒而栗。当即请来杜月笙,希望他出面调解,并提出,如果需要花钱摆平,自己可以尽力而为。

杜月笙故作轻松,笑着说:"汉卿不用担心,这事我自有打算。如果需要花钱,你是我的客人,也不需要你破费。"安抚好张学良,杜月笙决定对付王亚樵。

杜月笙派人告诉王亚樵:"你那三项条件,现在来看都没有可操作性,可以不予考虑。至于张学良,如果他有罪,自有国家法律处置,在此之前,他是杜先生的客人,你若伤了他一根毫毛,杜先生说了,必将发动所有的力量,严厉追究。"

杜月笙动了怒,王亚樵倒也不敢太由着性子来,开出了新的条件,这就缓和得多了:江湖上讲究言出必行,现在王九爷话已出口,所以请张学良务必限期离开上海,否则九爷面子上不好看,逼急了难免会拼个鱼死网破。

杜月笙总算松了口气,通知王亚樵:张少帅一个月内一定离开上海。他现在正在戒毒,戒完就走。王亚樵捞回了面子,不再回话,只静观其变。

张学良多年来被毒瘾控制,再不戒是真不行了。张学良毒瘾有多大?看看他和汪精卫交情的恶化即可知。一次两个人会谈时,张学良几乎每隔二十分钟就要离座去里屋注射毒品,使得不明就里的汪精卫很是不满,认为这是对自己极大的不尊重,两个大人物就此产生了大隔阂。宋子文同样深有感触,热河会战前,他和张学良同车去视察前线,发现每走四十公里,张就要停车注射一次吗啡。如果不注射的话,少帅则会全身颤抖,坐卧不宁,完全没有人样。这一次少帅来上海,自己身为主人,又是挚友,宋子文觉得有责任帮他把毒给戒了。

宋子文、杜月笙、吴铁城轮番上阵,力劝张学良戒毒。最后是宋子文一句"你以国家要人的身份出国考察、疗养,关系着国家形象"打动了张学良,他终于同意戒毒,打算慢慢来。

因为王亚樵的态度不明,这时181号早已是风声鹤唳,院里院外到处都是杜月笙的警卫人员,空气中无处不弥漫着大战前的气氛。张学良自然是察觉到了,便问杜月笙是不是因为王亚樵。杜月笙想想没必要瞒着他,就说:"是,王老九还没表态,我谅他也不敢胡来,不过还是要严加防范的好。汉卿你不必担心,只是要抓紧戒毒。"

性命攸关,张学良决定立即戒毒,早完早走。

戒毒工作由杜月笙全面负责，宋子文专门请来了上海疗养院主治医生米勒博士主持具体工作，杜月笙派出自己的私人医生庞京周做其助手，并请杨志雄在暗中协力，组成了四人工作小组。

米勒与张学良是旧识，张学良曾两次捐款共二十万元，资助米勒医生的医疗慈善事业，米勒对此很是感恩，决定要彻底帮老朋友治好。于是与张学良约法三章：戒毒期间，一切听医生安排；张学良的所有随从，暂时改听医生指挥；张夫人于凤至及赵四小姐必须同时戒毒。

张学良全部同意，亲手写下条幅"陋习好改志为鉴，顽症难治心作医"以示决心，并把上了子弹的手枪放在枕头底下，告诫左右："从我戒治之日起，无论任何人，看见我怎样的痛苦，都不许理我，如果有人拿毒品给我，我马上拿这支手枪打死他！"这场治疗真的有效，张学良戒毒成功。

4月10日，张学良登船出国考察。此前，他送了米勒医生五万元，给杜月笙一句话："杜先生，你为我所做的一切，我全都知道。此时此刻，我只能说，我对你万分感激。"

后来张学良率大军驻防西安，杜月笙想把鸦片卖到西北，便请他保镖。这种事张学良当然不好出面，只能说："你和你太太一起来，我亲自去接你们。你运来的东西是什么，不要跟我说，我也不问也不管，如果有人把你的东西查扣了我也不管。"

晚年张学良在美国口述回忆录，如此评价杜月笙："我对杜月笙也是非常佩服，因为他是个人物，不能不说他是个人物。"

第二十五章
大达、大运公司风生水起

1 担任大达轮船公司董事长，跻身航运业

杜月笙除了为别人排忧解难，也没忘了自己的事情，在金融界站稳脚跟后，他开始向实业界进军。他知道自己的弱点，故并不自己办厂，大都采取收购或合作的方式，而他控制的第一家大型企业，是大达轮船公司。

大达是中国第一家民营轮船公司，始创于1904年，创办人是声名赫赫的南通状元张謇。张謇，江苏南通人，早先在淮军吴长庆的军营里当文书，和袁世凯共过事，应该算是袁世凯学问方面的老师，只是老袁对八股文章之类毫无兴趣，所以混出名堂后不再承认这层师生关系。

光绪二十年（1894）张謇考中状元，后到翰林院供职。张状元官不大，但风头很足，只是因为实在不喜欢动辄下跪磕头。他曾有言："老子饱读圣贤书，莫非就是为了做磕头虫？"恰好这时，父亲病逝，按规定，遇见这种伤心事，必须回籍守制，服三年之丧。

回乡之后，张謇大力兴办实业，创办了电厂、油厂、纱厂、面粉厂、机械厂、轮船公司等无数事业，开垦了黄河废河道以南的土地八百万亩；同时还兴建了男女师范、小学、中学、吴淞商船学校以及南通学院，成为著名的实业家、教育家。

大达轮船公司即为张謇所创立，下设仓库、码头、轮船、航线等多项事业。其航线专跑上海经南通天生港至扬州霍家桥一线，独占经营长达二十四年之久。1926年8月张謇病逝，随后大达的总经理鲍心斋也去世。两大创始人相继离去，新掌门人、张謇的哥哥张詧因和军阀孙传芳走得太近，北伐胜利后被国民党指为土豪而遭通缉，在众股东的一致反对下，张詧只得弃权逃跑。随后公司的经营管理就陷入了混乱。

首先是大达轮船公司存有巨款的德记钱庄破产，大达因此损失好几十万；然后是大达所属的"大生""大吉"号轮船先后失火烧毁，船上旅客伤亡惨重，货物损失不计其数，赔偿费难以计算。雪上加霜的是，原由大达独占的航线之上，出现了竞争对手——大通轮船公司。该公司以上海滩的洪门大哥，当年大八股党之一的杨再田为董事长，法租界公董局华董陆费伯鸿（陆费是其姓氏）为总经理，实力相当强大。早已处于风雨飘摇之中的大达轮船公司受此劲敌逼迫，濒临倒闭。

航运业是当时上海最朝阳的产业之一，杜月笙早就想跻身其间，只是苦于没有合适机会。现在看准这个时机，便找来杨管北和杨志雄，商量行事。杨管北、杨志雄都不是等闲之辈，加上之前的杨度，被合称为杜月笙的"三杨开泰"。

杨志雄是西门子洋行的买办，曾是张謇创办的吴淞商船学校的学生，后又任该校校长，与张謇及其事业相关人物关系密切。请他帮忙疏通大达内部的关系，自是非常恰当。

杨管北更是了得，他是诺贝尔奖得主李政道的舅舅，后来一度成为台湾佛教界大护法。他参加过北伐战争，当过国民革命军的科长。当然最重要的是，杨管北镇江豪富之家出身，家族在南通实业界投资颇多，大达轮船公司有他个人的股份，他有个姨父还是大达的董事。1928年济南惨案发生后，全国各地掀起抵制日货风潮，杜月笙在上海参与牵头组织了"经济绝交大同盟"，杨管北作为商界代表，异常活跃，其展现出来的领袖气质和交际能力颇得杜月笙欣赏，更为其丰富的财经界人脉及经验所折服，于是倾心结交。到现在，杨管北已是杜月笙最重要的经济顾问，他对航运业尤其熟悉。

三人商议的结果是，由杨管北出面，暗中大量收购大达的股票，达到控股比例后，再请陈光甫帮忙。陈光甫的上海商业储蓄银行是大达公司的主要债权人，对于大达的困境，陈光甫本就忧心如焚，万能的杜月笙愿意出手相救，在他是求之不得的好事。再加上他又欠着杜月笙一个大大的人情，就更觉义不容辞。于是陈老板便和手下的业务经理、大达公司的常务董事赵汉生出面活动，要求杜月笙、杨管北出任大达的董事长、总经理，却遭到了当年张謇的主要助手吴寄尘的坚决反对。吴寄尘不敢明着反对杜月笙，所以开出的理由是，杨管北太年轻，不足以担此重任。

于是轮到了杨志雄出手。杨志雄找了两个吴寄尘不能不给面子的人出来活动，一个是张謇的儿子，时任扬子江水道委员会委员长的张孝若；另一个是吴

寄尘的侄子,上海金城银行总经理吴蕴斋。与此同时,陈光甫、杨志雄他们积极鼓动大达公司的其他股东向上海社会局呈文,要求改选以救公司。时任社会局局长的吴醒亚是杜月笙多年的好友,当即指令大达公司召开股东大会,改选董事会。几方一用力,吴寄尘就被逼到了墙角。

杜月笙自己不方便出面,授意手下门生,刀枪开道,强行抢占了大达公司的码头,而不管谁报案,警察根本就不管,使得公司轮船无法装卸开航。到这时,吴寄尘终于明白大势已去,只能做出让步,不仅同意杨管北出任公司副总经理,连杨志雄都进了董事会。总经理是张孝若,但只是挂名,实际是杨管北掌管一切。

杜月笙既然拿下了大达公司,就要让它赢利。赢利的关键在于打败竞争对手大通,重温旧日垄断经营的美梦。

杜月笙习惯于称呼杨管北为"小开"。他说:"小开呀,这公司我拿下来了,具体的经营我不懂,往后就全靠你了!"杨管北说:"没问题,但必须得大家一起想办法先解决路上的土匪问题,杜先生你知道的,这个可不属于经营范畴。"杜月笙微笑着说这是小事一桩,请高老太爷来,一切都好说。

当时苏北一带遍地盗匪,凡商船、客轮通过,随时都有被劫的危险,以致运输的各项成本极高。杜月笙知道盗匪凶猛,当年张宗昌的好友陈调元就任淮海镇守使,带着卫兵都不敢去苏北赴任,而要到上海请高老太爷高士奎保驾护航。因为苏北匪盗大多是青帮中人,而高士奎是苏北人,又是青帮"大"字辈,德高望重,大家都要给面子。

杜月笙发达之后,广结善缘,对青帮中的长辈也有所表示:凡健在的"大"字辈老太爷,一律按月致送三百元津贴。养兵千日,用兵一时,高士奎拿人钱财,自然要替人消灾。杜月笙在帮中辈分很低,不过因为业已成龙,帮内辈分高者向他递门生帖子的也不在少数。但他不敢以老大自居,派人恭恭敬敬地去约请高老太爷,来杜公馆商量点事。

高老太爷也不敢摆谱,准点赶到,见了低他两辈的杜月笙,跟其他人一样,一口一个"杜先生",自然一切好谈。高士奎本身就是从苏北打出来的,在那边徒子徒孙众多,一言九鼎。现在那边的土匪头子,人称"吴老幺",和杜月笙一样,属于青帮"悟"字辈,就是高士奎的徒孙。

高士奎带着杜月笙送的三千元路费，第二天就启程回到家乡，叫人找来吴老幺，告诫他不许再抢大达公司的船只，并转达了杜月笙的美意：日后大达在皖北、苏北各地所设与航运有关的办事机构，将尽量聘用本地青帮中人担任经理，这些人不需要上班干活，挂个名每月坐拿二百大洋。

条件不错，又有高老太爷的面子，吴老幺一诺无辞："杜先生的船只管来，他们船上要是少了一颗麦子，通通由我吴老幺负责。"大达公司的船再也没被抢过，大通公司可就惨了，只能无语问苍天。客户纷纷流向大达，即使大通一再降价，也无力回天。

这下子杨管北就可以放手大干了。他确实是个人才，不仅把运输业务经营得蒸蒸日上，还建议杜月笙利用他在金融界的地位和关系，向上海商业储蓄银行和交通银行筹得三千万元，专做苏北货物押汇。同时创设大兴贸易公司，代苏北地区的商人在上海采买货物，因为服务细致，信誉卓著，生意不是一般的兴隆。

大通公司走投无路之下，不得不和大达达成联营协议，经会计师查账以及双方多轮讨价还价，最终确定双方各占比例为大达55%、大通45%，等于大达把大通吃下了。陈光甫以极优惠的条件贷给杜月笙六十万两白银，大达公司建造了一艘可载客二千余人的豪华客轮"大达号"，其奢华堪称上海滩的泰坦尼克。和泰坦尼克号一样，"大达号"后来也沉了船，那是抗战开始后的事情了，因为抗日需要，杜月笙主动凿沉的。

"大达号"新船下水，杜月笙主持了热闹非凡的下水典礼。船经杨树浦时，他指着远处一间毁损不堪的房子，跟杨管北说："我曾经在那间学校读过五个月书，后来就再也没有读书的机会了。"两个人很是感慨了一番。

不久，上海船联会改选，按照章程规定，虞洽卿因已连任两届理事长而必须卸任，在航运界已然地位崇高的杜月笙，便以大达轮船公司董事长的身份，如愿以偿获取了这一工商界的重要头衔。以此资历，后来得以更上一层楼，当上了全国轮船公会理事长。

2 卖航空奖券大运丰收

杜月笙拜访黄金荣,黄金荣直言相告:"月笙,你的大运公司恐怕出问题了。"黄金荣其实也只是猜测,理由是每天必来黄公馆陪他玩牌的金廷荪连着几天没来了,打电话问他,什么也不说,但听得出来情绪很低落。金廷荪是大运公司的总经理,大运公司事关宋子文宋部长的一番美意,绝对出不得问题。

事情是这样的:1933年4月中旬,国民政府行政院副院长兼财政部长宋子文赴美出席世界经济会议,并与美方洽谈棉麦贷款事宜。其时东三省业已沦陷,日本帝国主义犹在加紧侵华部署,国内抗日呼声高涨。飞机自第一次世界大战被启用之后,一直引领世界军事潮流,当时仍是尖端的军事装备。尤其在"一·二八"淞沪抗战中,上海饱受日军飞机轰炸之苦,面对敌机,中国军队完全处于被动挨打的地位,这一残酷的现实,使中国人觉悟到增强空防势在必行。因此在国内,"航空救国"的声调很高。

宋子文欲搞一个"航空奖券"广开财源。这种事情,官方出面操持容易挨骂,宋子文便给杨志雄打电话,请他给物色一个代理发行人。

"三杨开泰"之一的杨志雄,此时已是吴淞商船学校校长、国民党国际问题研究所德国系主任,和宋子文交往密切,同时依然是杜月笙的智囊。他当然了解,彩票发行自古就是一项油水丰盛的美差,四面八方无不虎视眈眈,如果不是手眼通天、八面玲珑的角色,根本就罩不住。所以接到电话,他立即就想到了杜月笙,宋子文也觉得这是最合适的人选,当即照准。

连杜月笙自己都没想到天上会掉下来这么大一个馅饼,兴高采烈地就成立了个大运公司,地址选中了四川路会元坊的一处物业,业主是浙江兴业银行,总经理徐新六是金融界的重量级人物,精明能干,因吃喝嫖赌包括纳妾样样不沾,故有"圣人"之誉。杜月笙和他是很好的朋友,所以一切好商量,租金格外便宜。

杜月笙当然不会亲自去打理彩票这种小事,只是挂名当了个董事长,找来金廷荪当总经理，全面负责公司事务，杨志雄则以顾问的身份从旁协助。

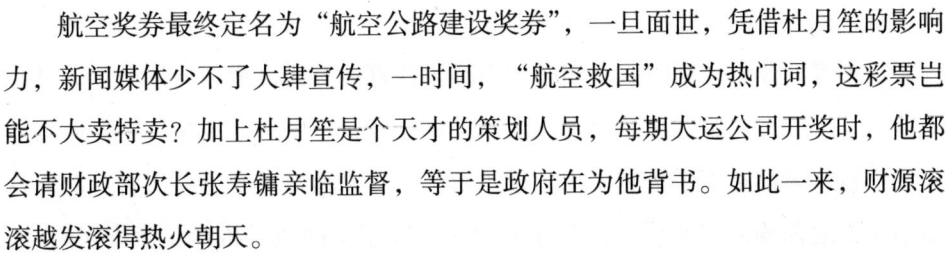

航空奖券最终定名为"航空公路建设奖券"，一旦面世，凭借杜月笙的影响力，新闻媒体少不了大肆宣传，一时间，"航空救国"成为热门词，这彩票岂能不大卖特卖？加上杜月笙是个天才的策划人员，每期大运公司开奖时，他都会请财政部次长张寿镛亲临监督，等于是政府在为他背书。如此一来，财源滚滚越发滚得热火朝天。

航空奖券每年发行四期，每次五十万张，每张售价十元。所得国民政府提取百分之五十，主要用于航空建设，其余百分之五十作奖金和发行费。第一年下来，政府收入一千万元，而整个1933年，国民政府出口税收也不过两千两百万元。两年之后，奖券改为一月一期，收入就更不用说了。

杨志雄很忙，第一期奖券圆满发行完毕，他便功成身退，金廷荪开始真正独当一面。如今听黄金荣这么一说，杜月笙心知有异，急忙赶到金家，金廷荪正躺在床上。事情果然很严重，起因是金廷荪任用的一个门生挪用公款做投机生意，赔了二十多万元，眼看无力回天跑了，只留下一个烂摊子。

杜月笙不忍责怪业已病倒的金三哥，只好请杨志雄出山挽救危局。杨志雄知道大运公司内部管理极其混乱，人际关系非常复杂，且自己当时确实很忙，便有所犹豫。杜月笙见状，不由得诚恳地说："志雄兄，看看我们今朝的排场，就像是鲤鱼跳过了龙门，化鱼为龙，身价百倍了。但是你知道的，我跳龙门比你难得多。你好比是条鲤鱼，修满五百年道行就可以跳，我是河滨里的一只泥鳅，先要修一千年才能化身为鲤鱼，再修五百年才有跳龙门的资格。因此，我无论做什么事情，都是只可成功，不许失败。譬如说我们两个同时垮下来，你不过还你的鲤鱼之身，我呢？我却只能变回一条泥鳅。所以说，这个事情，一定要拜托你！"

话说到这份上了，杨志雄无法不勉为其难。他也真不负众望，得到绝对授权之后，拿人事开刀祭旗，首先把杜月笙、金廷荪的七大姑八大姨通通开掉，接下来的治理整顿立竿见影，不出三个月，不仅二十多万的亏损补了回来，而且大运公司又开始赢利了。

杨志雄因为忙再次功成身退，杜月笙则三顾茅庐，把心中有愧的金三哥请了出来接着当总经理。金廷荪除了感激，剩下的就只有感动，再不敢怠慢，完

全萧规曹随，一切照着杨志雄定下的规章制度办，把个大运公司经营得红红火火，真正体会到了扬眉吐气的超爽感觉。

后来等到业务结束时，大运公司净赚了两百多万元，最后一期分红，杜月笙应得二十几万。金廷荪和杜月笙关系非同一般，了解他的风格，更了解他的底细：钱从来都是左手进右手出，根本留不住，永远只是个过路财神。就拿这航空奖券之前赚的钱来说，杜月笙先是买了一架法国教练机送给上海飞行社；后来孙桐萱将军的弟弟孙桐岗从法国学航空回来，他又买了一架飞机送给他。两架飞机，分别命名为"月文号"和"月辉号"。送人飞机当然是很稀罕的事，各大报纸自然连篇累牍地报道，杜月笙享尽了风光，却也差不多把自家的赢利都搭了进去。

诸如此类的事情杜月笙做得太多，所以虽然场面大，外人看起来风光无比，其实家里也没什么余粮。因此金廷荪便不肯把这二十几万交出来，杜月笙倒也不问。

金廷荪的想法是，就算把钱替他存进银行，难保不被转走他用当交情给花了，倒不如替他买块地好好建幢房子，杜月笙再需要用钱也不至于卖楼，谁都知道杜先生是个爱面子的人。

精挑细选后，金廷荪买地造楼，因为铁了心要把二十几万巨款花完，所以极尽奢华之能事，花园豪宅不是普通的富丽堂皇。这就是现在新乐路167号的东湖宾馆，几十年后，"文化大革命"时期，上海滩的又一个风云人物王洪文曾经住在这里。

倒是杜月笙自己一天也没在这儿住过。这个地方，因为有风水先生看过后说不利于家庭和谐，所以，被几个太太间的明争暗斗搞得不胜其烦的杜月笙哪里还敢去住？不过虽然如此，这个花园后来还是立了大功：1949年杜月笙举家远走香港，一直到其病故，三年间全家所有的开销，完全靠的就是把这房子卖给美国领事馆新闻处所得的四十五万美元。

金廷荪自己当然也赚了个盆满钵满，正好此时黄金荣和顾竹轩斗得焦头烂额，有意转让黄金大剧院，金廷荪便给盘了过来。精心装修之后，找风水先生选好了黄道吉日，重新开业。杜月笙当然是首席嘉宾，负责剪彩。

姚玉兰知道杜月笙酷爱孟小冬的表演，便以好姐妹的名义写信去北平，邀请孟来上海为黄金大剧院重张捧场，并参与剪彩。孟小冬愉快地接受了邀请。

姚玉兰此举其实还别有深意。自结婚后，她一直为杜月笙所深深宠爱，这一点她很满意也很感动。只是美中不足，杜的前三任太太本来并不和睦，可姚玉兰得宠后三人立即团结了起来——她们三个都是苏州人，一旦想要团结就是铁板一块，大家一致对外。

当然，姚玉兰不住在华格臬路，大家见面的时候不多。但只要四个人一见面，那三位的冷言冷语闲言碎语就会劈头盖脸地砸过来，搞得小姚很不爽。偏偏杜月笙在家庭事务方面仿若白痴，看到这个场面只会心烦意乱，根本不可能指望他去调停。

所以姚玉兰这次邀请孟小冬来，名义上是为了满足杜月笙的戏瘾，其实真正的目的，是为了把孟拉进杜氏大家庭。孟小冬和自己都是北京人，两个北京女人联合起来对抗三个苏州女人，总强过自己一个人单打独斗。

姚玉兰早就看出杜月笙对孟小冬念念不忘背后的感情因素。孟小冬和梅兰芳离婚后一直不嫁，放话"除非不嫁，要嫁便嫁一言九鼎、跺跺脚地会颤之人"。自家老公杜月笙不正是这样一个人吗？

孟小冬如约而至，姚玉兰瞒着杜月笙，为的是给老公一个惊喜。大剧院开张典礼当日，杜月笙见到孟小冬，惊喜交加。在姚玉兰的一力促成下，两人顺理成章地走到了一起，不过没结婚，到目前为止是情人关系。住了一段日子后，孟小冬还是回到北平，以后只要来上海演出，就必定会到辣斐坊住上些时间。

第二十六章
风月场中的左右手

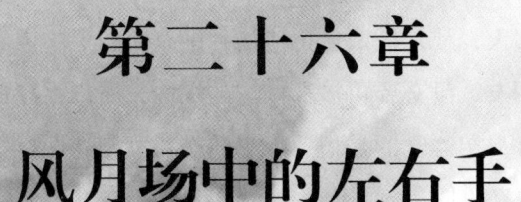

金廷荪帮着买的那座花园洋楼，住的第一个人是川军将领范绍增。范绍增奉命带兵前往湖北洪湖"剿匪"，对手是两把菜刀闹革命的贺龙部。一仗打下来，范绍增部大败，手底下一个团被全歼不说，自己右臂还受了重伤，住进了武汉的医院。

消息传到上海，杜月笙立即派他的门生张松涛带人赶赴武汉，把范绍增接到上海就医。船到码头，顾嘉棠代表杜月笙前来迎接，直接把他送到当时中国最好的骨科医院白渡桥公济医院，在那里，早已联系好的一个英国医生带队做了诊治。幸好来得及时，范将军这条右臂总算保住了，未被截肢。

范绍增出院那天，杜月笙亲自把他接到南京路的汇中饭店。现在大家已经是熟不拘礼的好朋友，没必要再搞那些虚的场面，所以在座的全是顾嘉棠、金廷荪、芮庆荣等好兄弟。吃的是川菜，喝的是花酒，这两样都正对范哈儿的胃口，一场酒下来，真的是一醉方休。

酒后杜月笙说范将军刚出院，不宜太劳累，今天就先回去休息吧！然后和顾嘉棠一起，把他送到了新居。进得客厅，顾嘉棠顺手拿起一个梨，笑着递给杜月笙："月笙哥，削个梨给范将军醒醒酒吧。"杜月笙真就接过来，掏出随身携带的水果刀，笑嘻嘻的瞬间就削好了，交给了范绍增。自己又从果盘里拿起一个，跟顾嘉棠说："阿根，你去把院子里的花花草草打理一下，回来这个梨就是你的。"前面说过，顾嘉棠花匠出身，绰号"花园阿根"，听杜月笙这么一说，起身就假装要往外走，看得范哈儿在一旁哈哈大笑。

第二天，他们去的是会乐里的富春楼，杜月笙刚一下车，就有七八个流氓白相人围了过来，伸手管他要钱。他分开众人，拉着范绍增往前紧走，后面的保镖赶紧发钱，可能是给得少了，那群人便在后面大叫："莱阳梨，多给点！"杜月笙依然快步紧走，范绍增回头一看，保镖真就在继续掏钱。进了富春楼，趁着妈咪忙于张罗、小姐还没出来的当口，范绍增实在是忍不住好奇心，一边喝着茶，一边尽量显得不那么急迫地问："杜先生，那几个人是谁？"

杜月笙淡淡一笑，说："是我小时候在街上混的时候见过面的弟兄，不熟。他们经常会管我要几个钱花，给了就是。"范绍增暗暗佩服杜月笙的胸襟，本来就一掷千金的他，今天出手就更阔绰，给小姐、茶房、小弟、门童的赏钱都以翻倍计，乐得富春楼人人赞不绝口：范将军果然是杜先生的朋友，耿直！

顾嘉棠陪同范绍增把上海玩了个遍，无论是剧院、妓院，还是舞厅、游戏场，通通都是哪儿高档奔哪儿去。顾嘉棠看出范哈儿尤其热衷于跳舞，就主要陪着他在百乐门、仙乐斯、大都会、丽都花园等一流舞厅玩耍。丽都花园舞厅的老板是杜月笙手下四大金刚之一的高鑫宝，范绍增自然在那里待得时间最多，一来二去就迷恋上了那儿的当红舞女黄白瑛。

范哈儿出手一如既往的大方，因此在各个舞厅都出足了风头，一提起范将军，连开电梯的师傅都会眉飞色舞地夸奖。可无论他怎么努力，却就是打动不了黄白瑛黄小姐的芳心，这不仅让其他舞女心生嫉妒，就连看洗手间的老爷爷老奶奶都替他感到委屈。

范绍增的假期只有一个月，一个月花天酒地的日子转瞬即逝。范将军乐不思蜀，无奈军令如山，只能如麦克阿瑟将军般豪迈地留下一句："我会回来的！"

临行前，杜月笙在六国饭店摆酒为他饯行。酒过三巡菜过五味，杜月笙闲闲问起这段日子过得可还满意、是否有什么遗憾。范哈儿是个粗人，如实相告："真是承蒙杜先生关照，一切都再满意不过了。要说遗憾嘛，是有一点小小的遗憾，只有待下次来弥补了。"

"是什么事？""丽都饭店那位黄白瑛黄小姐，我什么方法都用过了，就是搞不定。可能嫌我是大老粗吧！"杜月笙微微一笑，只说："喝酒，喝酒！"第二天送走范绍增，杜月笙一个电话叫来高鑫宝，问："你那里有个舞女叫黄小姐？"高鑫宝略一思索便回问："月笙哥说的可是黄白瑛？""就是她。"杜月笙吩咐道："你去跟她说，范将军是我的客人，我要包机送她去重庆，让她好好陪陪范将军，多少钱随她开价。"

黄白瑛黄美女，出生于广东富商家庭，天生丽质，上过大学，能文善舞，属于知性美女。大学期间，父亲因经营不善导致公司破产而服毒自杀，母亲不久病故，黄白瑛只好辍学，随父亲生前好友黎先生来上海闯荡，做专职舞女。因美丽大方、气质高雅、学识丰富，不久即声名远播，追求者无数，其中有一个叫童伯诚。

童伯诚，祖籍宁波，小名三毛，故人称"童三毛"，因腿长，人又送外号"长腿童"，是仁康五金公司童老板的公子，家里有的是钱。童三毛最终征服黄

白瑛,靠的是执著。因为不用上班,一连多日,他每天都赶在所有竞争对手之前,早早就来到丽都花园舞厅,抢先邀得黄小姐跳舞,整晚都不再分开。精诚所至,金石为开,两个人就这么爱上了,范哈儿来上海前不久,他们俩刚同居,正爱得昏天黑地,黄小姐当然没心情搭理别人。

但是听高老板转达了杜先生的意见,黄白瑛就算百般不愿,又哪敢不从?只能问:"杜先生希望我哪天动身?"高鑫宝的回答是"当然是越快越好"。于是第二天,黄小姐就登上了飞往重庆的航班。黄白瑛回上海后,继续和童三毛同居,后因童父坚决不同意两人结婚,黄遂移情别恋,三毛一怒之下在她的饮料里下了安眠药,虽经抢救脱险,还是造成了严重后遗症,毁了她的一生。

范绍增重庆那边爽着,这边宋子文回国了,这是1933年8月底的事。宋子文这一趟欧美之旅长达四个多月,签回了一大堆国际协议,算得上是满载而归。早在宋部长归国前一个月,上海市总商会就已着手筹备欢迎事宜。大运公司的事,宋部长给了天大的面子,杜月笙十分领情,一心想着答谢,更希望借机更好地联络感情。所以在好朋友、商会总干事骆清华的巧妙运作下,杜月笙得到了一份美差——上海市民大会主席,将在欢迎大会上代表上海各界向宋部长致欢迎词。

这自然是件很得意的事儿。不过也有一点烦恼:这欢迎仪式毫无疑问是个大场面,杜月笙从来没有当着那么多人的面讲过话,他本来口才就不好,现在要站在主席台上当众演讲,想想都觉得心里发毛。有困难就撒不是杜月笙的性格,他当即找来黄炎培,请他帮着写演讲稿。黄炎培学问太大,写出来的文言文稿子,杜月笙别说完全看不懂,就连字都有好多根本不认识,只好听从杨志雄的建议,请来在官场上打过滚、目前正担任正始中学校长的陈群,写出一篇短小精悍、浅显易懂的欢迎稿。杜月笙想出个大点的风头,就给自己上了难度,决定现场脱稿演讲,那就得在家下工夫背书了。

正在他背稿子背得焦头烂额之际,宋子文给杨志雄发来电报,要求在抵达上海当天,除了警察局之外,杜月笙也要派出保镖,全程负责从码头到宋公馆的安全。这帮了杜月笙的大忙,可以安排手下弟兄冒充听众当托儿。

欢迎大会上,保安工作有条不紊,但杜月笙的欢迎词出了状况。因为紧张,

他把词给忘干净了，只能一个人在台上，说一些自己都不明所以的致辞，声音小得跟蚊子叫似的，但却赢得了异常热烈的掌声，这多亏挤在前几排的全是安排好的托儿。

宋子文倒是一点都不在乎这些虚应故事的过门，对一切都很满意，热情洋溢地和杜月笙握手致意，欢迎仪式就此圆满结束，而杜月笙从此开始，也渐渐的不惮于在公众场合讲话了。

当然这一次的欢迎和保镖，最大的收获，还是进一步融洽了和宋部长之间的感情。因为没出事，倒也谈不上展现了多少实力，不过两个月之后的一件事，总算让宋子文领教了有杜月笙和没有杜月笙会有多大的差别。

1933年10月底，宋子文乘坐火车从南京来上海公干，抵达上海北站时遭遇杀手，一行人正从月台往出站口走，两颗手榴弹飞了过来，只听两声巨响，月台上顿时硝烟弥漫。两名带着手提机关枪的贴身警卫立即卧倒，奋起扫射，两名杀手也不退让，猛烈还击，月台瞬间变身成为战场。

算宋子文命大，和他并排而行的秘书唐腴庐，本就和他年龄、身材都相仿，恰好那天两人还穿着相似的衣服，还戴着一模一样的巴拿马白色草帽，以至于杀手认错了人，一颗炸弹扔偏了，另一颗没偏，却正中唐腴庐，令其当场毙命。宋子文跑得快，跳下月台，贴着台基蹲在那里，躲过了一劫。

国舅遇刺，举国震惊。杜月笙自然不会闲着，上海警察局重压之下，尚未调查出结果时，他派出的手下联手戴笠的人马，已经打探出了确切的情报：这事儿，又是王亚樵干的。他派出了八名杀手，分别是刘刚、李楷等人。

杜月笙立即把情报通报给了上海警局，并派出手下门生，协助警局缉拿凶犯。结果八名杀手全部被捕，王亚樵没被抓到，却抓住了他弟弟王述樵律师和一些外围人员。经法庭审判，三名主犯被枪毙，其余人等分别判处有期徒刑。王述樵和另一人比较幸运，因证据不足，无罪释放。经此事，宋子文对杜月笙不只感激，更是刮目相看，同时也想多帮帮他的忙。也是天遂人愿，机会立即就来了。

此时杨志雄正在劝杜月笙戒鸦片。杜月笙烟瘾不大，中毒不深，但事务繁忙，时常要靠吸食两口来提神，在外面办事的时候，这是个麻烦事，吸鸦片和香烟不一样，讲究很多，还得躺在烟塌上吸，繁文缛节几句话根本讲不清。身

为上海市禁烟委员会三大常委之一的杜月笙,也不拒绝。杨志雄找到宋子文,请他出面邀请卫生署长刘瑞恒博士来助阵戒烟。宋子文给刘署长打电话说明此事,正好老刘第二天要来上海出差,这事儿就成了。

有宋子文和刘瑞恒两个部长级的人物督促着,杜月笙不能不咬牙戒烟,各家报纸更是连篇累牍,天天在显著位置登载关于他戒烟进展的消息。杜月笙心里明白,这烟要是戒不了,人可就丢大了。烟总算戒掉了,但其实戒掉的只是烟瘾,杜月笙后来仍然吸食鸦片,只不过摆脱了对其的依赖,可以自己控制,这确实已经很难能可贵。

为表庆祝,更为了答谢,杜月笙特假座军界强人刘志陆的公馆,摆了三桌酒席,大宴宾客。宋子文在南京很忙,所以主客就是杨志雄和刘瑞恒,刘志陆作陪,除此之外,应邀到场的全是电影女星、京剧坤伶、流行歌后和当红舞女,莺莺燕燕,济济一堂,好不热闹。

酒酣耳热之际,杜月笙悄悄对杨志雄说:"你看中哪一位了?一会儿直接带走就是。"杜月笙觉得一夕之欢远远不够答谢杨志雄的情谊,何况圈子里的人都知道,这些外表光鲜的女明星不过是掏钱就能搞定的,算不了什么。所以后来他又送了杨志雄一套无价之宝——一根烟枪和两只烟斗,都是出自清宫的珍玩,世所罕见。

宋子文系统内的唐寿民遇上了大麻烦,只有杜月笙才能帮忙化解。

唐寿民曾任职交通银行总经理,期间个人出资创建了国华银行。1932年"一·二八"淞沪抗战之后,十九路军按照停战协议撤出上海,临行前,没用完的各界捐款存在国华银行。不想1933年11月,被调到福建的十九路军成立了"人民革命政府",公开反蒋。蒋介石大怒,一面派兵攻打,一面在各地组织民众集会,愤怒声讨十九路军,上海当然是集会重地。

国民党内部派系林立,早有人对宋子文系统极为不满,便借口国华银行有十九路军存款,计划在民众集会上提出"没收国华银行股份,勒令该行停业"的议案,搞掉唐寿民,以剪除宋子文的羽翼。此时此刻,宋部长最需要的是避嫌疑,自然不好出面相救。唐寿民急火攻心,也只能去找老朋友钱新之帮忙。钱新之纵横政商两界,也是宋子文系统的大将,善于透过现象看本质,便给唐寿民指点了一条路:"这个事,依我看只有杜先生能帮你。"

"杜月笙?我跟他不认识呀!"钱新之帮人帮到底,便只身前往杜公馆,请杜月笙出面帮忙。杜月笙正和杨管北谈事,搞清钱新之的来意后,连忙叫来万墨林,让他去打几个电话。不一会儿,杜月笙的两大门生陆京士、《新闻报》编辑唐世昌以及上海市社会局局长吴醒亚先后赶到。这次的民众集会,正是吴醒亚的社会局一手操办的。

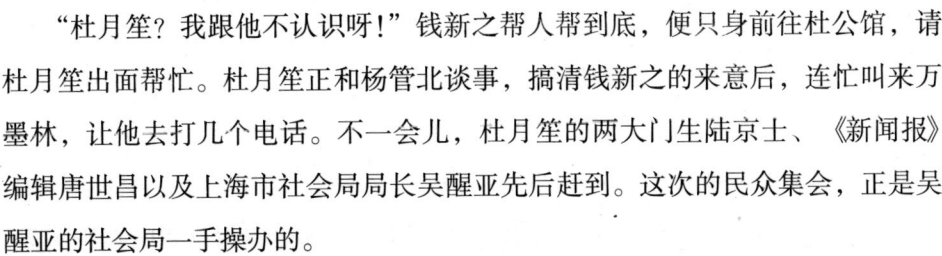

杜月笙开门见山,说请大家来是为了看怎么把国华银行那个事想办法压下来。吴醒亚立马打电话到集会的公共体育场,找到具体负责参与组织的社会局官员,一番通话之后,对着杜月笙苦笑着摇摇头,说:"来不及了,集会早就开始,已经通过了十大议案,其中就包括没收国华银行股本、勒令停业的一条。"

杜月笙一言不发,在座诸位面面相觑,眉头紧锁。杜月笙说:"醒亚兄,我只问你一句话。""请问。"吴醒亚多少有点不安。"你是不是真的愿意帮助国华?"杜月笙很慢很镇定地问。"当然是真的,只要在我能力范围内。""好,既然醒亚兄肯帮忙,那就有办法。"杜月笙有点举重若轻,接着说:"肯定是你力所能及的。十大议案,变成九大就行了嘛。"

吴醒亚还没完全反应过来,杜月笙已经开始跟唐世昌在交代了:"明天上海各报以及今晚各通讯社的电讯,要统一口径,说今天的民众集会通过了九大议案,把国华那一条删掉。只要报纸一登出来,就谁也无法更改了。"真是死棋肚里出仙招。

唐世昌那边好办一些,他本是大腕,新闻界里杜门弟子众多,控制舆论轻车熟路。吴醒亚只能私底下积极疏通,好在没人真敢公开跳出来和宋子文作对,唐寿民背后还站着个杜月笙,大家也只好作罢。这起大风波,就这么稀里糊涂地对付过去了。

唐寿民虎口脱险,对杜月笙自是感激不尽,日后在金融圈里对杜月笙的事业处处出力自也不在话下。而宋子文,也再一次领教了杜月笙在上海滩的能量。数月后,宋子文的弟弟宋子良也遇见了烦心事。他当然知道"有困难,找杜先生"。

宋子良是中国建设银公司的总经理,前段日子他在维也纳舞厅邂逅了舞女

张小姐,初见即惊为天人,为之倾倒。宋总有的是钱财,张小姐有的是风情,两人一拍即合,如干柴烈火,联手奉献了一段激情燃烧的岁月。可惜岁月短暂,几个月后张小姐怀孕了,不巧的是宋总也玩腻了。

宋总提出孩子打掉,给张小姐两千块钱了结这一段孽缘。张小姐不干,开口就要十万,并要他负责自己和孩子的日常生活开销,否则就要把孩子生下来,并把事情捅到媒体上去。宋总倒不缺这十万元,但他觉得自己贵为皇亲国戚,玩个把女人,岂能接受讹诈?张小姐想你又不缺这点钱!平日那些甜言蜜语怎么说着来的?

事情僵在这儿了。宋总也是要面子的人,怕张小姐真找媒体曝光,影响形象。这就想到了杜月笙,希望他能用江湖势力,来帮忙做一个了断。杜月笙自然是尽力安抚,告诉他"一切包在我身上"。打发走了宋二国舅,杜月笙禁不住长叹一声:这他×的什么破事儿啊?你给她十万不就结了吗?

这破事儿还真有点为难:摆明了是国舅爷不对,最好的处理方法就是帮他给钱。但一给就得十万,数目确实太大了,杜月笙实在不想当这个冤大头。

第二天,杜月笙派人开车把张小姐请到自己银行的办公室,张小姐高高兴兴就来了。娱乐圈里混的人,大都知道杜月笙调解纠纷经常会自己帮着垫钱,张小姐以为自己这十万终于有了着落,自然心情舒畅。

可是这一次杜月笙内心的方案比较残酷:如张小姐同意打掉孩子,则他可以帮国舅出钱摆平,但肯定不会给到十万这个巨数;如谈不拢,那就"种荷花"(上海滩黑道管把人装入麻袋投入江中淹死叫"种荷花")。

谈判的时候,张小姐见杜月笙始终和颜悦色,就更加不肯让步。杜月笙也烦了,懒得再费工夫,就说:"那这样吧,你先回去,我会跟宋先生商量个办法出来。"张小姐就这样上了送她来的汽车,发现车上除了司机,后排还多出了两个男人,心知不妙,却已来不及了,汽车已经直奔江边驶去。

第二十七章

孔祥熙巧取豪夺
杜月笙借梯上位

杜月笙完全赢得了宋子文的友谊。不过他和另一位党国大佬孔祥熙的关系,甚至比和宋子文更为密切,感情也更深。几年以前,杜月笙智取荣宗敬、王一亭,当选上海市面粉交易所理事长,其中一个关键环节上,时任实业部长的孔祥熙帮了不小的忙。

孔祥熙很贪,对钱的欲望,有时连他自己都控制不住,也根本没想要控制。无论亲戚的钱、朋友的钱,还是国家的钱,通通想方设法往自己家拿,时人因此"夸赞"他"无孔不入"。现在,这家伙把手伸到了上海。

孔祥熙的身份是行政院副院长兼财政部长,完全接掌了宋子文的职务。宋大国舅因为蒋介石粗暴干涉其财政政策,愤而辞职。到目前为止,无论宋子文还是孔祥熙,都只能当行政院副院长,这是因为这一阶段,院长是孙中山的得意门生汪精卫,根红苗正,来头太大,连蒋介石都动不了他。

1934年初,孔祥熙指使几位国民政府官员联合几个富商,秘密成立了家七星公司。该公司专干官商勾结、内幕交易的事。上海各种交易所众多,七星公司如鱼得水,炒作股票、期货,屡屡得手,大发其财。

上海滩毕竟是十里洋场,市场经济具有深厚的物质和思想基础,商人们大体上重契约、守规则,对这种依靠特权攫取暴利的行径,不仅强烈排斥,而且从骨子里看不起,认为和小偷强盗的做派无异。同时也是为了维护自己的利益,便有一些商人达成默契,决定联手对付这个贪婪的恶魔。

七星公司开始炒金,把个金业交易所搞得乌烟瘴气。这帮人先是极力做多,然后又连续抛空,以至于上海金价暴跌,整个金融市场为之震撼。七星公司的如意算盘是制造好金价的跌势,静等大家

孔祥熙照

跟着抛售,然后他们选择合适的时机抄底。但这次他们失算了。上海商人们不为所动,任你怎么跌,就是不肯抛出手中的黄金,甚至还抄了七星公司的底。

官商们被套得气都喘不过来,只能在猎猎寒风中欲哭无泪。看着差不多了,商人们便逼着七星公司结账。七星公司已被套牢,哪里还有余钱结账?

那就赖账吧,孔院长不怕这个。孔院长是孔老夫子的第75代孙,又是政府大员、皇亲国戚,不能公开干这种缺德事,于是就打电话找杜月笙帮忙,更请到了吴铁城吴市长亲自到杜公馆游说,请杜先生无论如何仗义出手。

这件事其实完全不符合杜月笙的价值观,但既然是孔院长、吴市长亲自打招呼,就变成了责无旁贷。不顾是非曲直,为自己小圈子内的人干坏事,对杜月笙来说确实也不是头一回。他让万墨林挨个打电话,把相关商人全部约过来开会,只说有要事相商。

杜先生吩咐,人到齐了,杜月笙不看任何人,只对着前方开始说话:"金业交易所的事情,我全都知道了,你们干得好!"还没等大家反应过来,他便话锋一转:"这次的玩家,是我的朋友,朋友栽了,杜某也不能见死不救。这样吧,有多少账,都交到我这里来,杜某就算倾家荡产,也要帮着把这事了啦。"

这种流氓手段,由杜月笙耍出来,在座各位都清楚其意味着什么。不过还是有胆子大的高声抗议:"笑话,明明是他们玩砸了,偏要叫杜先生来赔,哪有这种道理?"这话很含蓄,但意思完全到了,而且驳不倒。见杜月笙一下子愣在那里,于是大家纷纷附和:"是呀,这是什么道理嘛!""杜先生的钱也是辛辛苦苦挣来的,凭什么帮他们赔?"

杜月笙事先安排的托儿就站出来了:"可是,杜先生不赔,还有谁来赔?"这是彻头彻尾的混账逻辑,同时也是一种宣示:大家都别太较真,非把杜先生逼得真耍起流氓来,可就不只是钱的事了。

在座的都不是初出茅庐的新手,没人听不懂这个潜台词。这下都不敢再吱声,一个个大眼瞪小眼,面面相觑。于是托儿接着开口,也算是命令:"看杜先生的面子,七星公司的账,就一笔勾销好了。"

人为刀俎,我为鱼肉,谁敢抗拒这个城下之盟?只是千辛万苦博来的钱转眼就要失去,终究还是不甘心,便有人提议:"杜先生的面子重要,不过有件事也要说在前面,请杜先生做主。"

杜月笙忙问:"什么事?请讲。""七星公司实在不讲道义,这次我们放虎归山,难免会有后患。恐怕只能请杜先生出面做个保人,保证七星公司下不为

例，大家井水不犯河水。"

这话说得在情在理，立即引来一片附和。托儿反应最快，脱口就说："不如请杜先生担任金业交易所理事长，看以后谁还敢打歪主意？""太好了，这样最好！"所有人都觉得这是个一劳永逸的好办法。没过多久，杜月笙就顺利当选上海金业交易所理事长，这在他可真是个意外的惊喜。

1934年，正值全球金融危机，年中的时候，美国颁布了"白银法案"，在全球范围内高价收购白银，中国国内市场上的白银顿时大量外流。一年不到，上海各银行的存银总数就从接近六亿银圆锐减至三点三五亿银圆。可怕的是，当时银圆恰好是中国的硬通货，银根骤然紧张，市场周转不灵，一片哀号声中，银行、钱庄、商号纷纷倒闭，好不凄凉。

上海的工商业人士眼看难以为继，只能通过各种渠道，恳请政府改善金融环境，切实给予必要的资金支持。危机之前，中国金融业以民营为主，只有中央银行与中国农民银行为政府控股，其资产只占全国银行总资产的11.7%，而上海银行同业公会成员所掌握的资产，竟占到了全国银行总资产的80%。其中，以中国银行和交通银行资本最为雄厚，尤其是中国银行的总经理张嘉璈（即张公权），名列上海四大银行家之首，号称"中国现代银行之父"，在金融界影响力巨大，孔祥熙必欲除之而后快。

张嘉璈作为一个守法商人，社会关系盘根错节，声誉卓著。那个年代，商人的社会地位相当了得，几乎可以和政府官员平起平坐，何况是张嘉璈这样的顶尖银行家？孔祥熙颇有自知之明，知道仅凭自己一己之力，要搞掉对方绝无胜算，于是又想到了杜月笙。

1935年2月1日，杜月笙以上海地方协会会长的名义召开理事会紧急会议，商讨救市措施，中国银行、交通银行等各家银行同意放贷六百万元救市。这是杜月笙就任会长后办的第一件大事，为他赢得了很好的口碑。也就在此次会议之后，孔祥熙来了。

2月13日，杜月笙再次召开上海地方协会特别会议，并邀请了上海市商会、银行业公会、钱业公会参加。财政部长、中央银行总裁孔祥熙以政府代表的身份也出席了会议，并提议由中国、交通、中央银行组成三银行财团，发放贷款救助工商业，用现在的话来说，就是增加流动性。对此，杜月笙拥护，实业家代表们更是大表欢迎。

群情激昂中，张嘉璈、陈光甫等银行界代表不敢反对，但他们对孔祥熙实在无法信任，只能表示同意贷款，但所有贷款必须全部用于救助工商业本身，政府不得挪作他用，并应制定具体的实施细则，孔祥熙对此毫无意见。

接下来的十几天，上海市地方协会理事会在杜月笙的主持下，连续召开了三次特别委员会会议，商讨救市事宜。在此期间，宋子文利用自己的影响力，频繁活动，而孔祥熙则通过已为杜月笙控制的《申报》，继续倡导成立三银行财团，对银行界施加了极大的压力。

3月9日，孔祥熙再赴上海，在杜月笙的中汇银行，与上海市地方协会特别委员会商讨救市事宜。张嘉璈迫于压力，同意由中国银行牵头组成援助财团，向工商界提供五百万元无抵押贷款和一亿元的抵押贷款。孔祥熙因此得到国民党中央委员会授权，发行一亿元以海关税为保证的公债，并向疑虑重重的银行界保证，此项将由银行界购买的公债，将作为抵押贷款，完全用于援助工商界。

张嘉璈他们真没白担心孔祥熙。一亿元公债刚刚确定发行，孔部长即冠冕堂皇地宣布，政府为了确保金融安全，并增强银行的信贷能力，要求中国银行、交通银行增发股票，因此，一亿元公债将用以购买两行股票，而不再用于援救工商业。具体的用途则为：两千五百万购买中行股票（因此成为控股50%的绝对大股东），一千万元购买交行股票（因此成为控股50%的绝对大股东），三千万元用以增加中央银行资本金，剩余三千五百万元则归政府所有。当初为孔祥熙欢呼雀跃的工商界，得到的只是一句"大家要有信心战胜困难"的勉励。

政府既已用银行自己的钱控股两大银行成为大股东，孔祥熙再做起事来就雷厉风行，直接免去了张嘉璈的中国银行总经理职务，由宋子文替代。紧接着交通银行高层大换血，全部换成了孔、宋的人。

孔祥熙再接再厉，不惜用下三烂的手段一举拿下了中国通商银行、四明商业储蓄银行和中国实业银行这三家仅次于两大行的民营银行。其中对付中国通商银行的办法是孔祥熙他们的经典战术，简单、有效而又凶狠。

中国通商银行是中国第一家现代银行，晚清时由盛宣怀创办，此时由傅筱庵掌控，经营状况相当好，享有钞票发行权。国民政府正在推行的"法币政

策",规定以中央、中国、交通银行发行的钞票为法定货币,其他享有钞票发行权的十二家银行所发行的纸币,将逐渐以法币换回,停止流通。

法币政策公布前,为了防止各银行滥印钞票,国民政府财政部调查了十二家银行的钞票发行数额,掌握了通商银行的发行额为三千四百三十万元。于是中央、中国、交通三大行秘密囤积了通商银行发行的大量钞票,然后突然前往兑现银圆,此举形同挤兑。傅筱庵本来不缺银圆,奈何当时上海地价暴涨,房地产业正值如火如荼之际,傅筱庵看准时机,投资一千万,正在河南路开建中国通商大厦,这就难免捉襟见肘,一时无法兑现出足够的银圆,便以事出突然为由,要求暂缓两天兑现,自己一定能想出办法来。

政府不容通融,也不给时间延缓,当即扣上一顶"准备不符规定"的帽子,以维持金融秩序为名,提出加入官股,指派董事或董事长,欲行控制。

傅筱庵觉得这简直是流氓行径,哪里肯束手就擒?对此,孔祥熙自有办法,当年北伐战争打到江浙时,傅筱庵是唯一一个给孙传芳、张宗昌提供经济支持的上海巨商,并还曾组织船队给北洋军阀运送军队。北伐胜利后,蒋介石就曾通缉过他,后来是杜月笙出面才化解了此事。

这算历史反革命,上海市政府毫不留情地指控其阴谋祸国,下令通缉查办。傅筱庵见大势不好,拔腿就跑,直接跑到了天津租界,然后到日本人控制的大连躲了起来。

通商银行群龙无首,一下子就乱了,长此下去,必将倒闭,定会影响到上海金融市场的稳定,这并不符合孔祥熙的利益。只是国民政府既已发出通缉令,自不好再自打耳光请傅筱庵回来;但他若真不回来,后果恐不堪设想。孔祥熙搞贪污腐败、整人害人很有一套,但才具也就仅限于此,面对眼前的僵局,老孔一筹莫展,和宋子文整日困坐愁城。

杜月笙看好这是个两面讨好的美事,便授意杨志雄提示宋子文:"何不请杜先生帮忙?"宋子文只怪自己太糊涂,怎么忘了这个神通广大的朋友?和孔祥熙一商量,两人赶紧联名请杜月笙出面,为党国效劳。

杜月笙胸有成竹,先是找到上海市长吴铁城,以个人名义担保傅筱庵"绝无阴谋祸国之心",建议取消了对其的通缉令。然后马上托人到大连,给傅筱庵带话:"请傅先生回来,把通商银行的账目理清。傅先生的安全问题,杜某一人负责，天塌下来，有我顶着。"

傅筱庵本舍不得上海的繁华，更舍不得当年盛宣怀亲手交给自己的这家银行，便顺水推舟回到了上海。回来后，七拼八凑之外，不得已将投资千万、尚未竣工的中国通商大厦拍卖掉，得到三百多万元，才算是还清了三大行的债务。到此境地，通商银行只剩下了一个空壳，难以为继。

孔祥熙、宋子文看看差不多了，便请杜月笙去做傅筱庵的思想工作，让他低头向中央银行寻求支持。事到如今，傅筱庵不得不低头，于是官股源源涌入通商银行，一举实现控股。为了答谢杜月笙，孔祥熙指定他为官方代表，出任通商银行董事长，当然这只是挂名，中央银行业务局长顾诒谷成为总经理，掌控全局。

无可奈何的傅筱庵把这一切都记到了国民党的账上，对国民党老大蒋介石更是恨之入骨，日后将自甘落水当汉奸作为报复。就这么折腾来折腾去，几个月的时间，官僚资本在全国银行业内的资产比例即从 11.7% 猛增到 72.8%，孔祥熙就此达成了中国五千年来从未有人实现过的"伟业"。

杜月笙得到的酬佣也相当丰富，同时兼任了上海银行同业公会理事，中国、交通银行董事，通商、浦东、国信银行董事长，成为地地道道的金融业巨子。

第二十八章

史量才事件背黑锅
为手下甘做月下老

金业交易所理事长这个头衔，杜月笙其实并不十分看重，类似的挂名职位，他已经太多。倒是早在1931年荣任的中国红十字总会下属时疫医院董事，名头虽不算响亮，但尤其令他感到光荣。

1934年9月，经中国红十字总会全国会员代表大会公选，杜月笙当选为理事，并由理事会推选为常务理事。这时总会会长由驻日公使王正廷挂名，两个副会长，都和杜月笙关系密切，一个是实业大王刘鸿生，在轮船招商局，两人是合作无间的搭档；另一个则是在"一·二八"淞沪抗战的募捐、救济工作中和杜月笙结为至交的史量才，史量才担任上海地方维持协会（前身为上海抗敌后援会）会长，杜月笙则是副会长。

史量才，江苏南京人，晚清秀才，早年从事教育工作，一直不太得意。但他思想进步，处事玲珑，所以辛亥革命时期在革命党中很积攒了一些人脉。辛亥革命中，倒下了大量的清朝贪官，其中一个叫陶保骏。清末陶在南京军界身居高位，贪污了不少军饷，此时看到大清气数已尽，为了保命，带着几十万现金跑来了上海，躲在租界里，寄居于沈秋水处。

沈秋水是清末民初上海滩名妓里的一朵奇葩，以前陶大人经常从南京来上海找她玩，两人交情匪浅，现在正好旧梦重温。不想时任沪军都督陈其美风闻陶保骏此来上海有割据镇江、自任镇江都督之企图，便以相商要事为名，诱得陶保骏来到都督府，一枪打死。沈秋水得此噩耗，深恐当局追查陶保骏所携带的钱物，整日惴惴不安。恰在此时，她另一个交情颇深的好朋友来玩，这人就是史量才。

见沈秋水为此烦恼，史量才便一阵忽悠，只说"这事太大，搞不好有杀身之祸，不如把钱交我暂为保管，一切风险由我承担。你知道的，革命党那边我也有朋友，应该能扛得过去"。

这就是史量才第一桶金的来历。他人不错，拿到钱后，首先娶了沈秋水，算是财色双收，不亦乐乎。第二件事，就是一掷十二万元（约合八万两银子）买下了《申报》，这是他日后名扬四海最大的资本。

《申报》是中国最早的一家中文报纸，创刊于1872年4月30日，由英国人安纳兹、伍华德、朴资懿和约翰华其维合资创办，总资本一千六百两银子。1905年，英国人福开森以七万五千两银子买下该报，聘席子佩为总经理，三年后，席子佩以七万五千两银子购入《申报》。

这个席子佩也是个人物，祖籍江苏吴兴，其家族号称"江南席家"，明清以来，出过不少富商大贾，清末民初，更是上海滩头异常显赫的买办家族，席家人曾出任十多家外资银行的买办，比如大名鼎鼎的汇丰银行，席家就充任买办长达半个世纪之久。像张啸林、杜月笙等合办的占地达六十多亩的远东第一大赌场，也就是后来接待张学良的地方，其所在地福煦路181号的超级物业，即是席家的财产。张啸林等为此所付的月租金高达四千两银子。

史量才从席子佩手里购买《申报》是1912年的事，因办报思路清晰且经营得法，到了1915年，《申报》发行量已经翻番，从七千份飙升至一万五千份，广告收入也颇为可观。这时，席子佩后悔了，以他当年卖的是报馆产业，并不包括"申报"两字的商标为由，聘请律师将史量才告上法院，结果史量才败诉，不得已再以二十四万五千元作为商标使用费，才算彻底买下了这份报纸。

1932年淞沪抗战时期，《申报》发行量已经突破十五万，成为整个中国最具影响力的报纸，此时，唯一一家可以媲美《申报》的《新闻报》，也已在史量才掌控之中。与此同时，他还创办了中南银行，自任董事长，并在纺织、造纸、机器制造等行业都投有巨资，成为上海滩上呼风唤雨的头面人物。以至于，上海抗敌后援会成立之时，杜月笙以其滔天的势力和功名心，也不得不甘居副会长之位。

在此期间，史、杜二人合作紧密，建立了深厚的友谊。史量才才高八斗，激情澎湃，杜月笙受其影响不小。对于国民政府放任日军占我国土，尤其是"攘外必先安内"的主张，史量才极其痛恨，利用其掌握的两大报纸口诛笔伐自不在话下。而杜月笙内心深处强烈的民族主义情结，也因此被点燃，以至于做了一件令蒋介石极为不满的事情。

1932年3月，杜月笙、黄金荣同时受聘为国民政府国难会议的会员，结果因为不满意此次会议不许讨论废除国民党一党专制的问题，杜月笙和几十名会员一起，抵制了国难会议，并联名签署了要求"抗日到底，结束党治，实行民治"的提案。

不过杜月笙并没有走得太远，因为他根本就不愿意得罪蒋介石。史量才就不同了，无论蒋介石还是国民党，都是他旗帜鲜明的批判对象，为此他不惜重

第二十八章 史量才事件背黑锅 为手下甘做月下老

金请了鲁迅来写文章；甚至他还在报上刊登《围剿评论》，公开批评对红军的"围剿"。这样长期下来，蒋介石的观感可想而知，只是苦于史量才有租界保护，拿他没办法，但也一度下令禁止过《申报》的邮寄。

1933年底，事情进一步恶化。起因是宋庆龄用中国民权保障同盟的名义，起草了一份英文宣言，抗议蒋介石派人暗杀邓演达、杨杏佛，史量才虽然没在《申报》上刊登，但他通过关系以中文版设法发表在某通讯社的稿件上。这件事，令蒋介石尤其震怒。

这一切杜月笙心知肚明，为了缓和两人间的关系，当选为红十字会常务理事后，1934年10月，杜月笙约了史量才去南京，面见蒋介石。这次会面并不愉快，双方有如鸡同鸭讲，完全谈不到一块儿。据说最后蒋介石急了，警告说："我有几百万军队！"史量才则回了一句："我有几百万读者！"两人于是不欢而散。

蒋介石起了杀心，便吩咐戴笠去办。戴笠本想在租界下手，想想还是不值得冒这个风险，打听到史量才经常会去杭州，就把这个脏活儿交给了复兴社特务处（军统前身）杭州站负责人、杭州警察局局长赵龙文。

戴笠和杜月笙的关系堪比刘关张，他们俩之间的故事，我们以后会细说。杜月笙知道此事后，千方百计向蒋陈诉，讲明各种利害关系，苦苦劝蒋不要动手，并保证由他出面来约束史量才，促成蒋、史合作。

蒋介石被杜月笙说动，当即通知戴笠暂缓下手。此时史量才正在杭州养病，戴笠早已派人买通史家的女佣，掌握了他的车牌号及返沪日期和具体时间。接到蒋介石电话的时候，正是史量才返沪的前一天晚上，戴笠立即给赵龙文发电报，命令终止暗杀行动。

也是史量才命中注定有此一劫。原来这个赵龙文患有严重的神经衰弱，只在每天上午看公文，下午不太办公，晚上更是一律休息，所以根本就没看到这个电报。等到第二天接近中午看到时，手下的特务们早已部署完毕。那时没有手机，通讯极不方便，哪里还来得及通知第一线的特务？

结果是1934年11月13日下午，史量才与夫人、内侄女、儿子及儿子的同学、司机共六人由杭州返沪，将要抵达上海的时候，遭到复兴社特务狙击，史量才和他儿子的同学、司机三人当场遇难，其子史咏赓惊险逃脱。此事过后，赵龙文丢了官，戴笠则得到一个教训，把特务处中上层中体弱多病者通通调离。

命案发生后，举国震惊，上海日报公会、上海新闻记者公会、上海市参议会、上海市地方协会、上海市商会等十二个团体联名促请国民政府缉拿凶犯，共有八十多个单位发起追悼大会。到了史量才出殡之日，上海市政府所属各机关更是一律降半旗致哀。

此种压力之下，蒋介石、汪精卫还真悬赏一万元，严令缉凶。另一方面，蒋介石却又发给了复兴社特务五千元奖金。特务们为此开玩笑说："要是能自己破自己的案子，倒还可以多得五千元！"

史量才被暗杀后不久，也就是1934年11月22日，中国红十字总会第一届第四次理事联席会议推选杜月笙为副会长，排名在另一位副会长刘鸿生之前。随后，他还全面接替了史量才的重要职位，由上海临时参议会副议长升为议长，由上海地方协会副会长升为会长，并受史量才遗孀和子女之托，接掌了《申报》。

事实在这儿摆着，杜月笙成了史量才之死的最大受益者，于是关于"杜月笙暗杀了史量才"的谣言便不胫而走，这个黑锅，他还真背了一小段时间。

杜月笙当选中国红十字总会第一副会长后不久，1935年初，蔡劲军走马上任上海特别市公安局局长，兼淞沪警备司令部副司令。

蔡劲军，海南人，黄埔二期毕业，当过蒋介石的侍从副官，根红苗正。对上海市长、党国元老吴铁城吴铁老，他尚能谦虚对待，至于杜月笙一类民间人士，蔡局长则完全不屑一顾。

蔡劲军甫一上任，首先是治理整顿，一下子把杜月笙安插在公安局里的朋友及徒子徒孙清理了个干干净净。杜月笙自知不能硬来，便奉行韬光养晦的原则，不动声色，该干啥还是干啥，就跟没发生这些事一样。

可能是命运安排，蔡劲军刚刚做完初一，杜月笙就等来了做十五的机会。没几天国民政府主席林森到上海视察工作，林森这个官太大，所以欢迎仪式一定要盛大，其中一项就是蔡劲军派出军乐队现场演奏。可惜军乐队没到得了现场，刚走到法租界就被租界巡捕缴了械，一大堆人被拘到了巡捕房里。理由充

分:军乐队中有人随身携带了武器,严重违反了租界的相关规定。

其实蔡局长之前跟租界高层打过招呼,对方口头同意借路。只是现场的探长、队长们一定要严格执行"任何人在租界都不许携带武器"的规定,再加上背后操纵着的是杜月笙,那就谁也懒得管这事了。蔡劲军肯定很生气,只是洋人他惹不起,生天大的气也无可奈何。

这时有人说蔡局长你还是应该给杜先生面子,杜先生最爱交朋友,你要给他面子,在上海滩你就再不会丢面子。蔡劲军这才意识到原来这事是杜月笙干的,细一掂量,冤冤相报何时了,还是和为贵。恰好不久有个高规格的冷餐会,两人都应邀出席,便趁此机会握手言和。回家的路上,杜月笙心情不错,车到华格臬路,快要到家的时候,突然发现路边密密麻麻的人,还停了不少车,原来是这里新开了一家饭馆,叫"老四川菜馆",这些人在排队等座呢。杜月笙好奇心起,忙叫司机停车。

下得车来,两个保镖紧随左右,顿时引来一阵窃窃私语。杜月笙比较腼腆,没再往前走,就叫保镖进去看看。不一会儿保镖回来了,说里面很小,坐满了,问杜先生怎么办。

这时,从店里出来两个人,为首的是个看上去三十岁上下的美女,匆匆朝着杜月笙小跑了过来:"不知道杜先生来了,有失远迎,失敬失敬!"美女很热情,也有点紧张。她旁边的随从赶紧介绍:"杜先生,这位是我们这家馆子的董老板。"杜月笙不紧不慢地说:"不必客气。你这里生意很好啊!"美女赶紧说:"托杜先生的福,还好还好。杜先生是来吃饭吗?那就请到里面去吧,我马上安排。"

杜先生还是慢条斯理的,说:"你不用客气,别人都在等,我也等等好了。你们去忙,不要客气。"说完就回身上车,招呼一个保镖:"你在这儿等着,我过一会儿再来。"过了半个多小时,杜月笙真回来了,还带着一个四川朋友,早有人迎上前

杜月笙照

来。走进店里一看，确实很小，一层只有四张餐桌，二、三楼有四个单间，每个里面大概也就摆放着四五张小桌子。饭馆虽然小，但很干净很典雅。

保镖已经在三楼占了张桌子，杜月笙他们刚坐下，美女老板就来了。美女姓董叫董竹君，是个有故事的人。董竹君，生于1900年，上海人，祖上本姓东，到她父亲那会儿才改姓董。因家贫，董竹君十二岁就被卖入妓院。该妓院的头牌杨兰春恰好刚刚嫁人，董竹君就被安排"借壳上市"，冒名顶替，这么做可以少走弯路，容易叫响，完全可以理解。

小姑娘长得不一般的漂亮，又学过京剧，很快就红了，成了老鸨的摇钱树。后来她结识了一个客人，四川副都督夏之时。夏之时是革命党人，时年二十六岁，英俊潇洒，觉得小姑娘不错，就想花一万块钱把她赎出去。董竹君当年虽然只有十四岁，却已经很有主见，为了日后人格上的独立，她没让他出一分钱，自己逃了出来，并嫁给夏之时为妾。

婚后不久，夏之时因站错队，被解除了兵权，并开除公职，人就此变得很消沉，每天打麻将、吸鸦片，浑浑噩噩。后来夫妻俩到了日本，董竹君想上学，但因为长得太漂亮，夏之时不放心她去学校，就请了老师到家来教她。几年下来，董竹君就这么读完了东京女子高等师范学校理科的全部课程，变得有知识有文化了。

回国后两人又在四川生活了一段时间，董竹君终于不堪忍受老公的消沉，和他离了婚，带着四个女儿回到上海，这一年她二十九岁。分手前，夏之时对董竹君说了一句话："你要是能在上海混出个样子来，我手板心煎鱼给你吃。"

离婚后，靠着夏之时按月付给的抚养费和不停跑典当行，董竹君维持着基本的生活，同时也在寻找机会。1930年她找到投资，办了一家纱管厂，苦心经营，不料1932年"一·二八"淞沪之战起，纱管厂遭到炮击被毁，被迫停工。战后上海川菜大流行，董竹君在四川呆过几年，做得一手好菜，1935年3月15日，老四川菜馆终于开张，是一幢三层楼的石库门房子，就在杜公馆附近。

董竹君一面吩咐赶快上菜，一面忙着招呼杜月笙他们。杜月笙见她人长得漂亮，气度不凡，精明干练，待人接物分寸把握得恰如其分，顿生好感，便有心关照她。不过当时并未表露出来，只很礼貌地让她去忙自己的，不用太客气。

后来杜月笙时不时会到这里来吃饭，一来二去董竹君跟他就熟了。董竹君

很本分，虽然对杜月笙很殷勤，偶尔甚至会去杜公馆拜访，顺便带些好的菜品去，但从未找杜月笙帮过忙，这不由得让杜月笙更加对她另眼相看。

有一天又到那儿吃饭的时候杜月笙就说话了："天天这么多人排队，你不如把店面扩大点。"董竹君早有此意，忙说那还得请杜先生帮忙。原来饭馆左邻右舍包括后面的弄堂倒是有一些房子，是一个叫老孙的专门拿来出租用的，董竹君跟他商量过，想整体给租下来，无奈老孙看她生意火暴，狮子大开口漫天要价，菜馆还年轻，根本就承受不起。

这事对杜月笙来说简直小得不能再小，就派手下去跟老孙打了个招呼，希望他能以正常市价租给董竹君，并给了他一笔损失费和搬迁费。老孙哪里敢有意见？当晚就把所有租客召集到一起，提出免交剩余房租，以往若有欠租一律一笔勾销，并倒贴搬家费作为条件，要求大家一个月之内全部搬走。

这下老四川菜馆规模一下子扩大了好几倍，名字也改成了"锦江川菜馆"，生意依然那么火暴。美中不足的只是，后弄那几间房，因为距离稍远，且要过一条马路，行走不便，去的客人少。董竹君灵机一动，便建了个连接前后弄的天桥，轻易就激活了后弄的生意。

不过当时的法租界是禁止私建天桥的，董竹君知道走正常程序去申报的话，肯定批不下来，就来了个先斩后奏。但这终究不是长久之计，于是她就来到杜公馆，说："杜先生，有这么一件事，你说我该怎么办啊？"杜月笙一听乐了，说："你天桥都修好了，那还能怎么办？这样吧，你先回去，我找人给你想办法。"

杜月笙叫万默林找来了张翼枢。张翼枢是杜月笙的好朋友，也是他的法文秘书，时任法租界公董局华董、法国哈瓦斯通讯社中文部主任，跟租界上层颇有交往。不过杜月笙找他去办这个事，更重要的是知道他暗恋着董竹君，想促成他们之间的交往。

张翼枢把事情办得很漂亮，法国驻沪总领事亲自过问，公董局董事会开会走了个过场，一张临时许可照会就到了手，天桥顿时成了合法的天桥。董竹君自然对杜月笙和张翼枢万分感谢，只是对于张翼枢的爱情，她依然小心翼翼地回避。

第二十九章
上海抗战尽显英雄本色

1 担任上海市各界抗敌后援会主席团要角

1937年7月7日,卢沟桥事变爆发,抗日战争就此拉开帷幕。

杜月笙身为上海市地方协会会长,正盘算着如何作为呢,老朋友、地方协会秘书长黄炎培已经找上了门来。"我们应该组织一个抗敌后援会。"杜月笙想多听听意见,便问:"如何组织呢?"

"简单啊,地方协会本就是抗敌后援会脱胎而来,现在把名字换回去就行了。"黄炎培胸有成竹。"然后再补充力量,扩大影响,发挥更大的作用。""要补充哪方面的力量呢?"显然杜月笙对这个很感兴趣。"应该尽可能争取各党各派、方方面面的人士参加。"黄炎培继续侃侃而谈:"抗战是全民的战争,不是任何党派可以单独应付的。国难当前,应该抛开党派间的歧见,以民族利益为重。杜先生觉得,是不是这个道理?""道理是这个道理。"杜月笙还是想先摸清国民政府的意图,于是说道:"卢沟桥刚刚开打,不知道是不是又要和谈。此事太大,还是等两天看局势的发展再说吧!"

这位黄炎培先生在1949年后成为中国内地著名的民主党派人士,他与毛泽东的一段对话被今天的人士津津乐道。大意是黄炎培先生问毛泽东:毛先生,我这几十年看见中国的政治舞台上,一个个政权或者说集团走马灯式的换,可以说是其兴也快其亡也快,请问毛先生,贵党是否找到了能够摆脱这种周期性王朝兴衰的方法?毛泽东斩钉截铁地说:我们找到了,那就是民主,让人民起来监督政府,人人都负起责任来,才不至于人亡政息。

当年黄炎培走后,吴开先来了。吴开先此时已是国民党上海市党部常委兼组织部长,大权在握。一番商议后,两人决定由上海市党部出面,组织抗敌后援会。针对吴开先"头绪太多,市党部不见得顾得过来"的担忧,杜月笙承诺:"市党部只需负责牵头领导,我当尽一切努力协助。"得此保证,吴开先大喜,两人当场拟定好一份名单,尽是在上海滩呼风唤雨的人物。再命人写好请柬,由杜月笙、吴开先联合具名,邀请各位共商大事。

1937年7月22日，上海市各界抗敌后援会宣告成立，当场选出委员一百二十人、常委三十五人。主席团成员共九人，为杜月笙、王晓籁、钱新之、黄炎培、张寿镛、潘公展、童行白、柯干臣、金润庠；国民党上海市党部常委陶百川任秘书长，杜门弟子、国民党上海市党部委员兼训练科长汪曼云任常委兼主席团秘书。

后援会下设筹募、供应、救护、宣传几大委员会。常委们实行分工时，大家莫衷一是，谁也不愿意挑起筹募委员会这个最重的担子。当然，也没人好意思把这事直接推给杜月笙，虽然都知道这千斤重担唯有他担得起。杜月笙说话了："好吧，这个筹募委员会，归杜某！"然后望着钱新之说："永铭兄，剩下最难的，要算供应委员会，就归你好不好？"这是钱新之力所能及的，自然含笑点头。

抗敌后援会高调成立，办公地点好说，就设在市党部。却苦于没有办公经费，无法办公。上海市党部没这笔预算，也一时负担不起前期的开支，杜月笙索性来了个大包大揽。"抗敌要紧。后援会初期的开销，全部由杜某先行垫付。"

杜月笙召集筹募委员会的人开会，确定捐款定名为"救国捐"，由银行或钱庄代收，所有捐款，全部上交军事委员会统筹支配，并全部予以公布，接受公众监督。并规定，凡捐款一千元以上者，由上海抗敌后援会颁发奖状；捐款两千元以上者，捐款人可指定用途；捐款三千元以上者，由上海市政府颁发奖状；捐款五千元以上者，将由国民政府颁发奖状，乃至授予荣誉称号。

杜月笙随即展开宣传攻势，在《申报》《新闻报》等上海主要报纸上大打广告，标题是斗大的十个字："抗敌后援会筹募救国捐"，下面附上的则是三百多率先捐款者的名单。这些人来自各行各业，贫富不一，捐款多则上百元，少则一毛两毛，其中尽是爱国的热忱。

广告刊出，捐款捐物立即像潮水般涌来。到了7月28日，《新闻报》发表了《上海市各界抗敌后援会征募救国捐宣言》，情真意切，言简意赅，这里不妨原文录下：

"保卫中华民族之神圣战争已于古都揭其序幕，中央当局宣示决心，全国将士奋勇效命。时至今日，有敌无我，有我无敌。五千年之祖宗庐墓，亿万年之

第二十九章 上海抗战尽显英雄本色

子孙命运,均将于此最后关头决其荣辱。吾人如不甘为奴隶,不甘作牛马,不甘永受鞭挞,不甘长被宰割,则在此千钧一发之时机,当有毁家纾难之精神,捐款救国,救国自救。现代战争,除精神条件外,必须具备物质条件,具备物质条件以后可以持久,而后可以决胜。序幕既开,抗战到底。敌人一日不去,抗战一日不停;抗战一日不停,捐款一日不止。凡吾同胞,父诏兄勉,输财节用,各尽能力,共救沦亡,黄帝在天之灵,实式凭之。"

国军在华北战场的战事不利,自七七事变开始,日军一个月内连陷北平、天津,继而攻陷了济南、太原等地,眼看就要进占长江流域。为了阻止日军西进,国民党军政当局选定南京下游江面狭窄、河床较浅的江阴要塞,决定以沉船的方式,构筑起一条钢铁大坝,再配上陆军的炮火,则不仅可防日军西攻南京、上溯武汉,还可阻止游弋在海上的日军战舰进入长江腹地,更可关门打狗,集中国军陆海空三军的火力,一举击沉已深入到长江中上游的二十多艘日本军舰及两千名海军陆战队。

此方案有两大关键环节,一是要有足够的船可凿沉,二是消息绝对不可外泄。船的解决,杜月笙出力不少。作为上海船业公会会长的杜月笙,命令自己旗下的大达轮船公司把所有的船全部开到江阴待命;前任会长虞洽卿,也捐出了自己三北轮船公司一半的船只;剩下的船,则由轮船招商局捐出,这个决定,是由招商局总经理刘鸿生和董事长杜月笙共同作出的。8月11日,国民党军事委员会下令在江阴沉船锁江,所有的商船全被海军击沉。然而之前的7、8、9日,所有日军军舰突然撤退,全部趁夜硬闯出了中方的警戒线,逃掉了。

江阴沉船的"关门打狗"计划,如何竟变成了"放虎归山"?这个事儿,杜月笙一直感到很纳闷,国民党军政当局更是痛心疾首,断定自己内部出了汉奸。

确实有内奸。这厮叫黄濬,字秋岳,福建闽侯人,诗名颇盛,曾当过梁启超的秘书。后来被汪精卫看中,特聘为国民党南京政府机要秘书。他有个儿子在外交部当科长,不过父子俩沦为汉奸,和汪精卫倒是一点关系都没有。有关系的是两个人,一个是日本政府驻南京总领事须磨弥太郎,他主要是金钱开路,竭力拉拢;另一个则是黄的姨太太。

黄秘书有两个家,但并不是太有钱,奈何姨太太爱逛街,爱买衣服化妆品,

花销不小。须磨弥太郎乘虚而入,送给了黄秘书五万块钱,黄还在考虑要不要向上报告呢,姨太太早拿着钱买了件心仪已久的大衣,是胡蝶穿过的款式,一下子就花掉四千元。黄秘书就此落水,连儿子一块被拖下了水,给日本人提供了不少情报。"关门打狗"计划,正是他所泄漏。戴笠用尽心机,黄氏父子双双被判死刑,电视连续剧《五号特工组》将此事搬上了银屏。

第二十九章 上海抗战尽显英雄本色

8月13日,日军进攻上海,惨烈的淞沪保卫战打响。当天,杜月笙代表上海各界抗敌后援会发出紧急呼吁,吁请"亲爱的同胞们,再不要迟疑,肩负起筹募救国捐,接济前方忠勇战士的伟大光荣的责任来!"并详细说明了捐款捐物途径。上海各界展现了空前的爱国热情,上海地货同业公会捐款一千元;中南银行全体同仁捐款五千四百元;上海棉花行同业公会捐款一万五千元;上海交易所联合会捐款三万元;上海海关的华人职员共捐了两万元现金,并发动家属捐出一百七十四件金器、银器两筐;上海国医药团体组织救护团奔赴前线,并在行业内发起捐款……

个人方面,市民何谷声捐款两万元;乙丰纱布店经理王赓才倾家所有,捐款一万,指定一半用于慰劳前方将士,另一半用于创办一所可收二百余伤兵的医院;前清八大盐商之一的镇江李家已经家道中落,此时的当家人李翼如变卖了所有房产共二百多间房,筹得十万元,全部捐出;史量才夫人沈秋水女士,将庐山的别墅连同家具捐给政府拍卖,指定所得全部充作救国捐;章太炎先生前一年已去世,其夫人汤国梨女士将仅有的两处房产中的一套卖出,捐作救国捐;远在西藏的班禅大师,设坛诵经之外,同时捐出三万元……

捐款无分多寡,爱国之情同样令人敬佩。而最令人感动的,当属现在大多已叫不出名字的那些平凡国民,因为他们做的同样是不平凡的事:姑苏灵岩寺,所有法师、僧众平日吃斋念佛,并无什么积蓄,竟也倾其所有,捐了1013.80元;法租界福煦路明德里的全体住户,自动发起户户捐款行动,连男女佣人一起,总共捐款620.35元,其中一位小姐还捐了一枚金戒指;拉都路明霞屯,一共只有十几户人家,住的大多是人力车夫和女佣、保洁工,除了三四户小康人家分文未出之外,剩下各户集资捐了四十四元……

8月20日前后,抗敌后援会调查了571户人家,捐款5元以下的有406

户，占70%。杜月笙感慨道："民众不富，但爱国热心高涨！"监狱里的囚犯，他们无钱无物，但仍有心捐款。据当时《申报》报道："南京江宁县江苏第十区保安司令拘留人犯108名，以暴日横行，同声愤慨，发于九一八纪念日全体绝食一天，将应得之口粮10.8元，悉数捐为抗敌之用。铁窗牢狱中的犯人，他们一无所有，只能以饥饿来报答对国家与乡土的养育之恩。"

一个月的时间，仅杜月笙的筹募委员会就募得救国捐一百五十余万元现金，有力地支援了抗战。这其中，杜月笙个人有诸多垫款。秘书长陶百川欲从捐款里把钱还给他，杜月笙坚决不收，最后以后援会常委会的名义，全部作为了捐款。蒋介石知道后，特地拨出了十万元，作为对杜月笙的补偿和奖励。

当然其中也有贪污腐败的败类：亚声电台员工黄菊隐，时年33岁，利用收受捐款之便，侵吞现金九千多元，案发后被判枪决，立即执行，是大快人心之事。

不过既已下了全面抗战的决心，做了持久战的准备，靠捐款始终不是正办。所以国民政府决定，从9月1日起，停止民间募捐，转而发行救国公债，总计发行五亿元，财政部因此成立了劝募委员会。9月4日，财政部通知上海市各界抗敌后援会，批准将汇给军事委员会的全部救国捐款凭收据换成救国公债。

为救国公债这事，宋子文亲自从南京赶到上海，专门来和杜月笙商量。杜月笙爽快地表示，设在上海的劝募委员会，可以在金廷荪所送的杜美路花园豪宅即大公馆办公，自己不收分文。但宋子文担心的不是这个，而是如何在上海劝募到尽可能多的救国公债。

这里面的道理是，像这种超大数额的公债发行，当时主要依靠的是各大金融机构、大公司捧场，而1935年，孔祥熙、宋子文对上海各家银行近乎于抢劫的巧取豪夺，尤其是其中发行一亿元国债的骗局，使得金融工商界对所有公债，尤其是孔、宋二人深怀戒心。这一点，宋子文心里有数，杜月笙一样洞若观火。当然，以他的八面玲珑，这种不堪的事自不会点破。

"五亿元是个天大的数字，仅仅工商金融界的朋友认购恐怕不够。"杜月笙尽量圆宋子文的面子，"如果能让普通市民也踊跃购买，应该效果会好很多。"只要杜月笙愿意揽这事儿，宋子文就算是不虚此行了。两人当即商定，上海市劝募的事宜，全交由杜月笙领导的地方协会负责。并成立两个劝募总队：杜月笙兼任上海市民劝募总队总队长；上海商界劝募总队，则由市商会会长王晓籁担纲总队长。

杜月笙这边进展相当顺利，这一方面是由于他干这个很有一套，更重要的是，广大上海市民激于爱国热忱，异常踊跃。王晓籁那边就难一些，这主要也是孔祥熙、宋子文种下的因结出的恶果。后来杜月笙干脆把这个总队长也兼了下来，充分利用他在工商金融界巨大的势力和影响力，这才打开了局面。最后当全国的五亿元救国公债发行完毕，上海一市竟认购了七千五百多万元，合两千三百万美元，占了发行总额的六分之一，成绩斐然。

现在我们看看杜月笙到电台为当时前线急缺的棉背心及救国公债所做的紧急广播呼吁，他当时是哑着嗓子在讲话。资料宝贵，不妨全文照录：

"诸位听众，兄弟今天来播音的最大目标，是有两点。第一点，希望全上海市民一致地捐助棉背心，以三十万件为最低限度，运送前线分赠将士。价格因我们趸批购制，每件只有大洋六角五分半，尺寸完全照政府的规定。诸位自己做也好，如果自己没有工夫，改捐现金，送交上海市地方协会，均可代办代送。捐赠棉背心五十件的，在每件背心上可以加印捐赠者姓名。

"第二点，是劝募救国公债。上海市地方协会受劝募救国公债总会委托，成立上海市民劝募总队，分成八组，内有南市的市区组、公共租界的第一特区组、法租界的第二特区组，这三个组的任务，是以劝募居家住户为主要对象。兄弟希望全市民众，每个家庭购买救国公债若干，以全上海四百万居民计算，则可集成一笔巨款。"

大敌当前，杜月笙此时更加忙碌，除了募捐钱物，他的抗敌后援会还得组织人马上前线劳军。

一次，他去张治中的部队慰劳，临别时殷勤询问张治中需要什么，张治中坦率地告诉他："现在军中最需要的是通信器材，尤其是电话机、机器脚踏车等传令工具。""没问题，我会尽快送来。"

杜月笙回到抗敌后援会，立即吩咐手下人："赶紧去买一部电话总机、十部分机、四辆机器脚踏车。"手下刚转身要走，他又说："这是我个人捐的，不要动用会里的捐款。"

本以为这是小事，哪知此时电话总机整个上海已经断货，有价无市。正在

杜月笙急得准备把自己中汇银行的总机拆下来拿去充军之时，有人打听到西门子洋行从某商行定了一部，尚未提货。杜月笙马上给曾在西门子任高管的杨志雄打电话，拜托他搞定此事，杨志雄面子大，把这个总机买了回来，杜月笙随即叫人连同其他物品，连夜送到了前线。

第八集团军总司令张发奎率军抵达浦东督战时，杜月笙自己一时抽不开身，派了代表前去慰劳，临别也留下一句话："请问张总司令，大军有何需要？"张发奎什么也不想要："我的部队，一切军需齐备，并不需要后方任何供应。只要多来几位朋友，给弟兄们打打气就好！"

这让杜月笙很困惑，总不能就这么跑去，什么也不送吧？吴开先的建议是，后援会的仓库里，上海市民送来的香烟、罐头、食品、毛巾等多的是，本来就是用来支援军队的，不妨多运点去，由张发奎发给部下的弟兄们，保证每个人都能有一件。杜月笙觉得光这些不够分量，于是决定再私人掏一万多块钱，买一辆防弹汽车送给张发奎本人。

杜月笙做事漂亮，好事不留名。张发奎根本不知道这辆车属于私人馈赠，但他很喜欢这车，一直用了很久。1943年，张发奎已升任第四战区司令长官，驻防桂林。一次吴开先去那儿出差，张司令热情接待，两人出去吃饭，坐的就是这辆车。"吴先生还记得这辆车吗？"张发奎闲聊起来，"这是当年淞沪会战时，你们上海抗敌后援会送我的。"吴开先说出了真相："但其实是杜先生个人出钱买来送给张将军的。"

淞沪抗战期间，八路军驻上海办事处主任潘汉年曾致函杜月笙："八路军已开入晋北，血战经月，防毒装备缺乏，渴望后方同胞捐助防毒面具。"接此信，杜月笙当即在杜公馆召开抗敌后援会主席团会议，讨论援助事宜。对于支援八路军，自然有人不愿意，杜月笙力排众议："大家都是中国人，既然是共同抗日，何必再分彼此？难道说他们打死的小日本就不算数？"支援八路军的议案终获通过。抗敌后援会随后从募集的北上慰劳金里拨出一万六千元，买了一千套荷兰进口的防毒面具，随后杜月笙回函潘汉年："兹由本会勉力购赠荷兰新到防毒面具一千只，请即劳驾慰劳委员会接洽运输手续，以便早日送达贵军前方将士备用。"

2 与戴笠组建"苏浙行动委员会别动队"开展敌后抗日

戴笠来了。戴笠,中等身材,一举一动充满活力,高额、隆鼻、两道剑眉炯炯有神,正甲字脸,嘴大、天庭饱满。早年不得志,南下考入黄埔军校后,逐步崛起,今天初入杜公馆,是为抗战一事而来。他还给杜月笙带来了一件小礼物:一只长得跟水果刀一模一样的小手枪。这支6.35毫米口径的微型手枪是戴笠特意在瑞士定制的,因为太小,只能装一发子弹,并不很实用,但确实是个很讨杜月笙喜欢的玩意。

为了更好地开展工作,戴笠拜访了时任上海警备司令的杨虎,杨虎很欣赏这个小老弟,便给了他一个忠告:"在上海搞情报,你得跟一个朋友联系。"这位朋友,正是杜月笙。

戴笠心想杜月笙恐怕早把自己忘了,没敢说两人认识,只请杨虎帮忙引见。没想到杜月笙不仅记得他,还直埋怨他当初走的时候也没打个招呼。戴笠今非昔比,杜月笙对他更是另眼相看,大家聊得非常投机,干脆结为了异姓兄弟。

戴笠送给杜月笙的水果刀手枪

1931年12月15日,国民党内斗加剧,蒋介石以退为进,再次下野。这时的戴笠羽翼渐丰,组织了一个叫"联络组"的组织,继续效忠老蒋。他的忠诚没有被忽略,仅仅一个多月后蒋介石重新出山,倡导成立了复兴社,核心成员是黄埔系的"十三太保",戴笠名列其中,并担任特务处处长,正式成为蒋委员长身边的工作人员。这个特务处,就是后来大名鼎鼎的军统。

杜月笙知道戴笠此时登门,定有大事,便也不啰嗦,率直相问:"雨农所为何来?""我想在上海建一支武装力量,在敌后行动,得请月笙哥帮忙。"戴笠同样开门见山。

杜月笙（中）、戴笠（左）、陆京士（右）在重庆

这事，肯定应该找杜月笙合作，可惜戴笠一开始就被人善意地忽悠了。忽悠他的人叫向海潜，是个老牌帮会分子，参加过武昌起义，算个牛人。此时激于民族大义，联合了一些帮会头目，亲自领衔发表通电请缨，号称有数十万弟兄随时待命，愿共赴国难。没想到这几个帮会头目号召力有限，尽了最大努力，只发动起了几百人，距戴笠一万人的目标，相差甚远。

"按说一万人不算多，如果是做其他任何与抗日有关的事情，我帮老弟拉个十万八万人马，也就是闲话一句。"说到这里，杜月笙话锋一转，"但现在是要上前线打仗，儿戏不得。不经过专业训练的话，恐怕很难。"见戴笠面色凝重，杜月笙心有不忍，忙说："不过事在人为，雨农你也不要着急，待我筹划一番，争取把事情做漂亮。"

杜月笙有这个态度，戴笠就放心了。两人相交已久，戴笠自然了解，杜月笙说话做事一向稳重，任何事情，没有把握他都不会答应，而只要他答应做了，就很少有做不成的。

"这个事情,我专门请示过蒋委员长,蒋委员长是支持的,并且同意队伍的番号、军饷、枪支弹药都由中央负责。委员长如果知道你在赞助这件事,一定会很高兴。"戴笠趁热打铁,杜月笙听说这是通天的大事,顿时眼前一亮,更生出事不宜迟的紧迫感。

于是杜、戴二人当即拟定了一个筹委会名单,戴笠、杜月笙之外,还包括新任国民党上海市市长俞鸿钧,国民党上海军警两界负责人吉章简、蔡劲军,工商金融界的贝祖贻、钱新之以及杜月笙的把兄弟、退役将军刘志陆。筹委会地点设在位于上海辣斐德路的军统局三极无线电学校,距姚玉兰住处很近。

1937年9月上旬,蒋介石先后两次发来电令,颁给"苏浙行动委员会"和"苏浙行动委员会别动队"番号。"苏浙行动委员会"设委员十五人:杜月笙、戴笠、刘志陆、宋子文、俞鸿钧、吴铁城、贝祖贻、钱新之、虞洽卿、吉章简、蔡劲军、张啸林以及时任京沪警备司令官的张治中等人。以杜月笙、戴笠、刘志陆三人为常委,而杜月笙被推为主任委员,戴笠兼书记长负责全面工作。这支别动队最初共拉起一支一万零八百人的队伍

张啸林是杜月笙硬加进来的,为的是以这个名誉套住他,让他就算不参与抗日,也不好意思当汉奸。在此之前,张啸林对抗战的前景非常悲观,态度也相当消极,基本不参加抗战活动,倒是热衷于跑到杭州莫干山去避暑。

"别动队"则由刘志陆任总指挥,编为五个支队。总参谋长杨仲华是杜月笙的门生,杜的另一门生、国民党上海市第六区党部执行委员冯一先和杜的私人秘书邱访陌分别担任行动委员会和总指挥部的秘书。

"别动队"的五个支队中,第一支队司令何行健、第二支队司令陆京士、第三支队司令朱学范都是杜月笙的门生;第四支队司令张业、第五支队司令陶一册,则是戴笠手下的大将。

"别动队"是支约一万人的武装游击部队,以帮会和工人为基础,配合正规军作战,并负责肃谍防奸等工作。戴笠在青浦建立技术训练班,在佘山组织教导团,又在松江设立特训班,分期分批对一万多"别动队"成员进行短期军事训练,有的还进行了侦探、破坏、突击和暗杀等特种科目训练。

戴笠一生以与共产党作斗争为己任,但在抗战中,他的思想倾向基本属于黄埔系中主战的少壮派军人阵营,在这一点上,"人之爱国,谁不如我"的杜

月笙与他是一致的。杜月笙自己出钱捐赠了五千支快慢机手枪,又利用自己的影响,动员了帮会成员、工人、学生、店员、失业青年入伍。10月,这支仅以一月时间仓促成立的游击部队,在上海南市和苏州河两岸配合正规军与日军作战,尽管作战力差,但大多成员异常英勇顽强,为中华民族抗战作出了牺牲。据事后统计:别动队战死者共一千五百人以上,受伤五百余人。据说,杜月笙颇为悲痛,他不是心疼钱,而是哀怜那些为国捐躯的青年,其中很多人是他的徒弟。

3 就任中国红十字会总会副会长救助伤病员

八一三淞沪会战,杜月笙以中国红十字会总会副会长名义,联合各团体组织上海市救护委员会,并同时成立救护队十队、急救队十三队、临时救护医院二十四所,征集救护汽车九十八辆,并特约公、私医院十六所收容受伤军民。据统计,杜月笙所领导的救护输送医疗工作,共救护了抗日受伤军民四万余人。

此后,杜月笙又筹划在松江、昆山、苏州、无锡、杭州、南京等地设立重伤医院,每年医院少则收治伤员二三百人,多则达三四千人。南京沦陷之后,中国红十字会总会及各地工作人员大多撤退到汉口。杜月笙亲自乘飞机到汉口,与政府有关部门统一商定救护方针,在汉口成立临时救护委员会,设置医疗队三十七队,后因需要逐渐增加至一百七十八队,共有工作人员近三千人。据统计,至抗战结束,红十字会所救护的军民总数已达二百六十万。这一可观的成绩,与红十字会广大工作人员的努力分不开,但杜月笙在其中的领导作用也不容忽视。救护工作所需的物资、车辆,许多都得益于杜的号召,更有他自己的"毁家纾难"。在这一点上,杜月笙号召他所能影响的团体包括他的帮会组织捐助抗战,起了很大作用。

1938年春,中国红十字会总会理事室迁移香港,杜月笙亲自主持工作,并设立总办事处,以接受海外捐助的物资,并同时筹措救护事业的经费,杜月笙此时是非常辛劳的。

当时，国民党政府还设有中央赈济委员会。八一三抗战后，蒋介石安排杜月笙为该会常委，负责粤、桂、闽三省称第九救济区工作。为了工作方便，杜月笙将第九救济区办事机关与中国红十字会机关合设于香港九龙柯士甸道，他的公寓也在此，并在香港最大的饭店辟有房间，专门与各方接触。当时，海外侨胞对抗战捐助的物资及对难民的救济品，都由杜月笙接收运往汉口或重庆。同时，杜还负责与戴笠合作布置向沦陷区搜集情报及锄奸策反工作，张啸林被暗杀与杜有关。

香港沦陷后，杜月笙撤退重庆。红十字会总会于1940年移设重庆，杜月笙也撤退重庆，主持会务工作，办理前后方的救护、医疗等工作。1942年，杜月笙筹建了重庆医院，当时有床位三百张，各科设备齐全，成为当时最先进的战时后方医院，受到舆论的称赞。

第三十章

拒绝日军拉拢,离沪赴港

平心而论，戴笠和杜月笙的苏浙别动队在抗战中说得上是尽心尽力，不过毕竟是临时拼凑，战斗力有限。所以英勇归英勇，1937年11月，日军进占上海，在付出巨大的牺牲后，别动队也就随之溃散了。

这边杜月笙正忙着苏浙行动委员会的工作，那边日本人更紧地缠上了他。上次海军老大永野修身拉拢杜月笙未果，日本人并不气馁，更不会放弃。现在战事既起，坂西利八郎就来到了杜公馆。

坂西曾长期担任张作霖的顾问，是个中国通，他向杜月笙承诺：日军占领上海后，杜若能留下来与日本人合作，日方将给予他上海滩上最高的政治地位，经济上的好处更不用说。同时他也暗示：物离乡贵，人离乡贱。杜先生您在上海滩发迹，事业基础和大部分的人脉关系都在这里，离开此地，无论去哪里，都绝难再有现在的风光。

杜月笙何尝不懂得这个道理？更何况，他对钱一向看得较轻，最孜孜以求的，还是社会地位，尤其是政治地位。所以坂西的一席话，对他不能说没有触动。但是，杜月笙是个有底线的人，虽然没多少文化，但在外敌入侵的时刻，他明白一个真正的中国人、一个血性男儿应该做什么、不应该做什么，何况自己为上海滩的老大，众望所归呢？

当然，以杜月笙多年的历练及其八面玲珑的作风，他也不会公开得罪坂西，只是一味敷衍。时间长了，坂西觉得这人挺没劲的，也就懒得再做无用功。

土肥原贤二出场了，土肥原是日本现代特务机关的开山鼻祖，陆军中将衔，伪满洲国的建立、日军对华北的侵略，处处可见其身影，其最"得意"的手笔，是把清朝末代皇帝溥仪诱到长春当了伪满洲国的皇帝。

土肥原说的，也还是坂西软硬兼施的那一套，但他最后留下的一句话，让杜月笙下定了出走的决心。那句杀气腾腾的话，是这样的："杜先生，你出钱出力，支持中国军队攻打皇军，给皇军造成了大的伤亡，所有这些，皇军都已登记在案。倘若杜先生执意不肯合作，皇军定将严惩。"

为了避开日本人的纠缠，土肥原走后，第二天杜月笙就离开华格臬路杜公馆，搬到了辣斐德路辣斐坊四太太姚玉兰处，筹备出走之事。当天正在和徐懋棠商谈，突然天空中一阵"轰隆隆"的飞机引擎声大作，奇怪的是，这声响始终不离左右。日军飞机就在头上盘旋，这让姚玉兰觉得很担心。

杜月笙心知这是土肥原在给自己施加压力，有些烦躁。徐懋棠见状忙说："杜先生，最近我在蒲石路买了一幢十八层楼的公寓，房子很讲究，先生和师娘不妨搬过去住，就算日本人还能找到，您住在楼的中间部分，飞机来了也找不到目标了。"

杜月笙没意见，姚玉兰更没意见，两个人就搬了过去。后来一直到1949年杜月笙最后一次离开上海前，姚玉兰始终住在这里，所以人称其为"十八层楼太太"。杜月笙已决定从速离开，他实在放心不下张啸林，想再拉他一把，但是啸林哥毕竟还不是杜月笙，从此兄弟俩各奔东西。

第三十章 拒绝日军拉拢，离沪赴港

张啸林喜欢升官发财，对全民抗战却是漠不关心。战事初起，他便带着手下跑杭州附近的莫干山避暑去了。莫干山位于浙江省北部德清县境内，为天目山余脉，风景秀丽，春秋末年，吴王阖闾派莫邪、干将在此铸成举世无双的雌雄双剑，因此得名。当时上海滩头有头有脸的闻人大亨在这里大都建有别墅，像杜月笙，每年夏天只要有时间都会和姚玉兰来此避暑休假。现在，杜月笙当年在莫干山的别墅被包装成了旅游热点，名字就叫"杜月笙别墅"。

日本人见杜月笙难搞，黄金荣则托词"我老了，不方便抛头露面了"谢绝合作，便退而求其次打起了张啸林的主意，派人到莫干山去引诱，不想竟是一拍即合。

其实张啸林哪还需要引诱。对于投靠日本人，即使在汉奸里面，比他更热衷的也不多见。当然张啸林也有他自己的苦衷，不过这绝不是理由。纵横上海滩十数年，酒色财气样样俱全，外人看来威风无比，可三大亨中，自己开始还排在第二，后来就沦落到末座了。而眼看着一墙之隔的杜公馆天天谈笑有鸿儒、往来无白丁，交往的更不乏工商大鳄、党国高官，自家这里却不要说逊色不少，就连每年从莫干山避暑回上海，途经杭州，无论怎样大肆招摇，当地名门望族都还是不肯和他交往；甚至避之唯恐不及，这难免不让他生出"衣锦夜行"的感慨，愈发觉得这世道不公平，便想如果能捞个浙江省长干干，体会一把当年苏秦挂六国相印后，一向看他不起的嫂子伏地迎接的味道，那才叫快意人生。

而能给他这个名分的，只有日本人。所以张啸林老实不客气地开出条件，合作可以，而且一定倾力合作，条件是要当浙江省长。派去接头的日本人官小，

答应不下这么大的事,只承诺尽力在上峰面前美言,并暗示他问题不大。张啸林自觉日本人对他的需要不小于他对对方的需要,陡然间多了一份自信,兴冲冲便回上海来了。

前脚刚到家,杜月笙后脚就赶了来。杜、张两家间的小门早就被张啸林给堵了,那还是四一二之后,为了给黄金荣出气,张啸林通过"清党委员会",把已和露兰春结婚的薛恒以"共党分子"的名义抓了起来打算枪毙。黄金荣、杜月笙都觉得此事不妥,后来是由陆冲鹏出面,杜月笙通过杨虎、陈群的关系,把薛恒放了出来,算是保全了黄老板的面子,但也因此把张大帅得罪得不轻,张啸林一怒之下就把门给堵了,表示从此和杜月笙断绝关系,当然这只是表示而已。

"啸林哥,上海滩打得天翻地覆,你倒在莫干山享清福?"杜月笙一进门就没话找话地问,张啸林则连理都懒得搭理他。杜月笙只得继续找话说,只是苦于口才不好,说出来的话还是没有味道。"啸林哥最近还好吧?"看着杜月笙这么费劲的寒暄,张啸林乐了,也不好意思再装酷,便回了一句:"有啥事?说。""我打算暂时离开上海,不知道啸林哥是否也有此意?""我刚回来,为什么要走?""因为日本人就要打进来了,我们没有太平日子过了。""这不关我事。"张啸林振振有词,"日本人来不来,中国人都一样要生活。上海滩这么多年,英国人来过,法国人来过,什么人没来过?放心,就算日本人来了,上海滩也还是那个十里洋场。"

"你的意思要我走?"还没等杜月笙回答,张啸林又说,"跟蒋介石?哼!不是我背后说他坏话,当面我也要骂他忘恩负义。你想,上海清党,我帮了他不少忙,结果他钱也不给一个,感谢的话也没有一句!"又指着自己的儿子说:"法尧从法国回来,我要他蒋介石给在政府里安排一个位子,当个官。可他一不买面子,二不讲交情,一脚踢回来。这种人谁跟他?他吃败仗跑了,难道要我跟他一起进棺材?朋友朋友就是要'碰'一个'有',他还算是帮里人,一点江湖义气也不讲。"

无论杜月笙如何苦苦相劝,奈何张啸林心意已决,甚至还劝杜月笙留下和他一起发财。杜月笙说:"啸林哥,只怕日本人不放过你。"张啸林不在乎地冷笑一声:"我不会投靠日本人。当初,在杭州,就为了日本人欺侮我,我打了

他个落花流水，你说哪一个大人物有我这样'抗'过'日'？不怕小日本？这一次，他们要是还欺侮我，呸！我一拳把他们打到东洋大海，这叫拳头对拳头！要是他们客客气气和我做生意，对我有好处的话，我为啥不做？这叫'你拱手'，'我也磕头'！我这个人，有奶就是娘。"

杜月笙不得不直言指责："啸林哥，我们不能做汉奸啊，否则我们没脸面见人！""汉奸？帮日本人就是汉奸，金荣哥替法国人当差就是汉奸？你当法租界华董就是汉奸？"两人话不投机，差点不欢而散。好在张啸林最后还是说了一句暖人心的话："月笙，人各有志，不可相强，咱们谁也别难为谁了。"说到这里，张啸林多少也有点此去经年的伤感，"我们好歹兄弟一场，你几时启程，我给你饯个行吧！"

杜月笙已有警觉，哪里敢说？再说他确实也不知道何时启程，两人便就此告别，各自心绪的复杂，难以言表。接着又去跟黄金荣话别。黄金荣不需要劝，他本来也没打算跟日本人合作。黄金荣说："月笙，我在法国人手里当差，酸甜苦辣咸都尝过，外国人的心我看得一清二楚，难道还会上小日本的当？月笙，你放心，我不会落水，杭州岳王庙我去过，人们对忠臣岳飞磕头，奸臣秦桧跪在门口。我学不像岳飞，可也不会做秦桧。月笙，你啥时走？"毕竟是多年的兄弟，在此生离死别的关头，表现出来的都是真性情。"月笙你走吧，走得越早越好，走得越远越好。我就这样了，你放心。"

杜月笙要走了，他通过法国总领事，将溃退下来的一部分别动队安置进法租界，避免了被日军歼灭。另一部分人，则退往江苏、安徽交界的屯溪、歙县等处。到第二年军统正式成立，戴笠将这批残部，加上从上海战场上溃败下来的国民党军队几千散兵游勇，加以改编，组成了忠义救国军，俞作柏为总指挥，杜门子弟何行健为副总指挥。

跟戴笠密谋之后，杜月笙决定将留在上海的亲信门生做个布置，以便为将要展开的地下工作打好基础。其中最核心的是四个人：杜公馆总管万墨林，秘书徐采丞，账房黄国栋，律师朱文德（他也是杜月笙的表弟）。

徐采丞为人相当精明大气，他原本是个小商人，后来成为史量才的手下，"一·二八"淞沪抗战中，他在史量才、杜月笙所组织成立的上海市地方协会里做事，得到杜月笙的赏识。史量才遇刺后，他和杜月笙、钱新之越走越近，后

第三十章 拒绝日军拉拢，离沪赴港

来他自己开办的民生纱厂一度濒于倒闭,不得已求助于杜月笙,结果纱厂不仅起死回生,还赚了不少钱。徐采丞因此怀着感恩的心加入杜门,位列恒社核心班子成员,进而成为地方协会秘书长,渐渐就成了杜月笙和各机关团体打交道的代表,是最可依靠的一位心腹。

尤为难得的是,徐采丞跟日本人做了多年的生意,和多家日本财阀都有关系,甚至于在日本特务机关里,他也有朋友,这将为他日后的工作提供极大的方便。所以杜月笙指定徐采丞为自己在上海的代表,所有杜门子弟,包括恒社弟子,甚至包括万墨林,通通都归他指挥。

至于黄国栋,他是黄文祥之子。黄文祥早年在水果店工作,因为在杜月笙穷困潦倒时力所能及地帮过他,杜月笙发达后便聘他为杜公馆总账房以报恩。黄文祥去世后,这个炙手可热的职位就由他儿子黄国栋继承了下来。

1937年11月23日晚,杜公馆大宴宾客,邀请的都是杜门子弟中的佼佼者。这顿饭,一是为了告别,更重要的还是杜月笙对各位弟子的去留有所安排。饭后他又单独留下了徐采丞、陆京士和朱学范三人,密议了一番。

"今天川本请我转告杜先生两件事。"川本是驻上海日军部队的头目,和徐采丞很熟。"第一,是日军占领高桥以后,会派兵保护杜氏家祠,请杜先生放心。""不管他是好意还是威胁,采丞,"杜月笙不紧不慢地说,"你都替我谢谢川本先生。""好。"徐采丞继续说,"第二件事呢,日本人已经在沿江一带布下重兵,严防杜先生等人离开上海。若杜先生从租界码头上船,川本说了,他们会进入租界阻拦。"

"这我自有办法。"杜月笙一副胸有成竹的样子。第二天晚上,杜月笙又单独通知了万墨林、黄国栋、朱文德和前杜公馆账房、现中汇银行襄理杨渔笙来杜公馆吃夜宵,指定朱文德代万墨林写信、发电报;黄国栋全面协助万墨林、张翼枢发电报,事实上也就是秘密情报;杨渔笙则专门负责发放赈务委员会每月划拨的救济费,就是国民政府发给社会名流的生活补助,让他们经济上有保障,不至于为了钱去当汉奸。

杜月笙又让黄国栋结算了银行账目,查清总共负债五百七十余万元,其中向中国、交通银行借债二百四十万元,向南洋兄弟烟草公司老板简照南之媳简陈季臣借三十万元,另外积欠中汇、通商、民孚等银行将近三百万元,而此时他名下的房地产、股票、证券等估值一共不到二百万元。

杜月笙一点都不在乎，说车到山前必有路，所有欠债，等抗战胜利了，自有办法还清。25号晚上，宋子文打电话到杜公馆，说："明晚公和祥码头，阿拉密斯号邮轮。"26日晚，杜月笙跟太太子女简单告别，然后只带着郁咏馥一个贴身佣人，坐车直奔蒲石路十八层楼公寓而去。日本人只当他和往常一样，去姚玉兰处过夜，没太防备，结果到了十八层楼，杜月笙出后门换了辆车，摆脱了日本人的监视，从容地来到法租界公和祥码头，登上了豪华邮轮，和宋子文、俞鸿钧、钱新之等会齐，昂然离去。

日军占领上海后，1937年12月5日，日本人将上海市更名为"大道市"，取自于"大道之行也，天下为公"。日军扶持了曾留学日本、在华北日本中兴公司任职的台湾人苏锡文任"市长"，伪大道市政府就此成立，管辖范围和国民政府一样，包括除租界外的上海所有地区，"市政府"设在浦东东昌路，上海市民称之为"大盗市政府"。

苏锡文在上海毫无根基，上台后一筹莫展，主要的工作就是迎来送往上海的日本要人。迎送人员都是花钱雇来的老头，个个穿着长袍马褂，打扮成绅士模样。最初日本人倒也喜欢，后来时间长了，看每次都是这一群人，不免产生审美疲劳，对苏锡文的失望日甚一日自不可免。这样，常玉清就觉得自己的机会来了，取得日本人的支持后，搞了一个皇道会的武装特务组织，自任会长。

常玉清，旗人，祖籍湖北江陵，早年在日资纱厂打工，做过工头，在此期间拜青帮"大"字辈曹幼珊为师，是"通"字辈人物。入帮后广收门徒，并依靠日本人的势力，成为黄埔滩码头公会会长。曾因走私鸦片、军火及恐吓敲诈罪行被英租界判刑。这小子是个老牌汉奸，早在1932年"一·二八"抗战期间，他就投靠日军，伙同胡立夫等人，组织了汉奸组织"上海北区市民维持会"，停战后，胡立夫被国民政府枪毙，常则逃亡日占区大连，和日本浪人混在一起，靠贩卖鸦片发财。期间他还曾去过日本，和日本最大的黑社会组织黑龙会建立了联系。国民政府曾悬赏二十万，对他进行通缉。

"八一三"之后，在日本人指使下，常玉清重回上海，本想和苏锡文合作组建"大道市政府"，但来晚了一步，被苏锡文拒之门外。现在组织了皇道会，他便依托在青帮的班底，招募了一千多徒众，试图大干一场。

皇道会的主要工作是，针对日军不方便出面干涉的租界里的活动，进行恐怖威胁乃至行动。对付的目标包括爱国师生、爱国商人、报纸电台、地下工作者等等。当时在租界出版的爱国报纸《文汇报》《大美晚报》《华美晚报》等，都被他们扔过炸弹，还好没有死人。真正死的那个报人，却又不值得同情。这厮叫蔡钧徒，是个流氓，经常利用他所办的《社会晚报》干些敲诈勒索的勾当，名声极坏。日军占领上海后，蔡秘密接受了日军津贴，保证报纸将走亲日路线。

但当时只有反日的报纸才卖得动，而且反得越厉害卖得越好。蔡钧徒就想了个办法，报纸一式印两种，在租界出版的报纸，头版都是反日的标题和内容，另外专门印几份供日军检查备案，头版则都是亲日内容，每次都是自己亲自送去。这办法很好，报纸大卖不说，日本人看了也很高兴，直夸蔡先生有才华有良心。不想有一天，蔡钧徒在妓院里玩得兴起睡过了头，把例行送报纸的事儿给耽误了。偏偏日本人做事认真，为了存档，便派人去租界里买了一份《社会晚报》，一看上面竟然不是报道国军大胜、杀敌多少，就是痛骂日军烧杀掳掠、无恶不作。就这样，蔡钧徒的把戏露了馅。观察了几天后，见日日如此，日军便指使常玉清把蔡钧徒杀了，并把头割下来挂到了电线杆上示众。

另一个死于常玉清之手的报界大腕，是大名鼎鼎的《晶报》主编余大雄，死得更加不冤。余大雄是主动投靠的日本人，因为他文采很好，名气又大，而且精通日文，很受日本人推崇。而常玉清日语不太灵光，说都说不利索，更不会写，干什么都得靠余大雄帮他翻译，久而久之感觉自己的地位已经深受威胁，一怒之下唆使手下弟子一斧头把余大雄砍死在了浴缸里。

常玉清很卖力，不过日本人并不太领情，因为他干的那些打打杀杀的事情，日本人都会，而且只会干得更专业。所以当"大道市政府"发布了第一号布告公开征收鸦片烟税后，权力极大、富得流油的苏浙皖税务总局局长这一职位，常玉清连边都挨不着，而是经南京大屠杀主要元凶、日本中支那派遣军总司令松井石根批准，被上海日军司令部楠本中将送给了前清上海道台邵友濂的儿子邵式军。

本来鸦片烟税松井也打算划给邵式军征收，后来考虑到这个属于地税，不宜和统税并在一起才作罢，但仍不考虑苏锡文和常玉清他们。后来，这一肥差还是经邵式军极力推荐，落到了其表舅、盛宣怀的侄子盛老三手中。盛家和邵家在日本人脉极广，甚至在日本皇室都有关系，所以郎舅二人在中国一手遮天，凌驾于从王克敏到梁鸿志到汪精卫等所有汉奸政权之上，轻易成为上海滩乃至中国首富，而杜月笙的徒弟罗洪义，作为盛老三的副手，没少作恶，同样也成了大富豪。

此时的这个上海"大道市"处在水深火热之中，但凡有点办法的人家，几乎都跑到了租界里面，加上江浙等地前来避难的大户人家、升斗小民，小小的租界，陡然间膨胀到了四百多万人，呈现出一片畸形的繁荣景象。

当时租界里的场景是：所有的空置房屋一下子全部住满了人，租金高涨；高档饭馆开了一家又一家，刻刻爆满；舞厅、戏院人满为患，歌舞升平；贩运大米的商人个个大发其财，尤其是虞洽卿，身为航运界的头面人物，他从越南运了大量的西贡米过来，保证了上海市面上大米的供应，对于稳定市场功不可没，但因为赚了太多的钱，也有人骂他发国难财，称其为"米蛀虫"。

日本人计划搞个"上海市民协会"，名单上列的第一个人就是虞洽卿，但他死活没有参加；第二名王晓籁，他听从杜月笙的建议，更是早就跑去了香港。但市民协会还是搞了起来，委员包含了二十一名上海知名企业家，比如纺织大王荣宗敬，南市水电公司总经理陆费伯鸿，杂粮业同业公会主席顾馨一，南京自来水公司总经理姚慕莲，知名商人尚慕姜，盛宣怀的孙女婿、台湾银行买办周文瑞，周文瑞的亲家尤菊荪等，成立大会在外滩的日本正金银行楼上召开，陆费伯鸿当选为会长。会后，委员们将成立宣言及协会章程送达日本驻沪陆海军当局备案，请求谅解。

这自然被视为汉奸行为。有记者问市民协会为何不报备国民政府，却呈送日军当局，荣宗敬的回答是：此事如呈请中国政府当局，势必不能成立，吾人必须勇往直前，做减少人民痛苦之举，无须惧怕，只需宗旨纯正，可不问其结果如何。

陈墨是杜月笙的得意门生，同时也是杜门新近崛起的杀手，接受过专业训练，曾任职于上海警备司令部，并在苏浙别动队第二支队担任大队长，上过前线，身手不凡，经验相当丰富。所以上海失陷前，当戴笠欲组建一个专门从事暗杀锄奸的"行动小组"时，杜月笙首先就把陈墨推荐给了他，戴笠对这个年

轻人相当满意，任命他为组长。除了陈墨的英勇善战，戴笠的另一个考虑是，他当组长，则整个杜门的力量就更易于调动，即使自己和杜月笙不在上海，也不至于受影响。后来的发展表明，一切确实如此。

陈墨的第一个作品，是在1937年12月30日，他安排手下人，在上海市民协会会长陆费伯鸿家门口，开枪将其打死。当时这个杀手化装成了卖水果的小贩，这应该算是陈墨对师父杜月笙早年职业的一种致敬吧！其他作品还有，顾馨一家中被扔了颗手榴弹，没伤着人，到了1938年6月25日，顾馨一正预备出任市民协会会长，即被暗杀于永大粮行门口。在此之前，尤菊荪遇刺受伤，荣宗敬也收到了警告信……

这下子，大家开始纷纷登报声明自己和市民协会脱离关系，荣宗敬更避到了香港，受到杜月笙的热情接待；姚慕莲则跑到了大连。市民协会名字还在，但事实上就此解体了。

杜月笙刚到香港那会儿，和钱新之一起住在九龙半岛饭店，日子也好不到哪里去。生活方面不习惯还是小事，关键是睡觉成问题。在上海的时候，每晚必须有人按摩捶背他才能睡着，现在这活儿找不到人干，就不可避免地要失眠；偏偏杜月笙有个大毛病，那就是睡觉时一定得有个人在旁边陪着，否则一有风吹草动，就会被吓得心惊胆战，再也无法休息。初到香港，哪有这么好的条件？如此一来，每天的精神状态，那就差得没法说了。

赶紧打电报让家人快来，岂料夫人沈月英、二太太陈帼英根本不搭理他，铁了心就待在上海，哪儿也不去；三太太孙佩豪的两个儿子留学英国，她在那边陪读，一下子也走不了；只有四太太姚玉兰带着长子杜维藩、长女杜美如及几个小儿女赶来香港，算是解了燃眉之急。在杜月笙的催促下，顾嘉棠、芮庆荣、叶焯山和杜公馆秘书翁左青、胡叙五等先后到达。

陈群，因为当过国民党高官，一定会是日本人拉拢的对象，杜月笙了解他的性情，尤其知道他的名言"学经济即学如何以极少数博大多数，而不问其手段如何。譬如妇女以缝补收入就不如妓女夜度资之收入"，所以生怕他落水，特意交代万墨林给他带话："杜先生请您速去香港，先生一家在港所有费用，都由杜先生负责。"

果然陈群成心想呆在上海待价而沽，便让万墨林给杜月笙传话，只说自己家眷拖累，至少需要两万元安家费，否则没法去香港。逃难关头，两万是太大的数字，杜月笙一听就明白了陈群的心思，只能知难而退，懒得再理他。只是坚持留在上海的陈群终于还是落了水，算是得偿所愿。在日本人的运作下，1937年12月14日，曹锟时代的代理财政总长王克敏在北平牵头成立了伪"中华民国临时政府"；1938年3月27日，前段祺瑞执政府秘书长梁鸿志于南京成立了伪"维新政府"，陈群出任内政部长，手握实权，每天过着花天酒地的生活，不亦乐乎。

陈群当了汉奸后，就任部长前，即被正始中学的师生们给赶了出来。中学校长变成内政部长，陈群肯定觉得值。继任校长叫余祥森，这人和学校老师不和，争执时有发生，搞得整个学校矛盾重重，便有人写信给杜月笙汇报情况。杜月笙远在香港，鞭长莫及，索性下令把学校关了。

1940年3月，汪精卫伪国民政府开张，陈群应邀入阁，先后担任内政部长、江苏省长等要职，整日花天酒地、醉生梦死、行尸走肉般地混日子。待到抗战胜利，陈群自知罪不可恕，他倒也不像丁默村等大汉奸那般惊恐，只觉得自己活得值了，平静自杀，了却了其浑浑噩噩的一生。

陈群来不来香港，其实对杜月笙都无影响，但接下来应招而来的两个人，影响就大了。这两人，一个叫张子廉，一个叫吴家元。

张子廉名列恒社，属于杜月笙的核心弟子，办过棉织厂，在上海工商界小有名气。他同时又是洪门中人，早年更在香港混过，交游广阔，尤其是和现在香港的洪门大哥、孙中山的外甥梅光培是拜把兄弟。

杜月笙初来乍到，按道理本应主动去拜访各位老大，但他不肯屈居人下，要争这个面子；本土的老大们，虽然对上海滩的杜先生仰慕已久，但见这厮如此托大，难免心生反感，更不会去拜望他。事情就僵在了这里。这个僵局如果不打破，时间长了，天知道会生出什么是非来。

好在张子廉到后，有了在两边都有面子的中间人，自是另一番局面。很快，杜月笙和香港的各路帮会势力就建立起了密切的联系。杜月笙名声太大了，又有黑道色彩，以至于刚一踏上香港的土地，英国殖民政府就盯上了他。现在，见其更和本土帮会势力打成一片，对他盯得就更紧，甚至有几次派了警察上门

搜查，这让杜月笙大光其火却又无可奈何。

此时日军已经攻陷首都南京，国民政府重心转至武汉，日本人推行"以华制华"政策，近卫首相公开宣称"不以国民政府为谈判对手"，而大力扶持傀儡政权。蒋介石等人因此很担心社会名流，尤其是一向亲日的前北洋军阀里的皖系人马投向日方，如此至少对民心士气是种打击，便想把这些人拉过来。

蒋介石看中了杜月笙非官非民而又官民一体的身份以及四通八达的人脉关系、无所不能的办事能力，希望他能把这些名宿拉到香港去保护起来，便委托回国的驻日本大使许世英，专门绕道香港，向杜月笙转达了这个意见，杜月笙自然一口答应。待到许世英回到武

欢送外交使节时的留影，前排右起为淞沪警备司令杨虎、上海市长吴铁城、中国驻苏大使蒋廷黻、苏联驻华大使莫洛托夫、杜月笙。

汉，蒋介石即发表杜月笙为中央赈济委员会常委，分管第九救济区事务，包括广东、广西、福建三省。杜月笙立马在香港成立了赈济委员会第九区赈济事务所，自任主任；由于会长王正廷正在美国任大使，杜月笙又以中国红十字会副会长的身份，在香港设立了中国红十字会总办事处。亮出这两块金字招牌后，就连香港总督都前来拜访，警察自然是再也不来找麻烦了。

吴家元就派上了大用场。相对于张子廉，吴家元的作用在香港之外，针对的就是那些北洋遗老。

吴家元年轻时是个帅哥，能说会道，擅赌博更擅作弊，以此技能，后来在牌桌上把张宗昌哄得高高兴兴，给了他一个青岛盐务局长的肥差。几年下来，吴家元吴局长狠捞了一笔，见好就收，跑上海来当了寓公。

当寓公也不能坐吃山空，吴家元便在赌博上打主意。当时上海滩的头号赌棍，大家一致公推杜月笙。吴家元打听清楚杜月笙最常去泰昌公司、宁商总会和公记中华票房这几家赌场，便天天往这几个地方跑，守株待兔，很快就等到

了猎物，并成功坐到了一张桌上挖花牌。挖花牌是杜月笙最喜欢也最擅长的玩法，有点类似于麻将。

吴家元会说话，玩得又好，杜月笙对他印象很好，就邀请他常来玩。结果吴家元果然每晚必来，每来必玩，每玩必赢，玩了两个月不到，杜月笙一个人就输掉了十万多大洋。杜月笙是什么人？心里明白吴家元这厮肯定玩了猫腻，无奈就是看不出任何破绽。他倒不心疼钱，只是好奇心大起，就想知道这狗日的到底耍了什么手段。

英租界赌业大亨严老九帮着解开了这个谜团。严老九本名严九龄，也就是当年杜月笙刚立门户，开山门弟子江肇铭惹是生非所得罪的那个人。后来杜月笙进军英租界时，费尽心机收服了严老九。这些年来，这个老哥没少帮他的忙，抓吴家元作弊，对于浸淫赌场多年的严老九，确实只是小事一桩。

不过杜月笙倒也没为难吴家元，面对上门负荆请罪，跪在地上的这家伙，他只是劝诫了几句，无非就是"赌品如人品，兄弟你以后要讲究些。这事就这样了，不过你要再这么搞，别怪杜某人不是诸葛亮，玩不来七擒七纵"。话说到此，吴家元倒真成了孟获，心服口服地拜倒在杜门之下。

所以此时杜月笙一声令下，吴家元二话没有立即就从上海赶到了香港，领到的任务是到华北沦陷区去活动那些昔日的皖系要角，把他们也争取到香港来。

吴家元和日本人有关系。日本侵略者在中国共有三大特务机关，分别号之以"松、竹、梅"。"松"机关头目和知鹰二，手下有两名重要特务何益三、李泽一，都是华人，属于汉奸。他俩都是吴家元赌场上结交的好朋友，因此关系，老吴出入北平、天津等日占区，是真正的一路畅通。

杜月笙把一切安排好后，经吴家元一阵折腾，加上李泽一和他的汉奸同事朱秀峰、陈兰等的密切配合，仅当年段祺瑞内阁的十大阁员，来港的就有一大半，比如司法总长章士钊、交通总长曾毓隽、财政总长贺德霖、外交总长颜惠庆、陆军总长吴光新、临时参政院副议长汤漪……对此成果，国民政府极为满意。

这些大佬抵港之初，大多住在杜月笙家里，白吃白喝自不在话下。此时杜月笙已搬出了九龙饭店，搬到了九龙柯士甸道上，租的是澳门烟赌大亨高可宁的一幢双开间门面三层楼住宅，算是香港杜公馆。又在告罗士打饭店，包下

第三十章　拒绝日军拉拢，离沪赴港

705号套房,由秘书翁左青、胡叙五常驻该处作为办公室,杜月笙每天午睡后,也必来这里。因为客人太多,这个套房容纳不下,楼上的咖啡厅实际上就成了杜月笙的大会客厅,凡是和杜门有所渊源者,尽管来此,无论咖啡还是点心,一律管够,杜月笙负责按月买单。

所有这些事务,包括活动要人来港,最初通通都是杜月笙自己花钱,后来财政部按月拨给他一大笔款项,杜月笙也不客气,有多少花多少,不够的就自己出。对他来说,钱真是身外之物。杜月笙特别讲究待客之道,专门派人时常坐飞机、轮船,从上海带江南特产过来,吃得大家乐不思蜀,哪儿还好意思回去当汉奸?

# 第三十一章
在香港成为中国的杜月笙

1 遥控上海滩

1938年末,广州、武汉相继沦陷,国民党副总裁汪精卫加紧了和日本人的接触。11月中旬,汪精卫派外交部亚洲司司长高宗武和梅思平赶赴上海,与日方代表影佐祯昭、今井武夫展开秘密谈判,并签署了《日华协定》。同年12月18日,趁蒋介石不在,汪精卫在夫人陈璧君鼓动下离开重庆,经昆明潜至河内。29日,汪精卫通电表示愿意与日方进行和平谈判。蒋介石命令戴笠处理这件事,戴笠派副手郑介民带了一个行动小组前往河内,行刺汪精卫,结果以误刺汪的副手曾仲明而收场。

1939年5月3日,在日军的严密保护下,汪精卫一行由河内坐船奔赴上海,6日抵沪,住在虹口区的日军驻地,几天后搬到了租界里,住进了极斯菲尔路76号。

76号是一座占地十几亩的大花园洋房,这个地儿便是日后令人闻风丧胆的汪伪特工总部。此处本来是原北洋小军阀,时任国民党将军的陈调元在任安徽省政府主席期间,用搜刮来的民脂民膏,委托杜月笙在上海帮他建造的一座别墅,并委托杜月笙帮他出租。无奈这房子太大,租不出去,就一直闲着,直到汪精卫住了进来,并将其作为伪国民党全国代表大会的会场。

汪精卫在国民党内地位实在太高,羽翼相当丰满,号召力很强;加上有日本人每月发给的四千万元作为经费,真是人傻钱多,接下来就是"速来速来"了。来的人很多,甚至原属蒋介石派系的国民党留沪人员,也成批成批地叛变。像曾任国民党军委会调查统计局第三处处长的丁默村、中统上海区情报员唐惠民、国民党中央宣传部驻沪特派员章正范等先后投敌;国民党上海市党部的留沪常委蔡洪田、汪曼云更是带着大批职员,带上资料,集体作了汉奸。投敌的太多,剩下的也就没法再呆下去,只能跑路,国民党上海市党部就此土崩瓦解。

汪曼云是杜月笙恒社的弟子。有一个说法是,在此之前,杜月笙曾给他写信,让他派人打入汪伪组织。汪回信说:"大部分人都已暗中投敌,现在除了我自己打入进去外，已经无人可派。"

潜伏在上海的势力遭此重创，蒋介石极为恼火，勒令迅速重建国民党上海地下组织。于是，曾任上海市党部主任委员的吴开先奉命前往上海开展工作，他此时的身份，已是国民党中央组织部副部长。

去上海前，吴开先由重庆经昆明转道河内，再去香港，拜访老朋友杜月笙。随身携带有蒋介石致海上闻人虞洽卿等五人的问候函件以及行政院长孔祥熙写给留在上海的银行界领袖李馥荪、秦润卿等的私函十余封。当然，这些信函问候之外，主要是希望收信人坚定信念，千万不可投敌。

此时的杜月笙，设有香港与上海间的专用电台，所以对上海的情况了如指掌。更牛的是，已经投靠日本人，正在上海从事情报工作的李士群，也和他有联系。

李士群，1905年出生，浙江丽水人。曾拜青帮大佬季云卿为师，属于"悟"字辈人物，与杜月笙同辈。李士群是中共特科出身，在苏联受过训练，水平没得说。1932年被军统第一处（即后来的中统）逮捕后加入了中统，抗战之后，被川岛芳子以美人计策反，加入了日本特高课直属的情报组织，沦为汉奸，后来成为汪伪集团最令人谈虎色变的杀人魔头。

李士群羽翼尚未丰满，对人虽在香港，在上海的势力却依然无孔不入的杜月笙，尤其忌惮，所以千方百计邀好于杜月笙。某一天，日本驻沪领事馆书记官清水交给李士群一份题为"杜月笙在上海的势力"的材料，出自法租界的纳税华人会秘书张师石之手。张师石是杜月笙带起来的，因此这份材料非常翔实，可以说是至此为止的另一本杜月笙传记。

李士群看后立即打电话将汪曼云找去，将材料给他，愤愤不平地说："这个张师石太不厚道，杜先生待他不错，他却把杜先生出卖了。你看，这份东西就是他写给日本人的。"

汪曼云看后，提出要亲自带去香港交给杜月笙看，这在李士群自是求之不得。杜月笙看后，也不说话，只让秘书抄下来，结果整整抄了三天。汪曼云离港返沪时，杜月笙对他说："我们也对李士群表示一下好意，你回去时买些东西送给他。"汪曼云遵嘱照办，在香港买了一只金表和两套西装衣料带回上海，送给了李士群。

吴开先来时,汪曼云刚走没几天,杜月笙对上海的局面掌控,正是信心十足的时候。所以当吴开先说明来意后,杜月笙即胸有成竹地说:"你所携带的文件和密码,通通交给我,由我派人代你秘密运进上海。另外,我再写信给黄老板和金廷荪,你到上海后,请他们两位出面,把你所需要探望的人,全部请到金廷荪的公馆,一顿饭吃下来,事情也谈成功了,省得你到处去跑。"

吴开先除了感激,再也说不出什么来。杜月笙则好人做到底,帮吴开先安排好了轮船,船到黄浦江时已是深夜,万墨林亲自带人登船迎接,不仅为他提供了汽车、随从和保镖,还给了他一本恒社弟子的通讯录,告诉他:"杜先生关照过,恒社所有留沪人员,吴先生尽管调用。"

第二天万墨林又派人陪同吴开先前往黄家花园和金廷荪公馆拜访,黄、金二人已经收到杜月笙的电报,心里有底,认为吴开先要见的人太多,且大都是风口浪尖上的人物,怕引起敌伪注意,不如分两次宴请,吴开先自然没有意见。

两顿饭都是在金廷荪家里吃的,虞洽卿、李馥荪等人见到蒋介石和孔祥熙的亲笔信函,受宠若惊之余,更了解到"中央"抗战到底的决心。而与此同时,无论日本人还是汪精卫集团都正在积极拉拢这些上海工商界的精英人士,可以说吴开先来得是时候。

这时,杜月笙无意间得到一个消息,老朋友、四川官商两界红人刘航琛遇见了大麻烦。刘航琛的大靠山是四川省主席刘湘,前不久刘湘离世,给手下留言要在蒋主席领导下抗战到底,之后其手下大将王缵绪就任代主席。刘航琛大红大紫的时候,没太把王缵绪之类的武夫放在眼里,为盐税的事情更是狠狠得罪过对方。如今王将军变成了王主席,一朝权在手,公开扬言要把刘航琛抓来毙掉。

刘航琛上有八旬老母,下有儿女若干,哪里肯死?听得风声拔腿就跑。先到昆明,在云南省主席龙云处住了一段时间,想想还是离重庆成都都太近,便又秘密从昆明抵达河内,意图转道南洋,认真避避风头。

在河内刚住进酒店,便有客人来访。只见来人膀大腰圆,气度不凡,定睛一看竟是杜月笙手下第一员大将顾嘉棠。"杜先生听说刘先生今天到河内,特命顾某来此迎接,请刘先生到香港聚聚。"自己极端保密的行踪居然被发觉,刘航琛始而惊异,继而感动。杜月笙这得费多大的心思!如此朋友,平生得一足矣！遂当即决定改变行程，和顾嘉棠一起前往香港。

刘、杜上次见面还是在上海，正是1937年8月13日，淞沪抗战一触即发之时。那天杜月笙在家和刘航琛等人玩麻将，正玩着，在南京出席最高国防会议的刘湘打来电话，要刘航琛立即起身去南京，有要事相商。刘航琛的火车刚走不久，战争即告爆发，没想到两年之后，竟会在香港再见。这时候，两人一个客居异地，一个流亡他乡，不由得生出太多感慨，聊得就有些漫无边际。聊到后来，刘航琛的一句夸奖，令杜月笙受用了不知道多长时间。

"杜先生，虽说香港不比上海，但是，"刘航琛是这么说的，"原先在上海，你只是上海的杜月笙。如今在香港，你的影响力已经扩展到了全国，你如今是中国的杜月笙了！"

为保平安，杜月笙派了顾嘉棠做刘航琛的贴身保镖，每天形影不离。刘航琛被安排住进了圣斯酒店，顾嘉棠住在他的隔壁房间。刘航琛朋友多，且慷慨好客，杜月笙便挑选了几家高档餐馆，轮流每天送一桌上好的鱼翅全席到他的房间，一连送了三个月，从未间断。刘航琛就这么在香港混着日子，突然重庆那边传来凶信，他留在当地帮着料理私人事务的何九渊不幸遇刺，虽侥幸不死，但可见王缵绪绝不是说着玩的。刘航琛胆小，香港也不敢再呆了，不顾杜月笙的强力挽留，还是去了南洋。之后，思来想去还是跟着杜月笙靠谱，于是没住几天刘航琛又回到了香港，恰好此时，吴开先也来了。

吴开先在上海并不如意，工作开展得很不顺利。当时上海滩国民党潜伏的势力成分复杂，各个派系倒是都派来了不少地下工作者，像军统、中统、三青团等，都有自己的据点和组织系统，奈何分属不同派系，互不买账，难以协调更难以合作。更要命的是，自己知根知底的原上海市党部的工作人员，不是投敌就是跑路，整个系统完全崩溃。没有基本班底，吴开先即使贵为特派大员，也完全无法打开局面，只能先回重庆想办法。

第三十一章 在香港成为中国的杜月笙

2 大后方重操旧业卖烟土

吴开先途经香港,自然要来拜访杜月笙。杜月笙便拉上刘航琛一起,给他接风洗尘。酒过三巡菜过五味,吴开先和杜月笙来到会客室密谈。说到在上海工作的困扰,问杜月笙有什么好的建议。杜月笙淡淡一笑,说:"何不把各个系统的力量组织起来,由上面出面成立一个统一的领导机构,全盘负责上海的工作?"

吴开先击节叫好,决定回去就尽力促成此事。杜月笙就顺便说了一句:"开先兄回重庆,如果见到孔院长,不妨跟他提提航琛的事,老这么躲着也不是办法。"

吴开先回去没几天,刘航琛就接到了孔祥熙发来的电报:"有要事相商,请即来渝。"杜月笙当即派了顾嘉棠陪着刘航琛返乡。孔祥熙在陪都重庆的公馆,设在范哈儿的范庄,这是重庆最大最有名的一处豪宅,范哈儿为了巴结孔祥熙,送给他一家暂住。

就在这个范庄,孔祥熙趁王缵绪率部出川抗日前来辞行的当口,叫来刘航琛,安排两人不期而遇,再相逢一笑泯恩仇,勉强了却了两人间的恩怨。刘航琛不知何以为报,孔祥熙倒也慷慨,只说:"你帮我写封信吧,请杜先生来一趟,有件大事。"

杜月笙风风火火赶来重庆,才知道是件天大的好事。

原来国民政府移都重庆之后,对于鸦片烟的态度极为暧昧,一方面出于"寓禁于征"大量收税,一方面又时不时查禁。前一段时间,就查获了一大批纳过税的烟土,再拿回市场上去卖,多少也有点不好意思,但若是就此销毁,那得心疼死人;况且以后这种事肯定还会常有,不如来个废物利用还能大赚一笔。于是孔祥熙灵机一动,决定让在烟土生意方面与政府多有合作的杜月笙拿去制成吗啡等麻醉药品,卖到东南亚去。至于赚到的钱嘛,当然是见者有份了。

在此兵荒马乱的年月天上还能掉馅饼,杜月笙自是大喜。当即找到戴笠商量，决定成立一家港济公司，专门做这个生意。战场运输的监督任务，戴笠的军统实际负责。杜月笙刚到香港，就协助戴笠成立了西南运输处，把江西出产的钨砂等战略物资及土特产运往香港出口，再把内地急需的医药用品运送过来。当时广州尚未沦陷，韶关是一个关口，杜月笙便派了顾嘉棠带人在此把守。现在做烟土生意，现成交给顾嘉棠负责就行了，广州此时虽已沦陷，但办法总是有的。再加上有军统保驾护航，运输方面更不会有任何问题，港济公司一开张，香港几大烟土商便闻风而动，杜月笙则一如既往的信誉卓著，生意兴隆。

第三十一章 在香港成为中国的杜月笙

第三十二章
锄奸与策反高陶

1 锄奸

港济公司成立的同时，吴开先的组织工作取得进展，上海统一工作委员会成立。杜月笙荣膺这个有特殊意义的主任委员，而吴开先则担任书记长。几大常委里，杜月笙在香港，戴笠在重庆，吴开先、吴绍澍在上海，蒋伯诚本来在重庆，因为如花似玉的太太留在上海，不堪思念之苦，自告奋勇深入敌后第一线去做地下工作。取道香港赴沪之时，少不得要拜访杜月笙，杜月笙忍不住就问他：自己这个主任委员，到底算个什么级别的官？

"没级别，见官高一级。"蒋伯诚半开玩笑地说，"杜先生你想啊，上海市长也管不了上海党和团的工作，但你现在能管，所以你这个主任委员，比上海市长还要大。"杜月笙听得眉开眼笑，蒋伯诚就接着说："你说部长大不大？但是部长最怕戴雨农的特工，但现在，戴雨农是常委，杜先生你是主任，在他上面呢。"

不过话虽如此，杜月笙毕竟远在香港，只能遥控指挥，上海的地下工作，牵头的主要还得靠吴开先和吴绍澍，两个人之间免不了会有所争斗。这样，杜月笙就面临一个选择：吴开先和吴绍澍，到底该支持谁更多一些？

最终杜月笙决定全力支持吴开先，他在国民党内的地位更高，和杜月笙的私交也更好。再说，吴绍澍是自己的学生，自己人吃点亏也是应该的。就是这一念之差，酿成了日后的师徒反目，不过这是后话，暂且不提。

杜月笙对吴开先的支持是不遗余力的，不仅专门架设了秘密电台，还把徐采丞、万墨林等他在上海的主要联络人员全部介绍给了他。徐采丞专门负责杜月笙的对外联络，也就是与上海抗敌后援会各界领导人、各党派在沪负责人、租界当局及包括日本在内的各国在沪外交人员的联络；万墨林则负责对内联络，主要是军统、各游击部队驻沪人员、各帮会头领、租界警探、恒社弟子等。

杜月笙甚至专门派人到上海，转告与法国驻沪总领事私交甚好的张翼枢："要多多支持吴先生。"更主要的是，当面交代徐、万二人："要主动配合吴先生的工作。"后来干脆把二人发展成了统一委员会的工作人员，万墨林被任命为总交通员，徐采丞更是被重庆方面任命为"直属通讯员"。徐的公寓里，居然设有秘密电台，可以和重庆直接通话；同时他和日本各界人士关系也非同一般，混得很开，以至于重庆方面有人不幸落入日伪之手，他经常都能把人保释出来。

除收集各项情报，与敌方争夺工商、金融、文化界知名人士之外，上海统一工作委员会还有一项重要工作，就是锄奸。

其实锄奸的工作，从抗战开始，军统就一直在做。因为兄弟般的感情，同时也是激于民族大义，在这方面，戴笠和杜月笙的合作可以说是亲密无间。

军统干的第一件影响力巨大的案子是刺杀唐绍仪，那是1938年9月的事儿。唐绍仪，中华民国第一任国务总理，后来孙中山讨袁时，任广州护法军政府财政部长、政务总裁，属于国民党元老。

抗战爆发后，国民党和日方都在积极拉拢他，唐绍仪态度暧昧，就是不愿离开上海。后来戴笠请杜月笙出面，由杜月笙写信，徐采丞带着杜的亲笔信拜访唐绍仪，劝他立即去香港，以免被日本人纠缠。唐绍仪表示，自己宁做亡国奴，也不会做汉奸，但是，暂时不会离开上海。杜月笙接到报告，认为唐绍仪已无可救药，遂告诉戴笠，自己放弃挽救。不久，经土肥原不断做工作，传闻唐绍仪将出面组织伪政府。虽然只是风闻，戴笠还是下令干掉他。

戴笠派出的是得力干将、军统上海区行动总队长赵理君。赵理君做足了准备工作，打听到唐绍仪酷爱古玩，曾在某古玩店看中一个古瓷瓶，爱不释手，但因老板开价十万，没舍得买。赵理君遂买下这个宝贝，装成店伙计送到唐公馆谈生意，唐绍仪不疑有诈，在客厅接见了他。

两人谈得很投机，赵理君说："店里还有一个古瓷瓶，比这个年代更早，价钱差不多，唐先生感兴趣的话，约个时间我再送来。"唐绍仪没法不感兴趣，当下约好时间，不见不散。赵理君踩好了点，再次登门的时候，带着助手谢志磐、林之江在瓷瓶里藏了一把利斧，决定动手。

因已有约，门口保镖搜身之后，唐府仆人直接把他们让进客厅，然后再到里面去通报。仆人刚一离去，赵理君就把桌上的火柴藏进了自己的兜里。唐绍仪兴致勃勃地走了进来，吩咐仆人给来客敬烟倒茶，仆人找不到火柴，只能去外面找。赵理君赶快打开包装盒，引唐绍仪过来看，唐绍仪刚走过来，林之江

早已抽出利斧一阵猛砍，另两人则把瓷瓶收拾好，随后三人一起走出客厅，赵理君还不忘佯装和里面告别，出大门时再告诉保镖："唐老让再去拿几个好的来挑选，请你稍等一会儿，我们还要来。"然后从容离去。唐绍仪后被送往医院，不治身亡，终年七十五岁。

之后军统上海站开展了不少行动，影响比较大的，有成功刺杀伪维新政府外交部长陈篆、伪维新政府军政部长周凤岐、上海市民协会负责人尤菊荪、伪绥靖第三区特派员日本人中本达雄等，而日本宪兵补充队长高英三郎，更是在日军野战医院的病房里，被杜月笙的弟子下药毒死。

戴笠盯上了季云卿。季云卿是青帮大佬级人物，"通"字辈，势力极大，早年曾是令人闻风丧胆的沈杏山八股党的第二号人物，后来表面上被杜月笙收服，抗战爆发杜月笙远走香港后，他和张啸林两人就成了上海滩最牛的帮会大亨。

此时权势熏天的日伪特工魔头李士群，正是季云卿的学生。李士群刚开始投靠日本人，筹建76号特工组织时，苦于人手不够，找师父帮忙。季云卿把自己的司机吴四宝介绍了来，帮他拉起了一支上百人的队伍，李士群才算有了起家的本钱。所以说，季云卿可以算是76号的幕后护法。

这一次，戴笠选中的杀手是本名尹懋萱的詹森。詹森，四川人，据说是杜月笙的门生，这个说法不一定靠谱，靠谱的是他是军统中的独行侠，胆子大，身手好，枪法准，而且一向独来独往，即使在军统内部，认识他的人也非常少。鉴于丁默村、李士群手下军统、中统出身的太多，随便派一个人很可能会被认出来，所以詹森就成了不二人选。

季云卿一年前曾经中风，于是他把自己的生意全都交给了儿子和心腹弟子管理。治了半年多，痊愈之后，他养成了两个习惯：一是不再热衷于出去应酬，绝大多数时候只在家打麻将玩；二是每天吃完午饭都要去澡堂洗澡。当然，每次去洗澡，都是一大群徒弟、保镖前呼后拥，一般人避之唯恐不及。

接到命令后，詹森一个人在季云卿家门口斜对面的一个茶馆里喝了一星期的茶，掌握了目标的生活规律，包括每次外出的细节。然后，就决定动手了。

1939年9月19日午后，季云卿一行坐车走后，詹森离开茶馆，走到季公馆所在南成都路的晋德坊弄堂口。这个弄堂很窄，汽车进不来，每天季云卿都会在口上上下车。

踩了最后一次点之后，詹森重新回到茶馆喝茶，等到三点半，他再次起身来到弄堂口，佯装等人。大约二十分钟后，远远地看到季云卿的汽车开了过来，詹森很随意地掏出揣在怀里的手枪，这是支特制的"掌心雷"，很小，握在手中别人也看不出来，很适合于暗杀用。但这枪有个缺点，即射程不远，所以要杀季云卿，必须靠近他一枪制敌，因为根本没有开第二枪的机会。

汽车停住，保镖拉开车门，季云卿面无表情地下了汽车，刚一站稳，詹森早已快步上前，对着他的额头就是一枪，然后趁着混乱拔腿就跑，居然就让他跑掉了。第二天，《申报》登出这样一则新闻："浴罢归寓突遭暴徒狙击，年高气衰不及救治身亡——季云卿遭狙击殒命。"

季云卿太太，江湖人称金宝师娘的陆氏当即来到76号，无论李士群如何宽慰，只要求从速缉拿凶手，为自己的老公报仇雪恨。这个金宝夫人当年可是上海公共租界警务处的第一位女探员，在江湖上名头相当响亮。再加上师娘的身份，李士群能做的，只有诺诺连声，拍着胸脯保证一定破案。送走师娘，李士群派出了76号所有特工，四处访查、搜捕，几天下来，却一无所获。

其实詹森并没有逃走，他也根本没想要走。此时，他正在四川北路卢文英家中，沉醉在温柔乡里，哪里舍得离开？卢文英，圈内人称"卢老七"，南京路白玫瑰舞厅的头牌，上海滩著名的交际花，长得有多美大家只管自己去想象。詹森长得英俊，手里又有大把经费，轻易就搭上了卢美人，这一点也不意外。常言道，逢人便说三分话，不可全抛一片心；话到嘴边留半句，事不三思终后悔。令人大感意外的是，身为一个职业杀手，他竟然会把"掌心雷"拿给情人玩，又因为情人喜欢，索性把枪送给了她；甚至，还告诉她这支手枪刚杀了一个大人物。卢文英拿到这支枪后，如获至宝，当成了一个别具一格的玩物，一刻也不离身。

卢文英有个老相好，也是她的干爹，叫张德钦，本是个律师，现为伪浙江省财政厅厅长。一天，干女儿应召来到他家，爽完之后，卢美人取出了"掌心雷"向干爹炫耀。张德钦和76号多有来往，对枪械不陌生，觉得此枪不寻常，便追问来历。卢美人骄傲地说是男朋友送的，男朋友很牛逼，刚刚杀了一个大亨。然后还有心情开玩笑："干爹你要是对我不好，小心我男朋友不会放过你哦!"

张德钦没心思开玩笑,拿了枪就奔76号而去。李士群立即叫来吴四宝,让他马上带人去卢老七家中抓人。可怜一代英雄詹森,就此被捕入狱,很快就被枪杀。卢美人认为情人之死祸起于她,内心极度不安,便穿了重孝,日日为詹森念佛。

1939年冬,詹森遇害不久,汪伪国民党四川党员通讯处的副主任尹定一来到上海公干。一天,有个身穿重孝的美女前来求见,此人正是卢文英。卢文英管尹主任叫"公公",并跪在地上嚎啕大哭,搞得尹主任一头雾水。经卢文英仔细说明,他才知道名满天下的杀手詹森竟然是自己的亲生儿子,父子俩一个当汉奸,一个当杀手锄奸,命运就这么诡异!

策反高陶后不久,戴笠邀请杜月笙去重庆共商大计。

此时,戴、杜之间,因为高陶反正杜月笙为争功完全绕过了戴笠的军统,而生了一些嫌隙,虽然两人以抗战为重,并未因此而影响工作上的合作,但杜月笙觉得这件事过在自己,心中有愧,所以对于戴笠,他处处赔着小心,比之前更加主动支持。这一次,更是接到电报就立即起身飞赴重庆。

这次是戴笠突发灵感,他眼看抗战艰难,又见杜门弟子在苏浙别动队,尤其是与军统合作锄奸上都发挥了重要的作用,便想到把国内的所有帮会势力,比如洪门、青帮、理教、袍哥等通通组织起来,仿照上海统一工作委员会,成立一个最高组织,以更有效地发挥民间帮会力量的作用,利于抗日。这个组织,后来被定名为"人民行动委员会"。

对此设想,杜月笙自然全力支持,和戴笠两人积极运作,把全国各地帮会的领袖人物都请到了重庆。这次,杜月笙未能当上主任委员,这一是因为各帮会本就自成体系,各老大早已习惯于在各自的地盘上号令天下,所以虽然杜月笙在官场和各个帮会都有诸多关系,但要想成为哪怕是名义上的总老大,还是无法服众。

当然即使这样,如果戴笠一意推举杜月笙,那么别人也不好明着反对,最多闹一个口服心不服。问题是此时的戴笠,心中那个疙瘩还没解开,不可能像以前那样义不容辞、全心全意地帮杜月笙,所以这个人民行动委员会只能实行集体领导，推举出七个常务委员：杜月笙、杨虎、杨庆山、张树声、向海潜、韦以黻、田得胜。秘书长由戴笠的干将、重庆卫戍司令部稽查长赵世瑞担任。此外，戴笠还派军统特务徐为彬、金坡，杜月笙派他的门生、已加入军统的于松乔担任联络员。显然，这个人民行动委员会不是一个很严密的组织，力量所限，它在抗战中也并未发挥什么惊天动地的作用。但是从"勿以善小而不为"的角度看，它确实做了很多很多的小事，在后来的香港大撤离中，更有过精彩的表现，这是后话，暂且不提。

刚送走杜月笙，唐生明就来了。一起来的还有张素贞，她是唐夫人徐来的秘书，同时也是戴笠的情人。唐生明是国军中将，担任过国民党第四集团军第八军代理军长。他的哥哥比他出名得多，那就是"和尚将军"唐生智上将。

上海沦陷后，1937 年 11 月 11 日，蒋介石召集军事会议，商讨保卫南京大计。几乎所有将领都不主张死守，因为根本守不住，何必耗费军力做不必要的牺牲？据说唐生智相信了算命先生顾子同的研究成果：日军不会进攻南京。故唯有他力排众议，坚决要求守卫南京，并慷慨陈词："抗战以来，还没有一个高级将领为国捐躯。我愿意防守南京，誓与首都共存亡。"因此被任命为南京卫戍司令长官。

蒋介石也知道南京守不住，不过首都不守不好看，而且他的战略构思是"以空间换时间，积小胜为大胜"，所以只期待唐生智能坚守十五天，就算不辱使命。没想到唐生智守了五天之后，见日军凶猛，竟抛下十几万浴血奋战的大军，一个人悄悄地溜了，直接导致了南京大溃败。

唐生明的出名和他哥哥不一样，不在战场上，而在欢场上——他娶了大明星徐来。唐生明是个典型的花花公子，吃喝嫖赌样样喜欢，他迷上徐来的时候，徐来除了是电影明星，被封为"标准美人"，还有一个身份则是黎锦晖的夫人。

黎锦晖是中国流行音乐的奠基人，真正的乐坛教父，我们现在依然熟悉的经典歌曲《毛毛雨》《桃花江》《可怜的秋香》等都是出自他手，就连聂耳也是他的学生。当然他的女弟子更多，像周璇、姚敏、王人美等，都是当时的天后级巨星。徐来唱歌不够好，但长得实在好，结果嫁给黎锦晖后，便经他介绍去电影圈发展，也红遍了全中国。徐来红得厉害，粉丝众多，她聘请了张素贞当私人秘书，主要工作就是处理影迷来信。

唐生明身为将军级粉丝，自然不会傻乎乎地写信，而是先轻松搞定了张素贞，再通过张素贞接近偶像，然后就经常去片场接送徐来，慢慢就把美人给接到了自己的床上。作为唐生明的朋友，杜月笙专门借给了他一套房子，以方便其和偶像幽会。唐生明则个人出资一千大洋，请黎锦晖去主持扬子饭店的爵士乐队。黎锦晖不愿意去，唐生明便请杜月笙出面做工作，黎锦晖哪里敢不给杜先生面子？

恰在此时，黎、徐二人四岁的独生女儿因病去世，失去最后的感情纽带，两个人的婚姻也就走到了尽头。离婚的事是徐来通过律师提出来的，黎锦晖毫不犹豫地同意了，关于财产问题，他说："这里的房子包括里面的一切都给她。"这是1935年的事，这一年唐生明二十九岁，徐来二十六岁，两人结为夫妻。此时唐生明的职位是军事委员会中将参谋，他顺手就把张素贞介绍给了好朋友戴笠。

抗战爆发后，唐生明先是担任长沙警备代理司令，后于1938年初调任常桃警备司令兼湖南第二区保安司令，干了两年多，然后就接到了戴笠的电报，说蒋介石请他去重庆。

原来蒋介石是要派他打入汪伪内部当卧底，看中的，是他的交游广泛、左右逢源——无论国民党、共产党还是汪伪政府里面，他都朋友众多，而且层次还都很高：他是蒋介石的学生，同时也是毛泽东的学生，和汪精卫也说得上话。

还有很重要的一点，则是唐生明花花公子的名声，尤其是贪图享乐这一点，极其有名。戴笠给他设计的叛逃理由就是吃不了重庆的生活之苦，忘不了上海的醉生梦死。"过去以后，你的生活越腐化越好，你的腐化是校长特许的，是奉命腐化。"戴笠是这么跟他开的玩笑，不过说的也是实情。

工作需要，唐生明得有一个化名，他也开了戴笠一个玩笑，给自己取名"余化龙"，因为戴笠当时正在追求自己的女秘书余素恒，写情书什么的用的化名叫做"余龙"。戴笠并不计较这些，只告诉他途经香港时一定要去拜访杜月笙，"老杜人在香港，但上海还是他的地盘"。

唐生明在香港见到杜月笙，向他通报了自己的绝密使命，称自己是"奉命当汉奸"，并开玩笑请杜先生手下留情。杜月笙表示将全力配合他的工作，并专门为此写信给徐采丞，说明一切。

这段时间上海法租界巡捕房督察长薛耕莘也来到香港，专程向杜月笙介绍上海的复杂情况。杜月笙介绍薛与军统香港区负责人王新衡会面，根据杜的意见，薛耕莘向王表示："绝不与日伪方面发生任何关系，并将尽自己的能力与重庆政府的地下工作人员保持联络，遇有重大问题双方随时商量处理。"

薛耕莘从杜月笙、王新衡处领了贴补旅费回到上海，曾掩护过军统、中统在上海设立的秘密电台。这是后话，暂且略过。

话说唐生明偕徐来、张素贞到达南京后，受到汪精卫的亲自接见，并被委派为伪军事委员会中将委员，电台上更是大肆宣传。军统代替唐生智与唐生明所办的脱离兄弟关系的"启事"，也在重庆《中央日报》上以显著位置刊登出来；国民政府还发表了通缉令，一切搞得都跟真的一样。

花天酒地地腐化了将近一年，在完全赢取了汪伪政府的信任之后，唐生明开始了秘密工作。他的成果不少，策反了一些汉奸，最大的作品则是，成功离间了周佛海和李士群间的关系，间接策反了周佛海。

2 策反高宗武、陶希圣

回过头来再交待一下高陶事件。

这日，徐采丞急匆匆来到杜月笙在香港的办公室，杜月笙大感诧异。徐采丞拿出一张条子，说："高决反正速向渝洽。"徐交代是黄溯初先生委托转交杜先生的。

这位黄溯初先生是老进步党，梁启超财政经济方面的智囊，又是老日本留学生，跟日本人关系深，从前当过国会议员，抗战之前做过生意，因生意失败一时心灰意冷，跑到日本隐居。他是高宗武的长辈，高从读书到做官都得到黄溯初的帮助。

高宗武、陶希圣都是标准的书呆子，小事精明、大事糊涂。

高宗武，浙江乐清人，1931年毕业于日本九州帝国大学法学院，是中国现代有名的"日本通"。因在《中央日报》发表分析日本问题的文章引起国民党高

层蒋介石、汪精卫的注意，1935年任国民政府外交部亚洲司司长，主持对日交涉事务。

陶希圣，湖北黄冈人。抗战前是北大教授、法学院政治系主任。七七事变后，他应邀到庐山参加蒋介石召集的"牯岭茶话会"，之后加入委员长侍从室第五组工作，当选为国民参议员，从此弃学从政，进入政坛。后成为国民党理论家，曾为蒋介石执笔写《中国之命运》一书。

抗战开始后，高、陶二人对抗战前途甚为悲观，相信汪精卫的"和平救国"运动，做起了汉奸，参加了汪日谈判。高宗武到达东京，在近卫首相处看到了"中日密约"，发现这个密约比袁世凯签订的二十一条还狠，纯粹是要灭亡中国，根本无所谓"和平救国"。苦闷之下找到了在日本的黄溯初，老先生说："你又要反正又要安全出逃上海，还要不被国民政府追究，能够帮你完成这个任务的只有杜月笙。"

杜月笙知道了来龙去脉，高兴地说："采丞兄，事关抗战前途、国家大局，确实值得一试。你在香港多住几日，我去重庆面见蒋委员长报告。"经由张群联络，蒋介石指示杜月笙"迅速返港、秘密进行"。飞机返回香港途中，遭遇日机追逐，上下颠簸，造成了杜月笙的哮喘病。

飞机到达香港，杜月笙睡担架回到寓所，紧急招来徐采丞交代两件事：一要让在日本的黄溯初先生火速来港，二要万墨林不惜一切代价将高宗武及其家眷安全送到香港。黄溯初来港后，把汪精卫的"中日密约"讲了个详细，杜月笙说"写出来我带去重庆"。1939年12月31日，汪日《日支新关系调整要纲》及其附件签订，高宗武计划盗走原本再走。最后是高宗武的妻弟把密约拍成胶片，带到香港。

陶希圣这时任汪伪政权的宣传部长，看到条约大吃一惊。日本把中国分割为"满洲国""蒙疆自治政府""华北""华中""华南"五个地带，确定台湾和海南岛为日本的军事基地等。陶希圣的心从头到脚都凉了，称病不出，拒绝签字。

他们二人的转变，已经引起汪精卫、周佛海、李士群的注意，也促使他们下定决心早日离开汪精卫，算是迷途知返了。徐采丞、万墨林买好船票，1940年1月4日上午，高宗武按计划登上了美国轮船"胡佛总统号"；陶希圣独自一人乘车到南京路国泰饭店，从后门换乘一辆出租车直奔码头，顺利成行。

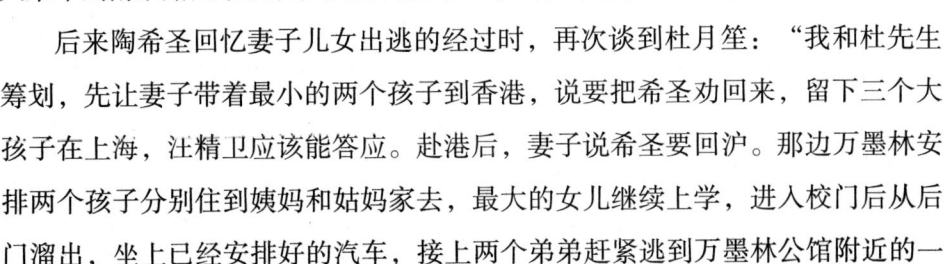

后来陶希圣回忆妻子儿女出逃的经过时，再次谈到杜月笙："我和杜先生筹划，先让妻子带着最小的两个孩子到香港，说要把希圣劝回来，留下三个大孩子在上海，汪精卫应该能答应。赴港后，妻子说希圣要回沪。那边万墨林安排两个孩子分别住到姨妈和姑妈家去，最大的女儿继续上学，进入校门后从后门溜出，坐上已经安排好的汽车，接上两个弟弟赶紧逃到万墨林公馆附近的一个煤球厂藏起来，后姐弟三人分头行动上了意大利游轮，安全到达香港。"

1月20日，陶希圣的孩子们顺利到达香港。21日，国民党"中央"通讯社全文发表"日汪密约"，汪精卫所谓"和平救国"的嘴脸已是昭然若揭。

杜月笙甚感欣慰！抗日这个国家的面子争回来了，自己作为社会名流，"杜先生"的面子也很风光。

第三十三章

为国家的面子
除掉张啸林、傅筱庵

唐生明在南京、上海醉生梦死的时候，张啸林也正春风得意，只是有点提心吊胆。

话说张啸林被日本人引诱下了莫干山回到上海不久，便通过永野修身的关系，想和土肥原见一面，畅谈一下未来。张啸林的如意算盘是：你土肥原既然曾经两次到我隔壁的杜公馆拜访，那今天还能不登我张公馆的门？不想土肥原也是看人下菜碟的，只推说自己忙。张啸林无奈之下，只能前往重光堂打客场。

初次见面，双方都很客气，张啸林不好意思开口就要"浙江省长"这个官，土肥原知道他的心思，更不会给他机会开口，事实上这也不是他能力范围内的事。但张啸林毕竟有利用价值，不仅在上海势力强大，足以抵消一部分杜月笙在香港遥控指挥的抗日活动；更重要的是，对日军物资运输极为重要的上海到杭州的水路，虽艰险曲折，但张啸林有办法走得通畅。所以土肥原一阵暴夸之后，放出了他的诱饵：请张啸林到杭州组织一个地方维持会，并赋予他巨大的特权，即只要不伤害日本人的利益，干什么、怎么干都行。

这个权力，事实上已经比杭州市长更大，甚至不比浙江省长小。但毕竟没有那个名分，名不正言不顺，有碍观瞻。张啸林混了这么多年，最大的遗憾就是始终在杜月笙之下，不过不服不行。从来没当过真正的一方老大，现在总算等到了机会，才给他个"相当于市长"的差事，他当然不满意，于是在第二次和土肥原会面时，率直提出了要求。

张啸林的要求不多，概括起来就两条：一是要当浙江省长，而且要像前清总督那样，上马管军，下马治民；二是得有自己的军队，人归他招他管，但军械军饷得由日方提供。

这俩条件，别说土肥原无权同意，就算有，他也断不能接受。不过眼下正是用人之际，这老狐狸便笑眯眯地告诉张啸林："这些都没问题，只是必须东京高层批准，走程序恐怕需要些时间，你先把维持会长干好，其他都好说。"

张啸林大喜，但多少有点不放心，就要求双方立个字据。土肥原立即吩咐手下起草了一份备忘录，双方签了字，各留一份，然后就是吃饭喝酒以表庆贺。土肥原手下什么人没有？就在酒席上，张啸林搁在衣兜里的备忘录竟然被偷走了。

张啸林回家后发现没了备忘录，以为是自己不小心弄丢了，心想反正土肥原知道这事，自己的省长，还是跑不掉的。便安安心心地一边到杭州组织维持会，一边在上海搞了个"新亚和平促进会"，专门为日军采购军需品，油水着实不小，而经费和办公地点都由土肥原提供。张啸林人头熟、路子广、羽翼多，加上有日本人撑腰，又不缺经费，干起来自然得心应手，在军需物资供给上，给日本人帮了大忙。以至于自土肥原以下，相关日军军官，无不对他赞不绝口。

后来土肥原奉调回国担任航空总监，张啸林特为他摆酒饯行，席间专门提到"浙江省长"这事，土肥原大手一挥说，东京方面正在运作，一切都很顺利，他回去后定会尽力加快进程。"大帅只管静候佳音好了。"

这下张啸林算是彻底踏实了，叫手下立马放出风去，说张大帅已荣任浙江省长，等料理完上海的事，就要去杭州走马上任了。那些为了自身荣华富贵在上海苦等机会的各色人等，潮水般涌向张公馆。张啸林心情大好，封官许愿，大谈上任后的宏伟蓝图，宾主无不兴高采烈。

这一切杜月笙看在眼里，急在心头。戴笠早就对张啸林动了杀心，只是为杜月笙所劝阻，他的理由是"啸林哥是自己人，我总能把他劝回来，雨农你不妨给我点时间"。可是他真写信叫人去劝说，带信的汪曼云却被张啸林大骂了一通，悻悻而回。杜月笙不甘心，他知道张啸林团队的核心智囊人物是俞叶封，便让汪曼云给俞叶封带话，让他到香港来一趟。

俞叶封曾经是上海缉私营的统领，当年杜月笙、张啸林贩运鸦片大发其财时，和他来往甚密，只是后来大靠山卢永祥、何丰林失势，俞叶封也跟着下岗，便投靠了张啸林，再后来两人成了儿女亲家。杜先生召唤，俞叶封不敢不去。到香港见到杜月笙，俞叶封首先一口否认张啸林要当浙江省长、他自己当秘书长的传说，只说那是别人开玩笑："杜先生你说，张大帅满口'妈了个×'，有这样的省长吗？"进而为张啸林当下的所作所为开脱："现在日本人当道，大帅不得不敷衍敷衍，哪里会真当汉奸？如果因为这个误会，自己人搞出笑话来，岂不也伤了杜先生自己的面子？"

"我是最要面子的人。不过现在最大的面子，是国家，是抗日。"杜月笙盯着俞叶封说，"你回去告诉大帅，如果他愿意来香港，我包他有面子。如果还是不愿意来，最好能像金荣哥那样，离日本人远一点。"顿了一下，杜月笙加重口气，接着说："说起自己人搞出笑话，我想，大家都是在江湖上混的人，做

第三十三章 为国家的面子除掉张啸林、傅筱庵

事一定要懂得分寸才对。"

杜月笙最后这句话本是说给张啸林的，俞叶封却自作聪明地以为是杜月笙对自我的约束，就这一念之差，稀里糊涂送掉了性命。回到上海，俞叶封告诉张啸林"杜先生希望大帅像黄老板那样不要出门"，张啸林顿时勃然大怒，说："他不让我出门，我还偏要做给他看。"俞叶封赶紧说："不过杜先生也就是说说，当不得真的。杜先生还说了，他做事会有分寸的。"这样，杜月笙的一番苦心全部落空，张啸林、俞叶封继续做着当省长、秘书长的美梦，为虎作伥依然如故。

杜月笙也动了杀心。他决定先向俞叶封下手，杀鸡儆猴，没准还能吓退张啸林。杜月笙既然这么说了，戴笠也不好说不，虽然在他看来，张啸林已经是一个死人。俞叶封正迷着一个在上海演出的新艳秋。新艳秋是京剧明星，位列"四大坤伶"之首，有"坤伶主席"之美誉，戏唱得好，人长得也漂亮，把个俞叶封迷得如醉如痴，订了个固定的包厢，天天晚上去更新舞台捧场。结果在新艳秋告别上海的演出上，军统杀手、杜月笙的得意门生陈墨亲自带队，买了俞叶封隔壁包厢的票，在俞叶封正心旌摇荡之时，一枪要了他的命。俞叶封被杀，并没有使张啸林迷途知返，这促使杜月笙最终下了除掉他的决心。戴笠闻之大喜，马上命令军统上海站随时行动。

俞叶封之死改变了张啸林的生活习惯，他白天不再出门，晚上才外出打牌、会客，而且固定只去大新公司五楼的俱乐部，那里保镖众多，戒备森严，杀手根本无法下手。负责执行任务的首领是军统局的陈墨，他很沉得住气，经过长期观察，搞清楚了张啸林每次出入的几条路线以及他的车队是三辆车，前后两辆上全是保镖，他坐中间那辆的后排中间，两边也各是一名保镖，防范极为严密。陈墨请万墨林出面，跟法租界巡捕房的几个探长打好招呼后，做好了行动计划。

1940年端午节刚过，一天晚上七点来钟，陈墨接到线报，张啸林即将前往新亚大酒店出席一个宴会。放下电话，陈墨不再回麻将桌，提起随身携带的一个装着枪的小提琴匣子，迅速赶往位于福煦路与成都路交汇处的九星大戏院，这里有个十字路口，是张啸林去往新亚大酒店的必经之地，陈墨到时，行动小组的其他人已经在那里了。

几个人各就各位，分散在路旁，不一会儿三辆汽车由东往西，急速驶来，眼看将到十字路口，执勤的法租界巡捕按了下按钮，绿灯变成红灯，头一辆车过去了，张啸林乘坐的第二辆车被拦了下来。电光火石之间，陈墨早已打开提琴匣子，取出了枪，但就在这时，一旁的于松乔已经抢先开火。于松乔是杜月笙的弟子，和张啸林也很熟悉，不忍心杀张，所以枪打得并不准，等于是给张啸林报了信。张的司机阿四反应很快，一踩油门汽车就冲了出去，等陈墨等人再开枪扫射时，已经来不及了。

张啸林吓坏了，从此不管白天晚上都不再出门，每天在家，除了吸他本来并不上瘾的鸦片消除烦闷，就是约些最信得过的朋友、弟兄来打麻将、聊天。以他大开大合的性格，过这种近似于隐居的生活，日子久了，真是烦得要命。陈墨他们更烦，因为张啸林经此一击，更加强了戒备，家里保镖增加到了二十多人，其中四位贴身保镖，个个身怀绝技。若想强冲进去行刺，已经绝无可能。

无奈，戴笠只能请杜月笙帮着想办法。杜月笙不置可否，但悄悄派人到上海，告诉万墨林，可以试着策反林怀部。林怀部是张啸林四个贴身保镖之一，枪法奇准。他跟杜公馆很有渊源，因为他母亲曾是张啸林那个"富二代"儿子张法尧的奶妈，那会儿杜、张不分家，两家人平时亲如一家，常有来往。林怀部从小就对杜月笙崇拜不已，而因为他那会儿打弹弓很准，也很得杜月笙喜欢，所以跟万墨林也很亲近。

万墨林当然不能出面，他费了很大劲找到一个当初跟林怀部认识、现在已离开杜公馆多年的佣人，许以重金、晓以利害之后，请他约林怀部方便的时候出来聊聊天。林怀部没想到竟会是万墨林找他，但万墨林说服他倒没费什么力气，因为他也很不喜欢自己的主人当汉奸。

1940年8月14日，炎夏的夜晚，人们的心情都很烦躁。当时因为刚有客人进来，张公馆的大门没关好，林怀部指着门口劈头盖脸地就向阿四骂了过去："阿四，快去把门关上！这么危险的事你也干得出来，吃干饭长大的啊？"

我们都知道司机和领导的关系通常都不一般，阿四身为张啸林的司机，哪儿容得林怀部对自己呼来喝去？更何况这事儿根本跟自己没关系。于是立即回骂过去，骂得肯定很难听。林怀部是成心找事，自然不会让着他，再加上旁边的保镖们纷纷相劝，于是大厅里就热闹起来了。

第三十三章　为国家的面子除掉张啸林、傅筱庵

张啸林此时正和自己的门生、伪浙江箔税局局长吴静观在三楼谈事儿，听得下面闹成一片，顿时勃然大怒，从窗户探出头来，冲着下面一阵乱骂："妈的个×的吵什么吵？一点规矩都没有！不成体统！吃饱了没事干？明天都给我滚蛋！"林怀部回了一句"滚就滚"，旋即拔枪出手就打，一枪命中张啸林的咽喉。

林怀部一不做二不休，快速跑上三楼，又一枪将正在打电话报警的吴局长打得脑浆迸裂，然后再回身对张啸林补了一枪，稍微顿了一下，才从容下楼。

阿四早吓跑了，众保镖站在大厅里，看着林怀部走下来，没一个人去拦他，等他快走出门了，才有一人大声说了句："老林，好汉做事好汉当！""放心！"林怀部回身微笑，又说了句："我不会逃。"说完就走到了大门外，高举双手，大声喊："我杀了大汉奸！我杀了大汉奸！"此时法租界巡捕房的巡捕已经赶到，林怀部把枪交了出来，按青帮的规矩束手就擒。

张啸林死后，有一些人就在说：傅筱庵大概也快了。

原来苏锡文这个"大道市"市长实在能力有限，啥也干不了，而且毫无号召力。时间久了，日本人就想要换个人来试试，最好是有点根基的上海本地人。首选当然是虞洽卿，奈何虞洽卿不情愿、更不敢干这勾当，只躲在租界里天南海北地神侃，始终没有一个明确的态度，令日本人大失所望，只能定下宗旨徐徐图之。

这时，早已落水的盛宣怀的孙女婿周文瑞向日本中支那派遣军总司令松井石根推荐了傅筱庵，松井一听此人是盛宣怀的心腹总管，且当过上海市总商会会长、中国通商银行总经理，履历辉煌，不禁心向往之，心中便已有了决定。

因被蒋介石通缉而亡命大连、青岛、天津日租界那几年，傅筱庵充分展现了他出色的商业天赋，很快就成了大连、天津两地租界里的中国商界领袖，给日本人留下了深刻的印象。当然，在此过程中，他和日本人来往也很密切。

不过傅筱庵本人并不是一个亲日分子，他最终心甘情愿接受了松井的邀请，却是源于对蒋介石、孔祥熙等人的刻骨仇恨。他曾信誓旦旦地说过：老子身家五千万，我要把每一元钱都花在反蒋上面。

他果然说到做到，像市政府的装修、更新办公设施等，都是他自己掏钱干的。但凡做汉奸者，大体上就两种人：一种为了某种"理想"，比如汪精卫；一种为了酒色财气，比如陈群。而仅仅为了仇恨，自己居然倒贴钱当汉奸者，傅筱庵当算古今第一人。

当市长，傅筱庵提了两个条件：第一，大道市要改回原来的名字——上海特别市，而且市政府不能像现在这样设在浦东，而必须设在市中心区的老市政府原址，一切恢复以前的样子，就是怎么能最恶心蒋介石就怎么来；第二，日军退出市区，治安工作由他的警察局全权负责。

日本人"求贤若渴"，两个条件照单全收。

于是，1938年10月16日，傅市长走马上任，因其在上海工商界确实根深叶茂，前来道贺者着实不少，很有些拿得出手的名流，日本人看在眼里喜在心头，越发觉得找对了人。前市长苏锡文则被安排当了秘书长，他倒是能上能下，毫无怨言，给官当就行。

傅筱庵这个伪上海市长，理论上归南京伪维新政府行政院长梁鸿志领导，不过因为有日本人毫无保留的支持和信任，傅筱庵根本不买梁鸿志的账，梁也毫无办法。梁鸿志混得不如傅筱庵那么如鱼得水，甚至简直可以说是步步艰难，以至于这个大诗人说出过这样一句名言：你以为汉奸是那么好当的？当过一次，下辈子龟孙子才想再当汉奸！

有一天，傅筱庵清早去上班，走在宫殿般的办公大楼前的石阶上时，突然远处一个杀手对着他连开了两枪，但并没有打中，算是躲过一劫，杀手当场就被卫队乱枪打死。

杀手是军统的人，但傅筱庵坚信是梁鸿志派来的。经此刺激，他不免有点心灰意冷，心生挂冠求去的念头。可惜命运捉弄人，就在这时他听说新闸路那边有个叫丁太炎的算命先生算得不是一般的准，便打扮成普通市民样，悄悄前往拜访。丁神算掐指一算，说："恭喜恭喜！您这是一品大官的命。您老最近有过杀身之祸，但已转危为安，有惊无险。大难不死必有后福，您老还有十年大运好走。"如此好的命相，自然得重谢。傅筱庵有的是钱，这谢礼就重得让丁神算都感到惶恐，但终究没有改口，傅筱庵当然也就没有辞职。

汪精卫来了，1940年3月30日，汪记汉奸政府开张，梁鸿志的维新政府就此关门停业，老梁只在汪伪政府里混了个监察院长，而汪伪集团中无数人垂

涎已久的上海市长一职，却依然归傅筱庵所有，雷打不动。

傅筱庵的儿子傅品圭依然在杜月笙的中汇银行任职。早在1930年，杜月笙撤掉田鸿年后，就聘请了傅品圭到中汇银行担任总经理（当时称作经理）。本来傅品圭干得还不错，但后来襄理杨渔笙在背后说了傅不少坏话，杜月笙就撤了傅的职，调他去当总稽核，总经理则请了和杨渔笙关系不错的徐懋棠出任。

傅品圭对杨渔笙的憎恶，凡是在职场里混过的人都不难体会。杜月笙远走香港后，杨渔笙除了中汇银行的本职工作，还兼着杜月笙交给他的一些地下工作，这个小秘密，银行同事多少也了解一点。

有天，傅品圭专门跑到杨渔笙的办公室，对他说："杨总，我要好心告诉你一句话啊，你的情况，日本人全都知道了。你要小心啊，进了日本宪兵队，是没办法活着出来的。"把个杨渔笙吓得直哆嗦。从这天起，傅品圭只要见到杨，就会说类似的话，以此为乐。

这时的上海，谁不知道傅家和日本人的关系？杨渔笙天生胆小，被吓得不轻，从此就躲在家里不敢去上班。偏偏这人人缘极差，不仅同事，就连杜月笙的几个儿子都很讨厌他，所以天天有人往他家打电话，开口就是"杨先生，冈田先生请你到宪兵队来一趟"，搞得他抓狂不已，干脆逃回宁波老家去了。

杜月笙听说杨渔笙跑了，立即打电报到宁波，让他务必回上海继续工作。杨渔笙不敢置之不理，但也没回上海，而是直接去了香港。见到杜月笙，他只说上海太危险，希望杜先生能允许他留在香港抗日，杜月笙大怒："你马上给我滚出香港，以后不要让我再看见你！"

杜月笙有一个特点，就是从不开除杜公馆的员工，无论犯了多大的事，只要肯认错，并保证不再犯，通常也就罢了。杨渔笙眼看自己要成为第一个被扫地出门者，不由得大惊失色，他知道一旦真滚出这个门，恐怕小命立时不保，忙扑通跪下苦苦哀求。杜月笙却不再搭理他，只顾和一旁的钱新之、黄炎培说话。后来是钱新之他们看不过去，帮着求情，杜月笙才算允许杨渔笙留在香港，但从此和他断绝了关系。

吓跑杨渔笙，傅品圭了解到中汇银行的头寸已经很紧张，便劝父亲把自家的存款全部提出来。当初杜月笙创办中汇时，傅筱庵一次性存了六万元捧场，从未动过。不过自从杜月笙帮着孔祥熙、宋子文演双簧夺走了通商银行后，傅

筱庵对他的观感早已不如从前。所以现在听儿子一说，便决定去提款，虽然他知道这样做带来的连锁反应有可能会挤垮中汇银行。

中汇总经理徐懋棠得悉后，马上去拜访傅筱庵，请他手下留情，至少别一下子把六万元全部提走。傅只是摇头，并不答应，结果不知怎么这事被张啸林知道了。此时张啸林刚被陈墨、于松乔他们狙击不久，对杜月笙同样恨得咬牙切齿，但毕竟兄弟情深，尤其考虑到三大亨的面子是连在一起的，便派人去警告傅筱庵："杜先生虽不在上海，张大帅说了，他还在。请市长大人不要逼人太甚。"这才算把傅筱庵吓了回去。

这事儿杜月笙很快知道了，虽然内心很愤恨，但毕竟当年在自己走投无路的时候，傅筱庵连借条都没要一张就借给了他两万块钱，才使自己得以咸鱼翻身；而且这么多年，傅筱庵没做过对不起自己的事，反而是自己没少算计过他。想到这儿，也就一点脾气没了。但再想到杀汉奸，那是另一回事，该干还是得干，何况军统那边盯上傅筱庵已经很久了。

在上海，军统和杜门早已你中有我、我中有你，没法分得那么清楚，而最后傅筱庵死于非命，也确实是军统和万墨林联手幕后操作，主其事者还是万墨林。

傅筱庵当了市长后就把家搬到了虹口日本控制区，那里戒备相当森严，外人根本进不去；外出更是护卫严密，寻常人等连靠近的机会都没有，常规的行刺肯定行不通。

缺口还是从内部打开的。傅筱庵当年遭蒋通缉躲在青岛时曾遇到一个饥寒交迫、昏倒街头的可怜人，出于同情就收留了他。此人本是个厨师，之后就当了傅家的大师傅，每天起早贪黑，干得兢兢业业，手艺又好，跟随傅筱庵十多年，深得其信任。这人叫朱升源，大家都称他"阿朱"。

阿朱一直没结婚，也没女人，难免时有蠢动。好在苍天不负有心人，阿朱经过长久的观察和努力，居然勾搭上了傅筱庵的一个姨太太，这当然也要怪市长大人当了汉奸后太忙而冷落了佳人，从而让自己和姨太太间的感情成了有缝的蛋。

结果有一天，傅筱庵身体不爽推掉了应酬，提前回家，不经意间在床上把两个人抓了个现场。阿朱很不好意思，就说："老爷，我没脸再在这里呆下去

第三十三章 为国家的面子除掉张啸林、傅筱庵

了,可不可以看在我跟随您这么久的份上,把我这月的工钱结了,我回老家做点小生意。"傅筱庵说:"可以。但这事你不能说出去。另外,下周我要在家请一次客,你给办好了再走。"

这事万墨林第二天晚上就知道了。原来杜公馆有个佣人老张是阿朱的山东老乡,阿朱出了事后心情大坏,找到老张喝酒,喝多了就什么都说了。万墨林觉得这是个千载难逢的机会,忙叫老张约阿朱见面,酒过三巡后一边晓以民族大义,一边让军统派出的女特务施以美人计,没费多大力气就做通了阿朱的工作。

到了第六天,也就是1940年10月10日凌晨三点多,傅筱庵参加完日本人的宴会,大醉而归。阿朱见机会难得,等到五点钟,见所有人都已睡去,提着一把菜刀就闯进了傅筱庵的卧室。傅筱庵习惯于一个人睡,如此被照着脑袋一阵乱砍,几下就给砍死了。

完事后,阿朱带上房门,到厨房拿了几个菜篮子,推着自行车就往外走。出门的瞬间,他还和门口的警卫打了个招呼,然后骑着自行车,直奔法租界而去。到了法租界,阿朱立即被万墨林给藏了起来。

阿朱后来经军统安排到了重庆,戴笠奖给了他五万元。以此为本金,阿朱在重庆张家花园开了家小型手工卷烟厂,以此为生,也算是老有所养了。

第三十四章

营救大管家万墨林
调停两大特工系火拼

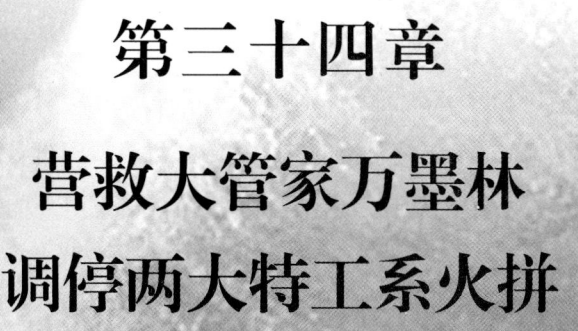

1 "感谢杜先生,感谢国家"

杀死张啸林,本是件功德无量的事,但从江湖道义的角度,杜月笙自觉有站不住脚的地方,因此他从不对人谈起此事,更将此作为机密,绝不允许少数几个知情者说出去。万墨林比较爱张扬,但也不敢拿这个来出风头,搞得心里痒痒的。

好在刺杀傅筱庵是可以炫耀的,他便会有意无意地跟别人说一些模棱两可的话,让人能意会到这个事情有他的一份功劳。每当看到听者敬佩或惊讶的眼神,万墨林都会感到很爽。他万万想不到,就因为贪图嘴上的快活而不好好保护自己,会惹来多大的麻烦。

万墨林确实做了很多工作,也确实不懂得低调,早就引起了汪伪特务机关76号的注意,以至于1940年年底,汪伪集团机关报《中华日报》发布了一份通缉名单,万墨林虽不识字,但也知道自己上榜了。

76号魔窟堪比地狱,这在上海滩无人不知。若被他们抓去……想到这里,万墨林不寒而栗,成天躲在华格臬路杜公馆,足不出户,还通过法租界巡捕房的关系借来四名安南巡捕,外带一辆防弹车、一挺机关枪,24小时守卫在杜公馆门口。在租界,李士群还是鞭长莫及,只能另辟蹊径。

吴绍澍手下有个情报员名叫朱文龙,被捕后叛变了。工作中他跟万墨林打过交道,两人不陌生,于是就安排他打电话,说有重要情报,必须当面交接。万墨林坚决不出去,连着推了两次,但架不住朱文龙又打来第三次电话,说情报相当重要,耽误了只怕负不起责任。考虑到职业道德,万墨林终于答应去了,接头地点定在公共租界南京西路的华安饭店(后来的华侨饭店)门口。

万墨林一番乔装打扮后,准时赶到,只见朱文龙正站在对面的国际饭店那里四处张望,遂悄悄走过去,一拍其肩膀,叫一声"你个猪头"。朱文龙回过身哈哈一笑,四周顿时拥上来七八个特工,把万墨林架上一辆汽车,扬长而去,直接拉到日本宪兵队,然后转给了76号汪伪特工总部。这已经是1940年年末的事了。

万墨林被抓到76号后,由吴四宝、佘爱珍、万里浪主持审问,规格很高。吴四宝、佘爱珍夫妇无须再多说,万里浪也曾是个牛人,属于军统里杀手级的特工,后投降了汪伪,当上特工总部第一处处长。

吴四宝崇拜杜月笙,但并不爱屋及乌,所以一旦万墨林不配合,便招来一顿暴打。76号的酷刑,没有人能扛得过,万墨林仗着背后有杜月笙,相信没人敢杀他,就凭这一点信念,加上拿些无关紧要的事情一会儿招一点,居然熬过了初期的折磨,不过就这样也死去活来了。打手们正待加刑,很巧的,林之江走进了刑房。林之江曾参加过忠义救国军,后又加入过军统,跟万墨林认识,听到大叫"林队长,帮帮忙",便吩咐打手把他从刑具上解下来,还叫了两个人扶着他到外面花园里溜达了会儿,活络活络筋骨,以免留下残疾。

吴四宝并不是真想要万墨林的命,打他,更多的只是对以前在杜公馆万大管家从不拿正眼看自己的一种报复,所以林之江才能救得了他。不过吴四宝爱钱,叫人给万太太带了个口信,开价二十万买老公不死,万太太刚给李士群夫人叶吉卿送了十万,因此求来人转告吴四宝,暂时手头不方便,等把家产变卖了,这个钱一定给。

叶吉卿拿了钱倒是真办事,直接叫来吴四宝、林之江等几个头目吩咐:"万墨林块头大,身体不好,只能问,不许打,打了他会中风,你们付不起责任。"这样,万墨林总算不用再挨打了。当然再要问他什么问题,更是一问三不知,就这么耗着。

救万墨林的人很多,无奈他是汪伪通缉令上的要犯,像吴四宝乃至李士群这样的级别,也只能保证他在监狱里呆得舒服,却没有权力把他放出来。杜月笙了解后心想,找小喽啰没用,还是直接找大老板好了。这个大老板就是周佛海。

当汉奸之前,周佛海在国民党里面当官。这人好色,但因为其妻杨淑慧在他还是个穷学生时就跟着他,吃了很长一段时间的苦,周佛海觉得欠她太多,不敢太明目张胆,所以很爱跑上海来玩,以求天高皇帝远可以为所欲为。既然在上海玩,少不了跟杜月笙有所来往,两人私交一向不错。

但此时杜月笙没法自己出面,便请来金城银行总经理周作民曾经的下属李

北涛,帮着去上海走一趟。李北涛是镇江人,国民政府定都南京,镇江很长一段时间是江苏的省会,所以周佛海当江苏省教育厅长时住在那里,李北涛和他很熟,算是老朋友。

李北涛赶到上海,先去看望周作民。周作民以银行家的身份留在上海,与重庆政府保持联系,同时和徐采丞、周佛海都往来密切,长袖善舞。李北涛请教他见了周佛海该怎么说,周作民拿出他商场的逻辑,认为这段日子以来,包括自己在内,求情的人那么多,周佛海如果想放万墨林的话,早就放了,既然还没放,一定有他的考虑。现在要他改变主意的话,应该给他施加更大的压力,这个压力就是杨淑慧。只要杨淑慧说一句话,他敢不放人?

周佛海怕老婆举世闻名,李北涛认为此计大妙,决定依言而行。遂重金买了两枚名贵戒指,由周作民托中储行副总裁钱大櫆之妻,代送给杨淑慧。没想到杨淑慧断然拒绝了这个贿赂,并把此事告诉了周佛海,要他看着办。周佛海一向自诩自己跟随汪精卫组建伪政府,是为了和平,绝对大公无私。现在杜月笙重金行贿,显然是把自己看做了贪图金钱的汉奸,不禁大怒,当即写了张条子给李士群,命令把万墨林毙了。并对闻讯赶来劝说的汪曼云说:"这本不是大事,杜先生跟我打个招呼就能解决,何苦这样来取笑我?"

汪曼云没心思跟他说这些没用的,赶紧找到李士群,要他千万刀下留人,等等再说。李士群自然不愿为了周佛海的意气而得罪杜月笙,万墨林就依然好吃好喝地呆在监狱里,心宽体胖地等着杜月笙救他出去。

得靠金雄白出场了。金雄白是上海滩有名的律师、媒体人,和周佛海私交甚好,亲如兄弟。汪曼云请出了他,事情就有了转机。经不起金雄白一阵胡搅蛮缠的劝说,周佛海总算回心转意,派人给76号发去一封电报:"万墨林性命保全,并予优待。"这下子万墨林日子就更爽了,他被转到了公共租界巡捕房关押,住在特别囚室,吃香的喝辣的,亲朋好友随时可以来探望,跟疗养没什么区别。

条件是好,但人一下子却放不出来。原来就在这几天,傅筱庵家人听说万墨林跟老爷子被杀有绝大关系,他们家跟日本军方很熟,就把状告了过去,要求严查严办。日本军方很怀念傅筱庵,因此给汪伪施加压力,周佛海自然就不敢放人了。

但他还是把万墨林给提到了南京,并亲自接见了他,说:"你自己做的事自己明白,要放你不容易。不过杜先生的面子我总归要买,你先在这里关一阵好了,过一段再送你回上海去关,等把关节打通了,我肯定释放你。"

周佛海这样级别的官,肯定不方便为了万墨林这样一个小人物亲自出面去和日军高层交涉,他就托人带信让杜月笙自己想办法。"实在没有办法,我再来找路子。"

杜月笙怎么会没有办法?他让徐采丞找到了金鼎勋。金鼎勋是东北人,朝鲜族,是个日本通,北洋政府时期当过国会议员,和当时日本"兴亚院"的实权人物坂田等人交情很深。他和杜月笙本没有来往,但很愿意为之奔走,便苦口婆心地做坂田的工作。坂田他们跟万墨林无冤无仇,既然老朋友开口,就给军方打招呼让把人放了。

万墨林出狱后,杜月笙给他写了三封信,夸奖他"劳苦功高",并表示:"你对得起我,对得起国家。"万墨林听朱文德给他念完信,直说:"感谢杜先生,感谢国家。"此外,蒋介石、朱家骅也分别送了万墨林五千、两千元慰问金。

被关了半年的万墨林出来不久,就打算要杀虞洽卿。原来蒋、汪争夺上海的工商界人物,以虞洽卿为首,他最开始一直不表态,既不离开上海,也不出来替日本人和汪伪做事。而此时,发了大财的虞洽卿,态度有了微妙的变化,周佛海写了一本小册子——《不堪回首话当年》,以自己从中共一大代表到国民党"中宣部"副部长再到"倡导和平"的亲身经历,来迷惑、拉拢动摇分子落水。这本书也送给了虞洽卿,他不仅认真看了,而且还称赞周佛海"文章写得好",随后虞洽卿更和汪精卫、陈公博、周佛海、丁默村等汪伪头面人物见了面,行迹非常可疑。

吴开先他们盯虞洽卿盯得很紧,看到这种情况,万分恼火。因为虞长期和杜月笙在工商界明争暗斗,包括黄振世当初和杜月笙斗法,背后也有他的影子,因此万墨林对其极为不满,便对吴开先、蒋伯诚说:"趁他现在还没被日本兵保护起来,干脆我招呼戴老板手下的人把他做了。"

可虞洽卿是大人物,乱动不得,要讲政治。蒋伯诚赶紧劝住:"没有委员长的命令,不能动。"最后还是吴开先做了决定:"不妨以吴铁老的名义拟一个

第三十四章 营救大管家万墨林 调停两大特工系火拼

电报,要他立刻去重庆,否则有生命危险。再请戴老板那边派几个人去吓唬他一下,不怕他不走。"

这招果然管用,但虞洽卿要面子,不肯被吓走。正巧其女婿、大律师江一平也接连来电报催他去重庆,他便让江请蒋介石亲自给他发了份电报,邀请他去重庆安享晚年。蒋介石的电报一来,1941年8月,虞洽卿立即去了香港。杜月笙和俞鸿钧以上海统一工作委员会的名义,专门设宴为他接风,并把他送上了飞重庆的航班。

虞洽卿不愧是商业天才,到重庆后,同王晓籁合作开办三民运输公司,资本二十万元,经营陆路运输业务,赚了不少钱。后来又创办三北运输公司,从缅甸仰光贩运国内需要的汽车零配件、五金器材等到四川出售,大获其利。1945年4月26日,虞洽卿因患急性淋巴腺炎在重庆逝世,终年七十九岁。

万墨林被抓的时候,汪伪财政部长兼特务委员会主任周佛海正在紧锣密鼓地筹备"中央储备银行",事情进展得很顺利,只有一件事令他烦恼不已,就是上海的主流媒体拒绝刊登该银行成立的广告,给多少钱都不行。当然,这是上海统一工作委员会的杰作。

周佛海万般无奈,眼看开张的日子就要到来,不得已退而求其次,托人到《申报》活动,希望给发一篇豆腐块大的新闻稿就行:"周部长说了,财政部按广告付款。"

没想到就这样也不行,气得周部长要撞墙。周佛海贵为汪伪集团第三号人物,权柄极大,之前虽主要是为了给自己留后路,但也确实帮过重庆政府一些忙,尤其是在解救被捕国民党人员方面出力不少。现在,他生气了,决定以后对重庆分子不再那么客气。

2 调停两大特工系统的火拼

1941年1月6日,"中央储备银行"在南京成立,周佛海兼任总裁,钱大櫆任副总裁,开始发行中储券。1月15日,"中储行"上海分行正式设立,为了扩大影响和知名度，他们派人满大街贴标语、撒传单，做足了地面宣传。可惜普通市民并不买账；全市大小商店，集体抵制中储券；上海银行钱业公会更作出决议，所有会员，拒绝与"中储行"来往。

周佛海大怒，命令李士群派出大量的特务，拿着中储券前往各大商场购物，对方胆敢拒绝接收则拔枪威胁。同时他们还给各大银行、钱庄寄恐吓信，宣称如不接受中储券，后果将很严重。这些下三烂的招数效果显著，渐渐地，中储券在上海市面上也流通起来了。中储券的流通，威胁到国民政府法币的地位，军统上海站因此接到密令，不择手段阻止之。针对"中储行"的暗杀行动随之展开。

1941年1月30日，军统特工暗杀了"中储行"上海分行专员季翔卿，二十天后，三名特工身着便衣，袭击了上海分行的办公楼，扔了几枚手榴弹，并打死了一名保安。暗杀越来越频繁，接下来上海分行设计科长楼侗、庶务科长潘旭东、帮办总会计卢杰、财政部科员冯德培、稽核科主任万鼎模等，纷纷死于军统枪下。吓得职员们连班都不敢去上，惨淡经营的中储行上海分行，开业不久就面临了关门的危机。

周佛海的震怒可想而知，当即命令李士群展开报复。

于是3月21日深夜，76号出动大批特工，分乘两辆汽车来到霞飞路1141弄10号的江苏农民银行宿舍，破门而入，将正在熟睡中的十一名职员叫醒，赶出房间站成一队，然后开枪扫射，无一人幸免。这次行动，带队的是已经投降76号的前军统特工林之江，也就是斧劈唐绍仪那位杀手。他下令开枪之时，并不知道这十一人里面，有一个是他的亲外甥。这帮人在返回的路上，又来到76号附近的中国银行职员宿舍，抓走了一百多人，还好这次没杀。后来中国银行托人花了不少钱，才算把人保释出来。

3月24日，76号又袭击了"中央银行"留沪机构。上海沦陷后，"中央银行"留下了两个办事处，一处在法租界亚尔培路（今陕西南路）逸园跑狗场，另一处在英租界白克路（今凤阳路）一家汽车行里。李士群命令76号化验室特制了两颗威力巨大的定时炸弹，派人偷偷放进了这两个办事处。随后，两颗炸弹同时爆炸，炸死炸伤十六人。

周佛海得报后很高兴，破天荒给76号发了三万元作为奖励。

军统当然要以牙还牙，几天后三名特工怀揣利斧，潜入大华医院，砍死了在那儿养伤的"中储行"会计科科长张永纲。此举招来了76号更疯狂的反击，第二天他们就派人再次闯入中国银行的员工宿舍，抓走一批高级职员，并杀害了其中三人，且扬言以后将对军统的暗杀行动实行"三抵一"的报复。

军统这边不敢再杀银行职员，转而盯上了日军军官和汪伪官员。一系列行动，杜门子弟陈墨、于松乔是主力，杀敌委实不少，主要有：

日军新编第四旅团少将旅团长福本；

日军大佐森真一郎；

76号行动大队中队长王荣；

伪上海情报处长兼日海军司令部情报主任朱建功；

伪上海印花税局长卢志印；

……

尤其让人提气的是，76号督察长华刚被刺身亡刚九天，军统便在同一地点又成功暗杀了其继任者秦人杰。

军统杀手们神龙见首不见尾，76号抓不住他们，就继续拿各银行的职员来报复。上海毕竟是沦陷区，再具体点说，当时暂时是76号的地盘，在这里明着斗，军统肯定斗不过。戴笠、孔祥熙他们都明白，再这么无休止地杀下去，只会令国民党在上海的金融机构彻底崩溃，实在是得不偿失；但要就这么悄然停手，多少有点没面子不说，关键是怕76号不配合，继续大开杀戒。两难之间，戴笠想到了杜月笙，请他出面斡旋，务必阻止这场以银行职员为对象的杀戮。

杜月笙找不到李士群——他这会儿正好出差到广州去了——一个电报把高兰生召到了香港。高兰生是杜月笙的门生，人称"花会大王"，在江湖上是个狠角色，关键是他以前跟吴四宝关系不错。

吴四宝在76号职位不算高，和林之江并列两个行动大队的大队长，属于中层。他也是从社会最底层混起，后来拜杜月笙的小八股党成员高鑫宝为师，给高当司机，再后来拜到了季云卿门下，做季云卿的司机兼保镖。他力气大，枪法准，救过季云卿的命，为了表示感谢，季把自己的干女儿佘爱珍嫁给了他。

佘爱珍当时名气比吴四宝还要大，是上海滩著名的女流氓，性格豪爽，能玩双枪，而且还有文化，长得也还可以，这大概就是后来张爱玲的汉奸老公胡兰成一往情深地爱上她的原因吧。

在李士群最需要人的时候，季云卿把这夫妇俩介绍进了76号，他们立即成为中坚力量。两人杀人越货绑架勒索无恶不作，甚至敢带着弟兄们跟租界巡捕枪战，就这样，很快吴四宝就混成了上海滩上闻其名三岁小儿不敢夜啼的混世魔王。所以虽然职位不高，实际上已经成了76号的第二号人物，甚至隐隐威胁着李士群的地位，在社会上的"名声"更是有点凌驾于李士群之上。当然，这也最终为他招来了杀身之祸。

跟大多数黑道中人一样，吴四宝从出道之初就奉杜月笙为偶像，聚赌贩毒无所不为，好在施舍贫民、开办学校他也有样学样。最可笑的是，他也学着杜月笙做投机生意，同样是做空纱布，同样赔大了。后面他干的跟杜月笙不太一样：直接带着手下人，拿着枪大闹纱布交易所，声称取缔投机，要捉拿金融捣乱分子，逼着交易所按他所定的价格开盘，吴四宝挽回损失还赚了不少，这才高高兴兴地离去。

不过有一点是杜月笙从未干过的，就是吴四宝把师父高鑫宝给杀了。原因是高鑫宝开赌场，因为赌场开在租界里，76号管不着，他又仗着自己是师父拒绝给吴四宝交保护费，还四处说他以前是自己的小弟、司机，惹得吴四宝动了杀机。也就因为此，杜月笙只能找高兰生去帮自己带话。

对此顾嘉棠他们极力反对，因为两人江湖地位太悬殊，怕吴四宝不识好歹说句不好听的话，杜月笙这个面子丢得就太大了。不过杜月笙不这么想，轻描淡写地说了句："这时候个人的面子算不了什么。"

还好吴四宝一听偶像带话来了，有种受宠若惊之感，而且所托之事并不难，其实只要军统停战，他才懒得这样去杀人呢，所以当即告诉高兰生："请转告杜先生，杜先生的吩咐，四宝没有不遵从的。"

第三十五章
落脚重庆办公司

1 有背景的大公司相继开张

杜月笙初到重庆时，因为是交通银行的常务董事，就住在交行重庆分行招待所，就在办公室的楼上。这里是闹市区，但杜月笙并不需要闹中取静，因为他大部分时间都不在这里呆着。杜月笙在重庆的朋友同样很多，除了国民政府中大量的高官显贵之外，本地比如金融巨头刘航琛及康心如、康心之兄弟，军界更是大有人在，当然以刚刚解甲还乡的范哈儿居首。

范哈儿在重庆房子特别多，最牛的范庄位于上清寺，借给了孔祥熙作为行政院长官邸，其他的，他让杜月笙自己挑一幢，拿去住。杜月笙谢绝了此番美意，他觉得住在交行招待所，工作上比较方便。但他每天都会去范公馆，无非就是打牌聊天，他喜欢那种热闹的场面。

后来姚玉兰、杜维蕃等家人历尽艰苦从香港逃过来，住在招待所就不那么方便了；加上重庆雾大，素有"雾都"之称，且又位列"四大火炉"，夏天极其酷热，这两样都对杜月笙的哮喘病非常不利，于是全家就搬到了刘航琛在南岸的汪山别墅，那里气候凉爽，环境优美，有利于身体

姚玉兰化装成难民由港赴重庆后所摄

健康。刘航琛就住在旁边,两家比邻而居,杜月笙有时也会去刘家打麻将,但大多数时候,这些活动还是在范公馆进行,因为那里有赌场的感觉。

他们打得很大,常在一起玩的除了杜、范、刘,还有就是康家兄弟以及孔祥熙的嫡系、财政部高官吴启鼎等人。规矩是每人每天带不少于五万元赌本,这数字大得吓人。有一次可能是大家赌红了眼,那天范哈儿输给了杜月笙好几百万元,这差不多是他一半的家当。范哈儿忍着心痛,开了张支票递给正躺在烟榻上过瘾的杜月笙,杜笑着接过,二话没说就把支票放烟灯上烧了,让范哈儿好不感动。

戴笠听说这件事后,直夸杜月笙大手笔,杜月笙和他闲聊两句,话锋一转:"有件事你还得帮忙催着。"戴笠知道是一单烟土生意。原来上一年,生意兴隆的港济公司接了一票大生意,对方付的定金就高达三千多万。但那段时间戴笠太忙,把事情耽搁了,货准备好了却没及时发出去,一拖就拖到了太平洋战争爆发,香港就此沦陷,杜月笙肯定不会再回去。这属于不可抗拒因素,买家追悔莫及,以为巨额定金打了水漂,只能自认倒霉。

杜月笙觉得还是应该尽力而为,此时他想发货,戴笠却面有难色。"发货是小事,只是原有的运输线路被切断,需要改换交货地点。"很快就定好了新的交货地点:广西中越边界交界处。但是政府规定,大宗鸦片出口必须有财政部的特别通行证。三千多万定金的生意,已经不只是大宗,但是戴笠却拿不到这个证件。

因为戴笠不像杜月笙那般八面玲珑,他和孔祥熙关系非常紧张。其实最初他和宋子文关系也不好,当然这不怪戴笠,主要是宋国舅看不起他。但是1931年宋子文上海遇刺,事后戴笠的人马抓到了刺客,并和杜月笙一起积极为宋提供保护,宋子文就算铁石心肠也被感动了,后来他对戴笠的工作非常支持,在财政上对军统多有帮助。等到1933年宋子文因与蒋介石产生矛盾而辞职远走美国,戴笠依然与他保持着密切的联系。

孔祥熙接了财政部长后,却发现宋子文留下的嫡系人马他不仅指挥不动,甚至连插手都不可能,矛盾就越来越深,戴笠理所当然地站在了宋的一方。后来蒋介石成立缉私处(后升格为缉私署)打击走私,孔祥熙要求归财政部管,戴笠则认为抗战时期军事第一,财政部根本无力制止军人走私,只有军统才有

这个能力。蒋介石很会搞平衡,任命戴笠当了处长,但归财政部长孔祥熙节制。可是孔祥熙哪里节制得了戴笠?甚至连缉私处的任何工作他都无法过问,很自然,两人关系降到了冰点。

因此孔祥熙手里的特别通行证,绝对不会给戴笠。杜月笙觉得这不是大事,立即打电话请范哈儿到家里来,把来龙去脉给他讲清楚后,掏出一张支票递给范哈儿。

"哈儿兄,请你把这个交给孔部长。"范哈儿接过一看,竟是张五百万元的支票。心想以杜月笙和孔祥熙的关系,应该不至于拿这么多!这家伙真舍得出手啊!孔祥熙听范哈儿一五一十地说完,当然范绝口没提戴笠,接过支票一看,忍不住也笑着说:"太多了,太多了。"

杜月笙关照过,只要孔院长收下了支票,就什么也不必再说。范哈儿果然没再多话,告辞走出自己的范庄,回到家就给杜月笙打了个电话。"孔院长收下了。""好。"这是杜月笙预料中的事。他立即打电话给戴笠:"搞定了。货物准备起运吧!"

戴笠大喜,连夜派出一个排的武装特工,押着几十卡车烟土启程。第三天夜里,车队安全抵达镇南关,顺利办好了交货手续。香港烟土商拿到货后,赞一句"果然是杜先生",随即转账付清余款。这笔买卖,范哈儿以经手之劳,即分得一百万元,顾嘉棠、叶焯山、钱新之各分得十几万,至于杜月笙和戴笠各分了多少,就没有人知道了。

杜月笙的钱向来是左手进右手出,这是一个从不把钱当回事的主,当然这也就是他的成功之处。还有就是,由徐采丞主持的香港救人事宜,一直没有中止。这是一个无底洞,据说前前后后杜月笙个人就投进去了二百多万元,当然,也救出了不少亲朋好友、社会贤达。

这时杜门中人、恒社子弟从上海、香港赶到重庆的越来越多。初来乍到,大都赋闲于此,坐吃山空,杜月笙当然不会不管,但时间长了这些人还是难免惹是生非,为了争抢码头和当地的袍哥干了几场。强龙不压地头蛇,况且袍哥组织在四川势力本来就巨大,不用说,杜门弟子吃了亏。

作为老大,杜月笙看在眼里急在心头,为了发展势力,他在市区骞家桥恒社重庆总部,搞了次大规模的收徒活动,由于有范哈儿等的广泛宣传,拜师者

甚多,连重庆警备司令孙元良、空军司令毛邦初等军界实力派将领也都加入了恒社。但这更多的只是面子好看,并无助于解决弟兄们的生活困难,于是杜月笙就想开一家公司,大家一起发财。至少,让每个人都能有个事做。

刘航琛看出了杜月笙手头紧,便从自己的川康银行开了一张一百五十万的支票,借给杜月笙,说好"拿去用,有了再还"。杜月笙也不客气,立即花五十万在繁华地带林森路49号买下一幢三层的楼,成立了中华贸易信托公司。董事长自任,杨管北出任总经理,骆清华、沈楚宝任副总经理,刘航琛、钱新之、陆京士、顾嘉棠、边定远、唐缵之等分任常务董事、董事。这是1942年3月底的事。

中华贸易信托公司的主要业务是到湖南衡阳等地抢购从沦陷区流出的各类物资。这不是谁都能做得了生意,但杜月笙干起来是得心应手。戴笠戴老板支持,中华公司的这项业务难度最大的环节就在于车辆不好搞到,还有路上不好走,雁过拔毛者太多。但有戴笠在,再加上主管重庆对外交通运输的军统部门里面杜门弟子众多,所有这些困难都不是困难,无非是抬高了别人进入的门槛而已。

那会儿重庆物资奇缺,加上法币开始贬值,衡阳与重庆间物价相差极大,所以无论什么货物,只要运到重庆,就能大卖特卖、大赚特赚。而中华公司是无论什么货物都敢运,也都能运,这样下来,杜月笙睡觉睡到自然醒不一定做得到,数钱数到手抽筋是毫无疑问了。

杜月笙随后以中国通商银行董事长的身份,在重庆设立了通商银行分行;然后又接连创办了重庆面粉厂、昆明造纸厂、西北棉纺厂等实体企业,不期然间已成为西南、西北金融工商界的一号人物。

抗战几年,什么都在涨价,更要命的是拿着钱也买不到东西,而最紧缺的是棉纱。当时连国民党正规军的士兵都没有足够的军服,何况其他人呢?

为此,通济公司诞生。该公司的董事包括孔祥熙、戴笠、杜月笙及第三战区(主要负责江浙一带战场)司令长官顾祝同等,以杜月笙为董事长、钱新之为副董事长,杨管北担任总经理,下设三个分公司,重庆分公司由骆清华负责,淳安分公司归王艮仲,上海分公司独立注册为民华公司,归徐采丞负责。所需采购资金,由"中央银行"、中国银行、交通银行及中国农民银行联合提供。

通济公司的主要任务是从沦陷区,主要是上海,购置棉纱运到国统区,首先是重庆。从理论上说,这是件不可能完成的任务,因为从上海到重庆,路途迢遥,沿途有日军、伪军、土匪,还有不同派系的国军,绝对堪比唐僧西天取经路。更重要的是,在上海收购棉纱,光这一点日本人就不能答应。

杜月笙觉得事在人为,因为事情的源头在上海,便通过自己的秘密电台,指令徐采丞去想办法,务必要办成。徐采丞找到金雄白商量,两人觉得重庆方面要的棉纱量太大,私底下收购,不仅效率低,而且容易走漏风声惹出麻烦,倒不如光明正大地干。这就需要日本人的合作,而日本人里,军方势力最大,他们便想到了登部队(日本上海占领军)的陆军部长川本大佐。

日本军人中,尤其是少壮派军官,奉头山满为偶像者大有人在,川本就是其中之一。头山满,日本泛黑社会组织"黑龙会"的创始人,在日本军政两界乃至整个社会影响力极大。

杜月笙在日本有"中国的头山满"之称,所以在日军中粉丝也不在少数,其中就包括了这个川本。徐采丞跟川本原本就相熟,因为崇拜杜月笙,川本对徐采丞一向很友好,帮过他不少忙,包括营救吴开先、蒋伯诚,川本都出过力。但眼前这件事太大也太匪夷所思,徐采丞决定还是谨慎一些,先探探口风再说。

川本好色,徐采丞决定从这方面下工夫,安排一个香艳的场合,让他全副身心都放松,什么都好谈。这就需要找张善琨帮忙。张善琨是20世纪三四十年代的中国电影大王,曾担任新华影业公司的总经理兼大世界娱乐场总经理,抗战后经日本电影制片人川喜多长政拉拢,一起创建了日伪背景的中华联合制片股份有限公司,任总经理。公司旗下大腕云集,知名女星万紫千红,无不是一时之选。

张善琨很给徐采丞面子,把公司最有名的女星,排除掉陈公博、周佛海的二奶,一共十二个,全部带上,前往出席徐采丞的特别宴会。会场设在劳尔东路1号,这是上海滩第一豪奢的私人俱乐部,主人叫耿嘉基,曾任国民党上海市政府法文秘书,抗战后当了汉奸,是周佛海的核心圈子"十兄弟"成员,因此发了大财。在他的俱乐部,只要你能进去,一切免费,只有玩牌例外,在这里赌博,一律以黄金结账,赢了当场带走,但输了可以挂账,不还也无所谓,算耿老板的。

这地方，川本并不陌生，但有这么多银幕上常见的女明星陪着，还是第一次，酒就越喝越起劲。非常意外的是，这么多明星在场，川本看上的偏偏是徐采丞的日文翻译刘小姐。第二天中午起床，川本精神饱满，开始和徐采丞谈正事。有刘小姐在中间推波助澜，事情谈得很顺利，已经不是探口风，而是直接进入了主题。

与杜月笙、徐采丞一样，川本一方面很想为国效力，另一方面也想挣点钱，剩下的就是技术问题了。几次谈下来，最后商议的方案是，徐采丞负责打通重庆政府方面的关系，从国统区购买稀有金属及桐油等战略物资，并负责运送到安徽界首；川本负责打通日本政府方面的关系，协助民华公司在上海收购棉纱，负责派日军运送到界首。然后双方以物易物。

有日本军方撑腰，徐采丞联合杨志雄，很快就收购到了三千件棉纱（一件大概三百三十斤）。得到消息后，杜月笙决定立即启运。上海往界首运输由杨志雄及杜公馆账房王国生负责，因为有日军护送，这一路很好走。只是到了界首边上的亳州，日军不肯再送，因为亳州到界首之间，是土匪和伪军郝鹏举部的地盘，这是帮见钱眼开、六亲不认的家伙。

杜月笙有办法。他派杨管北去许昌拜访安徽、河南、湖北一带势力强大的洪门大哥明德明，并写了亲笔信请他帮忙。明德明跟杜月笙是朋友，同时也是人民行动委员会的成员，于公于私都责无旁贷。当时他身体不好，无法远行，便让老婆带人跟着杨管北走了趟界首，把一切搞定。

界首那边，杜月笙安排杨管北、徐子为、朱惠清三人负责接货，计划经洛阳、西安运回重庆。当时的国民政府陕西省主席祝绍周、陇海铁路局副局长周啸潮、界首所属的国民党第一战区司令长官蒋鼎文以及驻界首附近的国军十五集团军总司令何柱国，都和杜月笙、戴笠相熟，一经打点，万事好办。历经千难万险，三千件棉纱安然运抵重庆，物资紧缺得到了暂时的缓解，当然通济公司也因此大赚了一笔。如潮的好评，让杜月笙很是受用，便命令徐采丞，再运三千件棉纱过来。

这次事情就没那么顺利了。此时洛阳也已沦陷，上海日军登部队的影响力到不了这边，所以原来那条路线如今已无法走通。杜月笙决定改走浙江淳安转运至内地，虽然远一些，但因为第三战区自司令长官顾祝同以下，他的朋友很

多，不愁这条路不好走。于是派了两个弟子，通济公司副经理徐子为及朱品三前去办理。

但杜月笙朋友再多，也不包括那些营长连长所长站长，光把这批货运到淳安，两个人以及武装护送人员就费了九牛二虎之力，其中包含多少敲诈勒索难以细说。就这样，最后货也没能运出浙江。更可悲的是，返程的路上，在富春江边，徐子为竟然被一支番号不明的国民党杂牌部队绑架到了山里，最后是通济公司拿出七万元，才把人赎了回来。

2 营救国民党中组部副部长吴开先

上海那边出了大事。1942年3月18日，吴开先被日本宪兵抓走了！吴开先现在的身份是国民党中组部的副部长，一条大鱼呀！杜月笙立即给徐采丞、万墨林发了同样的电报："不惜一切代价营救。"

吴开先被捕完全是因为大意。本来他住在法租界麦尼尼路的一幢小洋楼里，这里较为偏僻，加上深居简出，一般人连见到他都困难，更不可能知道他的住所。租界易主后，他更加谨慎，连门都不出，只有蒋伯诚夫妇偶尔会来，另外除了牌友万墨林、国民党"中央通讯社"上海分社主任冯有真、中统局长徐恩曾的驻沪代表陆鸿勋等人时常来打麻将外，他平时一概不见客。

可是这年春节，大概是为了庆祝平安无事，除夕夜，吴开先在家搞了场赌会，他给手下每个人发了笔钱，让大家纵情狂赌，结果不眠不休地赌了好几天。有个负责杂务的叫沈守良，因为忙着给大家端茶送水等服务，没时间上桌，也就没机会赢钱。吴开先为了让他也能有所收获，便设立了抽头制度，所抽的钱全归老沈。

老沈旱涝保收，发了笔小财。饱暖思淫欲，就时不时找机会到外面去吃喝嫖赌。这老沈一头的癞子，外号就叫"癞痢头"，特征极其明显；加之他以前又在国民党上海市党部当门卫，认识他的人很多，结果就在一次寻花问柳过程中被汉奸发现，告发给了日本宪兵。日本人派人跟踪，于是吴开先不明不白就被抓到了日本宪兵队，被移交给76号。

好在他以前和周佛海、李士群他们都有交情，所以在76号里没有吃苦。杜月笙对此并不放心，生怕阎王好见、小鬼难缠，所以命令徐采丞：日伪方面，上至高层，下至牢头狱卒，都要尽力打点，务必救出人来，且不能让他受罪。

有一点有利条件是，吴开先当初的国民党上海市党部的同事，大部分都投靠了汪伪，无论是并不甘心投敌，还是念及昔日同事之谊，大家都纷纷为之奔走。徐采丞更是走通了周佛海甚至包括日军高层的路线，可惜这边人还没救出来，那边蒋伯诚也被捕了。

蒋伯诚住在福履理路曲园，比吴开先更少出门，谨小慎微，处理日常事务，都是由专人和他定期联络，比如万墨林。像这样本来不至于出事，但是他那个大名鼎鼎的太太杜丽云，还是给他惹出了大麻烦。

杜丽云名列"四大坤伶"之一，是个五音不全的京剧大腕儿。她除了长得漂亮，其他条件并不好，能够走红，靠的就是蒋伯诚力捧。蒋伯诚走马章台，阅人无数，最后竟被杜丽云迷得一往情深，以至于以一千两黄金量珠聘去，这在当时也算爆了个冷门。

杜丽云娱乐圈出身，就有些娱乐圈的习性，比如爱热闹，好出风头，更像所有女人一样酷爱逛街，长期在家待着要闷死。所以安静了一段后，她终于还是走出家门，逛街购物，约朋友喝咖啡看电影，天天都不闲着。就这样被发现了行踪，日本宪兵轻易就找到了蒋伯诚，监视几天以后，便动手了。

当时蒋伯诚已经中风，半身不遂，躺床上不能动。那天他血压升高，已经神志不清，眼看要出大事。在场的大夫赵启华主张抽血100cc以上，否则无法救；杜丽云担心抽血太多影响健康，只同意抽50cc，正在争执不下的关口，日本宪兵破门而入，在场所有人全部被捕。

日本人见蒋有生命之忧，立即打电话叫来军医。该军医不管三七二十一，直接抽出200cc血，不一会儿，蒋伯诚竟然醒了过来。蒋后来自己说过，如果日本人晚来会儿，不抽那么多血，他可能就完了。这次被捕，也算是因祸得福。

命是保住了，日本人见他确实病得厉害，也没把他带走，但留下了宪兵看守他，同时也是守株待兔。他们还真守到了几条大鱼，包括上海市党部委员王先青、毛子佩，还有就是万墨林。

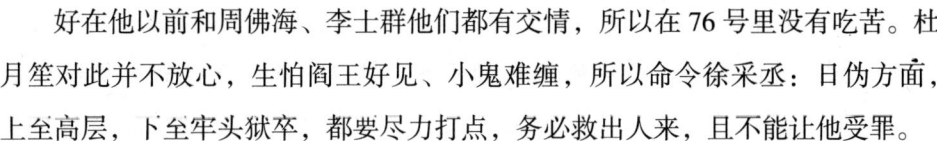

第三十五章　落脚重庆办公司

这下就只有靠徐采丞奔走了。当然这只是说杜月笙这条线。两大负责人被捕,事实上重庆政府同样心急如焚,全力展开营救,通过戴笠和周佛海之间建立起的秘密电台,给周佛海布置任务,戴笠把周佛海他爸妈都给"保护"起来了,并情真意切地告诉周:你的父母就是我的父母,他们在我这里,你尽管放心。

吴开先、蒋伯诚这两个人都是由日本宪兵抓捕的,加上本身身份高贵,即使是周佛海拿着也难办,必须得日本人同意才能放人。所以营救过程极其曲折,其中牵涉的人和事太多太复杂,我们干脆长话短说,最后是周佛海和徐采丞各自通过自己的渠道,以"这二位都有能力把蒋介石拉到谈判桌上来,促成中日和谈"诱惑了日方关键人物,于是吴开先、蒋伯诚先后获释。

这里有个背景是,日本人在自己挑起的太平洋战争中,正被麦克阿瑟将军打得节节败退,中途岛海战之后,更由最初的攻势转为守势,现在眼看就要呈现败势,所以急于结束侵华战争,好抽调出兵力对抗英美。这个事,必须跟蒋介石谈,而日本人的所有渠道都通不到那里,难免就会病急乱投医。

吴开先是先放出来的,他先是在唐生明那里住了一段时间,到了1943年秋天,居然是由汪伪政府的最高顾问、事实上的太上皇影佐祯昭批准,派出日本专机把他送到广西柳州。1944年初,吴开先终于经广州湾回到重庆,杜月笙亲自到机场迎接。

自吴开先被捕,上海国民党地下系统的指挥权就逐渐过渡到了吴绍澍手里。"党皇帝"吴开先回到重庆,吴绍澍差不多就成了上海的第二任"党皇帝"。

蒋伯诚则是经徐采丞和受周佛海委托的金雄白二位联手保释出来的,其夫人及万墨林等人也同时获释。不过他没有获准离开上海,一直坚持到抗战胜利。

第三十六章
孔祥熙那些事

高陶事件后,杜月笙对戴笠始终心存愧疚,却一直苦于无法弥补,现在机会终于来了。

戴笠这一次的麻烦,得先从孔二小姐说起。话说宋氏三姐妹举国羡慕,不道她们却有一点不那么圆满,就是除了宋霭龄和孔祥熙育有两儿两女外,宋庆龄、宋美龄都膝下无子女,所以大家对大姐的几个孩子疼爱有加,尤其对两个小姐的婚事,异常热衷。

孔祥熙的儿女里面,大小姐孔令仪相对本分,但本分不代表没性格,以至于父母、姨妈介绍的胡宗南、卫立煌等高级将领及孙桐岗这样的全民偶像,通通不被她看好。不过还好,她对穷学生陈纪恩一见钟情,虽然家里百般阻拦,二人终究还是跨入了婚姻的殿堂,也算是了却了父母的一桩心事。

孔二小姐更令人头疼,这个喜欢女扮男装、骑马玩枪飙车的假小子,枪杀过警察,掌掴过宪兵,斗过云南王龙云的五公子……她的婚事,才真正操碎了父母长辈的心。

孔祥熙夫妇显然很看得上胡宗南,他们居然托到了陈立夫出面介绍。孔二小姐当然不会对这个姐姐弃之如敝履的家伙有什么感觉,不过她倒是很好奇爹妈为啥非要收这个女婿?于是决定到胡的驻军地西安去看看,看这厮到底是长得帅还是有三头六臂?

对于大名鼎鼎的孔二小姐,胡宗南早有耳闻,心里难免有些忐忑,便托最好的朋友戴笠给帮着打听一下,那些不堪的传言属实否。戴笠直接告诉胡大哥:"这个不消打听。反正你所听说的,全是真的;你没听到的,多半也不是假的。大哥你可千万别拿自己的幸福开玩笑!"胡宗南毕竟是统兵数十万的大将,他不傻,觉得还是眼见为实的好。等二小姐来到西安,他乔装打扮悄悄前往其下榻的酒店实地观察,之后也禁不住长叹一声:"还是雨农关爱我啊!"

胡宗南当然就打死也不肯现身见面,心想就算一次性把孔祥熙、陈立夫全得罪也认了,回去立即给陈立夫写了封信,只说二小姐门第高华,自己一介武夫高攀不上,怕这么说还不够,再加了句类似于"靖康耻犹未雪,臣子恨何时灭"的话,算是把这门亲事给不留余地地推掉了。

孔二小姐不堪至此,却还眼高于顶,觉得任何人也配不上自己,嫁给谁都委屈,让孔、宋两大家族头疼死了。就是这么一个人,后来居然自己交了个男朋友，能不让做父母的心花怒放？

这个人叫林世良。孔祥熙的财政部下面有一个"中央信托局"，代理局长是他的大儿子孔令侃。"中央信托局"下面有个运输处，处长就是林世良。这是个职位不高，权力和油水却巨大的实惠小官，自然林处长是孔局长的亲信。

林处长长得非同一般的帅，孔二小姐看第一眼就来电，心想大哥的部下跟老爸的部下，差别怎么那么大？

林世良对孔二小姐当然是万分巴结。当时滇缅公路刚刚修成通车，由于香港、越南的进口通道已被日军切断，这条路就成了国际上支援我国抗战的唯一陆路通道，而林世良恰好可以在这条路上畅通无阻。他充分利用了自己的权力，趁工作之便疯狂走私，于是孔二小姐不仅源源不断地收到来自法兰西等国的服装、鞋袜、香水、皮包、口红等等，就连她视如家人的洋狗，也是林处长运回来送给她的。当然，孔二小姐喂洋狗的牛奶，来源也是如此。就这样，两人关系发展得如火如荼，亲朋好友们无不为他们感到高兴。

戴笠身为缉私总署署长，早就盯上了林世良，了解到他是孔府新宠，不好轻举妄动，便通过杜月笙，安排了恒社成员、上海滩建筑大亨，同时也是自己朋友的陆根泉，去往昆明到林世良身边，收集这厮走私贩运的情报。

恰在此时，日军进攻仰光。国际援助及我国积存于此的物资数量巨大，林世良奉命前往抢运。孔祥熙家族实际控制的私企大成公司，有一批车胎五金等走私物资也在这里，托林世良带回。这批物资，价值法币一千六百万元，运到重庆就能卖三千万，翻倍的利润，林世良自然一诺无辞。

陆根泉得到消息，第一时间报告给了戴笠。戴笠此时正陪着美国海军中校梅乐斯在东南沿海考察，筹备中美合作所，闻讯后立即赶回，一面布置军统滇缅公路警务处处长李崇诗带人在中缅边境畹町检查站严阵以待，一面向蒋介石报告。当时滇缅公路上的走私之猖獗简直是名扬国际，所以不仅国内民众怨声载道，就连盟国也纷纷指责国民党官商勾结，鲸吞国际援助的卑劣行径。这让蒋介石觉得很没有面子，所以接到报告，当即签字，批准逮捕林世良。

面对人赃俱获的现实，就连孔祥熙都不好意思直接去找蒋介石疏通，但毕竟孔财神神通广大，加上宋霭龄见准女婿落难，心里那个难过，于是，夫妻俩多方活动，终于有了个差强人意的结果：该案将在圣诞节前审判，林世良将以

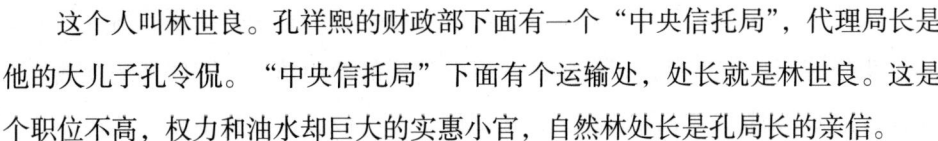

第三十六章　孔祥熙那些事

滥用职权营私罪被判十年有期徒刑，然后嘛，当然是保外就医了。

戴笠听说了这个方案，哪里肯依？恰好此时美国总统罗斯福的高级特使威尔斯到华访问，重点考察了解国民政府对美援的使用情况，并转达美国政界对国民政府政治腐败、军队混乱、走私猖獗、贪污成风、通货膨胀等的忧虑。蒋介石送走客人，就接到了戴笠精心收集的林世良发国难财的详细报告，看完大怒，提笔就批了"准予枪决"。蒋介石侍从室里有戴笠的人，所以戴笠第一时间就拿到了原件，他生怕夜长梦多，立即下令把林世良毙了。这是1942年八九月间的事。

孔家很快也知道了蒋介石的"准予枪决"，立马请出宋美龄，在孔夫人、孔小姐向蒋哭诉求情时，蒋夫人发话要求亲爱的不为已甚。蒋介石倒是回心转意了，可是哪里还来得及？戴笠等于同时得罪了当时最有势力的孔、宋两大家族，戴老板麻烦要来了。

孔祥熙找到了陈立夫。平心而论，当年陈伯达开创性地提出"四大家族"这个概念，对孔、宋自是恰如其分，对陈果夫、陈立夫兄弟则着实有点冤枉，这哥俩在国民党内确实位高权重，但还真算不上腐败分子。作为与军统极不对付的中统的后台老板，二陈对戴笠绝不会有好印象，孔祥熙找对了人。

抗战期间，军统贡献巨大，同时，坏事缺德事也没少干，而中统掌握着不少证据。陈立夫向蒋介石告了御状，逼得戴笠不得不亲自下令枪毙了自己的心腹爱将赵理君，这对军统是个不小的打击。随后的国民党五届十一中全会的筹备会议上，孔、陈联手，拉拢了一大堆对戴笠不满的代表，向大会提出弹劾戴笠的提案，控告他兼任缉私总署署长期间，以缉私为名扩充武装，破坏军令统一并大肆敛财等罪状。戴笠的缉私署长一职被蒋介石撤掉了，由孔、陈联名推荐的宣铁吾取代。

宣铁吾一上任就审计，一审计就发现漏洞。原来戴笠在筹建中美合作所的时候，挪用了缉私总署两万两黄金。孔、陈闻之大喜，一边要求宣铁吾穷追不放，一边开始大造舆论。戴笠自知理亏，更知道后果很严重，急火攻心之际，杜月笙找到了他。

杜月笙底气很足，因为通济公司账上现成有几万两黄金在那儿趴着，都是贩运棉纱赚来的。通济公司有戴笠的份，只是他不直接管，不清楚这回事罢了。杜月笙调出两万两金子解了戴笠的燃眉之急，孔、陈没防到这一招，只得暂时作罢。

杜月笙老于世故，深知"不怕贼偷就怕贼惦记"，跟戴笠说明枪易躲暗箭难防，这么下去不是路数。戴笠苦笑着说："我跟孔的梁子是结定了，谁也没办法啊！"

杜月笙清楚戴笠和孔祥熙，在国民党内都不太得人心。戴笠是处处唯蒋介石马首是瞻，做事不留情面，不知得罪过多少人；孔祥熙则是时时以捞钱为己任，很让人看不起，只是家族势力太大，别人惹不起他，他其实也没多少真正的盟友。两人固然互相打击，但也未尝不互相顾忌，这样的情势，只要运作得当，未见得就不能化干戈为玉帛。

运作起来当然很艰难，关键是结怨太深，偏偏两人都极其要面子，谁也不肯先退半步，事情就僵在了那里。

不过只要有心，机会总是有的。过了一段时间，孔祥熙指使其秘书夏晋熊及财政部副部长俞鸿钧，把从四川、贵州等地搞来的一百多吨烟土，通过法国商人奥迪南卖给了法国维希傀儡政府，然后再转售到越南河内。这笔大买卖，最难的一个环节是，运往河内必经过云南，怕的是云南王龙云会见财起意。

孔祥熙愁的头发都要白了的时候，杜月笙适时出现，说何不请军统帮着保驾护航。孔祥熙何尝不知道国民党高官少有不怕戴笠的，龙云更是如此，但要他自己向戴笠求援，则无论如何也突破不了内心的障碍。杜月笙也不废话，只跟他算账：一百多吨烟土，顺利成交后赚的钱，足够打造一个真人大小的纯金孔祥熙，再打造一个纯金戴笠跪在他脚下。

孔祥熙嗜钱如命，哪儿经得起这种刺激？遂扭扭捏捏同意让杜月笙请戴笠帮忙。杜月笙马上再去做戴笠的工作，并承诺事成以后庸之兄（孔祥熙字庸之）定有重谢。戴笠给足了孔祥熙面子，派了大批手下兢兢业业地护驾，不仅护过了云南，而且护到了河内，直到交易顺利完成，才功成身退。

杜月笙出面邀请两人喝酒，这下二位都没再推辞，当即相逢一笑泯恩仇。此事过后，因高陶事件而横亘在戴笠心头的块垒终于冰释，他反而觉得杜月笙这个忙帮得太大，自己应该有所报才是。

1944年，孔祥熙及其家人贪污腐败发国难财的丑事暴露得越来越多，引发朝野猛烈而一致的抨击，就连美国总统罗斯福都建议蒋介石换掉这个贪官。孔祥熙脸皮不够厚，虽然在行政院副院长和"中央银行"总裁的位置上赖着不下来，但还是在11月辞掉了财政部长一职，由俞鸿钧接任。

1944年9月，财政部指令"中央银行"出面开办"法币折合黄金存款"和"法币预购黄金期票"，又叫"黄金储蓄券"，即持有法币的人，可以到"中央银行"按两万元一两折成黄金存入银行，六个月后便可以从银行取出真正的黄金。这个储蓄券每六个月发行一期，旨在储蓄保值，"央行"郑重承诺该储蓄券不受物价波动影响。

第二年，第一期黄金储蓄券将要兑现时，民国的那"央行"反悔了。当然原因很好找，说是通胀压力大增，为了缓解财政压力，国民政府决定黄金提价。

1945年3月28日，俞鸿钧召集相关部门秘密开会，宣布从第二天起，黄金牌价从每两两万元涨到三万五千元，黄金储蓄券每两涨到三万元。并一再强调："该消息将在第二天公开发布，与会各位请务必保密！"这等于法币大贬值，也就意味着黄金及黄金储蓄券的身价暴增。

当天晚上，各路消息灵通人士即已和"中央银行"串通好，连夜办理黄金储蓄业务。因时间短促，不好筹现金，有些竟用上了空头支票、银行间互相流通用的本票订货，一夜之间，就售出了一万多两黄金储蓄券。

最大的买主是李祖永。他是著名的宁波小港李家人，李征五的侄子，跟杜月笙关系很深。李祖永是大业印刷公司的老板，该公司最赚钱的业务就是帮"中央银行"印钞票。他有个好朋友郭景琨是孔祥熙的亲信，现任"中央银行"业务局局长，参加了此次涨价会议，这厮当时就动了歪脑筋，只是为了避嫌，他不敢自己出面购买，所以会后立即找到李祖永，让他连夜购买黄金，买得越多越好，赚的钱哥俩一人一半。

李祖永闻言大喜，说声"一言为定"就走了。等他办好三千三百两黄金储蓄券的购存手续、志得意满地走在大街上时，恰好遇见了王绍斋。王绍斋是杜月笙恒社的弟子，同时也是财政部总务司司长，不过并没有资格参加之前的会议。李祖永跟他相熟，就让他快去买黄金，"'中央银行'营业处通宵加班，你老兄人头熟，肯定进得去。"

见到王绍斋，就想到了杜月笙，算算时间这会儿杜先生应该在家，李祖永忙叫了个车直奔汪山别墅而去。杜月笙同样很高兴，当场开了张一千万的支票，委托李祖永帮着代办。轻轻松松赚了五百万，杜月笙挺开心。

没想到第二天一早，涨价的通知还没出来，消息已经传遍了整个重庆。按照流程，各家报纸要再下一天才会刊出通知，谁知当天的晚报竟已刊登了一篇署名"笑天"的文章：《黄金加价，能人舞弊》。这一下，事情就闹大了。舆论沸腾，营私舞弊者成为千夫所指的对象。蒋介石此时正忙着处理孔祥熙一手导演的美金储蓄券舞弊案，再得知此事，不禁大光其火。

前些天蒋介石刚刚枪毙了兵役署署长程泽润，因为这家伙克扣军饷，以至于有新兵刚招上来，还没来得及上战场打鬼子，竟然就被活活饿死了。蒋以为这样可以杀一儆百，没想到美金舞弊案、黄金舞弊案又接连而来，不禁感叹："我堂堂国民党何至于腐败至此？"当即责令监察院、财政部、重庆地方法院展开调查。

真要查也很简单，很快就有了眉目，杜月笙因为所开那张一千万的支票，也被列入了调查范围。案情尚未公布，各种猜测、小道消息早已满城风雨，此案也成为各报的头条。杜月笙树大招风，他在重庆又没有上海那么大的势力，到了4月23日，抢购黄金储蓄券的名单终于见报，杜月笙榜上有名。

杜月笙既在榜上，一旦公诉，自然在被告之列。重庆也就罢了，到时若是上海滩上传出一句"杜先生吃官司了"，则多年的修行不免付之东流，最好面子的杜月笙哪儿受得了这个？

这一切戴笠都看在眼里，心里跟明镜似的。他这时正跟已晋升准将的梅乐斯一起忙于中美合作所的工作，并规划部署在东南沿海策应盟军登陆事宜，和蒋介石见面的时候不少，但要替杜月笙说话，也得找合适的时机。

有一天，他跟蒋介石汇报完在浙江、福建沿海一带的部署之后，趁着蒋介石心情愉快，顺势提议：盟军登陆后将与国军展开反攻，则上海、浙江的配合至关重要；而这两个地方，尤其是上海各种势力的动员，少不得需要杜月笙出面。"我和梅乐斯将军过几天就要再赴浙江淳安，做最后的协调。这一次，我希望杜先生能和我们一起去"。

蒋介石"嗯"了一声，点点头表示同意，但没有做进一步的说明。戴笠忙

说道:"杜先生一向身体很差,近来心情也不太痛快。所以学生有个不情之请,希望校长能够召见他,给他鼓鼓劲,这样他工作起来会更有激情。"

因为美金储蓄券和黄金储蓄券这两个大案,蒋介石对孔祥熙和杜月笙这两个人已经极度厌倦,不过大局为重,他认为戴笠说得有道理,还是召见了杜月笙,当面慰勉一番,这让杜月笙感到所有的晦气一扫而空。

几天后,蒋介石总统府的总务局长陈希曾中将亲自送来了一本密码本。杜月笙就要奔赴淳安,而且钦命可以直接和蒋介石侍从室联络,这样,他就算彻底从黄金舞弊案中解脱了出来。黄金储蓄券案中,一些小萝卜头被处理,损失最大的是孔祥熙,他被迫辞去了行政院副院长和"中央银行"总裁职务,几乎退出了政治舞台。蒋介石说孔祥熙:"更觉(孔祥熙)此人之贪劣不可救药。""庸人不可与之再共国事矣。撤孔之举,犹嫌太晚矣。"

第三十七章
胜利回沪　弟子挑战

1945年6月25日,杜月笙从重庆出发,直奔贵阳而去。随行的一共六个人,除顾嘉棠、叶焯山外,还有秘书胡叙五、私人医生庞京周,贴身随从徐道生则专门负责捶背敲腿,照料杜月笙睡眠。另外,钟阿三作为司机,只管开车。

一行人到了贵阳,与戴笠、梅乐斯会合,就开始了远赴淳安之旅。这一路走得很辛苦,历经湖南芷江、福建长汀、永安、铅山,军用飞机、长途汽车轮换着走,加上路上的休息及所在地官员接待,走了十几天后,才终于到达了目的地。军统淳安工作站早已为戴笠、杜月笙等人作了安排,大家一起住进了市郊的西庙。

这是一处好地方,庭院深深,清幽雅静。杜月笙刚一住下,顾不上休息,便开始用电台和上海联系。首先联络的是两路人马:一是他留在上海的在帮会中比较有势力的门生,如马祥生、杨顺铨、朱景芳等人,希望他们能扩大自己的队伍,以便盟军登陆时积极配合;二是他当了伪军头目的俩门生,马柏生和徐朴诚,要求他们弃暗投明戴罪立功。

摄于杜月笙去淳安的路上

就这么忙了几天。一天杜月笙出门送客,回来时偶然发现一侧的偏房里,有一个落寞憔悴的人很是眼熟,走近仔细一看,竟是老友邵洵美。邵洵美,邵友濂的孙子,盛宣怀的孙女婿,二十世纪三四十年代,与徐志摩齐名的新月派诗人。当时有"民国四才子"之说,夸赞的就是徐志摩、郁达夫、邵洵美、戴望舒。

邵洵美生于1906年,本名邵云龙,十六岁的时候在亲戚聚会的场合邂逅了大他一岁的表姐盛佩玉,一见之下,惊为天人,回去就自作主张把名字给改了。灵感来自于《诗经·国风·郑风》,"将翱将翔,佩玉琼琚,彼美孟姜,洵美且都",让自己和爱人的名字同活在一首古诗里,够浪漫。有情人终成眷属,他们的结婚照登上了《上海画报》的封面。

邵洵美不仅才高八斗,而且家族巨富。他有钱,做过许多好事、善事,帮

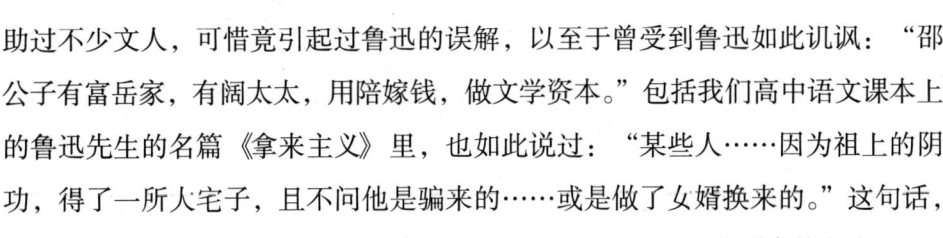

助过不少文人，可惜竟引起过鲁迅的误解，以至于曾受到鲁迅如此讥讽："邵公子有富岳家，有阔太太，用陪嫁钱，做文学资本。"包括我们高中语文课本上的鲁迅先生的名篇《拿来主义》里，也如此说过："某些人……因为祖上的阴功，得了一所大宅子，且不问他是骗来的……或是做了女婿换来的。"这句话，课文里注释："这里讽刺的是做了富家翁的女婿而炫耀于人的邵洵美之流。"

其实鲁迅先生和课本编辑都误会了，邵洵美岳家固然富可敌国，自家同样是巨族大户。虽然他爷爷不如盛宣怀能贪会贪敢贪，可邵友濂毕竟也曾是一品大员，家里同样有的是钱。

风流才子加纨绔子弟，邵大公子喜欢去 181 号大赌场，邵洵美跟杜月笙成了朋友。自诩"雅赌"的邵诗人曾有此总结："钟可成赌得最豪，朱如山赌得最精，卢少棠赌得最刁，唐孟潇赌得最恶。若言雅赌，舍我其谁？"这么一个妙人，却因其弟弟邵式军做了大汉奸而被军统拘押了两个多月。

其实邵式军拉拢过他这个哥哥为日本人做事，并为此要送他五千大洋，但被断然拒绝。上海的日本宪兵队长冈村适三也曾游说过他，同样被拒绝。杜月笙自然了解邵洵美的一切，当即找到戴笠，极力为之担保，诗人由此重获自由。

1945 年 8 月 15 日，日本无条件投降了。一场庆贺是免不了的，8 月 29 日，杜月笙及其大批随行人员乘坐"健飞 17 号"轮船，奔杭州而去。本打算由杭州直接转赴上海，不料刚到杭州，就被丁默村盛情接了下来。

丁默村曾任国民党军事委员会调查统计局三处处长，当时一处处长是徐恩曾，二处处长是戴笠。也就是说，那会儿丁默村跟戴笠、徐恩曾是平起平坐的关系。后来一处、二处分别独立出来成为中统、军统，三处却被裁撤掉，丁被安排了个少将参议赋闲在昆明。

恰好老同事李士群受土肥原之命邀请他去上海当汉奸，并许以高位，丁默村毫不犹豫地就去了，并和李共同打造了 76 号。在高升汪伪社会部长之前，丁默村是 76 号的老大，李士群是老二。当然两人互不买账，斗得不亦乐乎。

中统为了除掉他，派出了美女特工郑苹如。郑苹如是中日混血儿，长得异常漂亮，曾荣膺《良友》杂志封面人物。她的男朋友陈宝骅，是陈其美的孙子，陈立夫、陈果夫的侄子，同时也是中统上海区的负责人。帅哥美女两个人都认为为了国家利益，值得付出个人的一切，于是郑苹如轻易就俘获了丁默村的心。

中统专攻情报,对暗杀并不擅长,陈宝骅又不愿意请军统帮忙分去功劳,以至于郑苹如把丁默村引诱到预定的百货公司购物时,埋伏在周围的四名杀手竟失了手。

汪精卫客死日本后,丁默村当上了"浙江省长"。当初,为给自己留后路,丁默村曾跟重庆暗通款曲,通过戴笠和顾祝同向蒋介石保证:"决心以原样的浙江归还'中央',决不让共产党抢去。"抗战刚一胜利,蒋介石便任命丁为浙江军事专员,以为权宜之计。丁默村当然也不傻,心里不踏实,他知道杜月笙神通广大,想让他为自己活动活动。

场面上的话杜月笙没少说,此时整个上海滩都在盛传:杜先生要回来当上海市长了。杜月笙当上海市长的消息,是他手底下的门生有意散布出去的,为的是抢先制造舆论氛围。杜月笙此次荣归,自然是有着非同寻常的期待。但没想到专车还未到上海,兜头一盆冷水就泼了下来。

原来门生和亲朋好友早和他商量好了,搭彩楼在北站举行盛大的欢迎仪式,迎接杜先生凯旋。车抵梅陇镇,上来了两个人,行色匆匆,赶到杜月笙面前附耳低言,杜月笙脸色大变。因为北站附近一夜间张贴出了大量传单和大字标语,上面赫然写着"打倒杜月笙!""打倒恶势力!""杜月笙是恶势力的代表!"等口号。当然,专门为他精心准备的欢迎仪式也被勒令取消,搭好的彩楼竟也已被拆除。杜月笙久经考验,当然明白这事情是有背景的。

杜月笙苦笑一下,接受了二人的建议,改到上海西站下车。这里只举行了一个仓促的欢迎仪式,规模小,气氛冷清。恒社弟子、上海最大的出租车公司老板周祥生,为了怕杜先生尴尬,特意雇了一支乐队前来捧场,锣鼓喧天,让杜月笙多少感到了一点安慰。最令杜月笙感到欣慰的是,黄金荣亲自来到车站迎接。老爷子快八十了,走路都有些发虚,平时在家大门不出,此时前来接站,其情可感。

"金荣哥……"杜月笙只喊得出一声,便再也说不出话,两双手紧紧地握在一起,此时无声胜有声。寒暄几句后,上车。因为华格臬路杜公馆和张啸林的公馆连在一起,而张啸林被打死在家中,无论是从兄弟情的角度,还是出于迷信的考虑,杜月笙都不愿再回去住。所以按照之前的安排,他本来要去杜美路那幢花园洋楼,而现在驱车直奔爱文义路顾嘉棠家,主要是出于安全考虑。北站之事很快就搞清楚了，是吴绍澍干的。

十几年前，吴绍澍还是国民党汉口市党部的一名职员。这个野心勃勃的年轻人不甘于过平平淡淡的生活，又苦于自己本是上海人，在汉口素无根基，空有一身抱负无从施展，所以对杨庆山极为巴结。

杨庆山在江湖也是声名赫赫，他既是洪门大哥，又是青帮"通"字辈老头。他是袁世凯二公子袁克文的开山门弟子，在汉口有点类似于杜月笙在上海，无论在江湖上还是官府内都势力极大。不过他看不上吴绍澍。

吴绍澍是个有心人，辗转打听到杨庆山跟杜月笙关系极好，凡杜门弟子，在汉口都很受其照顾和提携，便打定主意曲线救国，找个机会跑回上海，托陆京士和陈君毅介绍，拜到了杜月笙门下。吴绍澍人长得精神，又是上海老乡，杜月笙非常喜欢，临别时特意帮他写了封信带给杨庆山，请他对这位年轻人多加关照。

有了这重身份，回到汉口基本就是一马平川了。加上本身会混，吴绍澍此后在仕途上可说是一帆风顺，很快就高升为国民党汉口市党部委员。抗战之后，更被任命为国民党上海市党部主任委员、三青团上海支团部干事长，并兼任国民党"中宣部"东南战地宣传办事处主任。

此时上海沦陷，国民党人只能从事地下工作，真正握有实权的，还是上海市统一工作委员会。虽然吴绍澍和他的松江小老乡吴开先都是常委，但两人斗得很厉害，而身为统一工作委员会主任委员的杜月笙，在方方面面更偏向于吴开先，吴绍澍对此极为不满。

抗战胜利，吴绍澍集上海市副市长，国民党上海市政治、军事特派员，上海市党部主任委员，三青团上海支团部干事长，上海市社会局长等要职于一身，大权在握。尤其值得指出的是三青团乃皇太子蒋经国的组织，吴韶澍可谓炙手可热。

吴绍澍接收了爱棠路80号汪伪苏浙皖三省统税局局长、上海首富邵式军新建的一幢顶级豪宅，作为国民党市党部办公大楼，他自己也住在这里；另外，富民路43号成了三青团支团部，陕西北路128号日本驻沪领事馆则成为分团部；汪伪的《平报》与《国民新闻》，分别改名为"正言报"和"青年报"，成为吴绍澍的喉舌。

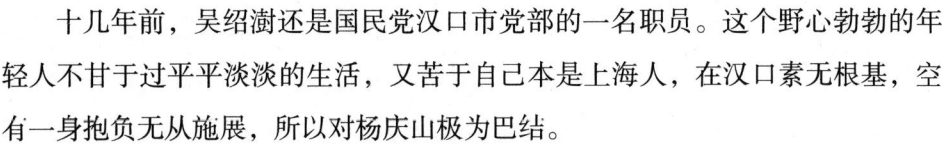

第三十七章　胜利回沪　弟子挑战

在这场被民间戏称为"劫收"的接收运动中,吴绍澍大发其财,他手下的骨干分子也大都成为暴发户。此时上海市长一职还处于空缺状态,由于吴绍澍事实上已成为上海滩第一人,因此,他也对上海市长一职有心思。吴绍澍当然不希望杜月笙在上海重整旗鼓,因此他一边着力宣传"建设正义的新上海",一边则以打击流氓恶势力为号召,招招剑指杜月笙。

蒋介石从来没想过让杜月笙担此重任,此时已经派了亲信,侍从室主任钱大钧赴上海,高就市长。另一个极为重要的位置,上海市警察局长,蒋介石更是力排众议,交给了自己和儿子蒋经国都非常信任的宣铁吾。

杜月笙知道,随着二战的结束,中国作为四大战胜国之一,既已收回了所有的租界,他以前赖以纵横驰骋的环境(华界和租界共存,国民党政府及租界当局都无法对上海市进行有效管理而不得不借重帮会势力)已经不复存在。现在形势不明,不妨先忍忍。

住在顾公馆,杜月笙并不清闲,每天前来拜访的人太多太多,既有门生弟子至爱亲朋,也有戴笠或自己属下的接收人员,甚至还有落水当过汉奸的熟人,想走走杜先生的门路重新上岸。

只有吴绍澍不曾登门,而他才是杜月笙最想见的那个人。见怎么也等不来他,杜月笙索性不顾众人拦阻,亲自前往市政府拜会吴副市长,没想到秘书一句"市长不在"就把他打发了回来。更没想到的是,过了几天吴绍澍居然回访来了。当时顾公馆大客厅里热闹非凡,杜月笙正忙着周旋在各路亲友之间,忽闻来报:"吴绍澍吴副市长前来回拜!"

杜月笙惊喜交加,立刻出迎门外。谁知迎进来的是一个板着一张脸的吴副市长,仿佛是来查偷税漏税一般,昂着头根本不看任何人,只听他朗声说:"谢谢杜先生前日亲至市府拜望,恕兄弟公务繁忙,工作时间无暇接待私人来访,现特地回拜说明。"

杜月笙差点没晕过去,周围的人更是一个个目瞪口呆,谁也没想到吴绍澍竟然能做出上门挑战这种事!就在这空气仿佛凝固的瞬间,吴副市长却已扬长而去,只留下一个背影。

顾嘉棠是火爆性子,哪里忍得下这口气?直接跟杜月笙说:"吴绍澍这畜生是跟月笙哥磕过头拜过先生的,如此欺师灭祖,在江湖上是死罪。不如把他的拜师帖子找出来,我去跟他讲讲道理。"

奈何树欲静而风不止,吴绍澍担任社长的《正言报》依然有条不紊、连篇累牍地发表"打倒恶势力"一类的文章,矛头直指杜月笙。即使到这个时候,杜月笙也还多少对吴绍澍抱有一丝幻想,总觉得冤家宜解不宜结。所以当吴改组完国民党上海市党部和三青团支团部,准备对社会局进行人事调整时,杜月笙还托人向他郑重推荐了得意门生陆京士,瞄准的是副局长的位子。

吴绍澍一点面子也不给,一口回绝不说,还把社会局里众多杜门中人边缘化甚至扫地出门。更有甚者,吴绍澍又派出一批亲信加入上海市总工会筹备委员会,与杜月笙、陆京士争夺对黄色工会的控制权。所谓黄色工会,具体在当时的上海来说,就是由国民党操纵的工会,与其对应的是有共产党背景的红色工会。

杜月笙脾气再好也受不了这个,况且他本是从最底层打拼出来的一代枭雄,骨子里有种根深蒂固的狠劲,当被逼到墙角的时候,自会本能地搏命反击。

杜月笙派人给上海金融工商界的各位老大打招呼,"拜托大家不要跟吴绍澍合作",随之陆京士以社会部沪宁特派员的身份,仿照军统的忠义救国军,拉起一支"工人忠义救国军",不久又成立了护工队,触角伸到了所有工厂。陆京士工运出身,底子深厚,在他的一番运作下,吴绍澍派去担任市总工会筹备委员的几个人就完全成了摆设。

上海百废待兴,失业工人众多,要求工作机会;在职工人希望增加工资。陆京士认为恶心吴绍澍的机会来了,他组织工人们,连连奔赴国民党市党部和社会局请愿,搞得吴绍澍好不尴尬,后来都不敢再去社会局上班。就在这时,戴笠来了。

抗战胜利之初,戴笠尤其忙,因为敌伪资产接收及汉奸的处置,这两件大事都归军统负责,他起早贪黑成为空中飞人。杜月笙二话没说,先把自己在杜美路70号的豪宅借给戴笠,作为他的住所及军统在上海的办公地。

戴笠大摆筵席,盛大庆功。当天各路人马从四面八方赶来,门口停了上百辆汽车,好不热闹。戴笠在大门口就对周围的人说了几句:"我给诸位的钱,决不够买汽车,但诸位现在都有汽车坐,可见像廉洁奉公一类别人所做不到的事,我们自己也不能做到。"进入屋内,一楼的几间大厅已经全部打通,密密麻

第三十七章 胜利回沪 弟子挑战

麻地摆了三十桌酒席，最上首的一桌，是杜月笙、戴笠、王新衡、陆京士、万墨林等人，其他忠义救国军的重要干部、上海地下工作的领导以及杜门弟子中贡献较大者如陈墨、于松乔等，分坐在其余的二十九桌，济济一堂。

开宴之前，戴笠讲话，从忠义救国军的建立到八年抗战中所建立的功勋，滔滔不绝。他是这样结束本次演说的："我们都知道杜先生对于本军的重大贡献，所以我要说：没有杜先生，就没有忠义救国军；没有忠义救国军，就没有今天的胜利！"

戴笠带来的安慰，当然不会只有一个庆功宴，更重要的是，他要为杜月笙出口恶气。这下子，吴绍澍的好日子算是到了尽头。

戴笠做事一向雷厉风行，他查实了吴绍澍与汉奸邵式军之间的黑色交易，取好证即将此事呈报蒋介石，很快就有了批示："严予查办。"吴绍澍见势不妙，天天跑杜美路求见戴笠。戴笠晾了他几天，才让他进了门。低声下气是免不了的，吴绍澍的中心思想就是请戴老板高抬贵手以保全颜面。戴笠只冷冷地说："你这种人，哪里还需要颜面？"

吴绍澍退而求其次，希望允许他飞往重庆，向上峰自行请罪。戴笠知道他想跑到上面去活动，怎肯放他走？也不回话，只吩咐左右："立即通知各航空公司，不许卖票给吴副市长，违者军法从事。"

不久，国民政府由宋子文出面，下令免去吴绍澍的上海市副市长和社会局长职务，改派吴开先接任上海社会局局长。再后来，又相继免去了吴绍澍的国民党上海市党部主任委员和三青团上海支团部主任等所有职务，只给他留下一个《正言报》社长一职，聊以自慰。

第三十八章

为崛起再建恒社
哪料想戴笠折戟

在吴绍澍咄咄逼人而使自己不得不韬光养晦的那一段日子里,杜月笙着力重整恒社,凝聚力量。1945年10月,杜月笙在浦东同乡会召开第一次座谈会,商量恢复恒社和社员重新登记问题。社员徐大统将他接收的江西路"伦社"房屋拿出来一层,作为恒社临时社址。

差不多就在这个时候,经不起徐懋棠几次三番的邀请,杜月笙从顾公馆搬回了十八层楼大厦,姚玉兰及子女都还在重庆,杜月笙让黄国栋写信给孟小冬,

战后恒社理事、监事合影

请她来上海。孟小冬得信就来了,两个人度过了一段难忘的二人世界的日子。等到姚玉兰回来,见两人同居一处甜甜蜜蜜的,就有点不开心。更糟的是,杜月笙对她已失去了往日的热情,这令姚玉兰更加伤心。孟小冬不知道该如何面对,索性找个借口回北平去了。

戴笠扳倒了吴绍澍,杜月笙便借丽都花园舞厅召开了战后第一次恒社社员大会。参与者除广大社员,还有被尊称为"恒社之友"的重要人物:吴开先、陶百川、顾嘉棠、杨管北、徐采丞、范绍增、章士钊、程沧波、钱新之、徐为彬等。众人集资七十二根金条即七百二十两黄金,买下了福履理路的一幢楼,作为正式社址,并推选出了理事会和监事会。

此时,恒社正式在编成员共计九百一十人,加上因战争而暂时失去联系者

以及杜氏门人、恒社社员的徒子徒孙，则人数难以计算，号称八千弟子。恒社发展极快，在南京、杭州、天津、武汉、重庆、沈阳、青岛、台北等数十个城市及缅甸、菲律宾等地都设有分社。

光复之后，轰轰烈烈的"劫收"正在掀起一波又一波的"高潮"。杜月笙不管是爱惜羽毛，还是忧谗畏讥，也许二者兼而有之吧，总之他本人没有参与这些事。

其实杜月笙现在已经不富裕，抗战期间，他挣了不少钱，但既然都是以抗战的名义挣来的，也就大都花在了公务上面，再加上平时开销极大，所以自己并没有留下什么。托恶性通胀的"福"，战前他欠下的几百万外债，在当时是天文数字，后来越来越没有购买力，所以黄国栋早早就替他轻松还掉了，为此刚回上海的时候，杜月笙还直夸黄国栋会理财，他要是知道再过两三年，这几百万只够买只三黄鸡，估计得要改口。

这时范绍增范哈儿基本上已居住在上海，看到这财发得容易不免眼红。他听说政府正在拍卖接收来的敌伪物资，可以整个仓库买进卖出，只要找对门路，低价顶到一个仓库，就能一夜暴富。

范哈儿找杜月笙，请他帮着想办法。杜月笙说这好办，"你出面请刘攻芸吃饭，我给你敲边鼓"。刘攻芸此时已是国民政府敌伪物资管理局局长，顶个把仓库，完全是小菜一碟。

果然不出所料，酒过三巡菜过五味，范哈儿便大大咧咧地对刘局长说想要座仓库调剂下生活。不等刘答话，杜月笙便已开口："这些东西都在他手上，老刘闲话一句。"

重庆时期，尤其是在通济公司共事期间，刘攻芸跟戴笠、杜月笙结下了很深的友谊，现在杜先生说话了，他还能说什么？索性做得更大方点，以至于最后范哈儿连现款都没付，只由他自己的福华银行出了一张期票，便顶到手了一座仓库。仓库内所藏布匹、棉纱、蜂蜜、皮毛等物资数量之多，连范看后都感到吃惊。通过买卖这一仓库的物资，范净赚黄金三千多两。

抗战胜利后，肃奸工作立即展开，大大小小的汉奸，落网的不计其数。这其中，托到杜月笙这里走门路的不知凡几。杜月笙立下一个原则，像丁默村那样十恶不赦者，绝不沾边；而那些确有证据在落水期间也做过一些地下工作的，

则能帮的就尽量帮一下,这其中他帮过的最有名的,是特大汉奸、汪伪第三号人物周佛海。

平心而论,周佛海首鼠两端,坏事做绝,但为了给自己留后路,确实也做过一些有益的工作。和杜月笙有关的,就是他在营救吴开先、蒋伯诚、万墨林等人时没少出过力。所以当他托人找到杜月笙时,杜决不推辞,给他出具了这方面的证词,并签了名。

杜月笙对罗洪义的袒护,因为私人感情掺杂其中,免不了做得过了,以至于连戴笠都极为不满。罗洪义是跟杜月笙时间很长的门生,主要干的是鸦片方面的工作。抗战期间,他没随杜月笙走,因为是"专业人才"的缘故,被盛文颐盛老三拉去当了主要助手。

盛老三的"事业"是毒品,因为有日方高层撑腰,他所办的鸦片专卖机构宏济善堂,几乎垄断了日占区所有的毒品销售,获利甚丰。我们之前之所以只能称邵式军"上海首富",就是因为当时的全国首富正是他的这个表舅盛老三。

盛老三的生意五湖四海,并不局限于上海,上海的事务,基本都交给了罗洪义打理,所以七八年下来,罗洪义发展成为仅次于邵式军的上海第二富豪,这是尽人皆知的事。及至抗战胜利,罗洪义自知难逃法网,只能寄希望于师父,便躲到了杜月笙那里,一天到晚形影不离。

杜月笙收留罗洪义,其理由是:"一来是顾念师生之情;二来当年的地下工作,只要我有事情交代他,他从不推辞,多少也有些微劳。"

这是事实。当年徐采丞、万墨林在上海从事地下工作,资金困难时,罗洪义没少垫付;杜月笙在重庆,缺钱的时候,只要开口,罗洪义不问理由,都是要多少给多少,前后给了七八百万之多。这些钱,很大一部分都投入到了与抗战相关的工作中。

作为全国肃奸工作的负责人,戴笠当然不能容忍罗洪义这样的大鱼逍遥法外,但碍着杜月笙的情面,也不好直接下手。他的办法是等,等杜月笙明了他的心迹后,能主动把人交出来。

杜月笙最懂得人情世故,何况有无数人跟他暗示了戴局长的意思。无奈罗洪义一天到晚跟随左右,一口一个"先生"地叫着,让他无论如何也狠不下心来。

最后戴笠急了，叫来杜月笙的好朋友，军统上海区区长王新衡，让他去带句话："你告诉杜先生，他究竟是要我戴某人这个朋友呢，还是非保罗洪义不可？如果他要顾全他和我的交情，那么就交出罗洪义，否则的话，我为顾全友谊，可以放他一马，只是从今以后，我和杜先生不再有朋友的情分。"

话说到这份上，杜月笙只能下决断了，立即叫来罗洪义，让他立即跟着王新衡去军统投案自首。

1946年3月17日，杜月笙心情愉快地等着戴笠的到来。戴笠这次来上海，有两件很重要的事情：一是与美海军第七舰队司令柯克上将会谈，希望借助他的影响力，对自己谋求中国海军总司令一职有所推动；另一件是私事，帮助胡蝶办理和潘有声的离婚手续。

戴笠和蒋介石漫长的"蜜月"将不得不有所改变。碍于战后高涨的民主浪潮和美国要求蒋介石推行民主改革，反对中国内战的态度，蒋介石不得不对有所谓"中国的希姆莱"之称的戴笠及其军统局有所制约。蒋介石一向很欣赏戴笠超凡的才干和绝对的忠诚，所以当年才会破格提升他为军统的实际负责人，用心笼络。一个例子是，戴笠住院，蒋介石会让宋美龄代自己去医院看望，这是国民党内部少有人享受得到的殊荣。戴笠则知恩图报，对蒋介石忠心耿耿，西安事变之后，他曾冒死前往现场营救，差点被张学良枪毙，这令蒋介石尤其感动。

抗战胜利，这个问题就被放得无限大，加上戴笠平时树敌实在太多，此时大家一起在蒋介石面前群起而攻之，不得已蒋介石采取了措施。

蒋介石先是成立了一个五人小组，自己亲自领导，其余四人，宣铁吾是戴笠的死对头；唐纵名为戴笠副手，其实一直负有监视他的使命；钱大钧是蒋的核心亲信；此外还有一个胡宗南。

五人小组的任务主要就是研究抑制军统势力的策略，并督促实施。蒋介石随即密令戴笠撤销军统局，化整为零。戴笠不敢违抗，但他一面拖着，一面做了相应的部署：他将军统控制的军事情报、稽查和国民党军队各级谍报参谋人员划归国防部二厅，将特工警察划归内政部警政司，并按计划成立了交警总局，将军统掌握的忠义救国军、军统特务团、军委会别动军、交警总队等武装力量全部纳入其中。而所有这些机构，都尽在戴笠自己手里，外人水泼不进，算是

有效保存了自己的主要实力。

蒋介石对此不尽满意,在国民党六届二中全会上,有人喊出了"打倒特务"的口号,并得到了绝大多数人的响应。可怜戴笠当年为了强调效忠蒋介石个人而谢绝当选"中央委员",此时根本没有资格与会。而这次显然是有组织的"倒戴"行为,蒋介石不得已,下令成立了一个八人小组,由宣铁吾、陈焯、李士珍、黄珍吾、叶秀峰、戴笠、郑介民、唐纵组成,任务就是制订撤销军统局的方案。

戴笠虽然位列八人小组之中,但却受到了明显的排斥。趁戴笠忙着在北平、天津一带肃奸,另外七人秘密搞了一个"一锅端"的方案,准备在正式会议上提出。蒋介石同意了这个方案,亲自数次电谕在外的戴笠赶回重庆,参加欲向他发难的八人小组会议,而戴笠总是以工作繁忙为由,要求暂缓回来。直到最后扛不住了,戴笠终于定下了返回的时间表,即先赴青岛,转上海,再回重庆。

此时蒋介石已对海军机构进行了大改组,免去陈绍宽海军总司令的职务,成立海军署,由军政部部长陈诚兼任海军署署长,后来并认命了桂永清担任海军总司令。这个消息,对戴笠的打击可想而知,离去时的心情想来更多的应该是沮丧,但是他依然还是想要争取。

临走前,戴笠不忘安抚了下马汉三,让他好好干,以后会有好的前途。马汉三时任军统局北平办事处处长、国民党北平行辕肃奸委员会主任委员、北平特别市民政局局长等职,位高权重,却有重大汉奸嫌疑。

发现这一点是戴笠在北平查阅汉奸名单时发现没有大名鼎鼎的金壁辉(即川岛芳子)的名字,不禁起疑,由此顺藤摸瓜,查出马汉三收受了川岛芳子的贿赂而欲枉法的真相。而所受之贿赂,则是国宝级的龙泉宝剑。

龙泉宝剑,由乾隆皇帝命名,是当年新疆各部落入京朝觐时献给乾隆的礼物,是一柄举世无双的珍稀宝剑。慈禧生前特命,身后下葬时陪葬,埋藏于裕陵之中。

1928年,孙殿英孙军长在所部杂牌军,军饷无着,屡催无果之下,以军事演习为名,派出两个旅,封锁了清东陵周围大片土地,强行炸开乾隆、慈禧陵墓,其中所有奇珍异宝全部落入孙殿英手中,当然其手下官兵也黑了不少。

孙殿英对炸墓盗宝有如伍子胥掘墓鞭尸般的快意恩仇,他曾振振有词地宣

称："满清与我，有不共戴天之仇，此仇必报！孙中山有同盟会，革了满清的命；冯玉祥有十万大军，把溥仪赶出了皇宫；我手下没几条枪，只能革死人的命。别人说我盗墓，我要说，老子对得起祖宗！"

戴笠发迹之后，孙殿英和他拜了把兄弟，抗战爆发，经戴笠推荐，蒋介石任命孙为冀察游击队总司令，后来经孙上下活动，更被任命为陆军新编第五军军长。

为表感激之情，一次当戴笠去五台山新五军孙殿英部检阅，孙拿出龙泉宝剑，托戴转送蒋介石。戴笠识得宝物，怕带着巡视部队有闪失，便将宝剑交给随行的马汉三，要他设法送往重庆交给何应钦，转呈蒋介石。马汉三并不看好抗战前景，故见财起意，以兵荒马乱为借口不送剑，据为己有。

1940年初，马汉三被后来有"日本犹大"恶称的田中隆吉抓住，被迫献出宝剑换得了自由。不久田中因作战不力被调回国，怕被没收而不敢把宝剑带走，临行前托与之关系暧昧的川岛芳子代为保管。抗战胜利后，马汉三首先逮捕川岛芳子，得到宝剑后欲想办法放掉这个美女特工，不料被戴笠查获。

戴笠自然要处理马汉三，只是此时被称为"华北王""马王爷"的马汉三在平津一带势力庞大，贸然动手恐横生枝节，所以需要有所布置。就在这时，蒋介石的电报如宋高宗的十三道金牌接踵而至，戴笠不得不暂时放下这事，想着等回来再收拾这厮。

民间的传说版本认为戴笠的死与马汉三有关系，缺乏必要的证据，不过另一个更八卦的说法也足够令杜月笙悲哀七七四十九天。

戴笠因为算命先生给算过五行缺水，连自己父母起的名字"戴春风"都自作主张改成了"戴笠戴雨农"，不那么严肃的化名则更不消说，每次都是由秘书酝酿出几个水资源充足的名字，最后由他亲自拍板选定其一。

抗战中间，戴笠，最青睐的名字是沈沛霖，因为那段时间戴笠春风得意，无论事业还是生活都一帆风顺，他便舍不得换，一直用了好几年，直到1944年，秘书认为用的时间太长了，怕对安全造成不良影响，戴笠这才改了个化名叫"洪淼"。

1945年底，又该给新一年起个新的化名了。可惜新任秘书助理袁寄滨是新派人士，很反感这些封建迷信的东西，便故意给取了一个"高崇岳"。戴笠老不在重庆，助手毛人凤也阴差阳错地批准了这个名字。到了1946年，戴笠在公开

场合就名叫高崇岳了。

话说戴笠最后乘坐的飞机飞到中途即遇大雾,并得知上海大雨倾盆,无法降落,遂决定改飞南京。飞机抵达南京上空,同样大雨如注,能见度极差,飞机居然偏离了航线。当天下午1时13分,飞机撞到了江宁县板桥镇以南一座不到二百米的小土山上,机毁人亡。

这座山,叫戴山。而戴笠戴雨农的尸体落在了一条叫做"困雨沟"的山沟里。命运之诡异,真令人咋舌。消息传到上海,杜月笙瞬时晕倒,经抢救回过神来之后,禁不住嚎啕大哭,顿时陷入了前所未有的悲哀,因此大病一场。

病中,杜月笙派手下人给戴笠的儿子戴藏宜送去了异常丰厚的奠仪。后来戴藏宜高中毕业,在老家开办了所小学,自任校长。杜月笙得知后,以"抚恤遗孤"之名为他募捐了一大笔钱,算是重情重义了。

大病初愈,杜月笙张罗戴笠的追悼会,1946年5月26日,他与吴国桢、钱大钧、潘公展、吴开先、宣铁吾、杨虎等人发起,举办了戴笠将军追悼会,杜月笙亲自主祭,并于会后给与会每人发送一枚戴笠遗像纪念章、一集纪念册。

戴笠灵柩安葬在钟山灵谷寺后山,杜月笙亲临墓地祭扫。那天,他没有坐轿子,而是让人扶着爬到了半山上,在墓前亲手烧香、点烟、敬酒,并很仔细地削了一个梨子放在那里,然后恭恭敬敬三鞠躬,流着泪不停低语:"雨农兄,一路走好……"

戴笠很孝顺母亲,当他遇难后,没人敢去告诉他母亲这个噩耗。他们只告诉她,她的儿子代表蒋介石去美国谈判了。戴母后来猜出了真相,但她从未表露出来。1948年毛人凤带领戴笠以前的助手们为她庆祝八十大寿时,她也未动声色,次年去世。

第三十九章

为赈灾出奇招
办中国首届选美大赛

1946年8月,苏北地区遭遇特大洪水。苏北本就是江苏比较穷的地区,再遭此天灾,大批难民立即涌向京沪沿线各大城市。一时间,人口麋集,物价暴涨。

8月15日,蒋介石亲自下令,由行政院统筹部署难民救济事宜。行政院长宋子文一番部署之后,社会部部长谷正纲、江苏省政府主席王懋功随即前往上海,专程拜访杜月笙,请他出面组织上海方面的赈灾募捐。

杜月笙对于社会公益事业一向热心,两位省部级高官又是奉命而来,但没想到杜月笙表现冷淡,只推说身体不好,正卧病在床,很礼貌地请二位另请高明。

两人走后,杜月笙请来杨管北,让他跑一趟江苏省省会镇江,到江苏官场去放放口风:杜先生很愿意为苏北灾民做点事,但希望江苏省党部主任委员(相当于省委书记)汪宝瑄来上海面谈。

杜月笙并不一定很看得上汪宝瑄,但他非常在意汪背后的陈立夫。尤其是在老朋友孔祥熙基本上被迫退出政坛之后,建立与陈立夫的关系就显得更为重要。陈立夫、陈果夫兄弟作风正派,为官清廉,杜月笙之前并没有机会和他们太接近。

杨管北做事直接,到了镇江找到一个在王懋功面前说得上话的朋友,请他把杜月笙的话传过去。王懋功总算是个干事的人,当即把因在上海受冷遇而带来的不快抛到一边,径直去找汪宝瑄,把来龙去脉说了一下,就想劳驾他赶紧跑趟上海。

汪宝瑄不是不想去,但赈灾毕竟归政府管,不属于党部的管辖范围,他怕引起擅权的误会,便特地跑去南京请示陈立夫。"这都什么时候了?还这么婆婆妈妈的!既然杜月笙看重你,你就去。救灾如救火,其他的都是小事。"

汪宝瑄立即赶往上海,找到吴开先和杨管北,两人陪着他来到十八层楼,面见杜月笙。宾主双方在亲切友好的气氛中会谈。客气完之后,杜月笙首先解释了不愿与江苏省政府合作的原因。原来,早在上一年,杜月笙刚回上海不久,就应邀出面为江苏组织操办过一次赈灾。事情搞得轰轰烈烈,善款也募了不少,结果江苏省政府拿到钱后就再也没有音讯,既没有登报鸣谢,也没有赠送牌匾,就连奖状都没有发一张,这让杜月笙很不爽,很尴尬。

"宝瑄兄知道,杜某是爱面子的人。将心比心,所有的捐款人,谁又不爱面子，不好名声？"杜月笙很诚恳地说，"那么这次，我怎么好意思再向大家开口募捐？"

话说到这个份上，汪宝瑄自然要有所表示："上次完全是他们工作疏忽，过去的不必再说。今天兄弟在这里给杜先生承诺，类似的事情，绝不会再发生。"杜月笙也不再纠缠于过往，率直问道："宝瑄兄这次来，预备募多少？"

"省里专门开会研究过，这次灾情特别重，恐怕需要多募一些。"说到这里，汪宝瑄停顿了一下，有点不自信地问："上海方面，能否募到十亿？""十亿？够吗？"杜月笙是那种要么不做，要做就做到圆满，让大家都有面子的性格，所以有此一问。汪宝瑄闻言大喜，急速接话："当然如果有二十亿最好了。"杜月笙很痛快："好，那就二十亿！"

搞募捐，对于杜月笙来说很简单，一整套流程，自己及团队早已操练得滚瓜烂熟。略作准备之后，杜月笙发出邀请函，请上海各行业公会及各银行老大，到上海银行公会办公楼，召开赈灾筹备会议。王懋功、汪宝瑄及江苏省财政厅长董辙则将列席会议。

杜先生邀请，除了病得走不动路不得不派代表前来者外，没有人缺席。在达成招募二十亿善款的共识之后，会议宣布成立了苏北难民救济协会，会址设在上海浦东同乡会。主任委员杜月笙，副主任委员钱新之，徐寄庼，汪宝瑄出任总干事。另有三名副总干事，分驻上海、南京、镇江，其中上海副总干事王先青，他是杜月笙的恒社弟子。

略作准备，杜月笙广发请柬，邀请上海滩工商、金融界有头有脸的人物，前来顾嘉棠顾公馆出席盛大劝募晚宴。该夜宴不仅邀请了上海市长钱大钧、国防部保密局（前身即为军统）局长郑介民作陪，而且请来大量新闻记者参与报道，杜月笙甚至还招呼了电影公司前来拍摄纪录片。总之，无论是规格还是排场，都令人叹为观止。有此氛围，与会者无不慷慨解囊，积极认捐自不在话下。当场一统计，二十亿的目标竟已完成大半。

剩下的款项需要搞社会募捐，杜月笙依然是驾轻就熟。杜门弟子、恒社社员齐动员，大家分头活动。几乎一夜之间，上海各报、各广播电台纷纷行动起来，宣传募捐。作为呼应，救济会在各处设立捐款点之外，各大戏院、舞厅等娱乐场所，分别组织各种义演，所有收入，全部作为善款捐出。

第三十九章　为赈灾出奇招办中国首届选美大赛

为进一步提高此次大募捐的影响力和号召力，恒社弟子想出了石破天惊的一招——公开选举"上海小姐"。杜月笙立马支持，这可是中国有史以来第一次面向全体国民的选美比赛，因此称杜月笙为"中国选秀之父"，大概也说得过去。

广大良家女子对此却敬而远之，尽管各大报纸、电台炒得沸沸扬扬，报名者却寥寥无几。

杜月笙只好亲自出面，打名人牌。他找来周璇、童芷苓、王丹凤等大明星，请她们公开参选。明星们不便违拗，只好接受采访，表示愿意参选，这下子很多粉丝不干了。人言可畏，压力之下，周璇等纷纷宣告退出，越剧名伶袁雪芬在《申报》上的告白比较有代表性："赈灾义演本人全力支持，甘愿为此善举放弃门票收入，但是参加'选美'易遭人非议，实在难以参与。"

杜月笙只好改弦更张，动员宣传班子，调整宣传口径：淡化选美概念，突出赈灾主题，强调其社会意义外，更要强调"上海小姐"的推选标准不但要求形体美，尤其注重品德美、思想美。

主题一变，效果立现。8月2日，上海民立女中有一个叫高清漪的女生率先报了名。杜月笙立即授意各大媒体，高调宣传高清漪，称她品学兼优、秀外慧中、清纯美丽、古朴大方。这一轮的宣传，纯粹是大红灯笼高高挂，玩的是地毯式轰炸，报名者陡然间多了起来，很快就突破了三千人。就连那些先前退出了的电影、京剧明星，也大都回心转意、回归到了组织的怀抱。

"上海小姐"选举活动彻底火了，主办方趁热打铁推出新的比赛项目：才艺表演中增加游泳项目，硬性规定所有参选者必须泳装出场。这一大胆的行为，在当时绝对惊世骇俗。

选美大会总决赛定在1946年8月20日举行，会址在新仙林舞厅，搞的就是露天舞会的形式。凡入场者，门票一律两万元一张（大概合九美元）。至于选票，分为蓝色（捐法币一万元，作十票计算）、黄色（五万元，作五十票）、粉红色（十万元，作一百票），任何人都必须花钱购买，最后哪位选手获得的票数最多，则当选"上海小姐"。规则异常简单，但只要严格执行，杜绝暗箱操作，就未必不是个好规则。

毫无疑问会有想搞暗箱操作的，比如范绍增范哈儿。他的情人王韵梅报了名参选，人在上海的范哈儿要讨美人欢心，就找到了好兄弟杜月笙。

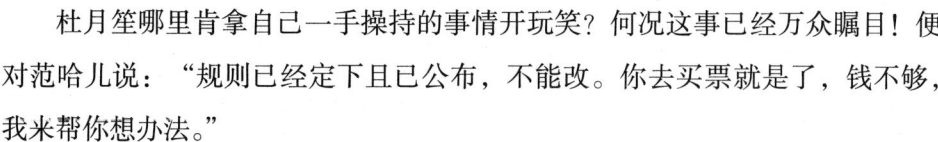

杜月笙哪里肯拿自己一手操持的事情开玩笑？何况这事已经万众瞩目！便对范哈儿说："规则已经定下且已公布，不能改。你去买票就是了，钱不够，我来帮你想办法。"

杜月笙想的办法简单而有效，他每天约一大帮人去顾嘉棠那里打大麻将，所有的抽头都用来赞助范哈儿买选票。最后这笔赞助款竟高达两千多万元，加上范哈儿自有的四千万，足够他买下六万多张选票。

一轮轮的比赛下来，刺激得大众和媒体热血沸腾。总决赛前夕，各大报纸、电台对"上海小姐"花落谁家纷纷做出了预测，所有的焦点都集中在了一个叫谢家骅的女孩身上。谢家骅，就读于复旦大学，长相漂亮，气质高雅，而且家境优越，父亲是上海实业界大亨，有的是钱。

但结果还是爆出了大冷门。20日晚7点，新仙林舞厅里，人潮汹涌，入场观众多达三千人。美国米高梅公司特地派了摄制组赶到上海，拍摄本次活动的纪录片，而当晚的颁奖嘉宾，是天下谁人不识君的梅兰芳。

当晚11点，活动进入最高潮，由总监票杜月笙公布评选结果：上海小姐冠军王韵梅，获得选票六万五千五百张；亚军谢家骅，获得选票两万五千四百三十张；季军刘德明，获得选票八千五百张。此外，言慧珠被评为"评剧皇后"，管敏莉为"舞蹈皇后"，韩倩倩为"歌唱皇后"。

众望所归的谢家骅当场失声痛哭，哭声中各家媒体笑了，这个比赛太刺激，根本就没有人知道新科"上海小姐"的来头。《申报》作为第一大报，报道得很冷静："在筹选期每次开会都未见她芳踪，但销券募款之能力，则是胜过所有应选人。"各家小报没这么淡定，派出记者四处人肉搜索，很快挖出了底细：王韵梅，上流社会交际花，原名叫王国花，舞女出身，是范绍增的情妇。小报记者神通广大，后来甚至把杜月笙捐款助选的事都挖了出来。

苏北赈灾，二十亿不仅筹到，还多了一点，汪宝瑄对杜月笙万分感谢，两人由此结为很好的朋友，陈氏兄弟的大门，也就此打开了一条缝。

此事刚过不久，四川省参议会议长向传义和何北衡因为四川遭受严重水灾来到上海寻求募捐。此时的上海市长，已由钱大钧换成了吴国桢，两人找到吴市长，请他帮忙，结果得到一句"大乱刚过，上海财力有限，刚给苏北捐出二

十亿，哪里还有余力？"

这哥俩没想到居然遭到如此直截了当的拒绝，完全蒙了。后来经人指点，两人前去拜访杜月笙，果然，杜月笙的态度让他们大为感动。"我们在四川吃了好几年的饭，现在四川有灾，这个忙，没有不帮的道理。"

紧锣密鼓地张罗了几天，一笔巨款即已筹到，却不能直接交给向传义他们，因为必须得照顾到吴国桢的面子——不能因为做好事而影响到杜先生和吴市长之间水乳交融的关系，真是做事容易做人难啊！

那就需要请一个中间人出来说话，杜月笙想到了孔祥熙。孔财神此时已彻底下课，早没了昔日的荣光，目前是门前冷落车马稀。杜月笙能请动而吴国桢必须买面子的人多的是，杜月笙想给孔祥熙一个露脸的机会："锦上添花的事情让别人去做，我只做雪中送炭的事情。"

孔祥熙真的是格外开心，索性把宴席设在了家里，请吴国桢和向传义、何北衡吃饭，特邀杜月笙作陪。孔祥熙口才极好，即席指点了一下江山，再回顾了一番抗战期间四川人民的劳苦功高，然后语重心长地说："这事我已经关照了月笙，马上去办，要办好，一定要对得起四川同胞。"杜月笙本就是这出戏的导演，自然拿捏得好分寸，立即站起身表态："杜某一定办好！"

这是个皆大欢喜的结局。向传义他们拿到了捐款，不辱使命；杜月笙践行了承诺，志得意满；孔祥熙凭空挣了个大面子，心情舒畅；就是吴国桢，因为有了孔祥熙出面，也能坦然接受。

大约就在向传义他们返回四川的同时，恒社弟子袁国梁、王先青前来拜访杜月笙，寻求支持。袁国梁前不久在江阴投资兴建了福澄公司联营纺织厂，这在当时是个很有前景的事业，奈何开展得并不顺利。因为被当地的大亨黄善青、祝林等人盯上了。黄大亨们并不满足于雁过拔毛，而是想把整个公司吃下。袁国梁是正经生意人，惹不起他们，便拉上常务董事王先青来找老夫子，请他出面担任公司董事长以驱鬼辟邪。

杜月笙对纺织业并不陌生。抗战期间在重庆时，他就创办了西北毛纺厂，并控股著名的沙市纱厂。后来因孔祥熙的大力支持，还担任了官僚资本性质的中国纺织公司董事长，在行业内算一个人物。杜月笙对福澄董事长兴趣浓厚，就问："我该出多少钱入股？"袁国梁忙说："老夫子入五千万元的股份就足够，这笔钱，理应由我来垫付。"

杜月笙不肯，当即叫账房开了张五千万的支票，交给了袁国梁。过了几天，福澄公司召开股东大会，杜月笙顺利当选董事长。杜月笙的产业，江阴那几个大亨不敢再找麻烦，公司的运作终于走上了正轨。纺织业确实欣欣向荣，杜月笙看准机会，又接连投资入股了荣氏家族的荣丰一厂、二厂以及恒大纱厂，并担任了西安利泰纺织厂董事长，在行业内地位陡增，已成为举足轻重的角色。

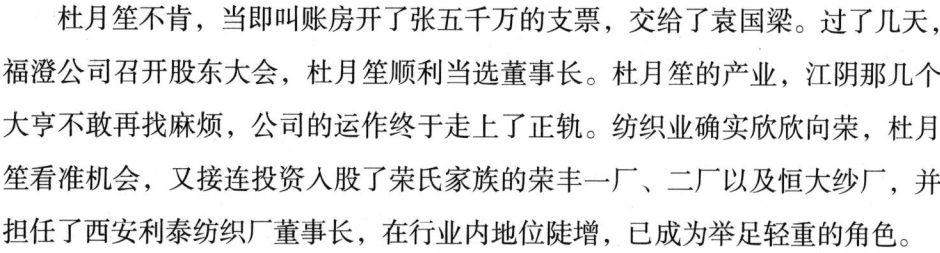

1946年秋，中华民国机器棉纺织工业同业公会联合会在上海举行大会，大会将选举理事长。当时官僚资本和民族资本争夺激烈，对该理事长一职都志在必得，以更好地维护自身的利益。现实情况是，官僚资本控制的厂家多，占据了优势，正常情况下，理事长应该是他们的。

民族资本绝不甘心束手就擒，他们的代表荣氏家族的荣尔仁、纺织业六区（上海区）公会秘书长奚玉书以及袁国梁、唐星海等，频频活动，力图翻盘。

正当山重水复疑无路之时，袁国梁提出不妨请杜先生出来，大概还有机会压过对方。众人一致赞同，终至迎来柳暗花明又一村。

几个人来到十八层楼杜公馆，说明来意。中华民国机器棉纺织工业同业公会联合会是国字头的行业协会，杜月笙没有不动心的道理。但他很清楚当前的形势，心里没底，怕选不上没面子，所以只说："多谢各位美意，请容我考虑一下。"几人走后，杜月笙命人打电话叫来袁国梁，交代说："你去替我摸摸底，看看情况如何。"

袁国梁心领神会，当即通知几位核心人物如荣尔仁等，分头活动，为杜月笙拉票。民营厂商自不必说，即使是官营厂家，因其主事者往往私下也投资了一些民营厂，与民营厂商有着共同的利益关系，但既然是杜月笙要出面，以他的交游广泛以及在纺织业界的雄厚力量，谁都知道这是件把握极大的事，那么支持杜先生就成了没有风险的选项。袁国梁把这些情况反馈回去，声称"有六七分把握"，杜月笙心知这"六七分"其实就是十分，遂决定参选，果然一选而中，当选了这个全国纺织界最高的头衔。

这时的杜月笙，恐怕自己也不知道自己头上顶着多少光环，我们给他粗略统计一下，大概有七十个左右的职衔，我们略挑一二看看：

中国红十字总会副会长、国民党"国大"代表、上海市参议员、上海慈善

团体联合会会长、上海市商会常务监察、中华职业教育社董事、复旦大学校董、上海法学院校董、《申报》董事长、《商报》董事长、《中央日报》常务董事、中华书局董事、中国银行董事、交通银行董事、中国通商银行董事长兼总经理、中国轮船业公会理事长、民生实业公司董事、上海市轮渡公司董事长、荣丰纱厂董事长、中国纺织公司董事长、全国面粉业公会理事长、民丰造纸厂董事长、上海渔市场理事长、中华水产公司副主任委员、上海证券交易所理事长、华贸易公司董事长、华商电气公司董事长兼总经理、大中华橡胶厂董事长、新华玻璃厂董事长、永兴化学工业社董事长、亚浦耳电气厂常务董事、南洋兄弟烟草公司董事、香港中国国货公司董事、中国茶业董事长、上海水果业公会理事长等等。

所有这些职衔,除公职外,涉及了文化、教育、金融、交通、纺织、面粉、造纸、证券、贸易、电气、橡胶、化学、烟草、茶叶、水果、渔业等各行各业,令人叹为观止。

其中颇为值得一提的是,杜月笙成名后除了吃,再也未同水果行业发生过任何关系。抗战胜利后,上海水果业大亨如徐润身、蔡润心等,很想推之为上海水果业公会理事长,以壮大水果业声势。但这毕竟是杜月笙最为落魄时期的职业,按中国人为尊者讳的行事风格又不敢开口,便请万墨林探口风。万墨林不敢,请托到顾嘉棠名下,杜月笙高兴地说"这本来就是我的老本行",欣然接受。

第四十章
跌宕起伏杜大亨

1 与警备司令宣铁吾结下梁子

戴笠遇难后,杜月笙遭遇了一次重大的危机。

重回上海后,国民政府禁烟,杜月笙失去了鸦片这一支柱产业,财源大为减少,花起钱来谨慎了许多,连家里的雇员也裁减了不少。原来的几个秘书中,王幼棠病逝,翁左青到通商银行任职,邱访陌因为跟着陈群当汉奸,做了汪伪上海市所得税局局长而被杜解雇,现在只剩胡叙五一位。而像朱文德、万墨林等人因为有了自己的事业,纷纷自立门户,他把黄国栋升为总管而代万墨林。

凭借杜门总管的牌子,万墨林在外面混得不是一般的好,他开了家万昌米号,是全上海最大的米店。因为抗战有功,吴开先取代吴绍澍就任社会局长后,立即推荐他当选了上海市农会理事长,兼上海市米业同业公会理事长。

抗战胜利后,上海的物价一直在涨,领涨的是粮食。到了1946年春天,米价更是仿佛得道成仙一般涨上了天,万墨林万老板因此发了大财。

为了解除粮荒,缓解市场压力,上海市政当局贷了一笔巨款,交给米业公会,请米商到外地采购粮食,以保证上海市场的供应。作为经手人,万墨林自感责任重大,工作得很起劲。奈何通胀预期强烈,农民根本不要钱,买米只能以货易货,并指定了五大可交换物品:棉纱、布匹、白糖、香烟和肥皂。

米商们只好先回上海采办这几类物品,结果引起了连锁反应,导致这几样生活必需品价格暴涨,加上诸多米商中有浑水摸鱼者,最后导致米价、物价轮番疯涨,民怨沸腾,万墨林被推上了风口浪尖。

上海有个滑稽戏演员筱快乐,其成名作是在沦陷期间编段子嘲讽倒腾大米发了财的虞洽卿,并为虞取了个外号叫"米蛀虫"。现在,筱快乐再度出手,天天在电台节目里嬉笑怒骂,锋头直指万墨林,并把"米蛀虫"这个名字慷慨地过继给了他。

筱快乐是名角,口才好,常骂常新,说出了民众的心声,这节目一露面就火得一塌糊涂。有人向筱快乐提出严正警告:"你丫再胡说八道,小心你的手脚!"筱快乐立即把这个事编到了段子里,惹下了麻烦。当晚,一群人冲进筱快乐家里,逢人便打,见东西就砸,筱快乐的太太被打伤。筱快乐本人不在家,躲过了一劫。

杜月笙听说了,心知不好,赶紧派人前往筱快乐家里慰问,承诺杜先生会赔偿全部损失,并负责伤者的医药费、营养费。一切的一切,只求大事化小,小事化无。

宣铁吾就任上海市警察局长,盯上了杜月笙。宣铁吾黄埔一期出身,当过蒋介石的侍卫长,和蒋经国更有兄弟之情,属于蒋氏父子共同认可的嫡系。

接管上海时,蒋介石没搭理杜月笙当上海市长的舆论,任命钱大钧为市长。对上海市各局局长的人选,蒋介石对钱大钧推荐的所有局长全部认可,唯有警察局长一职,他力排众议交给了宣铁吾。

宣铁吾和蒋经国很像,属于国民党新生代中的理想主义者,坚信只有清除腐败、打倒恶势力,党国江山才能千秋万代。因此,他对自己认定的"黑恶势力的代表人物"杜月笙,可谓是深恶痛绝,他在等待合适的时机出手。

第四十章 跌宕起伏杜大亨

1946年7月1日,宣铁吾兼任淞沪警备司令。舆论一致指向万墨林,宣铁吾更认为这一切都是杜月笙在幕后操纵,决定下手,先拿万墨林开刀祭旗,杀鸡给猴看。

杜月笙闻听此讯,既惊且怒,一句"沦陷时上海无正义,胜利后上海无公道"脱口而出。但他知道今时不比过往,不能硬碰宣铁吾,为了不至于把面子丢得太大,他命令万墨林去主动投案。

万墨林投案后,被关在了苏州河畔河滨大桥边上的淞沪警备司令部看守所里,这是他第三次入狱。宣铁吾召开记者会,宣称"万墨林有恶势力为后台,囤积居奇,操纵米价,政府要以军法从严惩办"。

束手待毙不是杜月笙的性格,他在行动。一时间,杜月笙在政府机构里的势力以及各同业公会、黄色工会,辅以大量媒体,纷纷对警备司令部施压,称米价物价上涨,与米业公会及万墨林无关,要求由司法机关仲裁。宣铁吾铁了心要打赢这一仗,根本不吃这套,高调扬言"治乱世用重典,政府为民除害,杀一儆百,责无旁贷"。

杜月笙真急了,他决定挺身应战。他先是叫来警备司令部一个大队长戚再

玉,让他去跟滑稽戏圈子打个招呼,放过万墨林。戚再玉是军统出身,对杜月笙一向服服帖帖;他官不大,但在地面上极有力量,一发话,筱快乐他们立即噤了声。

杜月笙叫来弟子陶建芳。陶黄埔六期出身,现在是宣铁吾的手下,和宣司令关系很好。杜月笙让他去给万墨林办理保外就医,陶不敢找宣铁吾办这事,找到了负责处理万墨林案的郑重为。郑是警备司令部侦缉处副处长,和陶相熟,听陶说万墨林有严重的心脏病和高血压,明知有诈,还是同意他去看守所探视。

当天晚上,杜月笙、陶建芳师徒密访郑重为。郑重为不敢得罪杜月笙,便指点陶建芳去活动警备司令部医务所的冯所长,说只要冯所长给开出病危证明,他就敢放人。两天后,盖着医务所公章的"万墨林病危"报告交到了郑重为手上,万墨林保外就医,人走了。

万墨林走后,郑重为赶紧去向宣铁吾报告。"报告宣司令,万墨林病危,刚办了保外就医,送医院去了。"宣铁吾哪里肯信?怒斥郑重为自作主张,大骂一通后,找来冯所长,让他从实招来。

冯所长一口咬定万墨林确系病危,如不及时救治,将死在看守所,并主动请宣铁吾去办公室查看病历和检查报告。宣铁吾唯有报以苦笑,采取的唯一补救办法,是发了篇通稿:"万墨林系保外就医,非无罪释放。"

此事过后,米价依旧狂涨,任谁也打不下去。宣铁吾总算明白了一件事:经济自有经济的规律,行政和军事力量,并不能解决一切问题。杜月笙也明白了一件事:他和宣司令的梁子,怕是彻底结下了。

2 竞选为首届上海市参议长

抗战胜利后,面对全国人民反对独裁、争取民主的大形势,蒋介石不得不搞"还政于民""实施宪政"的表面工程。路线图大致是:在各省、市、县选举参议员,成立参议会,进而选举国大代表,召开国民大会,通过宪法,即所谓"行宪国大",并选举总统。

早在 1946 年 3 月，上海市参议员的选举工作即已展开，到了 8 月，上海市参议会正式成立，成立大会在杜月笙创办的正始中学大礼堂举行。

参议会有立法和监察权，故参议长必定要德高望重，中国悠久的皇权文化与现代民主政治的内涵格格不入。杜月笙认为参议长和市长是鼎足而立的关系，真要干好了，也是有所作为的。自己的市长梦早已破碎，捞个议长来干干，也算是个莫大的荣耀！

上海市参议员一共二百一十七名，其中工商金融界的荣鸿元、王晓籁等，帮会头目杜月笙、顾竹轩等，过气政客王正廷、吴启鼎等，都是在杜月笙掌握中的；除此之外，大多是国民党内各派系或其外围成员，其中以陈立夫、陈果夫的 CC 系人马最为强大。此时杜月笙和 CC 系已建立起了良好的合作关系，包括潘公展、陶百川等人，还有众多的杜门子弟；第二大势力要数吴绍澍的人马，不过只有三十多人，所以杜月笙要拿下这个议长，是十拿九稳。

然而天有不测风云，吴国桢市长和杜月笙私人关系相当好，非常支持杜当选，但选举前不久，蒋介石公开表态：上海市参议会议长，潘公展当最合适。

这是晴天霹雳！

杜先生当选议长，这个风声早已高调放出，各种拉票工作也进行得大张旗鼓，现在眼看干不成了，这个面子丢不起啊！杜门中人自是愤愤不平，一时间杜月笙所控制的报纸上，舆论沸腾：

"民意机构公开竞选，政府高层凭什么横加干涉？"

"杜先生众望所归，只有杜先生才是议长的最适当人选！"

蒋介石主意已定，不为所动。杜月笙自知无力回天，只好改换策略，决定参选还是要参选，争取全票当选议长，求得一时风光；然后再以身体原因辞职，让贤于潘公展。风声传出，杜月笙立即赢得了大部分人的同情，但是全票当选有一个巨大的障碍，那就是吴绍澍。

吴绍澍上海市党部和三青团团部负责人的职务尚未被免去，其主要力量在三青团，一共掌握着三十多张选票。以他的能量，虽不可能阻止杜月笙胜出，但足以让他当选得不完美，正所谓成事不足败事有余。杜月笙老谋深算，早想到了这个漏洞，便派出亲信弟子、帮过吴绍澍大忙的好朋友王先青去打个补丁。吴绍澍很爽快，表示自己掌握的所有选票一定全部投给老夫子。转眼已到年底。

上海市首届参议会照片两张
上图：杜月笙恳辞议长时摄，其左为市长吴国桢。
下图：全体市参议员宣誓时摄。第一排宣誓者中为杜月笙，右为潘公展，左为徐寄庼，后为万墨林。

选举当天，漫天雪花飞舞，参议员们纷纷赶到正始中学大礼堂参加选举。

杜月笙得了一百八十票，遥遥领先，高票当选首任上海市参议会议长。三十七票流失，是吴绍澍不给面子。当吴国桢宣布杜月笙先生当选上海市参议会第一任议长，请他讲话时，杜月笙却已意兴阑珊，连秘书起草的演讲稿都懒得拿出来，只随便说了几句，无非是身体不适，无法担此重任，请求辞职，请大会另选贤能。

按规则再次投票，蒋介石内定好的潘公展、徐寄庼顺利当选正副议长。选举结束，二位赶紧拉着杜月笙合影留念，潘公展说："以后还要麻烦杜先生多多指教，多多帮忙！""不客气，好说，好说。"

其实潘公展说的并不完全是客气话，不仅因为他作为第二任参议长必须尊重前任，更主要的是杜月笙那几十分钟短暂的议长生涯，让潘公展看到了杜月笙的能量和脾气。杜月笙竞选参议长，更主要的是向蒋介石叫板，以证明我杜月笙的实力。杜月笙卸任参议长不是他害怕自己这个副议长，这恰恰是杜月笙行走江湖多年的高超手腕，我杜月笙既争回了面子，也得给老蒋一个台阶下。今天的潘公展总算再一次领略到了海上闻人杜月笙的气度。

此事过去不久，一天夜里，吴绍澍在回家的必经之路上遭遇枪击，所乘防弹汽车被打穿了七个洞。吴和司机虽都安然无恙，但也着实被吓了个半死。因为查找不到枪手，此事最后不了了之。

3 宋子文的尴尬

抗战胜利后，随着孔祥熙的黯然退场，宋子文重返权力中枢，担纲行政院长，当务之急，是重振国民经济。宋子文，这位早年赴美留学，先后获哈佛大学经济学硕士和哥伦比亚大学经济学博士学位，一肚子洋墨水的人，希望用美国的财政金融政策治中国的病，当然是不得要领，费力不讨好。

宋子文命好，此时国民政府手里握有一百亿美元以上的日伪资产和大量美军剩余物资，干什么都方便。宋的策略是大量抛售物资回笼货币，没多久就遏制住了严重的通胀，旗开得胜。

好景不长，国民政府一方面百废待兴，一方面贪官污吏太多，一方面还得准备战争经济，因为蒋介石无论如何不会与共产党平分秋色。困境是税收严重不足，大约只占支出的六千分之一，怎么办呢？办法挺简单，印钞票。

印钞机成了当时最忙碌的机器。随着海量的钞票喷涌而出，物价扶摇直上，新一轮通货膨胀汹涌而至，上海滩上掀起了一股黄金抢购热潮，宋院长的心，顿时哇凉哇凉的。好在宋子文手里还有牌，此时国民政府仍掌握着九百万两黄金和十亿美元现金，正在和美国商谈二十亿美元贷款，前景依然乐观。

宋子文决定一面控制钞票发行，一面向社会大量抛售黄金以稳定市场，等到炒家资金不足时再吃回来，大赚一笔。这是如意算盘，也是围棋术语里讲的"胜负手"，即干好了峰回路转，搞不好满盘皆输。宋子文制定好了大政方针，其心腹干将、"中央银行"总裁贝祖诒负责具体实施，财政部长俞鸿钧被勒令不许插手。

贝祖诒和他的左膀右臂、"央行"业务局长林凤苞和副局长杨安仁，选择了三家金号——同丰余、大康润、大丰恒，两家银楼——方九霞昌记和杨庆和

发记,作为抛售黄金的法定代理人。牵头的是同丰余,该金号并未注册,属于非法金融机构,当然,其经理詹莲生只是前台操盘手,后台老板则是徐补苏,徐是杜月笙的门生,上海金业中真正的老大。这五家代理加一块的自有总资本为六千七百七十万元,做的则是十几万亿的生意,傻子都看得出来,其中必有猫腻。

政府的黄金太多了,炒家根本吃不下,所以最开始效果很好,一些小猫腻也影响不了大局,慢慢地,物价稳定了,市场平静了,如此皆大欢喜了半年。

1946年6月,随着内战的全面爆发,军费开支暴增的国民政府又开始无节制地滥发货币,再次引发不可逆转的大通胀。这时候,抢购黄金的不再只是炒家,更多的是但求自保的普通市民,宋子文陷入了人民战争的汪洋大海。

金价开始节节高升,物价随之暴涨,物价的暴涨又导致金价进一步拉升……到了杜月笙当选并谦辞议长、吴绍澍遇刺这会儿,黄金的价格,已由宋子文新政时的一两十五万元涨到了四十万,且有节节攀升之势。

上海库存的黄金很快就扛不住了,宋子文走上了不归路,只能下令从重庆金库空运金条过来应急。市面上本已有政府黄金将要见底的传言,等重庆的金条投放市场,大家发现长相和以前的不一样,传言当即被坐实,抢购潮自然来得愈加生猛。

对宋子文来说,他的最后一根稻草,就是美国的二十亿美元贷款,只要贷款一到,立即就会阳光灿烂。奈何美国人对于国民党深入骨髓的腐败终于感到绝望,作出拒绝贷款的决定。这最后一根稻草,非但没能拉起宋子文,反而压垮了国民政府这个大骆驼,整个国家的金融体系,瞬间完全崩溃。

黄金政策彻底失败,接下来是追责。国防最高委员会责成监察委员会展开调查,重点是公务人员的贪污渎职。

调查结果:没宋子文的事,一切都是"央行"业务局的两个局长林凤苞、杨安仁不好,詹莲生当然更是罪大恶极。杜月笙让自己的门生、立法委员王新衡找到负责此案的监察委员何汉文,试图为詹莲生开脱。此案重大,杜月笙的势力已大不如前,何汉文没买这个面子,很客气地回绝了。

法院经审理,判处詹莲生十二年徒刑,林凤苞、杨安仁七年徒刑。不多久,三个人都办了保外就医,重见天日。

第四十一章

杜先生的那点家事

1947年可以说是杜月笙的大喜之年，他的六个子女——陈帼英的三个儿子杜维垣、杜维翰、杜维宁，孙佩豪的两个儿子杜维屏、杜维新，姚玉兰的二女儿杜美霞陆续结婚。

婚礼都安排在丽都花园举行，其中杜维屏、杜维新办的是集体婚礼，请来孔祥熙做证婚人。孔祥熙很捧杜月笙，在演讲中夸奖"杜先生是中国少有的事业家，有远大的见识和克己助人的人生态度……"

杜月笙此时经济状况已不是很好。戴笠遇难后，为了避免睹物思人，他决定卖掉杜美路那幢豪宅，最先接洽的是中纺公司，对方出价三十万美元，杜月笙很满意。但最后还是卖给了美国领事馆作为新闻处的办公楼，一是因为这是杜维垣的美国朋友介绍；更重要的是，对方愿意出价四十五万美元。

在杨管北的建议下，杜月笙从中拿出十五万美元作为家用；剩下的三十万，他给存到了香港，不管多急需用钱也不动用，这是杜月笙第一次存钱，后来的事实证明，这笔钱存得非常有先见之明。

因为经济不宽裕，加上看淡未来，杜月笙厉行节约。这几次婚礼，除了嫁女儿相当隆重，其他几次都只设了茶点招待。不过简约而不简单，因为每次前来出席的上千嘉宾，无不是上海滩上有头有脸的人物。

1947年8月30日，即当年农历七月十五，是杜月笙六十岁寿辰。由于内战爆发，时事艰难，加上气喘病复发，杜月笙本不想大张旗鼓做这个整寿，但门生、朋友们不同意，推出代表陆京士前往劝说：

"先生五十大寿时适逢"八一三"淞沪抗战，先生以'国难当头，了无兴致'为名拒绝做寿，说等打败了日本鬼子再好好做六十大寿。现在鬼子早被打跑了，先生的六十大寿，怎能不做？"

这一番说辞入情入理，杜月笙决定做，而且要好好做。

一人有喜，八方联动，8月1日，亲友门生组织了一个庆祝杜公六十寿诞筹备委员会，推选出二十三个委员，祝寿活动紧锣密鼓地筹备起来。

8月29日晚，筹备组假顾嘉棠公馆设宴，为杜月笙暖寿，应邀赴宴者二百多人，全是杜多年的好友。可惜杜月笙因病无法到场，躺在十八层楼上，只能由上海市参议长潘公展代为致答谢词。

所有的子女，自然都会到十八层楼为父亲祝寿。杜月笙非常明白，六十大

寿固然喜庆,但自己人生已经下坡,好在此时八子三女齐聚身边,对他来说真是最大的安慰。杜月笙决不允许子女们走自己的老路,哪怕跟黑道沾一点边都不行,而是创造条件,鼓励他们向工商、金融界发展。

长子杜维藩是杜月笙和结发夫人沈月英唯一的儿子,在父亲的安排下,他一直在银行界工作,从最底层做起,此时是中国通商银行上海分行副经理。

二太太陈帼英生有三子:老二杜维垣、老五杜维翰、老六杜维宁。维垣留学美国学习教育,回国后管理过一段正始中学,此时在华商电气公司工作;维翰、维宁则担任中汇银行常务董事。

三太太孙佩豪育有老三杜维屏、老四杜维新。两个孩子一起留学英美,回国后维新在浦东银行任职副经理,并娶了在美国结识的女友,这也是杜氏家族里第一位外国媳妇。

维屏是杜月笙最关爱也最看好的儿子,毕业于美国麻省理工学院,学的是纺织工程。但他回国后没有接受父亲的安排在纺织业发展,而是和盛氏家族的七公子合作进出口贸易,干得有声有色,后来两人又合伙做股票生意,也做得相当成功。虽然如此,因为未能学以致用,始终被杜月笙视为莫大的遗憾。

杜月笙在香港坚尼地台寓所之家庭照。前排右起姚玉兰、杜月笙、孟小冬,后排右起杜维善、杜美霞、杜美如、杜美娟

四太太姚玉兰生有两儿两女，两个儿子老七杜维善、老八杜维嵩此时尚未成年，两个女儿美如和美霞则是杜月笙的掌上明珠，杜月笙对她们宠爱有加。

杜月笙和孟小冬没有子女，孟小冬收养了一个女儿叫美娟。美娟岁数最小，也很受疼爱。

作为一个父亲，看到子女们济济一堂，温馨和睦，杜月笙感到无比的温暖和欣慰。他的子女们没有一个人飞黄腾达，甚至未能取得世俗意义上的成功。但是，他们依靠自己的双手工作、生活，脚踏实地，尽享平安，阅尽世间万象的杜月笙，此时此刻也不由得感到满足。

第二天，祝寿典礼在丽都花园举行，来宾达六千余人。由于国民党军队在前线战事吃紧，杜月笙不敢铺张，落个"前方吃紧，后方紧吃"的批评，一再要求节约，故每席仅用六个素冷盘和一大锅寿面招待来宾，饮料由可口可乐公司奉送，啤酒则是中国啤酒厂和上海啤酒厂奉送。那天有三多：汽车多，客人多，来要饭的乞丐也多，有几千人。

蒋介石特派代表吴鼎昌送来了寿匾："嘉乐延年"。除此之外，蒋介石送给了杜月笙更大的礼物，派大儿子蒋经国携妻子亲到十八层楼给杜月笙拜寿，行子侄礼，这令杜月笙感到受宠若惊。

各路达官显贵社会名流所赠寿联、寿屏等不计其数。当日收到礼品八百余件，多为金银玉石、名贵古玩，其中最贵重的是杜月笙的四个门生所送，中汇银行经理徐懋棠、华新公司老板黄振东、华商电气公司经理孙志飞、荣丰纱厂经理章荣初联手贺赠的一套福、禄、寿三星，由纯金制作，重达十多斤。

当天最别出心裁而引人注目的，是另外三件礼品：

一是由陆京士主持的邮务公会所赠的百寿图，由各种邮票剪贴而成，妙趣横生。二是上海美一绣业公司所赠的杜月笙巨幅肖像，以百余种毛线绣制而成，是该公司继杜鲁门总统、麦克阿瑟将军绣像之后的第三幅作品。三是一幅人物国画，画中白云缥缈，仙鹤飞舞，苍松翠柏之间，八仙或坐或卧，神态恬然。仔细看去，则会发现，八仙中少了吕洞宾，代替的则是杜月笙。

当然，最最出彩的则是章士钊写的一篇寿序："卢沟变起，海内震动，未达三月，敌席卷千里，浸不可测，于是相持共八载；顷之，强敌一蹶不振，肉袒请降，此操之至贤，导之使然之二三君子者，其谁乎？吾重思之，其此人不

必在朝，亦不必在军，一出一处，隐隐然天下重焉。……战事初起，身处上海，而上海重；战争中期，身处香港，则香港重；战争末期，身处重庆，而重庆重。舍吾友杜月笙先生，将不知所为名以寻！"这篇大作，将杜月笙的抗战功绩提到蒋委员长的高度，出彩是够出彩，也够肉麻的。

所有的寿礼，加起来是个大数字，杜月笙用它们来办了个月笙图书馆，剩下的钱还不少，便全部用来组织人手，编印一套《上海市通志》，这是浩大工程，不知最后是否完成。

杜月笙办大喜事，一定免不了要唱戏。事实上，20世纪30年代，全国最辉煌的一次曲艺界盛会，正是杜氏家祠开祠会演；而20世纪40年代，上海滩上最盛大的演出，则是杜月笙六十大寿的祝寿义演。本次演出，所有门票收入，

两广水灾赈济会照片

上图：杜月笙在筹备会中慷慨陈词，为灾民请命。杜氏左手起为当时广西省政府主席黄旭初，再左为广西籍之浙江省主席黄绍竑。

下图：杜月笙致词，其左为时任国民政府副主席的孙科夫妇。

将全部用于赈济两广水灾。

此时的杜月笙不管自己经济如何，每年冬天仍坚持牵头搞一次冬令接济会，专为上海贫苦百姓过冬举行募捐活动。除此之外，他自己还有传统的施粥、施棉衣等善举，很需要一些开销。所以，就有朋友劝他，这次义演的收入不妨留一点用于当年年底购买棉衣等，反正都是做善事，还多一个用途。杜月笙没同意，他觉得专款专用比较好。

杜月笙也没想到会有如此巨额的收入，因为本次义演实在是过于醒目了，南北名角，如谭富英、马富禄、筱翠花、张君秋、韩金奎、李少春、马连良、麒麟童、章遏云、裘盛荣等，几乎全部到齐，通通不取酬劳。其中最耀眼的明星，自然是伶王梅兰芳及有"冬皇"美誉的孟小冬。

为赶这场盛会，全国各地包括港台的戏迷，纷纷乘飞机、坐火车蜂拥而至，僧多粥少，以至于黑市票价翻着跟头往上走，还是一票难求，白白便宜了黄牛党。原定票价分为三万、十万、二十万、二十五万、四十万、五十万六档，最后黑市票价被炒到了一百万元一张。还是有大量的人买不到票，只能强烈要求加演。经杜月笙和各位演员商议，决定把五天的戏加演一遍，演十天。

1947年9月3日，祝寿义演在中国大戏院如期举行。上海滩头万人空巷，除了戏院里幸运的观众，更多的人则待在家里收听电台的实况转播。

有个小花絮和宣铁吾有关。此时他已不再担任警察局长，而专任上海警备司令，作为一个铁杆戏迷，举国名角荟萃的演出，没有不动心的道理。杜月笙派人给他送了请柬，是最好的第二排的座位，宣铁吾不给这个面子，拒绝公开出席。但终究心痒难熬，就自己搞了张后排的票，当晚化装成一个商人模样，悄然前往。

演出那十天，出于安全考虑，每天一到傍晚，宪兵就将南京路到北京路这一段封锁戒严，只有凭门票方可通行。然而所有的宪兵、军警，竟没有一人认出他们的老大宣司令，可见其化装水平之高。

中国大戏院有点陈旧了。当晚的《龙凤呈祥》演到一半，所有人正屏息凝神看得津津有味时，一大块石灰从屋顶上落下，正好砸在宣铁吾面前，顿时引来全场的目光。宣司令生怕被人认出，低着头起身就走，匆匆离去。

十天下来，票房收入高达一百亿元，社会各界人士捧角所赠送的花篮折合成现金还有三亿多，刨去开销，全部用到了两广水灾的赈灾上面。

第四十二章
蒋经国打虎摸到杜月笙

1948年3月29日至5月1日，国民党召开"行宪国大"，宣布"还政于民"，从此国民政府改称"中央政府"。蒋介石当选为中华民国行宪后的第一任总统，而他力挺的孙科，却输给了李宗仁，未能当选副总统。

这里有个小插曲：投票前，有天蒋介石碰见了范绍增，因为范能控制几张选票，蒋就请他到时都投给孙科。这范哈儿居然说："我都答应李宗仁投给他了，不好变卦的。"搞得蒋介石很不高兴。

后来范哈儿见到杜月笙，便问："老蒋让你给孙投票了吗？""他找人跟我打过招呼了。""你怎么说？""我说好啊！"范哈儿心想，李宗仁那边估计也来拉过票，就接着问："老李那边没找过你？""也找了。""那你怎么说？""我说好啊！"

范哈儿恍然大悟，只能怪自己不聪明。

新政府要有新气象。为了显示锐意革新，蒋介石改组了内阁，请享有清誉的地质学家、前经济部长翁文灏出掌行政院，力图提振士气。此时的民国，糟到什么程度了呢？我们只举一个例子。1947年7月24日美联社发了一条电讯，是关于中国近十年的物价变迁：法币一百元可买的物品，1937年为两头牛，1938年为一头牛，1941年为一头猪，1943年为一只鸡，1945年为一条鱼，1946年为一只鸡蛋，1947年则为1/3盒火柴。到1948年，法币一百元连一根火柴都买不到了。

财政部长王云五听过汇报，连称"大妙"，报请蒋介石批准后，于1948年8月18日八卦节这一天，"中央政府"通过了四项非常八卦的法令《财政经济紧急处分令》《金圆券发行办法》等。这些将于第二天颁布的法令，其核心内容是：

8月19日起，取消法币，代之以金圆券，一元金圆券兑换三百万元法币。兑换截止日期为10月22日；所有商品价格，必须保持在8月19日水平之下，绝对不许涨价，也不许囤积居奇；政府之外，任何私人及公司企业，不得持有黄金、白银与外汇，手头有的，必须限期兑换为金圆券，黄金每两兑金圆券二百元，白银每两兑三元，银币一元兑二元，美钞一元兑四元。限令9月30日为截止日，到期未兑换者一律没收，并施以严惩。

当时全国法币累计发行共六百余万亿元，根据规定金圆券兑换法币按1∶3 000 000的比例，则应该发行两亿元金圆券。最后，金圆券竟然发行了二十亿，大麻烦来了。张恨水的《纸醉金迷》讲的就是这个时期的故事。"中央政府"同时决定：在经济整顿时期，成立上海、天津、广州三个经济管制区，以上海为重点。

1948年8月20日，蒋公子经国以上海经济管制区经济管制副督导员的身份抵沪，督导员由"中央银行"总裁俞鸿钧兼任。俞是个老江湖，知道这活费力不讨好，不愿蹚这趟浑水，就以工作太忙为借口，只挂了个名，不管事，蒋经国实际上大权独揽。

蒋公子一到上海，首先就把杜月笙、刘鸿生、荣尔仁、钱新之、李馥荪、周作民等工商界巨头请进自己设在"中央银行"的办公室，要他们带头执行政府的政策，交出黄金、外汇。据说谈得并不愉快，蒋经国甚至拍了桌子。

不过还是起到了积极的作用，至少杜月笙相当合作。虽然他和大家一样，内心里很反感这种披着合法外衣的抢劫行为，但回家后还是打电话招来长子杜维藩，交给他一把钥匙，交代说："你现在就去华格皋路那边，把一楼那个保险箱打开，里面还有一些银圆，你给送到银行去兑换成金圆券。"杜维藩答应过了转身刚要走，杜月笙又加了一句："你顺便把全家人都叫过来，我有话说。"

杜月笙所说的那个保险箱，放在他舅舅朱扬声的房间里。这个舅舅小时候对他并不好，不过毕竟是唯一在世的长辈，杜月笙发迹后对他还是多有照顾。现在，老先生过着有人服侍的日子，回首当年，多少有些不好意思，在他的强烈要求下，杜月笙便交给了他一项差事，保管一个巨大的保险箱。

当杜维藩来到华格皋路，请舅公打开大保险箱时，全家人争先恐后地跑了过来，把那个房间挤了个水泄不通，都想先睹为快。没想到打开后，里面居然空空如也，只找到一个小纸包，拿出来一数，里面包有三百七十二块银圆。

杜月笙确实各方面都已不比从前，但若说他只有三百多块银元，那绝没有人会相信。没错，这是在作秀。他所要传达的信息大概有二：连我都响应号召，把银圆拿去换金圆券了，你们也别太不识时务；更深的一层意思是敷衍蒋经国，算是上有政策下有对策的杜月笙版了。

等全家人浩浩荡荡来到十八层楼，杜月笙的话说得很冠冕堂皇："'中央'

的意思,你们大概都听说了。回去后,把自己手里的金银、美钞尽快拿去换成金圆券。我有言在先,谁要在这方面出了问题,我一概不管!"

大家心领神会,之后都去换了些金圆券回来。杜维藩更是关掉了自己的小证券交易所,拿出一部分硬通货兑换了金圆券,然后带着太太跑北平旅游避风头去了。连杜月笙及其家人都不得不如此,上海广大市民就更不用说了,币制改革乍看起来很是令人鼓舞。

不过当时的社会舆论对此次改革的前景并不乐观,就连国民党机关报《中央日报》都将之比喻为割除发炎的盲肠,"割得好则身体从此康强,割得不好则同归于尽"。

蒋经国理想高洁,抱负远大,对党国腐败早已深恶痛绝,国民党内部大批志同道合的青年精英很多都聚集在了他的周围。这一次,为了排除干扰,工作起来更有效率,他把他们不少人调来了上海,参与这场特殊的战争。非常值得一提的是,杜月笙的老对头、黄金荣的关山门弟子黄振世,经宣铁吾推荐,当上了蒋经国特设的"打虎大队"的评价委员,矛头直指上海工商界事实上的领袖杜月笙。

蒋经国在兆丰公园(今中山公园)举行了十万青年大检阅,宣告成立由三千人组成的"行政院戡乱建国大队"和"大上海青年服务总队",接下来的示威游行掀起了高潮,一百多辆摩托车在前开路,几十辆轻型装甲车和一千多匹战马紧随其后,再后面是数万人的游行队伍,边走边高呼"严格执行八一九限价""不准囤积居奇""打倒奸商""只打老虎,不拍苍蝇"等口号,并编写了《打虎歌》以鼓舞士气。

几天后,蒋经国两次率领上海六个军警单位到全市的各类商品仓库、水陆交通场所进行搜查;有时,他甚至微服私访菜市场,以掌握真实的肉菜价格;为了不被人糊弄,他还成立了十一个"人民服务站",专门接受告密举报。

凡此种种,无不深得民心。就在此时,《大公报》刊发新闻稿《豪门巨富纷纷收购金公债,隐名之人曾大批抛售股票》:"19日上午,有某匿名之人从南京乘夜车抵沪,下车后不洗面不吃东西,匆匆赶到某熟悉证券号,一个上午向市场抛售三千万股永纱(永安纱厂),照昨天股票惨跌的行市计算,此人大约可获利四五千亿元。"

报纸一上市，所有人都盯着蒋经国。蒋公子知道，这是有人泄露了国家特级机密，并以此获取暴利，考验自己的时候到了！

蒋经国亲自带人赶到该证券交易所，交易所经理在手枪顶头的恐惧下，终于交出了账目，真相顿时大白：原来是"中央政府"财政部机要秘书陶启明，18日晚从他的上级徐百齐处得知机密后，交代老婆李国兰连夜赶往上海抛售股票，不仅避免了损失，而且还大捞了一笔。蒋经国二话不说，立即派人去南京把这三个人抓来上海，并公开枪毙了陶启明，以示改革的决心。

这件事对上海滩震动极大，人人都在称颂蒋公子，媒体上更是一片赞誉之声。如此的铁腕政策产生了明显的效果，上海飞涨的物价立时稳定了下来，金融危机眼看将要成为过去。海外媒体直接冠之以"中国的经济沙皇"，对蒋公子大加夸赞。

蒋经国知道真正的大老虎并没有被抓，政策的效果还有待检验。

所谓人怕出名猪怕壮，早在来上海前，蒋经国其实就将目标锁定了杜月笙，恰在此时，黄振世前来求见，披露了杜维屏囤积棉纱并计划将四十五万港元私自套汇外流的内幕。蒋经国立即下令逮捕杜维屏，还有申新纺织总公司总经理、国大代表荣鸿元、上海纸业公会理事长詹锡霖等工商金融界响当当的人物。

这是重磅炸弹，可上海滩上大部分的报纸却相当为难，不知道该如何处理。《申报》《时事新报》等经过反复研究，决定把重点放在荣鸿元等人身上，杜维屏根本不上标题，只在文中一笔带过。至于蒋经国特意派人送来的抓捕杜维屏的照片，他们不能不登，便故意处理得模糊不清，只说印刷时出现了技术问题，时间上来不及调整。

蒋经国掌握的《中央日报》则完全是另一番情景：大字标题"杜家三少爷坐牢"不说，还配发了几幅清晰的杜维屏戴手铐进牢房的照片。这个面子丢得实在太大，差点没把杜月笙气晕过去。愤怒之下，他对前来探望的范哈儿说过如此一句话："老蒋拿我当夜壶，用过了就塞到床底下。"蒋经国招来万墨林等人训话，他对万墨林这个上海米业公会理事长毫不留情，警告他说："如果上海有一天缺米，你的人生就算走到了尽头。"万墨林唯有连连点头，诺诺连声："是，走到了尽头，走到了尽头。"

杜月笙知道这一切都是冲着他来的。无非是他树大招风，打掉他的面子，

可以杀一儆百。杜月笙可以理解，但决不接受。对手是当朝太子，不能硬来，杜月笙决定先看一看。于是便以身体不适为名，一个多月不出门、不见客，一个人呆在十八层楼上，默默地注视着一切，等待合适的时机。

待到手下人经过多日秘密调查，终于掌握清楚了扬子公司投机倒把、囤积居奇的确凿证据后，杜月笙这才走出公寓，开始公开活动。当然说的全是冠冕堂皇的话，他总是很诚恳地说："我儿子破坏了交易所的规章制度，政府处理得对，我绝不会去保他。"

到了9月中旬的某天，蒋经国召集上海工商金融业巨头到浦东大楼开会，杜月笙有意迟到，令会场上本已微妙的气氛更显紧张。蒋经国即席训话，针对严打期间少数人的阳奉阴违严加呵斥："有少数不明大义的人，仍在冒天下之大不韪，投机倒把，囤积居奇，操纵物价，兴风作浪，危害国计民生。本人此次秉公执法，谁若囤积逾期不报，一经查出，全部没收，并予法办，绝不通融！"

话音刚落，杜月笙缓缓起身，他的声音不高，却字字千钧："我儿子违反国家的规定，是我管教不严，我完全同意蒋副专员的处置，只要依法惩办，无有不可。不过，我有一个要求，就是请蒋副专员对违犯国法之人，一视同仁。请您派人去扬子公司检查检查，扬子公司囤积的货物在上海滩是最多的。现在，已有人正在那守着，蒋副专员若是不方便，各位同仁和记者先生可先去开开眼界！我有病在身，恕不奉陪。"说罢即席退场。

蒋经国倒是真的"有心杀贼"，立即派人前往调查扬子公司。扬子公司岂是好惹的？公司老板孔令侃，是孔祥熙、宋霭龄夫妇的大公子，蒋经国的表哥。第一夫人宋美龄对孔令侃疼爱有加，孔大少爷行事一向高调，所以扬子公司数量巨大、花样繁多的违法乱纪之事，有很多根本无需调查，全都摆在明面上呢。

来头巨大的表兄弟斗法，全上海人民无不拭目以待，怀着过年一般的心情等着看这场大戏。蒋经国没有让大家失望，罪证一经查实，他立马查封了扬子公司，并抓了一大批人。宣铁吾控制的《大众夜报》，在头版头条刊出扬子公司私套外汇的大案，并配发了孔令侃的照片，"打虎行动"瞬间被推向了最高潮。

孔令侃见表弟动了真格的，赶紧抬脚跑路，到南京找宋美龄求助。见心爱的外甥哭得涕泗滂沱，宋姨妈实在于心不忍，直说"小事"，然后赶在中秋那天，亲赴上海，在大姐宋霭龄处摆下家宴，请来蒋经国、孔令侃哥俩共度佳节。

酒过三巡，菜过五味，宋美龄率先说起正事："大家一家人，有话好好说，不要让外人看笑话。依我看，扬子公司的事情就算了吧。"蒋经国当即表示这是党国大事，并非家事，请表哥顾全大局。孔令侃就急了："你把我公司给封了，手下人也抓了，反而要我顾全大局？你当我是傻×呀？活该逆来顺受？"话不投机，两人就此吵架。宋美龄赶紧打圆场："尼古拉（蒋经国俄文名），啥都不说了，你就看我的面子……"

蒋经国读圣贤书，忧天下事，却不懂得"只要父亲在世，前妻的儿子绝对斗不过后妈"这个平凡的道理，慷慨激昂扔下一句"我会依法办事"，遂愤然离去。宋美龄当时给蒋介石发了加急电报，要其火速到上海处理大事。蒋此时在北平主持高级军事会议，正当军情紧急之时，无奈夫人之命难违，只好把一切交给傅作义，便匆匆飞往上海。机场送别之后，傅作义一声感叹："蒋先生不爱江山爱美人哪！"

蒋介石专机刚一抵达上海机场，宋美龄就登机告状。第二天，蒋介石单独召见儿子，半小时后，蒋经国垂头丧气地走了出来。

上海市警察局、社会局分别发布通告，说明"扬子公司所查封物资，均已向社会局登记，并不属于违法囤积"，并随之解封发还；对此案报道最起劲的《大众夜报》《正言报》被勒令停刊。孔令侃重新行在熟悉的江湖任逍遥。没多久，杜维屏也被宣布无罪释放。

"打虎行动"仅仅进行了七十天，蒋经国辛苦建立起来的整肃权威顿时烟消云散，市场信心瞬间崩溃。从10月起，上海物价再度飞扬，涨得惊心动魄。《申报》报道称："黄牛党无缝不钻，长蛇阵随处可见，绒线香烟西药等物无一不被抢购。"

据民国著名记者曹聚仁记载，那些日子蒋经国"几乎天天喝酒，喝得大醉，以至于狂哭狂笑。这显然是一场骗局，他曾经呼吁老百姓和他合作，老百姓已经远远离开他了……有的人提起经国，就说他是政治骗子。有人原谅他，说这都是杨贵妃不好，害了他……"

蒋经国在1948年11月2日写了《别矣上海》的敬致上海市民书，说："在七十天的工作中，我深深感觉没有尽到所应尽的责任，不但没有完成计划和

任务，而在若干地方，反而加重了上海市民在工作过程中所感受到的痛苦，我决不愿将自己应负的责任，推到任何人身上去，同时也绝不因遇挫折，而放弃自己的政治主张，我坚决相信，自己所指出的'上海往何处去'的道路，是绝对正确的，今天除了向政府自请处分以明责任外，并向上海市民表示最大的歉意。这里我并非想要求得市民的原谅，而是表明自己对市民应负的责任心，我恳切希望上海市民应用自己的力量不再让投机奸商、官僚政客和地痞流氓来控制上海，我始终认为上海的前途一定是光明的。"

第四十三章
客居香港被批流氓

转眼到了1948年冬，决定命运的三大战役相继展开，国民党节节败退，大势已去。杜月笙放心不下远在北平的孟小冬，便让姚玉兰写信劝她速来上海。乱世之中，孤独无依的孟小冬接到来信，不由得感到家的温暖，一面回信就来，一面就开始打包装袋准备离开。此时陆路交通已经难行，杜月笙索性包了专机前往迎接，见到孟小冬，他第一句话就是："往后你就把这里当做自己的家，好吗？"

1949年1月21日，面对无可收拾的局面，蒋介石再一次宣布下野，李宗仁副总统就任中华民国代总统。杜月笙陷入矛盾之中：共产党透过各种渠道，表示不计前嫌，希望他留在上海；蒋介石则一再要求他前往台湾，至少也要离开上海。

经过一连串的打击，杜月笙对蒋介石早已心灰意冷，无论如何不会去台湾——自己已一无所有，更遑论利用价值？那么以老蒋的为人，待遇可想而知。自己辛苦打拼一生，到头来还得看人脸色？没这个道理！虽说共产党大度地表示既往不咎，但是一想到"四一二"杀害汪寿华那一幕，杜月笙就再也考虑不下去，他不相信如此大的血海深仇可以轻易化解，他不敢冒这个险。

1949年4月10日，蒋介石在上海召见了杜月笙，上来就是一顿夸奖，什么为国为民、赤胆忠心、公而忘私、以人为本……反正除了没夸他长得帅，好听的话着实说了不少。话锋一转，蒋介石对蒋经国逮捕杜维屏一事也做了个解释："……我当时正在前线，毫不知情。月笙你想，我怎么可能让他们那样胡闹？怎么可能？"

杜月笙明知他在表演，但又觉得老蒋能亲口做这番解释，好歹是一个姿态，憋了半年多的一口气，总算是消了一大半。他决定离开上海，去香港观望一阵，以便进退有据。当然他给蒋介石的理由不会这么坦白，而是台湾炎热潮湿的气候对他的气喘病极为不利，所以想等在香港把病治好了再过去。

华格臬路的杜公馆，杜月笙决定留下总管黄国栋看管，而让秘书胡叙五随他前往香港。黄国栋起初不愿意，后经徐采丞做通了工作。杜月笙这才转怒为喜，对他掏心掏肺地说了几句话："你听我的话，我心就定了。我现在对你直说，因为蒋介石叫我去谈了话，我不得不走，到香港去住一段时间，就要回上海来的。"

顾嘉棠、金廷荪、万墨林、朱文德等老同志都表示跟定了杜先生，不管天涯海角只管追随而去。唯有更老的同志黄金荣，决定留在上海。黄金荣八十二岁了，来日无多，他通过杨虎和共产党方面已有过接触，得到了"既往不咎"的承诺。

黄金荣虽不担心人身安全，却不得不考虑自己的万贯家产，他决定将所有的积蓄全部换成黄金和美元，让儿媳李志清带着，和他长孙黄源焘一家，随着杜月笙前往香港，转道台湾。

1949年5月1日，杜月笙一大家子人，包括几房太太、子女、保镖、佣人等以及包括顾嘉棠、万墨林、金廷荪、朱文德等各自家庭在内的亲朋好友，乘坐荷兰渣华公司的"宝树云"号客轮，离开上海，奔香港而去。

非常时期，船票极其紧张。即使是杜月笙买票，也只是有多少人买多少张票，而没能让所有人集中在一起。以至于杜月笙、姚玉兰和孟小冬不得不三人挤在一间头等舱内，里面有两张单人床，外加一张三等床位。此时杜月笙不巧又发了哮喘病，姚玉兰和孟小冬两人只能轮流值班照顾他，谁休息时才能去那张三等床位睡一会儿。

两天一夜的行程中，杜月笙没起来过几次，就躺在床上与两位太太无言以对。这一方面是因为他身体有恙，另一方面，则是他知道此次离开生他养他的上海滩不像抗战时的告别，恐怕再也不能回来。一生苦苦奋斗得来的事业、熟悉的环境、携手的朋友以及凋谢的繁华，都将如流水一般，一去不复返，这份落寞，没有经历过往昔的荣光，又有谁能识得透？

5月2日，一行人抵达香港。第二天，《大公报》刊载了如此的新闻："杜月笙2日下午6时乘荷轮'宝树云'抵港。船泊码头后，杜月笙即在几个随员搀扶下首先从扶梯走下来，他的私人医生挽着两个药箱跟在后面，他的身体瘦弱得很，在平地行走时也完全靠随员扶持。九龙仓码头当局准备了一艘小轮载他渡海，小轮的栏杆他都几经艰苦才能跨过。下了小轮，他气喘不堪，他的两个家人立刻用手按摩他的胸部，他自己则张开眼睛喘气。"

上码头迎接杜月笙的人颇多，其中有一个叫李裁法，是芮庆荣的门生，此时已是香港地面上的牛人。但这么多人，无论是谁，都来不及见见他们的杜先生。

第四十三章 客居香港被批流氓

杜月笙一家住在当年上海建筑业大佬、恒社社员、做过戴笠间谍的陆根泉花六万港币顶下来的一处物业中，地址在坚尼台路18号。这是一个二层的小楼，楼上住的是陆根泉一家，一楼则是杜公馆。

房间不够，几个大大小小的房间加客厅，无论如何也住不下二十多人的大家庭，更别说还有十多个保镖、佣人。无奈只能灶披间住两个佣人，其余的佣人全部住在外面租的房子里，每天早出晚归。

主人也住不下，三太太孙佩豪带着儿子，和杜维藩一家六口以及杜维屏、杜维垣、杜维新等几个未成家的兄弟一样，都租住在外。二小姐杜美霞境遇比较好一些，因为嫁给了金廷荪的四公子，住在金家。

最可叹的是二太太陈帼英，她先是住在招待所里，后来一怒之下，带着两个儿子及媳妇回到了上海，再也没有回去。

患难见真情。为了照顾杜月笙并方便供奔走，万墨林和朱文德都在坚尼台路租了房子，把家安在这里，和杜月笙比邻而居，方便随叫随到。

顾嘉棠是每天都要来的。他是一早就来，风雨无阻。来就一件事，问问杜月笙昨晚的睡眠和早餐的情况。

杜月笙难得地有了大把的时间，这些时间，大部分他都奉献给了平生的三大爱好：赌博，听书，唱戏。他的身体已经很差了，但精力再不济也不能不赌，他此时专玩罗宋牌九，因为这玩意不太费脑筋，可以随时结束。

听书就安逸多了。当时从上海移居香港的说书先生不少，杜月笙精挑细选了四位，每天一位来杜公馆，说说《水浒传》《英烈传》等等，杜月笙听得不亦乐乎。

唱戏更是热闹，因为孟小冬和姚玉兰的关系，杜公馆每周五一次的清唱小聚总能把旅居香港的名家及名票通通吸引过来，大家都尊敬地称孟小冬为"孟老师"。

当然，以上都只是休闲娱乐，香港杜公馆的排场，无论从哪方面都无法和上海的比，就连来访的客人，都不及以前的十一，但是随着上海工商金融界的老板们纷纷来到香港，杜公馆渐渐也就不像最初那么冷清了。

在台湾的蒋介石此时尚未复职。蒋总裁战场上败了，商场上不能再败，想到了旅居香港的杜月笙，马上让秘书写了封信寄去，希望杜先生"殚精竭虑，继续为党国效劳"。

杜月笙很快回了信，表示他将尽个人的努力，劝阻来自上海的企业家领袖们返回，他并分析道："所幸上海港口被国民党海军封锁，这批人暂无法回去，只得暂留香江。"更进一步建议："不妨把沿海各港口通通加以封锁。"

杜月笙不计前嫌的坦诚，令蒋介石颇多感慨，他亲笔写了回信："……至建议封锁沿海各港一节，政府业已决定一律停止开放。先生此次毅然离沪，足征国家民族意识之坚强，佩慰奚如。……际此盛暑，至希加意珍卫，余不一一。顺颂近祺。中正手启"

为了笼络住杜月笙，蒋介石更派出国民代表大会秘书长洪兰友以及杜的多年至交王新衡、潘公展等人前往香港和杜月笙联络，希望他能够施加影响力，把在港上海大佬们留住，不让他们回上海。

风云突变，已迁往台北的《中央日报》于1949年7月18日刊发一篇社论《本党历史的新页》，虽不是针对杜月笙而来，却在其中对其大加挞伐，指为"买办流氓，土豪劣绅，政治垃圾，经济蝗虫"。

不妨摘录其中片段："买办流氓、土豪劣绅，本都是时代的渣滓，应在肃清之列，但由于一些有力同志的畏难苟安，不去肃清他们，结果他们的势力就反而壮大起来，变成了各地的实际统治者。别的且不说：上海为什么变成最容易发炎的盲肠？岂不是因为它早成为'闻人'的天下？这闻人也者就是流氓头的代名。那些流氓头是由吾党同志一手提拔起来的，但在它的羽翼丰满之后，就几乎变成了上海的皇帝。我们只要看上海参议会议长一席竟是闻人杜月笙辞而不就的位置以及去年上海的限价政策之突然受到闻人的逆袭而崩溃，都可以想见那些'闻人'之已取得上海实际统治权，与夫我们少数同志养虎遗患的不智。"

"现在我们不能再妥协下去了，也不容再苟安下去了，……就是买办、流氓、土豪、劣绅乃至于若干军阀的残余势力，也应该加以扫荡。……买办、流氓、土豪、劣绅，是军阀的余孽，也是三民主义前途的障碍，不肃清这些障碍，我们就永远没有方法可以推行以实现三民主义为目标之政治的经济的措施。"

想想《中央日报》贵为国民党机关报，如此上纲上线的批评，其中内情，自不免更加耐人寻味。杜月笙见报大怒，更觉心寒。此时共产党正加紧做留港人士的统战工作，先后派出章士钊、金山（中共党员，演艺明星，杜月笙关山门弟子）赴港做杜月笙的工作，劝其回上海。与此同时，还有两个厨师也辗转到来。

在香港呆久了，杜月笙越来越怀念他最爱吃的德兴馆的糟钵头，忍不住写信给黄国栋，让他想办法，无论如何也要请个德兴馆的厨师来香港一趟。黄国栋拿着杜月笙的亲笔信找到时任上海市副市长的潘汉年，潘汉年当即安排了德兴馆的两位厨师经由第三国绕道去到香港，这让杜月笙很是感动。

杜月笙眼见共产党对留在上海的黄金荣兑现了"不捕不杀"的承诺，再加上章士钊等人做工作，不免有些动心。只是他一向以谨慎著称，想再观望一阵，遂以身体欠佳为由，表示暂时哪儿都不去，但承诺绝不在港从事反共活动，并重申之前对潘汉年的保证：其留沪弟子，绝不会捣乱。章士钊不满足于此，索性在香港住了下来，天天去杜公馆报到，找机会说服杜月笙。

一天，中国共产党方面派两位人物来香港见杜月笙。一位是潘汉年，一位是夏衍。潘汉年是解放前我党长期从事隐蔽战线工作的卓越领导人，曾任首届上海市副市长。夏衍是新文化运动的先驱，新中国成立后曾任文化部副部长、中国内地著名的老电影艺术工作者。当然无需发问，宾主双方都知道此次会面的意图。潘汉年表示：其实杜先生不必离开上海，过去的事也不用再提，希望他通知上海的朋友，安分守己不捣乱，为上海人民做点好事。杜月笙当场坚决地表示：既然你们不记前仇，我当感恩图报，"井水不犯河水，我杜某绝不会再做对不起人的事"。

蒋介石听说近期杜月笙和共产党方面往来频繁时，这才急了，生怕杜月笙不再帮他的忙，忙叫汪宝瑄前往香港劝慰。汪宝瑄能言善道，加上和杜月笙私交不错，这话说起来就方便了。他一口咬定"蒋总统尚未复职"，所以《中央日报》之事纯属意外。杜月笙不是三岁小孩，怎肯轻信？但他涵养好，尤其要照顾朋友面子，也就没多说什么。

过几天洪兰友更拿着当局的信函前来，解释说此事纵然不是临时工干的，也完全是《中央日报》个别人的胡作非为，绝非"中央"的意思，蒋先生已经

交办,严惩撰稿人,这事与蒋公绝无关系。见杜月笙并不表态,洪兰友大窘,征得蒋介石首肯后,赶紧给正穷困潦倒的王晓籁送去一万港元慰问金,请他出面居间调停。王晓籁拿人手短,欣然同意。

蒋介石唯恐还不妥当,又派了主管宣传的陶希圣赴港去杜公馆道歉,接着又叫了陈立夫前去劝解。与此同时,《中央日报》不堪重压,严惩了撰写社论的评论员。当然,杜月笙第一时间得到了消息。杜月笙终于扛不住了,既然对方已经给足了面子,他自觉也不好意思再摆架子,便一面向前来的陶希圣等人说"一切都过去了",一面亲笔誊写了秘书胡叙五撰写的信,请钱新之前往广州,面交蒋介石:

总统钧座:六月间曾肃寸禀,计蒙鉴察。镛月来养疴香江,满冀贱恙得早痊复,趋辕叩谒,藉倾愚诚,奈喘病未痊,稍一行动即气逆力乏,欲行辄止者屡矣,心余力绌,徒唤奈何,倘能勉强成行定当趋前聆训。……兹因应不能来穗,特乘钱新之先生趋辕之便,肃奉寸禀,并托代陈种切,谨此敬请钧安!

杜镛 谨上
九月二十八日

一场风波总算告一段落,而在此过程中,已有不少大佬返回了上海。

第四十四章

大秤分金的大亨光景不再

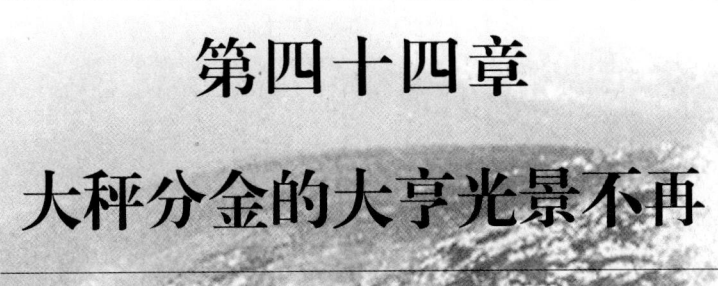

杜月笙闲居香港，对上海的局势了如指掌，因为不仅常有来自上海的访客，而且每天都有上海的报纸辗转而来。读报是他最重要的一件事，因为上海依然是他魂萦梦系的地方。

一张登有黄金荣扫大街照片的报纸，彻底打消了杜月笙重返上海的念头。这张照片现在网上随处可见：黄金荣八十三岁，手持一把长条扫帚，在他自己的大世界门口扫马路，目光呆滞。

没过多久，留在上海未走的马祥生、叶焯山因为"四一二"期间杀害汪寿华而被捕，并被绑赴当年汪遇难的现场枫林桥，在一场声势浩大的公审大会后执行了枪决。消息传来，杜月笙觉得自己没法回去了。

黄金荣儿媳李志清来访，带着一封黄金荣写给她的信，请

黄金荣扫大街照

杜月笙帮着拿主意。信里主要在说一件事：让李志清立即给他寄两万美元到上海。杜月笙表态说："妹妹，我觉得如果金荣哥能够来香港，别说两万，就是二十万，我们倾家荡产也要凑出来。但是，现在事情明摆着，金荣哥来不了，我们无论寄多少钱回去，也起不了作用。"

李志清要的就是这句话，但还得再做作一番，便说："公公在他们手里，不寄钱的话，不知道会不会受苦？""也是……"杜月笙想了想，有了计较："不妨先寄一万，看看动静再说。"

以杜月笙的性格和做派，区区两万美元，尤其是黄金荣开口，而且李志清已经找上门来，他会直接出钱大包大揽了事。奈何今非昔比，如今他在香港所有的家产，只有当初卖掉杜美路的豪宅剩下的三十万美元，而且前不久投资失败，还赔了十万出去。是的，现在只剩下二十万，再无其他，而这笔钱，需要支撑一大家子人的开销。

这十万美元是怎么赔的呢？当时有一位常往返于成都、重庆与香港间的四川朋友看到四川方面蚕丝大丰收，但因时局不稳，故价格暴跌，而香港的需求却很大。该朋友本金不足，便找到杜月笙商量，希望合伙一起干。杜月笙觉得这是个好项目，当即决定参股十万美金，并把顾嘉棠也拉进来加了一棒。

一切准备就绪，正待在成都机场空运时，战争使得航线中断，天量的蚕丝堆在成都运不出来，四川朋友几乎破产，顾嘉棠赔光了家当，杜月笙损失了十万美元巨款，元气大伤。

现在我们可以大致盘点一下杜月笙多年来的经济状况，以便了解这个风光无限、花钱如流水的海上闻人在经济上如何会沦落到这般境地。

多年来，杜月笙最大也是最稳定的收入，毫无疑问来自于毒品交易，只是抗战胜利后，这个财源基本上断了。赌是他早期的另一重要收入来源，但从他淡出法租界、邀好于蒋介石开始，就关闭了自己控制的所有赌场，从此之后在这方面，收入是负数。只有聚赌抽头例外，这个往往收入丰盛，但杜月笙从未把这里的钱放入自家腰包，很多时候反而用于了公益事业。

至于他开办的银行、实业等，大体上是用来漂白自己、抬高身份的，没太多收益。而像股票、期货之类的投机生意，更是赔的多赚的少。当然，作为黑道大哥，他本可以通过黑色手段挽回损失，但他不这么做，主要是觉得丢不起这个人。事实上开始追求上进之后，他确实摒弃了黑道的做派，虽然违法乱纪的事儿难免还会沾，但已不以挣钱为目的，鸦片生意除外。其他收入还有如恒社的会费、各项兼职的收入等。不过他兼职虽多，但大都是名誉董事长、会长之类，并不都有什么厚禄，甚至是要倒贴钱的。

黄金荣要钱，是为了表示悔过以及对人民政府的支持，想买五万元的公债以示洗心革面。既然有此崇高的目标，就来不得庸俗的讨价还价，一万美元显然不够，电话立马追了过来。李志清在电话里就哭了，黄金荣多年积累下来的钱财大部分都在她手中，但她一是不愿拿出来，二也怕电话那头黄金荣边上有政府的人，只说孤儿寡母出来逃难不容易，需要开销云云。

黄金荣亲自打电话到杜公馆。杜月笙听说金荣哥来电，忙不迭从病榻上爬起身，由贴身随从徐道生搀扶着走到客厅，坐在沙发上接听电话。几句话讲完，他忙叫来万墨林，吩咐他赶紧给黄金荣寄去五万港元，以解其燃眉之急。

需要帮助的不只是留沪的黄金荣,事实上来港的诸多朋友中有麻烦的也不少,朱如山就是一位。作为巨富二代,朱如山行事一向高调、妻妾成群,客居香港依然招摇过市,难免让人看着不顺眼,于是当时的畅销报纸《罗宾汉报》请来对朱家内情熟悉的写手,兴高采烈地连载对其家族内幕进行揭秘的《朱门丑史》,朱如山瞬间就红了。老朱急了,急忙来找老友杜月笙:"烦死了!月笙哥,你看这事怎么整?"

香港到底不是上海,杜月笙也没什么办法,只好找来了李裁法。这个后来被称作"香港的杜月笙"的家伙,当年在上海滩的时候是跟着芮庆荣混的小朋友,虽然视杜月笙为偶像,却无论如何也入不了杜的法眼。李裁法一直混得也不是太好,聊以自慰的只是天天都在进步。1937年杜月笙避往香港时,开始李裁法每天登门听候招呼,杜月笙却没太重视他,不过多少有所来往。抗战期间,李裁法时来运转了。一天走在大街上,巧遇军统香港区区长王新衡。王对他说:"沦陷后的香港秩序,你要尽力维持,我们陷在香港的人,也请设法救援。"

太平洋战争爆发,香港沦陷,李裁法领着日本人的工资,暗地里接受重庆方面指挥,做地下工作,救出了一百多位重要人物,其中最有名的是孙中山的原配夫人、孙科的母亲卢慕贞女士。

抗战胜利后,李裁法被以汉奸罪逮捕,杜月笙出面证明了他的清白,让他瞬时从汉奸变成英雄。因此,李裁法对杜月笙,除了一以贯之的偶像崇拜之外,还有至深的感激之情。

所以听得杜月笙召唤,李裁法立即就赶了过来。此时的李裁法早已今非昔比,势力已相当庞大,头顶东方体育会主席、北角街坊福利会副理事长、华侨子弟学校校董、孔圣会名誉会长、广东省政治参议等荣衔,其所开办的丽池花园,奢华之极,内含餐馆、舞厅、游泳池、高尔夫球场等,更被美国《生活》杂志誉为远东规模最大的游乐场。李本人赢得了"香港夜总会皇帝"的称号。

杜先生的吩咐,自然要不折不扣地办好。好在《罗宾汉报》的社长徐镇南是李裁法的徒弟,打一声招呼,《朱门丑史》立即停了下来,只可怜那些意犹未尽的广大读者,都不知道该找谁说理去。

自此以后,杜月笙的朋友们所陷入的江湖陷阱,像胡文虎遭遇的仙人跳、李祖永蹈入的国际骗局等等,基本都由李裁法负责搞定。既然他心甘情愿奔走,杜月笙也乐得杜门弟子后继有人，以至于再后来李裁法得到"香港的杜月笙"之名号，就真的可以算是功夫不负有心人了。

1950年初，杜月笙的老朋友徐学禹从上海来港。徐学禹本是中国航联保险公司总经理，到香港后计划成立中国航联香港分公司，按规定这需要缴纳五万美元保证金。徐总资金不足，保证金没有着落，便找到了杜月笙。杜月笙欣然出资五万美元作为投资。公司成立，杜月笙任董事长，徐学禹、杨管北、宋汉章、钱新之为常务董事，杜的爱徒沈楚宝出任总经理，杜维藩则担纲财务经理。可惜这项似曾辉煌的事业在香港却怎么也打不开局面。杜月笙意识到，自己投进去的这五万美元算是打了水漂。

杜月笙这次到香港后，就自任杜公馆的账房，这是因为他不愿让家人知道境况窘迫。他把支票簿交给爱女杜美如保管，凡有所花费，必须由他吩咐，女儿才会开出支票。事实上，自1915年和沈月英结婚后，杜月笙及其夫人、子女从未管过家用账，从来都是专门的账房先生负责这一块。

杜月笙了解到常来请安的恒社弟子袁国梁近来炒股赚得挺稳，不觉怦然心动，便请袁也帮自己买点股票来炒，特别叮嘱："眼光要放准啊！"袁国梁死活没

孟小冬剧照

要杜月笙给的钱，只说自己先垫着，其真实想法是，万一赔了，就算是自己的，不能拖累了先生。运气不错，第一笔单子赚了几千美元，袁国梁赶紧跑去杜公馆报喜。

杜月笙高兴得两眼放光，像个小孩子得到了心爱的玩具，一脸的春光灿烂。

拉着袁国梁的手,杜月笙很是感慨:"国梁,你知道吗?这是我到香港一年多来的第一笔进账。"在袁国梁心目中,杜先生是大碗喝酒大口吃肉大秤分金的人,是那个一掷千金面不改色的人,是那个仗义疏财义薄云天的人,何曾为钱皱过一次眉头?更何况只是区区几千美元?

杜月笙无论如何不让学生再垫钱,开了张支票托前来探望的吴开先转交给了袁国梁。这次袁国梁手气不好,赔了将近三万港元。为了让先生开心,他自己拿钱把亏空填满,再拿出五千港元充做赢利,不想却被病床上的杜月笙看出来了。"国梁,五千元你先收回去。老实说,这一票到底亏了多少?"

杜月笙笑了,说:"我早就算过,像这票生意,若是赚钱,肯定不止三五千,亏的话也不会是小数。"见对方不语,他越发得意:"你为了哄我高兴,如果赚了九千,你会添成一万,如果亏了,你肯定会自认倒霉。只是我没想到,你居然会自己贴几千红利出来。国梁,我说得对吗?"

袁国梁只能承认。杜月笙马上叫来杜美如,把账结清,然后轻言细语地说:"国梁,我请你代做生意这事,就到此为止了。不然你会把家当赔光了。"

1950年末了,四处风传共产党军队要收复香港,整个香港掀起了一股移民潮。有人劝杜月笙不妨举家前往法国定居,顾嘉棠、万墨林等也觉得,与其在这里困坐愁城,不如到法国去碰碰运气。

杜月笙不由得想起1931年,法租界总巡费沃里一片真诚地劝自己:"杜先生不如急流勇退。"费沃里承诺说:"无论何时,杜先生到法国来,请先通知我。我定将竭尽所能,盖一幢舒适的房子,作为您一家的居所。"

杜月笙和孟小冬的结婚照

当时去法国终究还是一条不错的路，毕竟他在那边朋友众多。慢慢就谈到细节了。有一天杜月笙和顾嘉棠、万墨林等多人在一起算需要办多少张护照，当算好一共需要27张时，一旁一直不说话的孟小冬突然自言自语般地说了一句："我跟着去，算丫头呢，还是算女朋友？"

杜月笙和孟小冬在香港

杜月笙一听就明白了。没有人知道为什么他最爱的人是孟小冬，却一直没有娶她，这多少有点委屈佳人。孟小冬和梅兰芳离婚后，劝她再嫁者不在少数，孟小冬曾表示："要嫁便嫁一言九鼎、跺跺脚地会颤之人。"孟小冬知道杜月笙对她一往情深，也愿意嫁给他，但作为一个传统的中国女人，这种事不便主动提。但缺少一个名分，总是人生一大憾事。这几天杜月笙心绪烦闷，孟小冬送来汤药，他摆手拒饮，孟小冬唱杜月笙最喜欢的《洪洋洞》慢板，"叹杨家保宋主心血用尽"，刚唱一句，杜月笙便摆手制止，深深地注视了她一会，说："小冬，你是名满天下的梨园冬皇，又是我最爱听的余派嫡传。现在你天天侍奉我这个病人，你的绝唱只唱给我一人听，实在对不住你啊！"

杜月笙自觉不能再委屈孟小冬了，便当众宣布："我们尽快举行婚礼！"杜月笙为此也大大地松了一口气。孟小冬自从进了杜公馆，主要做的事就是照顾身体虚弱的杜月笙，就像当年侍奉师父余叔岩一样，日夜为其病体操劳：在他起不了床的时候，煎汤熬药不离左右；当他身体好一些，则清唱一段京剧以娱知己。孟小冬所作所为，无不让杜月笙觉得自己亏欠了对方，辜负了红颜。

杜月笙绝顶聪明，只是他不怕大风大浪，却从来都对家庭矛盾畏之如虎，所以只能以自己的方式，默默地保护着孟小冬。到此时他才意识到，婚礼不仅是对孟小冬最大的安慰，也是对其最好的保护，便决定要好好地办。姚玉兰等

第四十四章　大秤分金的大亨光景不再

强烈反对，但不管用。

喜宴摆在了杜公馆内，杜月笙坚持要叫最好的酒席，万墨林特意坐船渡海跑了趟九龙，在九龙饭店点了九百元一桌的菜，并把该饭店的厨师都给拉到了坚尼台路杜公馆来。

人逢喜事精神爽，这天杜月笙那无日不来的气喘病竟未发作，他居然独自下了病榻，穿上正装——长袍马褂，戴上礼帽，坐在轮椅上，被推到客厅，由人搀扶着，站到了客厅中央。孟小冬则穿一身崭新的滚边旗袍，依偎在一侧。

杜月笙在香港的儿子、媳妇以及女儿、女婿全部到齐。杜月笙要求他们给孟小冬行跪拜礼，并从即刻起改称"孟老师"为"妈咪"。孟小冬给每个子女准备了一份礼物，儿子、女婿每人一套西服衣料，女儿、媳妇人手一块手表。杜月笙、孟小冬终于结束苦恋而正式结为夫妻。这一年，杜月笙六十三岁，孟小冬四十三岁。

第四十五章
大亨谢幕

为了远赴法国安度晚年，杜月笙向台湾的国民党政府申请了二十七张护照，台湾方面的回音是：办护照没问题，需要先交十五万美元的费用。杜月笙拿不出这笔钱，移居法国之事只得作罢。此后，杜月笙的身体状况更加糟糕，他也越发热衷于求神问卜，杜公馆里来往的算命先生多了起来。

杜月笙听人说台北有一个"六月息主人"，算命奇准，便开好自己的生辰八字，并未具名，然后托人寄往台北，请六月息主人复函批命。过了不久，有了回函，关键的是两句话："六十四岁，岁在辛卯，天克地冲，绝难度过。"

对于一生相信命运的杜月笙来说，这个打击实在是太大了。后来杜月笙去世后，家人清理遗物时发现了这份命书。杜维藩对此有过回忆："父亲在（民国）三十九年底以及四十年初生命意志极其坚强，对人生犹仍乐观，六月息馆主那一纸命书来后，父亲便完全丧失了求生的力量，一心只往死路上走。"

杜月笙就这么不自觉地不断给自己负面心理暗示，久而久之，本已非常虚弱的身体就变得更加不堪，他曾自嘲说："我这是拿药当饭吃、拿饭当药吃了。"

1951年7月，吴开先再次来港，此时他已完全脱离了政界，以经商为生，担任中华书局董事。27日中午，杜月笙在杜公馆为老朋友接风洗尘，席间全是至爱亲友，杜月笙心情相当愉快，精神也不由得好了许多。

大家正兴高采烈之际，秦联奎秦大律师姗姗来迟，刚一落座，还没来得及跟吴开先寒暄两句，已发现杜月笙状态不错，不禁脱口夸赞："月笙哥，几天不见，你胖了哈！"杜月笙闻言一怔："胖了？"说着就伸手摸摸自己的面颊，自言自语道："就怕不是胖，是浮肿。"

当即让人拿来镜子，对镜好一阵端详。之后，他脸色大变，顿时无精打采，向大家说声抱歉，"身体太疲倦"，不等众人答话，就让人扶着回屋去了。

第二天中午，杜月笙叫来表弟朱文德律师，告诉他还在上海的时候，自己曾经交给宋子良十万美元，请他代为投资股票。杜月笙让朱文德写信给宋子良的手下席德懋，请他把股票生意的经营情况开一份清单，从速寄来。当天晚上，杜月笙就觉得不对了，连站都站不起来。住在外面的三太太孙佩豪、在港的子女们以及住在旁边的万墨林、朱文德等，全都来了，几位医生也立即赶到，却都查不出什么，诊断结果大致相同："杜先生精、气、神三者无一不缺，恐怕不是药石所可以奏效。"

午夜1点，杜月笙把朱文德叫进卧室，让他立即给陆京士发电报，请他火速前来。陆京士此时在台北既要当立法委委员、"自由中国同盟"主席等，还要抽时间整合青帮和恒社，忙得不可开交，所以除了他有时间的时候来香港探望，杜月笙从来都把病情瞒着这个他最看重的，被视为衣钵传人的弟子。

29日清晨，朱文德发出电报：尽速飞港。30日，杜月笙看起来没什么不妥，但他还是叫来朱文德再发急电，并口述电文：病危速来。第二天陆京士复电：8月1日赴港。

这天杨志雄闻讯前来探望，老友相见，杜月笙精神好了许多。几句寒暄过后，他很严肃地告诉老朋友："我决定不活了。"杜月笙说："志雄兄，你我相交已久，我老实告诉你，我实在是不想活了。至于为什么？我想你应该想得到。"

杨志雄果然就想到了，一定是因为经济吃紧，便忙劝慰道："月笙哥，我们这些来香港的朋友，哪一个现在不困难？但只要咬咬牙撑过去，总会好起来的。"杜月笙苦笑了一下，说了实话："老实告诉你吧，我手里的钱马上就要花光。我一早就知道，这笔钱一花光，我也就走不下去了。"

"月笙哥你不能这么说。"杨志雄急了，"这些年，你放出去多少交情？救过多少人的性命和急难？帮过多少人升官发财？他们只要有一点报恩之心，还有什么解决不了的？"杜月笙微微摇了摇头，很淡然也很坚决地说："与其沿门托钵讨生活，多活一天只不过多拖累一些朋友，不如早点走路，落得一身轻松。"顿了顿，他又交代道："志雄兄，我这么跟你说，只是希望你不要跟他们一样。救我的命，其实只是增添我的痛苦。"

杨志雄走后，杜月笙唤来爱女杜美如，叫她从保险箱里拿一个大信封出来，里面装有很多单子。取出来后，杜月笙就让她走开。杜美如最受父亲宠爱，比较敢违逆他一点，就不远不近地躲在一边看他要干什么。

却见父亲正费力地把一张张单子撕掉，看都不看。女儿马上跑过来，问他干什么，要不要帮忙。杜月笙只说："你帮着撕吧！"杜美如就边撕边看，原来都是别人打给父亲的借条。她看到的最大一张单子是王新衡所写，当场吓了她一跳，王叔叔居然从父亲这里借走过五百根金条，也就是五千两黄金。看到女儿大感不解的眼神，杜月笙微微一笑，说："没什么，我只是不希望我死后你们到处要债。"

8月1日，因为香港遭遇台风，机场停航，陆京士无法前来，杜月笙极其失望。2日中午，陆京士终于赶到，杜月笙握住他的手，喜极而泣。从这天起，杜月笙便躺在病床上，再也没有起来过。4日当天，杜月笙跟陆京士谈到了自己的后事，大意是：他死后，入殓时要穿长袍马褂，要给他买口好棺材；至于尸骨落葬地点，他希望先葬到台湾，有朝一日时机成熟再运回上海，落葬故乡高桥。

6日，陆京士、钱新之等六人按照杜月笙的交代，起草了三份遗嘱，分别是对国家、社会的告白，对子孙的训勉以及遗产的分配。当时还没人知道杜月笙剩有多少钱，所以遗产只按比例做了分配：四位太太平分一半，八子三女分另一半。

杜月笙过目后签字认可，随后钱新之、顾嘉棠、金廷荪、吴开先、徐采丞、陆京士六人作为见证人和执行人，也分别签字。姚玉兰、孟小冬、孙佩豪三位太太及在港子女全都守在病榻旁，当杜月笙说出他的遗产数额，在场所有人都大吃一惊。

"我只有一笔钱，留给家属作为生活费。这笔钱是我托宋子良先生保管的十万美金，他代我买股票赚了一点，所以总数大概是十一万。"

十一万美元，居然就是名满天下的"上海皇帝"杜月笙留下的全部遗产！别说在场的人吃惊了，在任何人看来，这都是多么的不可思议！10日上午，杜月笙趁自己状态稍好一些，见当时屋里只有陆京士一人，就慢慢地从枕头底下摸出来一个手巾包。"这里有七千美金，京士，你替我分一分。"

"分给谁？怎么分？"陆京士接过手巾包，条件反射般地问。杜月笙叹了口气，声音中有一丝温暖："家里面，只有妈咪最苦，还有就是三楼，手里没什么钱。"妈咪自然是孟小冬，杜月笙随着子女这么称呼她；三楼则是三太太孙佩豪，当年在华格臬路杜公馆，她住在三楼。按照杜月笙的意愿，陆京士分配了这七千美元：孟小冬三千，孙佩豪和长子杜维藩各两千。

某一天朱如山前来探视，本来昏迷不醒的杜月笙居然睁开了眼睛，有气无力地说道："如山兄那里，我还有十万……"

朱如山大惊，顾不得礼貌，急忙打断他的话，分辩说："杜先生，你交给我的是十万港币，可不是美金啊！""是港币，当然是港币！"这么半天了，杜

月笙才能把脸侧过来，望着朱如山，微微点了点头。

第二天一早，朱如山拿着一张十万港元的支票来到杜公馆，当众交给了杜月笙。杜月笙把支票给了陆京士，说是欠他的钱。陆京士心里明白，先生给他这笔钱，是想让他拿去作为整顿恒社的经费。只是这个事，他根本就没想过要用先生的钱，所以转身出来后，他把这十万港元全都交给了当家的姚玉兰。

8月16日下午，蒋介石特派代表、"国民大会"秘书长洪兰友从台湾赶来慰问，此时的杜月笙早已不省人事，洪兰友只好凑到他耳边大声说："杜先生，你的病，总统十分关怀，希望你安心静养，早日康复。目前台湾每天在进步，前途很光明，我们是有希望的！"

杜月笙已经整整昏迷了三天，这时居然睁开了双眼，咬着牙伸出了止不住颤抖的手，与洪兰友握在一起，用尽力气，清楚地说出了一句话："好，好，大家有希望！"这是杜月笙留下的最后一句话，随后他便与世长辞，时间是1951年8月16日下午4点40分，农历七月十四，第二天，将是杜月笙六十四岁生日。

杜月笙死后，遗体停放在香港万国殡仪馆。亲朋好友们特买了一口价值一万五千港元的楠木棺材，以慰其"睡好棺材"之心愿。办好之后，于8月19日上午10时入殓。当日下午2时15分，举行了出殡仪式，送葬亲友约有一千人，将灵柩送进香港东华医院义庄，暂时停放。

整个丧仪期间，治丧处收到来自世界各地的唁电、挽幛、挽联共达七百多件，其中有蒋介石送的挽额"义节聿昭"口谕。

1952年11月25日，台湾当局成立了包括王宠惠、陈诚、何应钦、吴开先、郑介民、毛人凤等人在内的杜月笙灵寝安厝委员会，将其棺木从香港东华医院义庄搬去台湾基隆，安厝在汐止镇大尖山麓之西。

香港媒体关于杜月笙去世的新闻报道

后 记

  我是在上大学的时候略微了解到杜月笙的,当时觉得这个人很牛,是个人物。但也没多想,因为这个世界,牛人太多了。

  2005年的时候,我看了两本书,都是关于杜月笙的,其中一本把他偶像化成了一个天使,另一本则将之妖魔化成了魔鬼。我就再找了几本书来看,却往往大同小异,于是便有了写点东西的念头。

  因为工作的缘故,这一写断断续续写了将近五年,在翻阅大量资料的基础上,写成了一个三十多万字的帖子。而最终让这个帖子变成书得以出版,我需要感谢北京浩歌天下文化传播有限公司的米林秀先生和山西人民出版社社长李广洁先生。

  当我在天涯连载这个帖子的时候,米先生是第一个向我传达出版意向的业内人士,而我们最终可以携手合作,这大概就是缘分吧!

  当然还需要感谢另外十一家出版社、文化公司的编辑海月明等,谢谢你们在这本书还是帖子的时候所给予的关爱。

  最后我必须得感谢对本书予以大力支持和鼓励的网友们,如"有力回天""风一样男子"等等,恕我不能按姓氏笔画排列,再次致谢!

刘蜀秋(小杜城南)

2010年12月6日